苏州市文学艺术界联合会
SUZHOUSHIWENXUEYISHUJIELIANHEHUI

年鉴2012

苏州市文学艺术界联合会　编

苏州大学出版社
Soochow University Press

2012年3月28至29日，苏州市文学艺术界联合会第十次代表大会在苏州会议中心隆重开幕，来自全市的近400名文艺工作者代表汇聚一堂，共商繁荣苏州文艺大计。苏州市四套班子主要领导、分管领导和市委常委出席大会开幕式，中共江苏省委常委、市委书记蒋宏坤发表重要讲话。

2012年9月22日，“科学发展在苏州，成就辉煌看十年”摄影作品展开幕式暨“古韵今风·家在苏州”中国苏州国际摄影大展启动仪式在苏州市图书馆隆重举行。

2012年11月17日，由江苏省作协、苏州市文联、苏州市作协联合举办的苏州作家与中国当代文学研讨会在苏州会议中心举行，来自北京、上海、南京、广州、西安等地的50多位知名专家、学者出席了研讨会。

2012年11月20日，苏州市文学艺术界学习贯彻十八大精神座谈会在苏州市文联召开，十八大代表顾芗传达了十八大精神。中共苏州市委宣传部副部长、苏州市文明办主任缪学为，苏州市文联主席、党组书记成从武，苏州市文联十届主席团成员、苏州市各文艺家协会负责人、驻会干部以及苏州市文联机关各部门同志共40余人参加了座谈会。

2012年1月14日，由苏州市文学艺术界联合会、苏州日报、中共吴中区委宣传部、吴中区精神文明建设委员会主办的书画惠民进万家活动举行，50位书画家走进吴中区美之国小区，为市民现场书写近千幅春联。

2012年4月17日，由中共苏州市委宣传部、苏州市语委、苏州市文联、苏州市教育局、中共高新区委宣传部、中共高新区委组织部、苏州市书协等单位联合启动的中国书法名城苏州书法教育千百工程在苏州高新区人才广场举行。

2012年5月12日，由中共苏州市委宣传部、苏州市精神文明建设指导委员会办公室、苏州市文联、中国移动苏州分公司、姑苏晚报社、中共平江区委宣传部联合主办的纪念毛泽东同志《在延安文艺座谈会上的讲话》发表70周年、苏州市文学艺术界"学习雷锋——家在苏州·践行'五好'"文化志愿服务活动启动仪式暨2012"家在苏州"摄影年系列活动开幕式在苏州古城观前街玄妙广场举行。

2012年6月2日，苏州市第十三届摄影艺术展在市图书馆隆重开幕。苏州市人大副主任朱玉文，苏州市政协副主席府采芹，苏州市老领导冯瑞渡、黄铭杰，苏州市文联主席、党组书记成从武，苏州市文联调研员朱建华等参加开幕式并为苏州市第十三届摄影艺术展剪彩。

2012年8月7至9日，2012·苏州市中青年文艺家读书班在阳澄湖畔开班，中共苏州市委常委、宣传部部长蔡丽新，苏州市委宣传部副部长、市文明办主任缪学为，苏州市十届文联主席团全体成员，各市（县）、区文联负责人，各文艺家协会负责人，苏州市文联机关驻会干部以及中青年文艺家代表近百人出席了开班仪式。

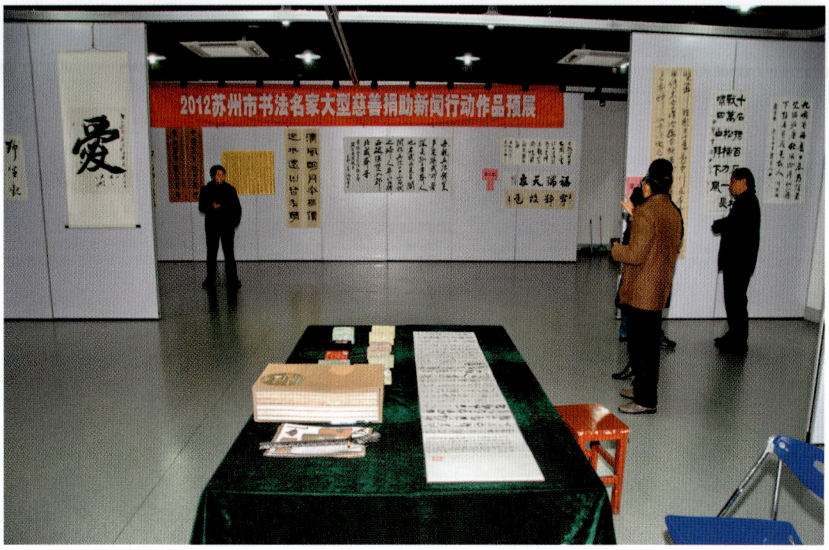

2012年1月18日，由苏州市书法家协会、苏州市慈善总会、姑苏晚报社联合主办，苏州市青年书法家协会协办的2012苏州书法名家大型慈善捐助新闻行动作品预展在市文联艺术家展厅举行。

2012年2月6日，苏州市书法名家走进苏州军分区开展交流笔会活动，苏州市军分区长城会所内人声鼎沸，一派喜气洋洋的场面。活动中书法家们热情高涨地为部队的文化建设泼墨挥毫，不辞辛劳地书写书法作品，受到部队官兵们的热烈欢迎。

2012年5月22日，苏州市文学艺术界纪念毛泽东《在延安文艺座谈会上的讲话》发表70周年座谈会在苏州市会议中心召开。座谈会由中共苏州市委副秘书长蔡公武主持。中共苏州市委常委、宣传部部长蔡丽新到会并作重要讲话。苏州市文联主席、党组书记成从武在座谈会上代表十届文联主席团作了主题性发言。

2012年5月19日，由中国艺术研究院曲艺研究所、中国说唱文艺学会《中国曲艺杂志》总编辑部、江苏省文联、江苏省曲协、苏州市文联、苏州市文广新局、苏州市曲协联合主办的周良与苏州评弹研究学术研讨会在苏州举行。开幕式上，成从武代表苏州市文联向周良赠送了纪念品，苏州市曲协、评弹团、评弹学校、评弹博物馆代表苏州曲艺界向周良先生敬献鲜花。

2012年6月1日，苏州市青年文学创作会议在昆山召开。来自全市范围内的青年作家代表和文学工作组织者50余人齐聚一堂，共话“青创”主题。江苏省作协党组书记、主席范小青，江苏省作协党组成员、创研室主任汪政，江苏省作协副主席、青创委主任储福金，以及苏州市文联、苏州作协、昆山市文联的相关领导出席会议。

2012年6月27日，中国曲协苏州评弹艺术委员会成立仪式在苏州举行，中国曲协分党组书记、驻会副主席董耀鹏，江苏省政协原副主席、省政协昆评室名誉主任陆军，江苏省文联书记处书记、党组成员叶飚荣，中国曲协顾问余红仙，苏州市文联主席、党组书记成从武，中国曲协副主席、江苏省文联副主席、江苏省曲协主席盛小云，中国曲协研究部副主任杨小雪和江、浙、沪三省市文联、曲协、评弹团等有关单位的领导和代表30余人出席。

2012年7月1日，第十三届中国苏州虎丘曲会在中国昆曲博物馆举行，国家文化部艺术司司长董伟，中国曲协分党组书记季国平，文化部艺术司戏剧处处长吕育忠，中共苏州市委常委、宣传部部长蔡丽新，中共苏州市委宣传部副部长、苏州市文明办主任缪学为和来自海内外近30家曲社的300余名曲友以及中国昆曲国际学术研讨会的专家、学者们参加了开幕式。开幕式上《中国昆曲年鉴》同时首发。

2012年7月31日，由苏州军分区主办，苏州军分区政治部、中共苏州市委宣传部、兵团十师北屯市党委宣传部承办，苏州市文联等单位协办的“我为祖国当卫士”主题书法展在苏州市美术馆开幕。此次展览共展出军地书法家作品近两百幅，其中苏州市书法家协会组织书法家作品共计70多幅。

2012年9月7日，由江苏省美协、苏州市文联主办，苏州市美协和苏州工艺美院承办的第五届苏州高校教师美术作品展在工艺美院美术馆开幕。江苏省文联副主席、书记处书记杨企鹏，苏州市人大副主任徐国强，中共苏州市委副秘书长蔡公武，苏州市文联主席、党组书记成从武等以及画家、美术评论家、各高校师生近500人出席开幕式。

2012年4月28日，“寂寞修正果”刘振夏水墨人物画苏州首展在苏州博物馆隆重开幕。沉寂近30年后“复出”画坛的刘振夏展出了近年来创作的40余幅人物画精品。作为全国巡回展的第一站，苏州本土画家在苏博办展览尚属首次。

2012年9月23日，由江苏省舞蹈家协会、苏州市文学艺术界联合会、苏州市舞蹈家协会、苏州文化艺术中心联合主办的江苏舞蹈"莲花奖"第三届社会舞蹈比赛暨第五届少儿舞蹈比赛圆满落幕，当晚在苏州文化艺术中心大剧院举行了颁奖晚会。

2012年10月12日，由中共苏州市委宣传部、苏州市文学艺术界联合会主办，苏州市书法家协会、苏州市美术家协会、苏州市摄影家协会承办的“喜迎十八大·家在苏州”优秀书法美术摄影作品展在苏州图书馆隆重开幕。

2012年11月3至6日，由中国文联副主席、中国音乐家协会分党组书记徐沛东，中国音乐家协会副主席印青等率领的“古韵今风·家在苏州”创作采风团一行赴苏州创作采风。

2012年10月17日，由中共江苏省委宣传部、江苏省文联、苏州市文联、常熟市文联主办，江苏省戏剧家协会、苏州市戏剧家协会、常熟市戏曲家协会、常熟市锡剧团、常熟市文化馆承办的喜迎十八大——江苏·苏州梅花奖艺术家走进常熟惠民专场演出在常熟市石梅广场举行。

2012年11月14至15日，2012年苏州市第七届小戏小品大赛（舞台演出）决赛在常熟虞山大剧院隆重举行，来自全市各区（县）以及市直专业、业余文艺团队的12部小戏和17部小品分三场进行决赛。

2012年11月27日，家在苏州·中国（苏州）画家画苏州采风创作活动启动，苏州市文联副调研员胡韵荪、苏州市美协主席孙君良、江苏省美协副主席徐惠泉一行26位画家赴周庄祁浜行政村三珠浜自然村，对新农村建设风貌进行实景写生和现场创作。

2012年12月18日，江苏省中青年德艺双馨文艺工作者事迹报告会在苏州图书馆隆重举行。苏州市滑稽剧团名誉团长、江苏省文联副主席、江苏省剧协副主席、苏州市文联副主席顾芗等五位艺术家，分别讲述了自己的“艺术人生”，展示了他们践行“爱国、为民、崇德、尚艺”核心价值观的心路历程。

2012年12月19日，苏州市第二届“时运杯”散文奖颁奖大会在胥城大厦举行。苏州市文联主席、党组书记成从武，苏州工业园区时运精工有限公司董事长陈大厦，苏州市文联副主席、苏州市作协主席王尧出席了会议。

2012年9月29日，“吴韵汉风·家在苏州”迎十八大——苏州市“群星荟萃”文化惠民演出在相城区体育馆举行。中共江苏省委宣传部副部长梁勇,中共苏州市委常委、宣传部部长蔡丽新，苏州市副市长张跃进，苏州市政协副主席赵鹤鸣，中共苏州市委副秘书长蔡公武，中共苏州市委宣传部副部长缪学为等观看了晚会。

2012年11月6日，由江苏省文联、西泠印社、苏州市文联联合主办，西泠印社印学理论与社史研究室、苏州市书法家协会、昆山市文联、昆山书画院共同承办的明清篆刻史国际学术研讨会在昆山开幕。

2012年12月22日，苏州市音乐家协会30多位词曲作者带着他们的新创作作品，汇聚在太湖之滨的海关培训基地，举行了一年一度的苏州市创作歌曲研讨会。苏州市文联主席、党组书记成从武，副主席王伟林，调研员朱建华出席了研讨会。

2012年10月，张家港市艺术团根据河阳山歌《圣关还魂》改编的大型新编锡剧《一盅缘》荣获江苏省舞台艺术精品工程重点资助剧目，领衔主演董红凭借此剧荣获第二十二届上海戏剧“白玉兰”奖主角奖。

中国曲协苏州评弹艺术委员会于2012年8月主办了关根同志与苏州评弹座谈会，深情追思和缅怀丁关根同志。

2012年9月23日，江苏省音乐家协会“穹窿山景区创作采风基地”授牌仪式在穹窿山风景区举行。江苏省文联党组书记、常务副主席王慧芬为穹窿山风景区授牌，中共吴中区委、区政府，苏州市文联，吴中区文联及穹窿山风景区管委会的有关领导参加了授牌仪式。

2012年8月28日晚，“中曲牡丹夜”中国曲艺名家江苏行首场惠民巡演在相城区体育馆拉开帷幕，牛群、大兵、盛小云等10多位当代曲艺名家联手奉上了一道精彩的“曲艺大餐”。

苏州市文学艺术界联合会年鉴2012

编委会

编　辑

徐苏利　郁　岚　朱红梅　彭配军　何　炜

撰稿人（按姓氏笔画排列）

丁凤萍　马　骏　王国安　叶云兵　冯朝刚
朱红梅　朱建华　华士川　刘玉梅　江洪涛
孙伊婷　孙荣昌　李　谦　杨雄林　吴　红
何　炜　张　筠　张玉红　陈危冰　郁　岚
闻　军　姚　凯　徐　琼　徐苏利　诸家瑜
盛永明　彭配军　蒋喜桔　缪　宁　薛亦然

目录

苏州市文学艺术界联合会大事记

重点项目及重大活动

文艺评奖与表彰

各团体会员（一）

各团体会员（二）

文联各部门、单位

特　载

在苏州市文学艺术界联合会第十次代表大会上的讲话

（2012年3月28日）

中共江苏省委常委、中共苏州市委书记　蒋宏坤

各位代表、同志们：

今天，苏州市文学艺术界联合会第十次代表大会在这里隆重举行，这是苏州文学艺术界共商文艺繁荣发展大计、推进文化强市建设的一次盛会。首先，我代表市委、市政府向大会的召开表示热烈的祝贺！向莅临指导的省文联、省作协领导，各位来宾表示衷心的感谢！向全体代表并通过你们向全市广大文艺工作者致以崇高的敬意和诚挚的问候！

苏州市九次文代会以来，全市各级文联组织团结带领广大文艺工作者，以邓小平理论和“三个代表”重要思想为指导，深入贯彻落实科学发展观，紧紧围绕“两个率先”奋斗目标，切实履行“联络、协调、服务、指导”的职能，在推动文艺创作、打造文艺品牌、促进文化惠民、扩大文化交流、加强文艺队伍建设等方面做了大量卓有成效的工作，有力地推动了我市文艺事业的繁荣发展，全面提升了苏州文化在省内外的竞争力和影响力。全市广大文艺工作者精神风貌昂扬向上，创作热情空前高涨，老中青文艺人才各展所长，各个艺术门类蓬勃发展，文艺创作成果丰硕，涌现出了一批讴歌时代主旋律、弘扬民族优秀文化、深受群众喜爱的优秀文艺作品和文艺拔尖人才，呈现出文艺繁荣发展的喜人景象。这些成绩的取得，凝聚着全市广大文艺工作者的聪明才智和辛勤劳动，也是苏州率先、科学、和谐发展的生动体现。对于我市文联为苏州“两个率先”，特别是精神文明建设作出的贡献，市委是充分肯定的。

文化是民族凝聚力和创造力的重要源泉，是综合国力竞争的重要因素。党的十七届六中全会提出了坚持中国特色社会主义文化发展道路、努力建设社会主义文化强国的战略任务，吹响了文化大发展大繁荣的进军号。建设社会主义文化强国是时代和人民的呼唤，更是文艺工作者的共同愿望。当前，苏州正处于转型升级、创新发展的关键时期。市第十一次党代会描绘了率先基本实现现代化，建设现代化、国际化、人文宜居创新名城的宏伟蓝图，明确了“建设宜居新苏州，打造创业新天堂，共筑幸福新家

园”的总体要求。推动科学发展、建设美好苏州，不仅需要发达的经济，更需要繁荣的文化。物质是基础，精神是导向，文化是灵魂，创新是动力。没有文化之魂，苏州的基本实现现代化就缺少内涵；没有文化的依托和支撑，苏州的率先发展就没有可持续性。全市广大文艺工作者要牢记肩负的文化使命，准确把握时代发展新要求、文艺发展新趋势和人民精神文化新期待，以高度的文化自觉和文化自信，积极投身全市人民创造幸福生活和美好未来的伟大进程，投身苏州率先基本实现现代化的生动实践，自觉为人民抒写放歌、为发展加油鼓劲，创作出更多符合时代要求、深受群众喜爱的优秀文艺作品，更加自觉、更加主动地肩负起推动苏州文艺事业大发展大繁荣的光荣职责，为把苏州建设成为文化事业繁荣、文化产业发达、文化人才辈出、历史文化与现代文明相融的文化强市贡献智慧和力量。

在此，我就进一步繁荣和发展我市文学艺术事业谈几点希望和意见：

一要牢牢把握正确导向，大力提升文艺凝聚引领能力。

文艺是民族的精神火炬，是人民奋进的号角。运用文艺独特形式和独特影响，弘扬先进文化，传播先进文化，是社会主义文艺的根本任务。我们正处在一个大发展、大变革、大调整的时代，人们的思想观念正在发生深刻变化。面对新的形势，广大文艺工作者要坚持先进文化的前进方向，自觉践行社会主义核心价值体系，把社会主义核心价值体系融入到文艺创作中，提倡文以载道、以文化人，传播先进文化，弘扬优秀文化，以生动的笔触、优秀的旋律、感人的形象，反映人民创造，塑造美好心灵，礼赞高尚情操，唱响发展主旋律。要以丰富多彩的文艺形式和体现社会主义核心价值的优秀作品，大力弘扬“三创三先”新时期江苏精神和“崇文、融合、创新、致远”的苏州城市精神，宣传推广“张家港精神”“昆山之路”“园区经验”，引导和激励全市广大干部群众始终保持艰苦创业、开拓创新、勇于创优的精神状态，全力以赴争科学发展之先、领社会和谐之先、率基本实现现代化之先，提振推进率先基本实现现代化的“精气神”。

二要推进文化传承创新，努力构筑文化高峰。

文化的生命力在于创新，基础在于传承。苏州文化博大精深，源远流长，这是一代代苏州人不断传承创新的结果。文化只有在继承中创新，才能繁荣昌盛、经久不衰。我们要坚持博采众长，兼收并蓄，推陈出新，大力弘扬苏州优秀传统文化，充分展示苏州传统文化的特色和魅力，科学保护、合理利用各门类优秀传统艺术，不断赋予其新的时代内涵，使之与当今社会相适应、与现代文明相协调。要重点鼓励文艺原创，激发创造活力，借助现代科技手段，改进文艺产品的创作生产和传播，努力增强文艺的表现力和感染力，推出更多洋溢时代气息、具有中国气派和苏州风格的精品力作。要推动文化体制机制的创新，广开文艺创新之源，充分挖掘创造潜能，进一步解放和提升文化生产力，全力打造文化繁荣的现代化苏州。

三要加大人才培养力度，努力建设一支德艺双馨的“文艺苏军”。

人才是文艺繁荣发展的第一资源，建设一支德艺双馨、门类齐全的文艺人才队伍是建设文化强市的必然要求，是文艺事业繁荣发展的根本保证。苏州自古人文荟萃、名家辈出，涌现了一大批站在文化高峰、引领时代风骚的名家大师，留下了许多流芳千古的艺术奇葩。要在新的历史起点上再创苏州文艺新辉煌，必须加大人才培养、引进、使用和激励力度，特别是建立和完善行之有效的文化人才引进和管理机制，吸引优秀人才扎根苏州，创造有利条件，为优秀人才特别是青年文艺人才脱颖而出、施展才华搭建平台载体，最大限度地激发广大文艺工作者的创造活力和创作激情，真正使苏州成为文艺创作的热土。全市广大文艺工作者要坚持崇德敬业，加强自身修养，锤炼思想品质，培养高尚人格，坚持先进文化前进方向，自觉做社会主义核心价值体系的践行者、传播者，以杰出的艺术成就和高尚的人格魅力赢得社会尊重、人民赞誉。苏州文艺界要大兴团结之风，营造和谐氛围，各艺术门类之间要相互尊重、相互支持、相互激励，形成合力，共同担当建设文化强市的重任，自觉凝聚成一支实力雄厚、团结和谐的“文艺苏军”。

四要切实加强自身建设，充分发挥文艺界人民团体的重要作用。

文联是党领导的文艺界人民团体，是党和政府联系广大文艺工作者的桥梁和纽带。伴随着文化体制改革的深入推进，伴随着文化事业与文化产业双重任务的考验，伴随着文艺队伍构成的深刻变化，文联工作面临着新课题、新挑战。希望文联组织进一步增强政治意识、大局意识、责任意识，坚持围绕中心，服务大局，发挥优势，履行职责，把全市文艺工作者团结起来、力量凝聚起来、积极性调动起来，发挥“主战线、主阵地、主力军”的地位和作用，更好地推动苏州文艺事业的大发展大繁荣。要不断提高服务的能力和水平，大力加强作风效能建设，积极探索符合时代发展要求和文艺发展规律的管理机制、运行机制、服务机制和激励机制，多为广大文艺工作者做好事、办实事、解难事，把文联真正建设成为广大文艺工作者的温馨和谐之家，成为培养文艺名家和文艺人才的重要基地，成为弘扬社会主义核心价值体系的重要阵地。全市各级党委、政府及有关部门要从巩固党的执政地位的高度，把繁荣发展文艺事业作为苏州率先基本实现现代化目标的大事来抓，以抓经济工作的劲头和魄力来重视和支持文艺工作，尊重文艺发展的规律，加大投入和保障力度，关心爱护文艺人才，创造良好环境，使苏州文艺家的创作心情更加舒畅，生活更加体面尊严。

各位代表，同志们，我们幸逢中华民族的盛世，国运昌盛，文运必兴。让我们更加紧密地团结在以胡锦涛同志为总书记的党中央周围，高举中国特色社会主义伟大旗帜，深入贯彻落实科学发展观，牢记使命，开拓奋进，在苏州这块充满生机与活力的土地上共同谱写苏州文艺繁荣的新篇章，为苏州加快文化强市建设、率先基本实现现代化作出新的更大的贡献。

祝大会圆满成功！

在苏州市文学艺术界联合会第十次代表大会上的讲话

（2012年3月28日）

江苏省文联党组书记、常务副主席　王慧芬

尊敬的蒋宏坤书记，各位代表，同志们、朋友们：

在这春暖花开、气候宜人的美好时节，苏州市文学艺术界联合会第十次代表大会今天在这里隆重开幕了。这是苏州文艺界回顾总结过去、规划展望未来、共商苏州文艺发展大计的盛会。我谨代表省文联向大会的召开表示热烈的祝贺！向多年来高度重视和大力支持文艺工作、文联工作的苏州市委、市人大、市政府、市政协表示衷心的感谢！向为文学艺术事业繁荣发展做出不懈努力、付出辛勤劳动的作家、艺术家和广大文艺工作者致以崇高的敬意！

苏州物华天宝，人杰地灵，是吴文化的发祥地，被誉为“人间天堂”，素有“鱼米之乡”“丝绸之府”“工艺之都”“东方水城”的美誉，是我国首批历史文化名城，是名副其实的人文荟萃之地。这座具有4000多年历史的古老城市，不但为中华民族创造了丰富的物质财富，也为中华民族写下了光辉灿烂的文化篇章：昆曲、评弹、苏剧、吴门书画以及桃花坞木刻年画、园林建筑、丝绸刺绣等成为苏州享誉海内外的文化名片，在中国文化发展史中具有极为重要的地位。陆机、张旭、范仲淹、黄公望、唐伯虎、冯梦龙、金圣叹、顾炎武等一大批彪炳史册的文化名人，为苏州留下了宝贵的文化遗产。

文化建设是中国特色社会主义事业总体布局的重要组成部分，文化繁荣是全面建设小康社会的重要目标。文联作为党和政府联系广大文艺工作者的桥梁纽带，是繁荣发展社会主义先进文化的重要力量。近年来，苏州市文联在市委、市政府的坚强领导和亲切关怀下，围绕中心，服务大局，认真履行联络、协调、服务职能，在组织主题文艺活动、开展文化惠民、打造文艺品牌、推动精品生产、培养文艺人才、加强自身建设等方面做了大量卓有成效的工作，苏州文艺事业呈现出百花齐放、繁荣发展的可喜局面。如：围绕改革开放30周年、新中国成立60周年、中国共产党成立90周年等重大活动，精心组织了“祖国好——苏州市文艺界庆祝建国60周年展示展演”等主题鲜明、形式多样的文艺活动，弘扬了时代主旋律，营造了良好的文化氛围。苏州广大文艺工作者始终贯彻文艺的“二为”方向和“双百”方针，创作了一批精品力作，推出了一批“德艺双馨”的作家、艺术家，在全国“五个一工程奖”、“文华奖”、鲁迅文学奖、全国优秀儿童文学奖、中国戏剧“梅花奖”、中国曲艺“牡丹奖”、中国书法“兰亭奖”、全国美展、中国音乐“金钟奖”、中国民间文艺“山花奖”等全国性各类重大文艺奖项中屡创佳绩，在全国、全省文艺界产生了重要影响，为苏州文化强市的建设作出了积极的贡献。

多年来，苏州市文联对江苏省文联的工作给予了大力支持，尤其是在开展百名文艺家百场惠民演出、全省文艺家读书班、全省文艺家采风创作活动、推出优秀作品和优秀人才、加强基层文联建设等方面密切配合、上下联动，取得了丰硕成果。在此，我谨代表江苏省文联，向苏州市文联、苏州市文艺界和支持文艺事业发展的社会各界朋友表示诚挚的谢意！

当前，文艺发展正面临着极为难得的历史机遇。胡锦涛总书记在全国第九次文代会上，向当代中国文艺工作者发出了承担起用社会主义先进文化引领社会、为人民抒写、为人民放歌、推进文化创造、弘扬文明道德风尚历史责任的伟大号召。党的十七届六中全会对建设社会主义文化强国、推动社会主义文化大发展大繁荣做出了战略部署。江苏省委、省政府和苏州市委、市政府高度重视文化建设，特别是苏州市第十一次党代会提出了率先基本实现现代化的奋斗目标，“建设宜居新苏州，打造创业新天堂，共筑幸福新家园”的城市发展定位，为广大文艺工作者施展抱负、实现理想提供了广阔的舞台。苏州是中国经济高度发达的地区，是江苏省重要的经济中心，城市竞争力位居全国第六，在江苏省辖市中名列第一。发达的经济为苏州文艺的发展奠定了厚实的基础，“张家港精神”“昆山之路”和“园区经验”为苏州文艺的发展提供了丰沃的土壤；勤劳富裕的苏州人民对文化发展充满旺盛的需求和新的期待，社会各界对文化建设高度关注和积极参与，为苏州文艺的大发展大繁荣提供了广阔的空间。面对新形势、新任务，广大文艺工作者要充分认清使命，进一步坚定理想信念，以高度的文化自觉和文化自信，积极践行“爱国、为民、崇德、尚艺”的文艺界核心价值观，更加自觉、更加主动地肩负起推动江苏文艺事业繁荣发展的重任，为加快建设文化凝聚力和引领力强、文化事业和文化产业强、文化人才队伍强的文化强省贡献智慧和力量。现在，我提几点希望和要求，与大家共勉。

一是要牢牢把握先进文化的前进方向，不断提升文艺引领能力。

人无精神不立，国无精神不强。广大文艺工作者要始终坚持先进文化的前进方向，更加自觉、更加主动地承担起用社会主义先进文化引领社会进步的使命；坚持用社会主义核心价值体系引领社会思潮，指导文艺实践；积极用丰富多彩的艺术形式讴歌以爱国主义为核心的民族精神和以改革创新为核心的时代精神；大力弘扬“三创三先”的新江苏精神，创作出更多更好的思想性、艺术性、观赏性相统一，为人民群众喜闻乐见的优秀文艺作品，唱响主旋律，奏响时代的最强音。

二是要以服务人民为根本的出发点和落脚点，努力满足人民群众的精神文化需求。

实践表明，一切进步的文艺创作都源于人民、为了人民、属于人民，一切进步的文艺工作者的艺术生命都源于同人民群众的血肉联系。广大文艺工作者要牢固树立以人民为中心的创作导向，自觉地植根人民、感恩人民、回报人民，把满足人民群众的精神文化需求作为根本的出发点和落脚点。要面向基层，关注现实，面向群众，关注民生，让更多的普通劳动者成为文艺作品的主角。采用人民群众喜闻乐见的形式、人民群众喜爱的语言创作生产更多基层群众买得起、看得懂的文艺作品，以文艺的形式为人民而歌、为人民而舞，进一步增强与人民群众的深厚感情，让广大人民群众共享文化发展成果。

三是要认真学习践行文艺工作者的职业道

德公约，自觉加强自身修养。

以“爱国、为民、崇德、尚艺”为内容的文艺界核心价值观，是广大文艺工作者的共同价值追求。爱国，是文艺工作者的精神气节；为民，是文艺工作者的价值取向；崇德，是文艺工作者的基本操守；尚艺，是文艺工作者的职业追求。希望广大文艺工作者自觉践行《中国文艺工作者职业道德公约》，弘扬先进文化，做社会主义核心价值体系的建设者；永怀爱国之心，做发扬爱国主义精神的示范者；坚持文艺惠民，做人民群众文化权益的维护者；追求高尚情操，做社会文明风尚的引领者；潜心艺术创造，做时代文艺高峰的攀登者。特别要大力弘扬真、善、美，贬斥假、恶、丑，坚决抵制庸俗、低俗、媚俗之风，把最美好的精神食粮奉献给人民；要秉持良好的职业精神，恪守良好的职业道德，淡泊名利，不骄不躁，热心公益，甘于奉献，努力做德艺双馨的文艺工作者。

四是要继承创新，全力打造时代文艺经典。

继承发展、吐故纳新是文化发展的内在规律和必然要求。历代文化巨匠创造了一座座文化丰碑，成为后人用之不竭的宝贵财富。“诗文随世运，无日不趋新。”文化发展的动力与活力在于创新，文化的生命力与时代感也在于创新。广大文艺工作者要进一步解放思想，创新发展理念，紧跟传播手段创新、业态创新、科技创新的潮流，实现内容与形式、作品与载体、文化与科技的创新，推动观念、内容、风格、流派的创新；要积极借鉴和吸收世界各国文化优长，海纳百川、兼收并蓄、融会贯通，开创中国文艺新风貌、新气象；要激发内动力、挖掘创造力，增强艺术的表现力、吸引力、感染力，推出更多更好的具有苏州特色、苏州风格、苏州气派的可以传之久远的精品力作。

五是要充分发挥文联的职能作用，为苏州文化强市和江苏文化强省建设再立新功。

文联是党领导的文艺界人民团体，是党和政府联系广大文艺工作者的桥梁和纽带。文化强省和文化强市建设，对苏州市文联提出了新的更高的要求。全市文联组织要紧紧围绕建设文化强省、文化强市的重大决策部署，自觉服从服务于“崇文、融合、创新、致远”的苏州城市精神建设，努力在举办重大主题文艺活动、引导和服务文艺创作、加强文艺人才培养、满足人民群众精神文化需求方面有更多成果，在文联自身建设方面有更大进步，努力把文联建设成团结服务广大文艺工作者的温馨和谐之家，成为培养文艺人才和文艺名家的重要基地，成为传播先进文化的主阵地。

衷心希望在座的各位代表、同志们，团结一致，共同努力，把这次大会开成承前启后、继往开来的大会，统一思想、振奋精神的大会，团结鼓劲、开拓进取的大会。衷心希望大会即将产生的新一届领导班子齐心协力，奋发有为，继承传统，开拓创新，不断开创苏州文艺和苏州文联工作更加辉煌灿烂的明天，让市委、市政府放心，让全市广大文艺工作者和人民群众满意！

各位代表、同志们，伟大的时代呼唤伟大的作家、艺术家，伟大的人民期盼伟大的文艺作品。让我们携起手来，共同努力，在江苏文艺发展的美好春天，更加自觉、更加主动地承担起时代赋予的历史责任，为社会主义文化大发展大繁荣，为把苏州建设成现代化人文宜居创新名城而努力奋斗！

祝苏州市文学艺术界联合会第十次代表大会圆满成功！

祝大家身体健康，工作顺利！

在苏州市文学艺术界联合会第十次代表大会闭幕式上的讲话

（2012年3月29日）

中共苏州市委常委、市委宣传部部长　蔡丽新

各位代表、各位同志：

大家下午好！

苏州市文学艺术界联合会第十次代表大会顺利完成各项议程，即将胜利闭幕了。此次会议得到了市委、市政府的高度重视，蒋宏坤书记等市四套班子领导出席了文代会开幕式。蒋书记在开幕式上发表了重要讲话，充分肯定成绩，提出希望要求，给了我们很大的鼓舞与鞭策。会议期间，代表们集思广益、建言献策，共商苏州文艺发展大计，会议开得热烈、简朴，卓有成效。这是一次民主、和谐、团结、鼓劲的大会，一次承前启后、继往开来的盛会，必将对苏州文艺事业的繁荣发展产生积极的推动作用。

借此机会，我代表市委、市政府，对文代会的圆满成功表示热烈祝贺，对新当选的文联主席团成员表示热烈的祝贺。希望新一届市文联领导班子不负众望，团结带领全市广大文艺工作者，振奋精神，奋发有为，继续谱写苏州文艺事业繁荣发展的新篇章。同时，我也代表市委、市政府向广大文艺工作者，向刚刚离开市文联领导岗位的同志们表示由衷的敬意。苏州文艺事业取得的丰硕成果，都凝聚着你们的智慧和心血，希望你们一如既往地关心支持苏州的文学艺术事业，继续发挥积极作用。

文化是引领国家和民族前进的旗帜和号角，社会的进步总是离不开文化的发展。实现科学发展、全面发展,需要文艺事业有一个更大的繁荣进步。党的十七届六中全会首次提出坚持中国特色社会主义文化发展道路、努力建设社会主义文化强国的战略任务，吹响了文化改革发展的新号角。胡锦涛总书记在全国九次文代会、八次作代会上的重要讲话，向广大文艺工作者发出了承担起用社会主义先进文化引领社会、为人民抒写、为人民放歌、推进文化创造、弘扬文明道德风尚的伟大号召。2011年9月召开的苏州市第十一次党代会提出了率先基本实现现代化的奋斗目标，明确了“建设宜居新苏州，打造创业新天堂，共筑幸福新家园”的经济社会发展总体要求。新形势、新任务为苏州文艺事业的

大发展大繁荣创造了前所未有的历史机遇，也为广大文艺工作者提供了施展才华的动力和舞台。我们广大的文艺工作者要充分认清形势，牢记嘱托，以高度的文化自觉和文化自信，更加自觉、更加主动地肩负起推动苏州文艺事业繁荣发展的重任，为把苏州建设成为文化事业繁荣、文化产业发达、文化人才辈出、历史文化与现代文明相融的文化强市贡献智慧和力量。

在过去的五年中，苏州的文艺事业结出了丰硕果实，取得了长足进步，各艺术门类百花齐放，艺术氛围和谐融洽，文艺创作蓬勃活跃，文化惠民积极主动，人才队伍意气风发。今后五年，是苏州率先基本实现现代化的关键时期，市第十一次党代会全面描绘了苏州未来五年经济社会发展的宏伟蓝图。率先基本实现现代化的伟大事业需要苏州文艺事业有一个更大的繁荣发展。对于未来五年的文艺工作，蒋宏坤书记在昨天的讲话中已经提出了明确的要求，市九届文联的工作报告中也做了展望与部署。简言之，就是要紧紧围绕市委、市政府的中心工作，按照市“十二五”规划的总体目标，自觉服从、服务于工作大局，充分发挥文联“联络、协调、服务、指导”的职能，按照“主战线、主阵地、主力军”新定位、新要求，在推动苏州文艺大发展大繁荣的新征程中再立新功，创造苏州文艺事业的新辉煌。在这里，我简要谈几点意见：

一要弘扬先进文化，践行社会主义核心价值体系。

坚守怎样的文化立场，树立怎样的文化理想，坚持怎样的文化追求，是一个文艺工作者修身立业的根本。只有确立了健康有益的价值坐标，培养高尚情操，提升精神境界，才能启迪人们心灵，引领社会前行。在当代苏州，建设社会主义核心价值体系应该与弘扬苏州“三大法宝”有机结合，与时俱进，丰富和发展“崇文、融合、创新、致远”的苏州城市精神，深入开展群众性精神文明创建活动，探索具有苏州特色的公共文化服务体系。要用社会主义核心价值体系引领文艺创作，用高品质的文艺作品和多姿多彩的文艺表现形式，刻画苏州人民艰苦创业、开拓创新、争先创优的精神风貌，塑造具有苏州风格的崭新艺术形象，引导人们积极向上、奋发有为，充分发挥文艺引领风尚、教育人民、服务社会、推动发展的功能。

二要服务人民群众，树立人民至上的文艺理念。

未来五年，苏州经济社会发展的重要原则之一，就是始终坚持以人为本、执政为民的根本要求。广大文艺工作者应牢牢把握以人为本这一核心要义，更加注重惠民利民这一现实目标。要广泛开展“走基层、转作风、改文风”活动，进一步引导广大文艺工作者关注现实生活，了解社会真情，把握时代脉搏，体验百姓情感，不断研究人民群众精神文化生活的新特点、新规律，密切追踪人民群众审美需求的新变化、新趋向，进一步增强与人民群众的深厚情感与血肉联系。对人民爱得深、对生活贴得近、对基层扎得深，作品才能有生气、有活力、有份量，我们的文艺工作者才能得到人民的认可。

三要强化精品意识，奉献文质俱佳的精品力作。

过去的五年，苏州文艺佳作迭出，获得了众多的国家级重要文艺奖项。我们不乏优秀的文艺作品，但还缺少堪称经典的精品力作。苏州这片文化的“高原”，应该涌现出更多文化的“高峰”，这样，经济发展和文化拓进才能成为名城苏州的一体两翼，让这座城市腾飞的理想日渐高远。为此，我们广大的文艺工作者要坚持导向为魂、内容为王，关注现实生活，不断开阔视野，增强对生活的感悟能力，丰富自己的文化实践，努力把地方特色与时代精神融汇起来，把思想性、艺术性、观赏性统一起来，推出更多具有水乡特色、吴地风情、苏州格调的优秀文艺作品。广大文艺工作者要静得下心境、耐得住寂寞、抵得住诱惑，潜心创作，精益求精，使我们的作品经得起历史、人民和实践的检验。

四要坚持崇德敬业，弘扬高尚的职业道德和职业精神。

广大的文艺工作者是社会主义先进文化的传播者，是精神文化食粮的生产者，是人类灵魂的工程师，担负着以文化人、以文育人的重要职责，只有具有良好的职业道德和高尚的人格魅力，才能创作出启迪心智、震撼心灵的精品力作。广大的文艺工作者要积极践行“爱国、为民、崇德、尚艺”的文艺界核心价值观，弘扬高尚的职业道德和职业精神，秉持德艺双馨的崇高追求，以对国家和民族的担当奉献，以对艺术和事业的执着追求，树立文艺工作者的良好形象。要不断加强自身修养，锤炼思想品质，树立正确的人生观、世界观、价值观，积极宣传和模范执行《苏州市文艺工作者职业道德公约》，用人格力量赢得社会尊重，赢得人民赞誉。

各位代表、同志们，新的征程已经开启，苏州文学艺术大发展大繁荣的春天正迎面而来。让我们高举中国特色社会主义伟大旗帜，在市委的坚强领导下，同心同德，团结奋斗，开拓奋进，为加快推进文化强市建设、率先基本实现现代化作出新的更大的贡献！

最后，祝各位代表和各位文艺家身体健康、阖家幸福、创作丰收！

谢谢大家！

苏州市文学艺术界联合会第十次代表大会开幕词

（2012年3月28日）

苏州市文学艺术界联合会第九届主席团主席　范小青

各位领导、各位代表、各位来宾：

苏州市文学艺术界联合会第十次代表大会今天隆重开幕了。首先，请允许我代表大会主席团和全体代表，向与会的各位领导和来宾表示衷心感谢和热烈欢迎，并向全市文艺工作者致以诚挚的问候。

苏州市文联第九次代表大会以来，在市委、市政府的正确领导和省文联、省作协的关心指导下，全市文艺事业取得了新突破，文联工作迈上了新台阶。广大文艺工作者积极贯彻落实党的文艺方针政策，以饱满的热情投身艺术实践，发扬区域文化优势，打造当代文化品牌，为时代立言，为人民放歌，以丰硕的文艺创作成果和精彩的文艺品牌活动来引领社会风尚，传播先进文化，为推动苏州文化的繁荣发展作出了重要贡献。

文化是民族的血脉，是一个民族生命力的象征。吴文化则是中华民族文化的精髓，是千百年来吴地人民共同的精神家园。它以一种追求发展的创造精神、勇于进取的开拓精神、兼容并包的开放精神，为历史文化名城苏州的现代化建设推波助澜，提供了精神动力和智力支持。春风化雨，润物无声。实践证明，广大文艺工作者只有顺应时代、扎根现实、关怀民生，不断提高自身的艺术修养，才能创作出信仰坚定、思想纯正、感情真挚的优秀文艺作品，进一步激发人们的昂扬斗志，陶冶人们的高尚情操。

各位代表、同志们，党的十七届六中全会作出了深化文化体制改革、推动社会主义文化大发展大繁荣若干重大问题的决定，对我国当前和今后一个时期文化建设作出了全面部署，为今后文艺工作和文联工作指明了方向，提出了更高要求。胡锦涛总书记在全国九次文代会、八次作代会上的重要讲话，是繁荣发展中国特色社会主义文艺的纲领性文献，是建设社会主义文化强国的动员令。苏州市第十一次党代会规划部署了加强文化建设的战略举措，要努力把苏州建设成为文化事业繁荣、文化产业发达、文化人才辈出、历史文化与现代文明相融的文化强市。本次大会就是苏州文艺界深入学习贯彻党的十七届六中全会、全国九次文代会、全国八次作代会以及苏州市第十一次党代会精神的重要会议，我们要以高度的责任感和使命感，将本次大会开成一个民主、团结、繁荣、鼓劲的大会。

等闲识得东风面，万紫千红总是春。同志们，文化大发展大繁荣的春天已经到来，让我们致力于推进苏州市“两个率先”和“三区三城”建设的伟大实践，为伟大的时代放歌，为宏伟的愿景着墨，凝心聚力，开拓创新，共同谱写苏州文艺事业繁荣发展的壮丽新诗篇，为建设文化强市，推动苏州文化大发展大繁荣作出更大的贡献！

预祝大会圆满成功！

苏州市文学艺术界联合会第十届委员会委员名单

（77人，按姓氏笔画排序）

于丽娟（女）	王　尧	王　坚	王　芳（女）	王　群	王少辉
王伟林	王国安	支坤兴	卢卫星	叶　弥（女）	史　铭
邢　静（女）	成从武	朱　晞	朱建华	华　于	刘凤珠（女）
汤哲声	孙俊良	纪银剑	李　忠	李　莉（女）	李　旋（女）
李超德	吴　静（女）	吴国良	吴赵清	何　雯（女）	汪　放
沈　华	沈　鸣（女）	沈丰英（女）	张少怡	张加宏	张炎龙
张唐兵	陆建华	陈　勇	陈永明	陈庆琳（女）	陈曙光
周　静（女）	周一风	周矩敏	庞　曦	郑　红（女）	俞　前

项正伯	荆 歌	胡 群	胡韵荪	皇甫菊含（女）	闻 军
姜兴龙	姚建萍（女）	袁小良	莫全明	顾 芗（女）	钱惠芬（女）
倪 彦	徐白云（女）	徐卓人（女）	徐春宏	徐惠泉	席逢春
陶文瑜	黄劲松	盛小云（女）	董 红（女）	谢 芳（女）	蔡萌萌
廖 军	薛亦然	薛海云	戴德林	瞿长林	

苏州市文学艺术界联合会
第十次代表大会主席团成员及秘书长名单

（按姓氏笔画排序）

于丽娟（女）	王 尧	王 坚	王 芳（女）	王伟林
邢 静（女）	成从武	吕锦华（女）	朱建华	朱栋霖
华人德	刘凤珠（女）	刘振夏	孙君良	李 忠
何 雯（女）	汪 放	沈 华	张加宏	张炎龙
张澄国	陈曙光	范小青（女）	周 良	周一凤
周友良	庞 曦	庞学渊	胡 群	胡韵荪
俞 前	袁小良	莫全明	顾 芗（女）	钱 璎（女）
徐卓人（女）	徐惠泉	席逢春	曹毓民	盛小云（女）
谢 芳（女）	缪学为	瞿长林		

大会秘书长：王伟林（兼）

苏州市文学艺术界联合会第十届委员会主席、副主席名单

主　席：成从武

副主席：王伟林　顾　芗（兼）　王　芳（兼）　王　尧（兼）　吴　静（兼）

重要文献

苏州市文学艺术界行业建设“十二五”行动计划

为深入贯彻中央和省、市关于文化大发展大繁荣的要求，加快推进“文化强市”发展战略，进一步引导广大文艺工作者自觉践行“爱国、为民、崇德、尚艺”的文艺界核心价值观，充分发挥文艺引领风尚、教育人民、服务社会、推动发展的作用，不断提升文学艺术界行业建设水平，根据《苏州市文化发展“十二五”规划》，结合我市文学艺术界行业建设发展现状和趋势，特制订本行动计划。

一、指导思想

以邓小平理论和“三个代表”重要思想为指导，深入贯彻科学发展观，坚持社会主义先进文化前进方向，牢牢把握社会主义核心价值体系的根本要求，坚持文艺“二为”方向和“双百”方针，紧紧围绕中心，服务大局，坚持贴近实际、贴近生活、贴近群众，以改革创新为动力，以精品创作为要务，以人才建设为根本，以品牌打造为重点，充分发挥“主战线、主阵地、主力军”作用，积极履行联络、协调、服务、指导职能，以高度的文化自觉和文化自信奋力开启苏州文艺事业新征程，为率先基本实现现代化提供强有力的精神动力和智力支持。

二、总体目标

紧紧围绕苏州文化强市建设的目标要求，充分发挥文联资源和优势，以“家在苏州”精品创作工程、德艺双馨人才建设“三霞”工程、名家荟萃“三走”品牌工程、文艺之家组织网络建设工程为抓手，努力推出优秀作品和优秀人才，着力丰富和满足人民群众日益增长的精神文化需求，着力推进文联行业管理、行业教育、行业自律、行业服务的行业建设能力和水平，以更宽的视野、更高的标准、更实的举措，显著提升苏州文艺引领力，大力增强苏州文艺竞争力，努力激发苏州文艺创造力，全面扩大苏州文艺影响力，推动苏州文艺在新的高位平台上的科学发展。

（一）文艺精品不断涌现

大力实施精品战略，提升苏州文艺创作的整体水平，打响苏州文学艺术品牌，着力推出一批思想精深、艺术精湛、制作精良的文艺精品，促进苏州文艺由“高原”向“高峰”迈进。

（二）文艺人才凸显优势

加强文艺界行业职业道德建设，按照文艺人才成长的规律，建立和完善文艺人才的发现、培养、推介机制，努力构建梯度合理的文艺人才结构，造就一支德艺双馨的“文艺苏军”队伍，推出一批在全国有影响的文艺拔尖人才，构筑苏州文艺人才新高地。

（三）文艺品牌更具影响

打造立足苏州、面向全国，具有影响力的文艺活动品牌，注重发挥文艺活动在推出精品、推出人才、服务人民等方面的作用，逐步创建一批立得住、叫得响、传得开、留得下的文艺活动品牌，不断提升苏州在全国文艺领域的地位影响。

（四）文艺惠民更富实效

精心组织文艺家深入基层，大力开展文艺惠民活动，建立健全文艺惠民长效机制，不断拓展文艺惠民的广度、深度，进一步创新服务内容、形式和手段，使文艺发展的最新成果更多地普惠于民。

（五）文艺交流更加扩大

加大对外文艺交流力度，坚持“走出去”与“请进来”相结合的交流模式，不断优化彰显地方特色、优势艺术门类的对外文化交流项目，开展多种形式、不同层次的文艺交流与合作，打造在全国有影响的文化交流品牌，推动苏州文化走向全国、走向世界。

三、基本原则

（一）正确导向原则

全面贯彻党的文艺方针政策，坚持“二为”方向、“双百”方针，大力弘扬以爱国主义为核心的民族精神和以改革创新为核心的时代精神，坚持用马克思主义中国化的最新成果指导文艺创作，尊重差异，包容多样，积极倡导健康向上的主流文化，抵制落后低俗的腐朽文化，始终把社会效益放在首位，实现社会效益和经济效益的有机统一。

（二）以人为本原则

牢固树立以人民为中心的创作导向，引导和鼓励文艺工作者贴近实际、贴近生活、贴近群众，创作出更多更好的人民群众喜闻乐见的优秀文艺作品。注重维护和保障人民群众的基本文化权益，激发人民群众的首创精神，坚持文艺发展为了人民、文艺发展依靠人民、文艺发展成果由人民共享，不断满足人民群众的精神文化需求。

（三）改革创新原则

树立可持续的文艺发展理念，提高文艺建设的科学化水平。在配合党委政府推进体制机制、内容形式、传播手段和发展业态的创新进程中，积极探索符合时代发展要求和文艺发展规律的行业管理机制、服务机制、激励机制，推动文联行业管理、行业教育、行业自律、行业服务能力和水平的提高，作用于苏州文艺竞争力、吸引力和凝聚力的不断提升。

（四）科学统筹原则

立足当前，着眼长远，正确认识文学艺术的双重属性和双重功能，坚持按照文化事业和文化产业两轮驱动的发展思路推动文艺事业繁荣。正确处理好主旋律与多样化的关系、继承与创新的关系、精品创作与文艺普及的关系，积极推进各艺术门类、体制内外文艺创作的协调共进，努力实现文学艺术事业持续健康发展。

（五）团结和谐原则

增进文艺界的大团结，充分调动一切积极因素，广泛团结体制内外的广大文艺工作者，相互学习、相互激励，凝聚成坚强有力、团结和谐的文艺团队，共同推动苏州文艺事业的繁荣发展。充分发扬艺术民主和学术民主，鼓励学术上不同风格、不同学派的交流与争鸣，支持文艺工作者大胆探索、积极创造，尊重个性、尊重劳动，进一步营造和谐发展的文艺生态环境。

四、主要任务

（一）实施“家在苏州”精品创作工程

1. 加强文艺创作组织引导。

大力推进以精神文明建设“五个一工程”为龙头的精品战略，加强对文艺精品创作的引导，激励以反映人民创造、关注社会现实、展现苏州经济社会发展成果等“家在苏州”为主题的创作。以创作项目为抓手，加强创作选题、项目策划与论证，对确定的重点项目和重要题材，从题材论证、作品研讨、组织评论等各个环节上精心组织实施，进行跟踪服务，以资金引导、资助扶持、项目管理、作品评估的方式，集中力量，集聚优势，重点打磨。

2.组织文艺创作交流展示。

以举办科学有效的文艺活动为载体，搭建展示平台，充分发挥其导向作用，推动精品创作。精心策划、组织举办苏州作家与中国当代文学研讨会、全国书法名家“得意之作”邀请展、新吴门画风——中国（苏州）画家画苏州、首届中国苏州国际摄影大展、虎丘曲会——中国昆曲国际曲友大赛、全国现代小戏小品评比演出等高层次、高水准的文艺展示平台，着力培育和打造一批具有鲜明地域文化特色和较大影响力的文艺活动品牌，力争三到五年内集中打造、创作一批能在全国有较大影响、彰显文化强市综合实力的精品力作。

3. 推动文艺创作协调并进。

坚持以繁荣创作为中心，注重各艺术门类协调发展，形成各艺术门类创作普遍繁荣的态势。继续保持我市文学、书法、戏剧、曲艺、民文等优势艺术门类创作位列全国第一方阵，积极扶持和推动音乐、舞蹈、摄影等艺术门类的创作在全省创优，力争在全国重大文艺奖项评比中争先进位。坚持创作与理论同发展、评论与创作互促进，加强文艺理论研究和文艺评论，鼓励文艺理论创新，支持开展积极健康的文艺批评。大力推进文艺传承创新，继承和发扬优秀传统文化，不断提升当代苏州文化的内涵和影响力。

（二）实施德艺双馨人才建设“三霞”工程

1.实施“彩霞工程”，重点推出一批文艺拔尖人才和领军人物。

加大对优秀中青年文艺家的培养、激励和宣传推介力度，支持帮助优秀中青年文艺家举办个人展览、展示、作品研讨会和专场展演活动，搭建多种形式的平台载体，提高他们的社会认可度、知名度和影响力。认真做好政府特殊津贴、全国“四个一批”、省“五个一批”宣传文化人才工程、市姑苏文化产业人才等人选的推荐工作，制定并实施全国重大奖项和重点人才的配套激励制度。继续编撰出版《苏州艺术家研究》，着力推出一批相关艺术门类的文艺拔尖人才。

2.实施“朝霞工程”，突出抓好青年文艺人才的选拔和培养。

大力营造有利于青年文艺人才健康成长、脱颖而出的良好环境，逐步探索青年文艺人才培养的工作机制，定期举办读书班、创作座谈会等，提升思想素质和艺术水平。拟开展苏州优秀青年文艺人才评选活动，制定评选细则，每年在2~3个艺术门类中各评选出优秀青年文艺人才5~10名，对推出的优秀青年文艺人才进行跟踪培养，为其创造条件、提供服务。加强对青少年文艺人才的培养，组织开展音乐、舞蹈、书画等培训考级，举办青少年才艺大赛、艺术展示和艺术交流活动，发现和培养有发展潜力的文艺新苗。

3.实施“晚霞工程”，充分发挥老艺术家的传帮带作用。

积极为年事已高的老艺术家整理文艺成果、录制音像资料、出版作品集等，为他们举办个人艺术成就展示、作品研讨会和从艺纪念活动提供服务。组织力量，集中抢救整理著名老艺术家的艺术档案，制订实施方案，每年有计划地完成4~7位老艺术家的艺术资料收集整理和录摄工作，充分发挥老艺术家的艺术影响力和人才培养等方面的作用。

（三）实施名家荟萃“三走”品牌工程

1. 精心组织文艺采风活动。

鼓励和倡导文艺家走进生活与实际，把满足人民群众日益增长的精神文化需求作为出发点和落脚点，从火热的社会生活中积累素材、汲取营养、激发灵感，创作出更多人民群众喜闻乐见的优秀文艺作品。坚持把支持文艺家深入生活作为文艺创作投入的重要环节，创造条件，提供保障，建立文艺家采风创作制度，每年有重点地组织5~6个艺术门类的文艺家采风创作活动。充分利用文艺创作基地的平台，努力为文艺家采风、创作、交流提供良好的条件。

2. 深入开展文艺惠民活动。

组织文艺家走进基层与群众，扎实开展文化惠民活动，以视觉艺术和表演艺术两大板块为平台，充分发挥文艺家志愿者服务队的作用，组织实施中国书法名城苏州书法教育千百工程、名家荟萃惠民演出等送欢乐到基层的各类文化志愿服务活动，活跃群众文化生活，使城乡群众共享文艺建设成果。建立长效机制，创新活动形式，进一步提升文艺惠民活动质量。建立协会基层联络点，帮助基层文艺人才提升艺术素养，逐步实现由“送文化”向“种文化”的提升，不断激发城乡群众创造文化的智慧和热情。

3.努力扩大苏州文艺交流。

组织文艺名家走出苏州，推介弘扬苏州文化，促进苏州文化与其他文化的交融。加强与国内文艺界的交流与合作，举办各类展览展演活动，扩大苏州文艺名家在全国的知名度和影响力。不断拓展对外交流渠道，服务苏州对外开放大局，以视觉和表演艺术两大板块为主，有计划、有步骤地组织国际文化交流活动，推动苏州文化走向世界。

（四）“文艺之家”组织网络建设工程

1.积极适应新形势新变化，不断提高文联自身建设水平。

牢固树立创新意识，增强创新能力，研究探索加强文联行业服务、行业管理、行业自律的新途径、新机制和新方法。高度重视发挥文联组织引导、服务维权的重要作用，建立科学高效的维权工作机制，积极履行维护、保障、代理广大文艺工作者著作权权益的职能。加强以“爱国、为民、崇德、尚艺”为核心的职业道德建设，增强文联干部职业道德修养，积极营造团结和谐、奋发进取的工作氛围，以事业凝聚人心，激发创造活力，增强工作本领，提高管理能力，努力建设一支政治强、业务精、作风正、善管理的文联干部队伍。

2.加强文联组织网络建设，进一步扩大文联行业的覆盖面。

拓展文联工作领域，完善文联组织网络，进一步探索文联行业建设在乡镇、街道、产业（行业）以及新兴文艺领域的有益实践。认真总结推广乡镇文联有人员、有经费、有场所的“三有”标准建设经验，积极发挥乡镇文联的作用，提高乡镇文联建设水平，争取三年内实现全市乡镇文联全覆盖。建立市各文艺家协会与基层文联对口帮建联系点。制定实施基层文联工作考核评估办法，推广先进典型，以点带面，推动基层文联组织建设工作的全面提升。继续探索和尝试在具有条件的产业（行业）、街道等建立文联组织，帮助培养基层文艺人才，开展形式多样的群众文艺活动。

3.推进各级文联的联动机制建设，努力增强文联凝聚力。

牢固树立全市文联“一盘棋”的思想，加大对基层文联的联络、协调、服务力度，加强上下联动，努力形成优势互补、相互促进、共同发展的格局。引导和支持基层文联充分挖掘地域文化资源，科学有效地培育特色文化品牌，形成“一市（区）一品”“一镇一品”的态势，大力提高基层文联在全省的争先、领先、率先地位。定期召开文联工作会议和基层文联建设交流会，开展年度先进基层文联评比、表彰活动，推广和宣传先进基层文联工作经验。制定出台《加强和推进基层文联建设的指导意见》，全面提升基层文联的建设水平。

五、保障措施

（一）加强组织领导

切实加强党对文艺工作的领导，各级党委要把文学艺术工作和文联行业建设摆在重要位置，纳入经济社会发展总体布局之中，深入研究事关文学艺术发展的重大问题，加大对文学艺术事业建设和基层文联发展的支持保障力度，帮助解决基层文联编制、经费和办公场所的实际困难。完善各项扶持政策，着力营造有利于出精品、出人才、出效益的良好环境。重视文艺家协会建设，逐步探索各艺术门类行业标准建设，不断提高文联行业建设管理的能力和水平。把实施文学艺术建设“四大工程”作为繁荣发展苏州文艺事业的一项战略举措抓细抓实，统筹实施文艺交流、文艺惠民等重大文艺活动，建立重点项目管理责任制，明确目标、进度和要求，加强督查检查，确保重点项目目标、任务的全面完成。

（二）加大投入力度

各级党委要充分发挥文化经济政策的引导作用，加大各级财政对文联事业发展的资金投入和保障，支持重点文学艺术项目的建设。在此基础上，充分发挥文联的文艺资源和人才优势，通过多种途径，开拓资金来源，逐步建立起稳定的投入保障体系，推动文联工作和文艺事业的发展。

（三）完善激励机制

建立健全激励机制，推动我市各文艺家协会与中国文联、省文联所属文艺奖项相对接，制定相关标准，充分调动体制内外广大文艺工作者创作的积极性、主动性和创造性。经市委宣传部批准，拟建立苏州文学艺术界“叶圣陶文学奖”、“沈周美术奖”、“张旭书法奖”、“金圣叹评论奖”、摄影“金影像奖”、民间文艺“金桂奖”、戏剧“兰花奖”、曲艺“光裕奖”、音乐“吴韵奖”、舞蹈“红菱奖”、影视“金鹰奖”等年度评选制度，加大对全国性文艺奖项获得者、创作成果项目以及老艺术家、基层文联工作的表彰力度，逐步形成多出精品、多出人才、服务社会、服务群众的激励机制。对已论证的重大题材创作和重点项目设立引导、扶持资金，积极推行重点作品签约创作、重点项目招标等新机制。

践行科学发展　勇担历史使命
努力谱写苏州文艺事业大发展大繁荣的新篇章
——在苏州市文联第十次代表大会上的工作报告

（2012年3月28日）

成从武

各位代表，同志们：

现在，我受苏州市文联第九届委员会主席团的委托，向大会报告工作，请予审议。

一、开拓奋进，锐意创新，开创文艺事业繁荣发展的生动局面

苏州市文联第九次代表大会召开至今已经五个春秋。这五年是我市文化建设繁荣发展的五年，也是市文联工作大有作为、成绩显著的五年。五年来，在市委、市政府的正确领导下，在省文联、省作协和市委宣传部的关心支持下，市文联团结全市广大文艺工作者，高举邓小平理论和"三个代表"重要思想伟大旗帜，全面贯彻落实科学发展观，坚持文艺"为人民服务、为社会主义服务"的方向和"百花齐放、百家争鸣"的方针，切实履行"联络、协调、服务、指导"职能，坚持在开拓创新中激发创造力，在强化服务中增强凝聚力，在奋发有为中扩大影响力，圆满完成了市九次文代会确定的目标任务，全市文艺事业和文联工作迈上了新台阶。

（一）开展主题活动，围绕中心、服务大局取得新成效

五年来，市文联及各团体会员树立大局意识，积极主动贴近全市中心工作，从大局上思考和谋划，精心组织开展一系列有声势、有特色、有影响的主题文艺活动，有效发挥和彰显文艺独特作用，展示了苏州文艺界的新气象、新成果。

一是坚持"三贴近"原则，热情讴歌苏州建设的伟大实践。

自觉服务于推进"两个率先"和"三区三城"建设的伟大实践，围绕建设社会主义新农

村建设主题，策划开展苏州市百名文艺家系列采风创作活动，举办“美在新苏州，美在新农村”书法美术摄影大赛和“大地深情”建设新农村题材小戏小品专场演出，组织作家围绕苏州新农村建设主题开展报告文学创作，编辑出版《本土英雄——苏州社会主义新农村建设报告文学集》。肖静的报告文学《天降大任——吴栋材和一个村庄的命运》、唐晓玲的长篇小说《古画》等新农村题材的作品都产生了良好的社会影响。组织文艺家围绕轨道交通建设开展采风创作，设计制作了轨道交通一号线八个站台文化墙，举办“穿越——苏州轨道交通站台壁画”少儿绘画大赛；创作长篇报告文学《舞龙天堂》，反映轨道交通建设新成就、新面貌；摄影家跟踪记录拍摄轨道交通建设全过程；面向全国，组织歌唱祖国·赞美家园——《苏州之歌》歌曲征集活动及苏州市中青年歌手大赛；围绕道德模范宣传，组织撰写作品，学好人、做好人、写好人、唱好人，营造崇德向善的社会风尚。报告文学作品集《城市底色》《相城风气》、苏州评弹改编演绎的“苏州好人颂”等均产生了较好的影响。

二是开展主题文艺活动，弘扬时代主旋律。

围绕迎接党的十七大、改革开放三十周年、新中国成立六十周年、建党九十周年、辛亥革命一百周年、北京奥运、上海世博会等重大活动，精心组织了“祖国好——苏州市文艺界庆祝建国六十周年展示展演”系列活动、“唱响主旋律，坚定跟党走”等主题鲜明、形式多样的文艺活动，为弘扬时代主旋律营造了良好的文化氛围。围绕2008年汶川特大地震，举办了“情系灾区，奉献爱心——苏州市文艺界抗震救灾义演义卖晚会”，积极组织文艺家开展赈灾义捐活动，向灾区人民送温暖、献爱心，全市文艺家踊跃参与，倾情奉献，谱写了动人的篇章。

三是积极参与文化强市建设，成功承办和协办多项国家级和省级重大文艺活动。

精心策划承办第八届中国民间文艺山花奖颁奖典礼，首届中国农民艺术节开幕式文艺晚会，第二届中国粉画展，省第二届曲艺“芦花奖”颁奖晚会，省第五、第六届小戏小品大赛，省第四、第五届戏剧奖·红梅奖大赛等。

四是加强对外文化交流，展示文化苏州魅力。

坚持“走出去”与“请进来”相结合，开展了多种形式、不同层次的文化交流与合作。先后与北京西城区、广州市、贵阳市、承德市、乌鲁木齐市、榆林市、青岛市等地文联建立了友好文联，组织文艺家赴贵州、新疆、河南、安徽、浙江、广东、山东及台湾等地开展采风交流，举办展示展览活动。组织书画艺术交流团分别赴日本、新加坡举办展览，组织音乐交流团赴日本举办“中国精粹·雅俗共赏”专场民乐演出，举办中日友好青少年书道展，参加金泽文化艺术节，在意大利威尼斯举办“东方水城”摄影展，在美国马里兰州举办中国画展等，相继接待罗马尼亚、俄罗斯、日本、韩国、新加坡等国家的文艺家代表团，扩大了苏州文化的国际影响力。

（二）实施精品战略，文艺精品创作再出新成果

组织引导全市广大文艺工作者认真学习党的文艺政策，把握文艺的创作方向，坚持把社会主义核心价值观贯穿在文艺创作中，引导文艺家关注社会、关注现实、关注民生，注重主题创作，对城乡一体化、产业转型升级、轨道交通建设、城区改造管理等方面组织专题采风创作。重视发挥创作激励作用，设立文艺创作优秀成果年度奖、文学发表奖和其他专项奖，如“六六视觉杯”报告文学奖、“时运杯”散文奖、“张浦杯”诗歌奖、美术新人新作“唐寅奖”、小戏小品奖等。重视发挥文艺评论的作用，围绕文艺创作和重点作品开展研讨评论，先后承办第五届中国青年作家批评家论坛、中国昆舞国际学术研讨会、中国苏州书法史讲坛（连续三届）、首届中国书法名城论坛、两岸三地民族音乐学研讨会，举办苏州文艺论坛、明清书法史国际学术研讨会、小说新作者作品研讨会、歌曲新作品研讨会、摄影理论研讨会、小戏小品研讨会、评弹新作品研讨会，每年出版《苏州文艺评论》专集。

九次文代会以来，我市文学、戏剧、曲艺、音乐、舞蹈、美术、书法、摄影、影视、杂技、民间文艺及文艺评论等各艺术门类的精品创作取得了重大突破，一大批思想精深、艺术精湛、制作精良的文艺精品在全国、省各类文艺奖项中脱颖而出，喜获佳绩，59件文艺作品获得全国各艺术门类最高奖项（其中7件获中宣部精神文明建设“五个一工程”奖），204件（部）作品获省及国家级其他重要奖项（其中23件获省精神文明建设“五个一工程”奖）。

全市作家在省级以上各类报刊上发表作品5900余篇，出版专集500余部，53位作家的197篇（部）作品发表在国家重点刊物上，150余篇（部）作品在省级以上各类文学评奖中获奖。范小青的长篇小说《城市表情》、王一梅的长篇童话《木偶的森林》和徐玲的长篇小说《流动的花朵》分别获得第十届和第十一届中宣部精神文明建设“五个一工程”奖；范小青的短篇小说《城乡简史》获第四届鲁迅文学奖，长篇小说《女同志》获第七届茅盾文学奖提名。20位作家26部作品获江苏省第三、第四届紫金山文学奖；另外，几十位作家在庄重文学奖、冰心文学奖、国家图书奖等全国性各类文学奖项评选中获奖。

戏剧和曲艺在传承中创新发展，成绩斐然。在第十、第十一届中宣部精神文明建设“五个一工程”奖评选中，由我市文艺工作者创作演出的昆剧《西施》，滑稽戏《笑着和明天握手》、《顾家姆妈》获奖。在第二十五届中国戏剧奖·梅花表演奖评选中，著名表演艺术家顾芗获“梅花大奖”，成为江苏省唯一获得该项荣誉的艺术家；俞玖林、沈丰英获第二十三届中国戏剧奖·梅花表演奖；陆伦章二度获中国戏剧奖·曹禺剧本奖；《喜搬家》等七部作品获中国戏剧奖·小戏小品优秀剧目奖。在第四、第五、第六届中国曲艺“牡丹奖”评选中，周良获终身成就奖，中篇弹词《大脚皇后》、《风雨黄昏》、《雷雨》获节目奖，短篇弹词《重逢》、快板与评弹《生命的价值》获文学奖，邢晏芝、陆建华获表演奖，施斌、沈彬获新人奖。

2007年12月，苏州首批获得中国书法家协会命名的“中国书法名城”称号，随后，常熟市、张家港市被命名为“中国书法之乡”，昆山巴城镇、常熟书画院被命名为“中国书法创作基地”。在中国书协举办的第二、第三届中国书法“兰亭奖”评选中，我市沙曼翁、华人德、金学智、李双阳、张锡庚、张士东分别获奖，其中沙曼翁先生以全票获终身成就奖，华人德连续三次获奖。陆家衡等一批书法家在中国书协主办的全国各类书法篆刻作品展览和比赛中获奖。在第十一届全国美展中，我市有40件美术作品入展。在中国百家金陵画展（油画）中，吴晓洵的《灯·光》、姚莨的《享受阳光》、王嫩的《夜车》和张新权的《雪龙号》分别获得金奖，戴家峰等九位画家的作品在第二届中国粉画展评选中获优秀奖。在最具权威的全国摄影艺术展和中国国际摄影展中，张炎龙的《构成》、郑斯年的《舞春风》、朱永峰的《禅院晨雾》、陈解法的《浮冰北极熊》、闻军《转场风云录》分别获奖，江全官参加首届中国农民摄影艺术展喜获最高奖项。

在中宣部举办的全国流行歌曲比赛中，范广勋作词作曲的《有一个美丽的名字叫江南》、华也作词的歌曲《江南小茶楼》从华东赛区脱颖而出，进入全国总决赛并获佳绩，姜兴龙的《走江苏，爱江苏》、吴利明的《心中的祝福》等六首歌曲获省第六、第七届精神文明建设“五个一工程”奖，王蔚的《忆江南》、周友良、李崇的《如今咱工人想个啥》获江苏音乐“茉莉花奖”。在中国舞蹈“荷花奖”比赛中，舞蹈《小春香》、《长成一双飞翔的翅膀》获“小荷风采”全国少儿舞蹈展演金奖。一批青年舞蹈编导和演员在江苏舞蹈“莲花奖”比赛中崭露头角，取得佳绩。在第二十四届中国电视“金鹰奖”评选中，《笛声何处》获中短篇电视剧三等奖。电视艺术片《水天堂》、《烟波太湖》，电视剧《家变》获省第六届精神文明建设“五个一工程”奖。在第八、第九、第十届中国民间文艺“山花奖”评选中，我市有10件作品获奖，其中姚建萍连续四次获奖。我市民间文艺家积极参加各类国家级和省级民间工艺博览会，共获得金、银奖200多项。苏州的文艺评论不仅推动了文艺创作，其作品本身也在全国和全省获得佳绩：在第七届中国文联文艺评论奖评选中，王伟林的论文《关于“国展”与当代书法创作、书法活动的思考》获二等奖，曾一果的论文《改革开放30年与中国电视剧的“城市想象”》获第八届中国金鹰电视艺术节电视艺术论文二等奖，王尧的《如何现实怎样思想》和丁晓原的《复调与复式：新世纪十年报告文学观察》获省第二届文学评论奖一等奖。

五年来，苏州文艺工作者除在中宣部、中国文联、中国作协的各类文艺奖项评选中喜获丰收外，还在文化部的文华奖、群星奖，国家广电总局的华表奖、星光奖以及省级各类政府奖项评选中获得优异成绩。

（三）加大人才培养力度，文艺队伍建设迈出新步伐

大力培养优秀文艺人才，努力构筑苏州文艺人才高地，文艺人才队伍建设得到了明显加强。目前市文联所属12个文艺家协会共有市级会员4993人，其中省级会员2249人，全国会员619人。全市文艺界拥有中国文联委员1人，中国作协全委会委员1人，国家级协会副主席1人，省文联副主席2人，省作协主席1人，省文联委员7人，省作协理事5人，省协会主席1人、副主席9人，盛小云入选全国“四个一批”宣传文化人才，姚建萍、王芳、叶弥、朱文颖入选省“五个一批”宣传文化人才，顾芗、盛小云分别获第二、第三届全国中青年德艺双馨文艺工作者称号，陆伦章获第三届“苏州杰出人才奖”，19人入选江苏省优秀青年美术、书法、戏剧、曲艺、民间文艺人才，形成了一支强有力的建设先进文化的生力军。

加大中青年文艺人才培养力度。坚持每年举办全市中青年文艺工作者读书班，邀请全国、省市的领导、专家、学者授课，提升中青年文艺工作者的综合素质，积极推荐有潜力的中青年文艺人才参加全国、省各类读书班、培训班、文艺讲座等，支持帮助优秀文艺家举办个人作品展览、展演和作品研讨会，编撰出版《苏州作家研究》、《苏州艺术家研究》，在中国文联文艺家之家举办《苏州艺术家研究》首发座谈，扩大苏州文艺名家在全国和全省的知名度和影响力。积极发挥老文艺家传帮带作用，开展拜师学艺活动，支持他们传承苏州优秀传统文化，做好老艺术家艺术资料的抢救与保存工作，拍摄《艺·春秋》老艺术家艺术人生系列专题片，举办老艺术家作品展览和座谈会。在庆祝中国文联成立60周年之际，我市钱璎、周良、贺野等近40位老艺术家获中国文联从艺60年的表彰。重视青少年文艺素质培养，组织少年儿童参加书画、音乐、舞蹈等艺术的培训，举办公益性全市青少年作文、书画、钢琴、古筝等比赛活动，开展故事姐姐活动，组织优秀传统文化进校园，打造艺术特色学校，促进青少年全面发展。

（四）立足特色资源优势，文艺品牌建设跃上新台阶

2009年起，我们精心策划，每三年轮流举办摄影、书法、美术主题活动，举办了“新吴门·六月风”美术系列活动、“吴门书道”巡礼系列活动和摄影系列活动。为展示中国书法名城苏州书法风采，2009年3月，在中国美术馆成功举办了吴门书道——中国书法名城苏州作品展，全面展示了苏州书法的整体实力和艺术风采，受到专家、学者和广大观众的一致赞誉。从2010年起，该展又相继在南京、徐州、杭州、台北以及出国赴日本展出，这一系列活动提升了苏州书法品牌效应。继2003年苏州承办首届中国粉画展后，2011年又精心策划承办了第二届中国粉画展，在全国美术家报送来的1300幅作品中评选出入展作品125幅、优秀作品32幅。粉画展集中展示了中国粉画艺术精品，对扩大苏州粉画影响、打造粉画艺术品牌产生了积极的推动作用。

各级文联和各文艺家协会根据自身特点，着力打造"一市一品"、"一会一品"文艺品牌。中国苏州虎丘曲会、全市小戏小品大赛、苏州市高校美术教师作品展、苏州市民间艺术节已经在全省乃至全国产生一定的影响。常熟市成为中国曲艺之乡、中国书法之乡、中国群众舞蹈创作基地，太仓市成为中国微型小说之乡，张家港市成为中国吴歌之乡、中国书法之乡，吴江市成为中华诗词之乡、中国民间文化艺术之乡，相城区、吴中区成为中国民间文艺之乡，还有一大批乡镇成为国家级、省级文艺创作基地。

（五）夯实文联工作基础，基层文联工作呈现新活力

按照2007年在广州召开的中国文联基层文联建设工作会议精神，苏州把推动基层文联建设作为一项重要的基础工作，积极争取当地党委、政府对基层文联的关心和支持，加强联络、协调、服务、指导，创造全市文联工作城乡联动、优势互补、资源共享、共同发展的良好局面。2011年底，苏州工业园区文联正式成立，至此，我市12个市（县）、区已全部建立文联，恢复和新建23个乡镇（街道）文联，成立公安、职工两个行业文联，全市文联组织网络日趋健全，特别是乡镇（街道）文联的建立，为培养基层文艺骨干、丰富群众文化生活发挥了积极的作用。省文联先后在苏州召开全省基层文联工作会议、乡镇文联工作现场交流会、文艺家协会工作交流会和书画考级工作会议，充分肯定了我市基层文联建设经验。

常熟市文联在全省首先实现乡镇文联全覆盖，实施乡镇文联目标管理制，初步形成"一镇一品"、"一品一特"的态势。昆山市文联按照"三有"要求建立乡镇文联，实施市镇两级文艺创作扶助制、昆山市作家签约制、文艺作品采购制，形成了较为完善的文艺创作激励机制，成功承办"首届中国农民艺术节开幕式文艺晚会"。张家港市文联以张家港精神为引领，围绕"创新发展"的时代主线，突出"人才、精品、活动"三大工作核心，开创文联工作新局面。太仓市文联积极打造"月季花"文艺品牌，设立"文学艺术月季花奖"，推出《月季花丛书》。吴江市文联重视地域文化研究，积极开展"回娘家"系列活动，打造"乐居吴江"文化品牌。吴中区文联组织举办"辉煌吴中"庆祝新中国成立60周年美术书法摄影精品展、纪念改革开放30周年精品展等活动。相城区文联积极参与承办活力岛音乐节、阳澄湖七夕民俗文化旅游节、感恩教育广场巡回演出等品牌活动，挖掘整理阳澄渔歌。高新区文联致力于山水人文资源的挖掘、整理和传承，组织举办了赵宧光文化价值研讨会。沧浪区文联整合区内文化资源，积极参与"文化沧浪"建设，编辑出版了《沧浪影藏》、《沧浪之歌》报告文学集。金阊区文联挖掘与保护历史文化遗产，参与山塘街中国历史文化名街创建。平江区文联组建各类群众文艺团队，开展文艺活动，丰富基层群众文化生活。工业园区文联收集整理有关咏唱园区山水地理、人物历史、风俗民情的诗篇，编辑出版了《城东诗钞》和《城东诗钞赏析》。望亭电厂文联开展职工文学征文、摄影比赛、书法展览等活动，加强企业文化建设。公安文联和职工文联根据自身特点开展文化活动，树立行业新形象。

（六）坚持面向基层，服务群众，文艺惠民活动取得新进展

创建了文艺家志愿者服务总队，下设苏州14支分队和文联艺术团，注册队员392名，策划开展了"送欢乐到基层""百名书画家惠民进万家"活动。每年春节前夕，开展"我们的节日——红红火火过大年"活动，组织文艺家小分队赴企业、农村、学校、社区、军营进行惠民演出，赠送书籍，义务书写春联，为80岁以上的老人拍摄合家欢，与沧浪区双塔街道联合举办“沧浪之春”百名书法家赠写春联活动，坚持“送欢乐到基层”文化惠民活动经常化、制度化，每年不少于40场次。在“百名书画家惠民进万家”活动中，美协每年举办慈善笔会，书协培育塘桥镇等10个书法特色乡镇，连续两年举办大型慈善捐助活动，被中国书协授予“中国书法进万家”活动先进集体。创新文化惠民服务形式，探索“送文化”与“种文化”相结合的新模式，将文艺惠民与文艺普及相结合，建立文艺创作基地，打造和创建乡镇地方文化特色。目前，国家、省文艺家协会分别在我市建立了中国文学创作基地、中国诗歌创作基地、中国儿童文学创作基地、中国书法创作基地、中国曲艺创作基地、中国音乐创作基地、中国舞蹈创作基地、中国戏剧小梅花培训基地，市文联和市各文艺家协会在千灯镇等地也建立了20多个文艺创作生活基地，这些基地对推动基层文化活动的开展和普及起到了很好的推动作用。

（七）加强自身建设，文联各项工作呈现新气象

认真贯彻市委对机关作风效能建设的要求，紧紧围绕文化工作的主题，以党的十七大和十七届六中全会精神为指导，转变工作作风，努力提升服务基层、服务社会、服务文艺家的能力和水平。在深入学习实践科学发展观和创先争优活动中，文联机关能够紧密结合我市文艺事业和文联工作的实际，注重把学习教育活动与调查研究、制度建设和解决问题紧密结合，建立和完善文联党组议事规则、中心组学习制度、财务管理制度、各部门工作职责、挂靠社团组织管理办法，加强制度执行力度，严格按章办事，使文联各项工作进一步规范化、制度化。积极拓展文联行业服务、行业管理、行业指导职能，建立苏州版权协会文联分会，积极推进维权工作，努力维护文艺家合法权益。注重协会建设，积极稳妥地完成了10个协会的换届工作，充分发挥协会主席团、理事会集体领导作用和驻会干部的主观能动性，落实协会办公场所和基本办公经费，支持协会开展丰富多彩的文艺活动。拓展服务领域，探索文联和协会社会化建设发展新路子，与在苏高校共建苏南民间音乐研究所、粉画研究中心、吴文化传承保护基地，支持苏州美术院、画廊协会、沧浪诗社等民间社团开展活动，扩大了文联的社会凝聚力和影响力。

加大文联工作宣传和文艺信息交流力度，创办了苏州文学艺术网和中国评弹网、苏州市摄影家协会网、苏州民间文艺网。苏州文学艺术网每年发布文艺信息千余条，并积极向《中国文艺报》、江苏文学艺术网和《繁荣》提供信息稿件，中国评弹网、苏州市摄影家协会网点击率双双过百万。《苏州杂志》坚持“当代意识、地方特色、文化风貌”的办刊方针，在保持传统风貌的基础上创新发展，先后荣获第四届华东地区优秀期刊奖和第六届江苏省双十佳期刊。

各位代表，九次文代会以来的五年，是文艺工作和文联工作不断解放思想、开拓创新的五年，是服务大局、服务群众成效显著的五年，是文联组织覆盖面不断拓展、凝聚力不断增强的五年。这些成绩的取得，是市委、市政府以及市委宣传部亲切关怀和坚强领导的结果，是上级文联、作协和社会各界有力指导和大力支持的结果，更是广大文艺工作者团结奋斗、辛勤耕耘的结果。在此，让我们向热忱关心支持文联工作的各级领导和社会各界朋友表示衷心的感谢！向广大文艺工作者致以崇高的敬意！

九次文代会以来，老一辈知名文艺家张寒月、蔡再元、庄再春、王勉、崔护、瓦翁、谢孝思、娇毅、范万钧、段炳臣、沈彬如、吴敦木、蒋玉芳、薛静珍、李有声、丁杰、程彼德、陆辰生、谢毓菁、沙曼翁、王月香、诸葛铠等相继辞世，他们为苏州文艺事业的发展作出了卓越贡献，给我们留下了宝贵的艺术遗产和精神财富，将永远铭记在我们心中，激励我们前行。

回顾九届文代会以来五年的发展历程，我们进一步提升了对做好文艺工作和文联工作规律性的认识，也为未来的发展积累了宝贵的经验：一是必须高举中国特色社会主义伟大旗帜，以科学发展观统领文艺工作和文联工作，始终坚持“二为”方向和“双百”方针，贴近实际、贴近生活、贴近群众，坚定不移地发展社会主义先进文化，用社会主义核心价值体系引领文艺思潮。二是必须坚持和依靠党对文艺工作和文联工作的领导，服从服务于苏州现代化建设发展大局，找准工作定位，着力打造一批优秀作品和品牌项目，培养一支德艺双馨的文艺人才队伍。三是必须坚持以人为本、文化惠民，把满足人民群众精神文化需求、提高人民群众思想道德素质作为文艺工作和文联工作的根本出发点和落脚点。四是必须坚持解放思想、实事求是、与时俱进，以改革创新的精神推动文联工作在继承中开拓，在创新中发展。

各位代表，在充分肯定成绩的同时，我们也清醒地看到，面对苏州市第十一届党代会提出的新要求，面对文化繁荣发展的新趋势，面对人民群众精神文化生活的新期待，我们的工作还存在不足和差距。主要是：在转变文化发展观念、推动改革创新方面还有待增强，在服务大局、服务群众等方面的能力上还有待提高，在引导和扶持多出优秀作品、多出优秀人才方面的力度上还有待加大，在拓展联络范围和推进行业服务、行业管理、行业维权、行业自律方面还有待加强。我们要高度重视这些问题，在今后工作中认真加以研究和解决，努力推动文艺工作和文联工作不断创新发展。

二、坚持社会主义先进文化前进方向，努力担当时代赋予的崇高使命和历史责任

文化是民族的血脉，是人民的精神家园，是国家发展进步的强大力量。党的十七届六中全会提出了坚持中国特色社会主义文化发展道路、努力建设社会主义文化强国的战略思想和宏伟目标，胡锦涛总书记在全国九次文代会、八次作代会上的重要讲话，站在建设社会主义文化强国、实现中华民族伟大复兴的高度，对广大文艺工作者充满期待，提出了殷切的希望和要求，令人鼓舞，催人奋进。

必须把勇担历史责任、推动文艺繁荣作为文艺工作和文联工作的崇高职责。党的十七届六中全会吹响了建设社会主义文化强国的号角。当前，文艺工作和文联工作面临着难得的历史机遇，文联要坚持高度的文化自觉，团结广大文艺工作者，积极作为，主动作为，发挥“主战线、主阵地、主力军”作用，肩负起推动社会主义文艺事业大发展大繁荣的重大职责，以文化引领力和凝聚力强、文化事业和文化产业强、文化人才队伍强为目标，按照“建设宜居新苏州，打造创业新天堂，共筑幸福新家园”的总体要求，在率先基本实现现代化的伟大征程中发挥积极作用。

必须把建设社会主义核心价值体系作为文艺工作和文联工作的根本要求。社会主义核心价值体系是兴国之魂，是先进文化的精髓，是发展文艺事业的根本任务。我们必须更加坚定地坚持文艺“二为”方向和“双百”方针，更加自觉地坚持社会主义先进文化前进方向，更加积极主动地弘扬社会主义核心价值体系，坚持用社会主义核心价值体系引领文艺创作，引导和鼓励广大文艺工作者创作出更多更好的思想性、艺术性、观赏性相统一，人民群众喜闻乐见的优秀文艺作品，充分发挥文艺引领风尚、教育人民、服务社会、推动发展的作用。

必须把多出文艺精品、多出优秀人才作为文艺工作和文联工作的永恒主题。我们要进一步强化创新意识和精品意识，大力推进文艺观念、内容形式、体制机制的创新，大力推进文艺体裁题材、风格流派、样式手段的创新，引导广大文艺工作者坚持“三贴近”，深入生活，反映现实，讴歌时代，以生动的笔触、优美的旋律、感人的形象着力打造无愧于历史、无愧于时代、无愧于人民的文艺精品。要营造尊重劳动、尊重

知识、尊重人才、尊重创造的良好氛围，积极开展践行“爱国、为民、崇德、尚艺”的文艺界核心价值观和《中国文艺工作者职业道德公约》教育实践活动，引导广大文艺工作者坚守艺术理想和艺术良知，恪守职业精神和职业道德，做先进文化的建设者、美好心灵的塑造者、时代风尚的引领者和社会和谐的促进者。

必须把满足人民群众精神文化需求作为文艺工作和文联工作的出发点和落脚点。社会主义文艺来源于人民、植根于人民，也必须服务于人民。我们必须深入实际、深入生活，情系群众、尊重群众，坚持以人民为中心的创作导向，把人民群众作为文艺创作的表现主体和服务对象，创作优秀文艺作品，把更多更好的精神食粮奉献给人民，不断满足人民群众多样化、多层次的精神文化需求。

三、坚持以改革创新为动力，开启苏州文艺事业发展新征程

根据新形势、新任务和新要求，今后五年全市文联工作的总体思路和目标要求是：深入贯彻党的十七大和十七届六中全会精神，坚持以邓小平理论和“三个代表”重要思想为指导，全面贯彻落实科学发展观，坚持社会主义先进文化前进方向，牢牢把握社会主义核心价值体系的根本要求，始终坚持“二为”方向和“双百”方针，弘扬主旋律，提倡多样化，坚持“三贴近”，以改革创新为动力，以建设文化强市为目标，充分发挥“主战线、主阵地、主力军”的地位和作用，积极履行联络、协调、服务、指导职能，大力实施文艺精品工程、文艺人才工程、文艺品牌工程、文艺惠民工程、文艺“走出去”工程，以高度的文化自觉和文化自信，着力提高围绕中心、服务大局的能力和水平，着力推动文艺精品创作和文艺队伍建设，着力丰富和满足人民群众的精神文化需求，为率先基本实现现代化，把苏州建设成为文化事业繁荣、文化产业发达、文化人才辈出、历史文化与现代文明交相辉映的文化强市作出新的贡献。

（一）紧紧围绕服务大局，努力在唱响时代发展和社会进步的主旋律上作出新贡献

要始终坚持围绕中心、服务大局的工作原则，紧紧围绕苏州率先基本实现现代化的伟大实践，紧紧围绕文化强市建设的目标，以重大节庆活动为契机，运用文艺形式，精心策划组织一系列有声势、有影响、有特色的重大文艺活动，创作一批歌颂党、歌颂祖国、歌颂社会主义、歌颂改革开放的优秀文艺作品，弘扬时代主旋律。今年是党的十八大召开的喜庆之年。我们要根据中央、省、市的统一部署，精心组织实施形式多样的主题文艺活动，着力营造良好的文化氛围。要组织和引导广大文艺工作者深入到改革开放第一线，以丰富多彩的文艺形式生动形象地反映苏州在率先基本实现现代化进程中的新成就、新风貌，热情讴歌苏州人民的伟大创造和丰功伟绩，为新一轮苏州经济社会的发展加油鼓劲，谱写苏州率先发展、和谐发展的辉煌篇章。要大力弘扬和宣传苏州传统文化，不断提升苏州文化的竞争力和影响力，为提高城市文化软实力发挥积极作用。要加强与海内外的艺术交流合作，协助办好太湖文化论坛、中国国际民间艺术节、中国戏剧节、中国苏州评弹艺术节、中国昆剧艺术节等具有国际影响的对外文化交流活动，推动苏州文化走向全国、走向世界。

（二）紧紧围绕繁荣创作，努力在推出优秀文艺作品上创造新佳绩

要把推动文艺精品创作作为工作的重要着力点，强化精品意识，继续坚持以精神文明建设“五个一工程”为龙头，坚持正确的创作导向，引导广大文艺工作者树立以人民为中心的创作思想，自觉扎根生活，深入群众，从火热的生活中得到艺术感悟、思想启迪和创作灵感，创作更多思想性、艺术性和观赏性相统一，人民群众喜闻乐见的文艺精品。要加强创作选题、项目策划与论证，积极引导推动现实题材、优秀少儿作品

的创作，鼓励文艺家大胆探索，在艺术形式、艺术内容、艺术风格和艺术手段上善于创新，力争在精品创作上有新的突破。要加强对重点作品创作各个环节的指导，在创作研讨、出版、经费等方面提供扶持和帮助。积极开展文艺评论和文艺研究，引导文艺创作，推介优秀作品，提升鉴赏水平。进一步完善文艺创作的激励机制，加大对优秀文艺作品的扶持和奖励力度，做好优秀文艺作品的宣传推介工作，发挥其示范导向作用。

（三）紧紧围绕德艺双馨队伍建设，努力在构筑文化人才高地上实现新突破

要牢固树立人才资源是第一资源的观念，努力培养更多在全国和全省有影响的文艺名家，打造一支德艺双馨的文艺工作者队伍。进一步加强以“爱国、为民、崇德、尚艺”为核心的职业道德建设，引导广大文艺工作者自觉追求德艺双馨，牢固树立正确的世界观、人生观和价值观，培养良好的职业精神和职业道德，增强历史使命感和社会责任感。加大中青年文艺人才的选拔和培养力度，特别要关注各艺术门类中具备发展潜力的文艺骨干，推荐他们参加读书班、培训班、观摩学习、研讨展览等活动，创造条件，让他们脱颖而出。要加大对优秀文艺人才的宣传推介力度，支持帮助文艺名家举办个人展览、展示和专场展演活动，积极向全国“四个一批”、省“五个一批”人才工程以及省优秀青年文艺人才评选举荐人才。要主动关心文艺工作者特别是老文艺工作者的工作与生活，多为他们办好事、做实事、解难事，充分发挥文联艺术指导委员会及老文艺家的作用，积极开展优秀传统文化的传承和文艺人才的传帮带工作，继续做好《艺·春秋》老文艺家艺术人生资料片拍摄记录工作。重视青少年文艺后备人才培养和选拔，提高青少年艺术素养，为文艺发展储备更多人才。加强文艺人才信息管理，健全会员的组织网络，密切关注、广泛团结体制外的自由职业者和新兴艺术领域的人才，创造条件，为他们的艺术发展提供更好的服务。

（四）紧紧围绕实施品牌战略，努力在打造独具特色的文艺品牌活动上取得新成效

要立足文艺资源丰富和文艺人才荟萃的优势，扎实开展以文化品牌建设为重点的文艺活动，注重整合资源、上下联动、横向互动，提高活动的组织、策划水平，加大宣传力度，扩大品牌活动的知名度和影响力。精心策划每三年轮流举办的美术、书法、摄影系列展示活动，今年尤其要办好“家在苏州”摄影系列活动，不断扩大中国书法名城苏州的影响，办好吴门书道——中国书法名城苏州作品展赴欧洲的巡展，继续办好苏州市高校美术教师作品展、“唐寅奖”苏州市美术新人新作展、中国苏州虎丘曲会、苏州市民间艺术节、苏州市小戏小品大赛等品牌活动，不断创新活动形式，丰富活动内涵，提升活动水平。要积极指导各级文联和各文艺家协会根据自身优势，着力打造品牌活动，形成“一会一品”“一市一品”的格局。

（五）紧紧围绕服务人民群众，努力在提升文艺惠民成效上开创新局面

进一步增强文艺为基层服务、为社会服务、为人民服务的观念，努力让优秀的文艺成果普惠于民。以“家在苏州”为主题，创新文艺惠民活动形式和内容，不断壮大文艺家志愿者服务队伍，完善志愿者服务工作机制，鼓励文艺家深入社区、学校、企业、农村和军营举行文艺知识讲座、慰问演出、展示展览等惠民活动。积极发挥文艺家志愿者服务队的作用，继续深入开展“送欢乐到基层”“百名书画家惠民进万家”“我们的节日”等文艺惠民活动。书法教育千百工程要集中三年时间面向社会义务培养1000名书法爱好者，面向中小学义务培养100名书法教师。要把“送文化”和“种文化”相结合，充分利用乡镇文联和文艺创作基地平台，帮扶指导基层文艺爱好者，提升他们的艺术素养和专业水平，使他们逐渐成长为繁荣基层文艺事业的生力军。要指导广大群众开展丰富多彩的文化活动，活跃基层文化生活，倡导健康文明的生活方式，促进和谐文化建设。

（六）紧紧围绕内强素质与外树形象，努力在提高文联工作的科学化水平上迈上新台阶

进一步推进学习型、服务型、创新型和谐文联建设，在文艺界大力营造重视学习、崇尚学习、终身学习的浓厚氛围。充分认识新形势、新任务对文联自身建设提出的新要求，研究探索适应社会主义市场经济体制，符合文艺发展规律和文联自身特点的体制机制、内容形式、工作方法，更好地发挥文联的独特优势和职能作用。要进一步加强文联领导班子建设、党组织建设和干部队伍建设，大力倡导科学、严谨、求实、创新、奉献的优良作风，营造想干事、能干事、干好事的良好氛围，按照主动服务、创新服务、尽责服务、高效服务、廉洁服务的要求，扎实开展“走基层，转作风，改文风”活动。要重视加强协会建设，提高协会工作质量和服务水平。要加强对基层文联的联络、协调、服务和指导工作，整合资源，加强协作，健全网络，鼓励有条件的乡镇建立文联，推动基层文联建设再上新台阶。继续办好《苏州杂志》、《苏州文艺》和苏州文学艺术网，加紧筹建曲园的文艺家之家，争取使之尽早成为文艺家开展交流、展示、研讨活动的平台，使文联真正成为广大文艺工作者的温馨和谐之家。

各位代表、同志们，新的航程已经开启，文艺发展的又一个春天正迎面而来。今天，我们站在新的历史起点上，激情澎湃，豪情满怀。让我们携起手来，在市委、市政府以及市委宣传部的坚强领导下，高举中国特色社会主义伟大旗帜，全面贯彻落实科学发展观，牢记职责、不辱使命、开拓奋进、扎实工作，共同谱写苏州文艺事业大发展大繁荣的绚丽篇章，以优异的成绩迎接党的十八大胜利召开，为加快文化强市建设、推进率先基本实现现代化而努力奋斗！

苏州市文学艺术界联合会章程

（苏州市文学艺术界联合会第十届代表大会审议通过）

总　则

第一条　苏州市文学艺术界联合会（简称苏州市文联）是中国共产党苏州市委员会领导的，由苏州市各文学艺术家协会、各市（县）区文学艺术界联合会和产(行)业文联组成的人民团体，是党和政府联系文艺界的桥梁和纽带，是繁荣发展社会主义文艺、建设社会主义先进文化的重要力量。

苏州市文联是江苏省文学艺术界联合会的团体会员。

第二条　苏州市文联的宗旨是：高举中国特色社会主义伟大旗帜，以马克思列宁主义、毛泽东思想、邓小平理论和“三个代表”重要思想为指导，深入贯彻落实科学发展观，坚持党的基本路线，坚持社会主义先进文化前进方向，坚持文艺为人民服务、为社会主义服务的方向和百花齐放、百家争鸣的方针，遵守宪法和法律，团结、动员全市文艺工作者积极投身改革开放和社会主义现代化建设，弘扬社会主义核心价值体系，致力于繁荣社会主义文艺事业，建设苏州文化强市，为苏州率先基本实现现代化而努力奋斗。

第三条　苏州市文联坚持文艺贴近实际、贴近生活、贴近群众的原则，弘扬主旋律，提倡多样化，尊重文艺规律，继承优良传统，推动文艺创新，创作生产出思想性、艺术性、观赏性相统一，人民喜闻乐见的优秀文艺作品。

第四条　苏州市文联积极促进全市文艺界的团结，加强同各省市文联的交往，增进与港、澳、台地区及海外侨胞中的文艺团体和文艺界人士的交流合作，为弘扬中华民族优秀文化贡献力量。

第一章　任　务

第五条　苏州市文联对各团体会员负有联络、协调、服务、指导职能。通过组织学习、深入生活、文艺创作、文艺评奖、成果展示、惠民服务、学术讨论、调查研究、人才培训、对外交流和权益保护等项工作，充分发挥对文艺工作者的组织、引导、服务、维权作用，推动各团体会员业务活动的开展。

第六条　苏州市文联积极加强文艺界与社会各界的联系，与政府有关部门密切合作，繁荣发展苏州市文艺事业。

第七条　苏州市文联引导文艺工作者树立社会主义荣辱观，自觉践行“爱国、为民、崇德、尚艺”的文艺界核心价值观，恪守《苏州市文艺工作者职业道德公约》，倡导德艺双馨，表彰奖励优秀文艺工作者和文艺作品，发现、培养和扶持文艺人才，不断壮大文艺人才队伍。

第八条　苏州市文联推进文艺创新，繁荣文艺创作，推动文艺精品生产；发掘优势资源，打造文艺品牌，提升苏州文艺的竞争力和影响力。

第九条 苏州市文联积极反映团体会员和文艺工作者的意见、建议和要求，依法维护他们的合法权益。

第十条 苏州市文联积极开展民间国际文化交流活动，加强友好往来，扩大苏州文化对外影响，推动苏州文化走向全国、走向世界，维护国家利益和文化安全，努力对人类文明的进步作出贡献。

第十一条 苏州市文联根据社会主义精神文明建设的特点和规律，适应社会主义市场经济发展的要求，推进文艺体制改革，发挥自身在组织、人才和资源上的优势，支持发展文化产业。

第十二条 苏州市文联根据文学艺术特点，适应时代发展要求，拓展工作职能。通过规范行为、业务培训、成果评价、职称评审、资质论证等，加强文艺领域的行业教育、行业自律、行业服务和行业管理。

第二章 会 员

第十三条 苏州市文联实行团体会员制。

市各文艺家协会、各市（县）区文联为本会团体会员。我市产（行）业文联提出申请并经本会批准，可成为本会团体会员。

第十四条 团体会员的义务和权利。

团体会员的义务：遵守本会章程，执行本会决议，按期交纳会费，完成本会交付的任务，开展符合章程的各项活动。

团体会员的权利：推选本会代表大会代表，参加本会活动，对本会工作提出意见、建议。团体会员有退会自由。

第三章 组织机构

第十五条 苏州市文联的最高权力机构为苏州市文学艺术界联合会代表大会和由它选举产生的苏州市文联委员会。

第十六条 苏州市文联代表大会代表由各团体会员推选和苏州市文联根据实际情况特邀产生。

第十七条 苏州市文联委员会委员人选，由各团体会员和有关方面按商定名额分别推举，经代表大会主席团审议，提交代表大会通过后确认。代表大会闭会期间，由苏州市文联委员会行使其权力。

苏州市文联委员会中的团体会员委员实行自然替补制，即该委员不担任该团体会员领导职务后，该团体会员应推举新任负责人接任，并由市文联委员会主席团提名，经全委会通过。

第十八条 苏州市文联委员会选举主席一人、副主席若干人，组成主席团。委员会闭会期间，由主席团行使其权力。文联日常工作由专职主席或副主席主持。

文联委员会聘任秘书长一人、副秘书长若干人，协助主席、副主席工作。

第十九条 苏州市文联设荣誉职务。荣誉职务由主席团推举和聘请。本会设立艺术指导委员会，作为本会艺术咨询机构。本会老文艺工作者联谊会是联系我市离退休文艺工作者的群众性组织。艺术指导委员会主任、顾问和老文艺工作者联谊会会长由文联委员会聘任。

第二十条 苏州市文联代表大会每五年召开一次，由市文联委员会召集。市文联委员会全体会议每年召开一次，由主席团召集。代表大会和委员会全体会议必要时可提前或延期召开，主席团会议根据工作需要召开，一般每年两次。

第四章 经费及资产管理

第二十一条 苏州市文联经费来源：

1.财政拨款；

2.会费；

3.社会赞助和捐赠；

4.其他合法收入。

第二十二条　苏州市文联的经费、资产受法律保护，任何单位和个人不得侵占、挪用和任意调拨；苏州市文联所属单位的资产隶属关系不得任意改变。

第五章　附　则

第二十三条　苏州市文联的英文全称是"SUZHOU CITY FEDERATION OF LITERARY AND ART CIRCLES"，缩写为"SCFLAC"。

第二十四条　本章程经苏州市文联代表大会通过实施。本章程解释权属苏州市文联。

文艺界核心价值观

文艺界核心价值观是：爱国、为民、崇德、尚艺。

爱 国

爱国，是文艺工作者的精神气节。祖国是我们的共同家园。每一位文艺工作者都应该自觉地热爱祖国、忠于祖国，满腔热情地讴歌祖国、讴歌时代，大力弘扬以爱国主义为核心的民族精神，努力促进祖国统一，维护国家利益和民族团结。

为 民

为民，是文艺工作者的价值取向。人民是文艺工作者的母亲。每一位文艺工作者都应该自觉地植根人民、感恩人民、服务人民，始终坚持以人民为中心的创作导向，把满足人民群众的精神文化需求作为根本的出发点和落脚点。

崇 德

崇德，是文艺工作者的基本操守。德，是文艺工作者立身处世之根。每一位文艺工作者都应该自觉地追求高尚的道德情操，树立良好的社会公德、职业道德、家庭美德、个人品德，认真履行人类灵魂工程师的神圣职责，大力弘扬真善美、鞭挞假恶丑，自觉承担起弘扬先进文化和引领社会文明风尚的历史责任。

尚 艺

尚艺，是文艺工作者的职业追求。艺，是文艺工作者成就事业之本。每一位文艺工作者都应该自觉地树立高远的艺术理想，坚守勇于创新、精益求精的艺术精神，锤炼潜心创造、追求卓越的艺术品格，展现富有个性、多姿多彩的艺术魅力，用真诚的艺术态度，努力为人民创作更多更好的精品力作。

苏州市文艺工作者职业道德公约

为大力加强苏州文艺工作者职业道德建设，进一步加强自身修养，规范职业行为，弘扬职业精神，积极践行“爱国、为民、崇德、尚艺”的文艺界核心价值观，争做德艺双馨的文艺工作者，更加自觉主动地推动社会主义文化大发展大繁荣，特制定本公约。

（一）忠诚国家利益

热爱祖国，忠于国家，拥护中国共产党领导，大力弘扬以爱国主义为核心的民族精神和以改革创新为核心的时代精神，维护民族团结，抵制分裂祖国，维护国家安全、荣誉和利益。

（二）弘扬先进文化

遵循先进文化的前进方向，弘扬人间正气，塑造美好心灵，宣传科学理论，传播先进文化。自觉抵制低俗、庸俗、媚俗之风，用人格力量赢得社会尊重、赢得人民赞誉，成为弘扬先进文化、建设文化强市的主力军。

（三）勇担社会职责

牢记使命，不负重托，始终把社会效益放在首位，提倡文以载道、以文化人，发挥文艺引领风尚、教育人民、服务社会、推动发展的作用，传承优秀历史文化，弘扬苏州城市精神，切实履行人类灵魂工程师的光荣职责。

（四）努力服务人民

牢固树立群众观点，坚持以人民为中心的创作方向，把人民群众作为艺术创作的主体和服务对象，自觉植根人民、感恩人民、服务人民，为人民奉献最好的精神食粮，满足人民群众的精神文化需求。

（五）追求德艺双馨

积累丰富知识，提高精神境界，培养高尚人格，坚守艺术理想和艺术良知。追求真理、反对谬误，崇尚科学、反对愚昧，追求崇高、淡泊名利，孜孜不倦、精益求精，努力攀登人生和艺术的高峰。

（六）倡导团结和谐

加强团结，相互学习，相互激励，提倡文人互勉，反对文人相轻。坚持百花齐放、百家争鸣，尊重艺术规律，发扬艺术民主，开展积极健康的文艺批评。努力弘扬苏州文艺界奋发有为、团结和谐的优良传统。

（七）勇于开拓创新

志存高远，锐意创新，潜心创造，追求卓越。立足自我，博采众长，融会贯通，推陈出新，奋力开拓苏州文学艺术新境界。

（八）自觉遵纪守法

增强法治观念，遵守宪法和法律法规，弘扬社会正义，引领文明风尚。热心公益，乐于奉献。自尊自律，诚实守信，品行端正，作风正派，坚决抵制“黄、赌、毒、黑”，树立苏州文艺工作者的良好形象。

重要会议讲话

在苏州市文学艺术界纪念《在延安文艺座谈会上的讲话》发表70周年座谈会上的讲话

（2012年5月22日）

蔡丽新

各位文艺家朋友：

下午好！

今天，苏州文艺界在这里召开座谈会，隆重纪念毛泽东《在延安文艺座谈会上的讲话》（以下简称《讲话》）发表70周年，重温《讲话》精神，深刻领会《讲话》精神的当代价值和现实意义，这是一件很有意义也很有必要的事情。刚才11位文艺家结合自己的艺术实践和学习机会，作了很好的发言，充分体现了各位文艺家对《讲话》精神的深刻理解，对弘扬《讲话》精神、繁荣苏州文艺事业的真知灼见。成从武同志对文学艺术界进一步继承弘扬《讲话》精神，充分发挥文联职能，团结凝聚全市广大文艺工作者更加自觉、更加主动地推动苏州文艺事业大发展大繁荣，提出了明确的工作思路。

70年前，毛泽东同志针对中国革命文艺发展的一系列重大问题，发表了《讲话》。《讲话》紧密结合中国革命的实际，创造性地阐释了文艺与人民、文艺与政治、文艺与生活等一系列重大问题，提出了文艺为什么人服务和如何服务这两个根本问题，提倡和鼓励文艺工作者深入群众生活，投身革命实践。此后70年里，《讲话》成为中国共产党在革命、建设和改革各个时期文艺工作的理论纲领和行动指针，是我国社会主义文化建设的标志性文献。

70年来，《讲话》精神伴随着时代的进步而发展，不断凸显其真理的光芒。邓小平同志强调社会主义文艺要为培养“四有”新人作出贡献，把最好的精神食粮奉献给人民。江泽民同志要求作家艺术家在人民的历史创造中进行艺术的创造，在人民的进步中造就艺术的进步。胡锦涛总书记号召广大文艺工作者把个人的艺术追求融入国家发展的洪流之中，把文艺的生动创造寓于时代进步的运动之中，满腔热情地讴歌时代主旋律，努力为发展社会主义先进文化建功立业。这些重要论述，继承和丰富了毛泽东的文艺思想，是对马克思主义文艺理论的进一步发展和深化。

人民需要艺术，艺术更需要人民。今天，我们重温和弘扬《讲话》精神，仍能深刻感受到它对于推动社会主义文化大发展大繁荣的指导意义。党的十七届六中全会吹响了建设社会主义文化强国的号角，我国文化改革发展进入到一个崭新的历史阶段。市第十一次党代会明确了率先基本实现现代化，建设现代化、国际化、人文宜居创新名城的奋斗目标，这些都对推动苏州文化繁荣发展提出了新的更高要求，全市文艺事业任务艰巨，责任重大。因此，我们更加需要秉承《讲话》的核心思想，深刻领会《讲话》的精神实质，积极响应时代号召，以学习、继承、践行《讲话》精神为契机，自觉主动地承担起用社会主义先进文化引领社会进步、为人民抒写放歌、推进文化创造、弘扬文明道德风尚的历史责任，更好地为建设文化强市、推进率先基本实现现代化贡献智慧和力量。

就此我谈几点意见，与大家一起交流：

一要把握好正确的文艺导向，着力提升文艺凝聚引领能力。

要坚持把构建和弘扬社会主义核心价值体系作为繁荣文艺的责任和使命，正确看待和反映社会矛盾，准确把握社会发展的主流和方向，努力唱响时代进步的主旋律。自觉把社会主义核心价值体系要求贯穿文艺工作全过程，体现在文艺创作、评论和活动等各个方面，坚持为社会主义服务、为人民大众服务的根本方向，始终坚持贴近实际、贴近生活、贴近群众。以生动的笔触、优美的旋律、感人的形象，更好地反映人民创造、塑造美好心灵、礼赞高尚情操，奏响时代主旋律；更好地发挥文艺引领风尚、教育人民、服务社会、推动发展的作用，营造良好的文化氛围。

二要探索文艺规律，重视和加强文艺理论评论工作。

坚持创作与理论同发展，评论与创作互促进，认真研究文艺创作新情况，加强重点课题研究，推出具有较强指导性、应用性并在全国有影响的理论成果。积极开展健康的文艺理论与评论，不断强化文艺评论的针对性、实效性、公正性、客观性和权威性，引导创作方向，推介优秀作品和优秀人才，真正发挥文艺评论在引领艺术创作价值和审美取向、提升群众鉴赏水平、弘扬社会主义核心价值观念、纠正不良创作倾向等方面的重要作用。

三要与时俱进，大力推进文艺传承创新。

创新是民族的灵魂和社会发展的不竭动力。文艺引领时代风气之先，最需要的就是创新。文艺精品离不开创新，创新推动着文艺发展。广大文艺工作者要努力处理好继承与创新的关系，处理好借鉴与发展的关系，做到在继承基础上创新，在创新引领下继承，坚持博采众长、兼收并蓄，实现文艺形式、风格、流派的充分发展，实现题材、体裁、主题的极大丰富。紧跟时代，把握趋势，用坚实的创新成果，大力弘扬苏州优秀传统文化，推出更多洋溢时代气息、具有中国气派和苏州风格的精品力作。

四要坚持崇德尚艺，努力建设一支德艺双馨的文艺工作者队伍。

广大的文艺工作者是优秀文化的生产者和传播者，必须要加强自身修养，做道德品行和人格操守的示范者。全市文艺界要把学习践行“爱国、为民、崇德、尚艺”的文艺界核心价值观和《苏州市文艺工作者职业道德公约》作为加强思想道德建设的一项基础性工作常抓不懈，精心组织系列主题教育、文化惠民等有特色、有影响的文艺活动，引导文艺工作者树立崇高的艺术理想，发扬崇德尚艺、爱岗敬业、淡泊名利、服务社会、甘于奉献的优良传统，潜心锤炼，追求卓越，争做德艺双馨的“人类灵魂工程师”。

五要加强文联行业建设，充分发挥文联的职能和作用。

文联是党和政府联系文艺工作者的桥梁和纽带，在凝聚广大文艺工作者、推动文艺繁荣发展中担负着重大责任。面对经济社会发展的新要求、文化改革的新趋势、人民群众精神文化生活的新期待，文联要进一步增强政治意识、大局意识、责任意识，坚持围绕中心、服务大局，发挥优势，履行职责，把全市文艺工作者团结起来、力量凝聚起来、积极性调动起来，发挥“主战线、主阵地、主力军”的地位和作用。要不断提高服务的能力和水平，积极探索符合时代发展要求和文艺发展规律的行业管理机制、运行机制、服务机制和激励机制，多为广大文艺工作者做好事、办实事、解难事，把文联真正建设成广大文艺工作者的温馨和谐之家，成为培养文艺名家和文艺人才的重要基地，成为弘扬社会主义核心价值体系的重要阵地。

最后，衷心希望我市广大文艺工作者牢记时代和人民赋予的神圣使命，不负重托，开拓奋进，勤奋耕耘，更加自觉、更加主动地为人民抒写、为人民放歌，共同谱写苏州文艺繁荣发展的新篇章，在率先基本实现现代化的伟大征程中再铸辉煌、再立新功！

谢谢大家！

在全市中青年文艺家读书班上的讲话

（2012年8月7日）

蔡丽新

同志们、朋友们：

很高兴来到这里参加市文联举办的全市中青年文艺家读书班，和大家一起座谈交流。这期读书班准备充分、内容丰富，对文艺家们来说是一次很好的学习机会，相信对于大家更好地认清形势任务、开阔眼界思路、提高德艺素养，将起到很好的推动作用。

近年来，市文联坚持围绕中心、服务大局，切实履行联络、协调、服务、指导职能，在推动文艺创作、促进文化惠民、打造活动品牌、扩大对外交流、加强队伍建设等方面做了大量卓有成效的工作。广大文艺工作者以建设文化强市为己任，积极投身文化建设工程，继往开来、开拓奋进，推动全市文艺事业呈现繁荣发展的生动局面。各艺术门类佳作纷呈，涌现出一批深受群众喜爱的优秀文艺作品和在全国有影响的文艺拔尖人才。这些成绩的取得，凝聚着全市广大文艺工作者特别是在座各位的心血和汗水。在这里，我代表市委、市政府和市委宣传部，向你们并通过你们向全市文艺战线的广大文艺工作者表示衷心的感谢和崇高的敬意！

当前，文艺发展进入一个崭新的历史阶段，面临着大发展大繁荣的良好态势和机遇。市第十一次党代会描绘了率先基本实现现代化，建设现代化、国际化、人文宜居创新名城的宏伟蓝图，不仅要建设苏州之城，更要铸苏州文化之魂。文化又一次承载起苏州在新的高位平台上发展的历史重任，正迎来一个繁荣发展的黄金期。全面推进省委提出的包括文化建设工程在内的“八项工程”，建设文化产业发达、文化人才辈出、文化事业繁荣、历史文化与现代文明相交融的文化强市正在苏州大地如火如荼。在市委坚强领导下，全市宣传思想文化战线围绕中心，服务大局，主动作为，积极作为，按照主战线、主阵地、主力军的新要求，在全局工作中发挥了重要作用。文联是党和政府联系广大文艺工作者的桥梁和纽带，在凝聚广大文艺工作者、推动文艺繁荣发展中担负着重大责任。应根据新定位、新要求，更加自觉、更加主动地服务大局、服务群众、服务广大文艺工作者，团结和激励广大文艺工作者积极投身文化建设工程，努力在引领社会风尚、教育人民、服务社会、推动发展上有更大作为。刚才，成从武主席作了一个很好的读书班动员讲话，对“十二五”时期文联行业建设的工作目标和任务进行了科学的规划，思路很清晰，任务很明确，举措很实在，有创新，有特色，有亮点，我十分赞成。市委宣传部也会大力支持这项有利于出精品、出人才、出成果的文艺工程建设。

今天借此机会，我简要谈几点意见，与大家交流。

1.大力提升文艺凝聚引领能力。

文艺是提高人民精神境界、培育人民高尚灵魂的重要力量。文艺作品通过具体生动的艺术形象，潜移默化地陶冶人们的道德情操，丰富人们的艺术享受，在凝聚人心、弘扬正气、推动社会发展进步等方面具有不可替代的独特作用。广大文艺工作者要始终坚持社会主义先进文化的前进方向，坚持用社会主义核心价值体系引领文艺思潮，把正确的价值追求同崇高的艺术追求统一起来，努力用更多更好的文艺作品和多姿多彩的文艺表现形式反映人民创造，塑造美好心灵，形成团结和谐的精神纽带。要切实增强政治意识、大局意识、责任意识，善于在纷繁复杂的形势变化中辨析主流与支流，在多元多样的文化生态中区分先进与落后，在事关方向、原则的重大问题上保持头脑清醒、立场坚定、旗帜鲜明。当前，要围绕迎接党的十八大主线，积极开展喜迎党的十八大胜利召开的主题活动，大力营造积极健康、团结奋进的良好氛围和文化环境。组织引导文艺工作者积极创作反映时代主旋律的文艺作品，精心组织优秀文艺作品的展演、展示活动，广泛宣传十六大特别是十七大以来我国改革开放和现代化建设的辉煌成就，充分反映我市率先基本实现现代化的鲜活实践，展示科学发展给我市城乡人民生活带来的巨大变化。要引导文艺工作者深入学习党的十八大提出的一系列重要思想和战略部署，率先兴起贯彻落实党的十八大精神的新高潮。

2.大力提升文艺创作生产能力。

近年来，我市文艺创作呈现出蓬勃发展的良好态势，每年都有许多优秀作品在各类全国性文艺奖项中获奖，但能够传世的、代表着时代文艺经典的作品仍然缺乏，能够真正代表当代苏州最高水准的文艺精品还比较少，繁荣创作、打造精品依然是文艺界面临的重要课题。广大文艺工作者要坚持贴近实际、贴近生活、贴近群众，从书斋中走出来，到火热的社会生活中去，从全市人民奋力开启基本实现现代化新征程的生动实践中挖掘素材、汲取营养、激发灵感，创作更多思想精深、艺术精湛、制作精良、深受群众喜爱的优秀作品，积极引领人民群众的精神生活，提振又好又快推进“两个率先”的“精气神”。要紧跟时代步伐，开阔视野眼界，积极适应当代人的审美趣味，运用新的技术手段，拓展创作领域，丰富表现形式，不断增强文艺作品的表现力、吸引力和感染力。要大力实施精品战略，加快推进一批重点文艺创作项目，创新机制，创优服务，营造环境，推出一批既叫好又叫座的精品力作，努力形成佳作不断、精品迭出的喜人局面。

3.大力提升“文艺苏军”建设能力。

人才是文艺繁荣发展的第一资源，建设一支规模宏大的“文艺苏军”是建设文化强市的必然要求，是文艺事业发展根本保证。要进一步推进我市文艺人才工程建设，加大人才培养、引进、使用和激励力度，努力创造有利于优秀文艺人才健康成长、脱颖而出的良好环境，筑牢苏州文艺人才高地，努力打造文艺人才高峰。目前，我市文艺人才队伍从规模上看在不断壮大，但从质量和结构上看，高层次文艺人才数量仍然偏少，有广泛影响的文艺领军人物，特别是在全国叫得响的名人名家仍然紧缺，很多艺术门类人才年龄趋于老化，出现“青黄不接”的现象。因此，要着力培养中青年文艺人才，特别是要打造在全国有影响的文艺拔尖人才和领军人物，不断扩大苏州文艺人才在国内外的影响。文联下一步采取从抓机制入手，搭建平台载体，以项目带动队伍、打造文艺苏军的做法很好，要继续完善好这一机制，最大限度地激发文艺工作者的创造活力和潜能，不断提升苏州文艺的竞争力和影响力。全市文艺工作者要坚持崇德敬业，加强自身修养，锤炼思想品质，培养高尚人格，自觉遵守《苏州市文艺工作者职业道德公约》，珍惜时代提供的舞台，珍重社会给予的关爱，严肃对待作品的社会效果，热心公益、弘扬正气，争作恪守职业道德的表率。要加强学习：多学习优秀传统文化，学习国外先进文化成果；多向前辈艺术家学习，不断提高艺术修养；多向同行们学习，在相互交流、切磋中提高技艺。全市文艺家读书班为大家提供一个学习和交流的重要平台，大家要珍惜这一学习机会，集中精力投入到学习中来，努力做到学有所思、学有所得、学有所成。

4.大力提升文艺惠民服务能力。

满足人民群众日益增长的精神文化需求是文艺繁荣发展的根本目的。人民既是文艺创作的表现主体，也是文艺创作的服务对象。随着社会的发展进步和群众生活水平的提高，人们对文艺有了更高的期待和要求，这对文艺而言是压力更是动力。广大文艺工作者要按照“走转改”活动要求，进一步走进基层、深入群众，与群众手拉手、面对面、心贴心，努力在人民群众的伟大创造中进行艺术的生动创造。要积极培养和增进对人民群众的感情，满腔热忱地反映他们的火热生活，浓墨重彩地歌颂他们的感人事迹，大力弘扬他们的可贵精神，使更多普通劳动者、建设者成为文艺作品的主角。文联要进一步创新惠民活动形式、内容和机制，有计划、有步骤地推进文艺惠民活动，提升活动质量，要更加突出惠民活动的主题性，组织开展群众乐于参与、便于参与、真正得到实惠的文艺活动，鼓励扶持艺术家多深入基层为群众画、为群众唱、为群众演，不断扩大惠民活动的覆盖面。要充分发挥群众主体作用，激发群众参与文艺创作和文艺活动的积极性、主动性、创造性，引导群众在文化建设中自我表现、自我教育、自我服务，依靠群众的智慧和力量推动文化繁荣发展。

今天在座的中青年文艺家是我市文艺事业的中坚力量，肩负着推动苏州文艺大发展大繁荣的神圣职责。希望大家倍加珍惜时代和人民赋予的难得机遇，进一步增强政治意识、大局意识、责任意识和服务意识，自觉地在围绕中心、服务大局方面作表率，在服务基层、服务群众方面作表率，在多出精品、促进繁荣方面作表率，在践行文艺界核心价值观、引领社会文明风尚方面作表率，以实际行动共同谱写苏州文艺发展新篇章，为建设文化强市、推进率先基本实现现代化作出新的更大的贡献！

预祝苏州市中青年文艺家读书班取得圆满成功！

祝在座的中青年文艺家朋友身体健康，阖家幸福，创作丰收！

谢谢大家。

在“科学发展在苏州，成就辉煌看十年”摄影作品展开幕式暨“古韵今风·家在苏州”中国苏州国际摄影大展启动仪式上的讲话

（2012年9月22日）

蔡丽新

尊敬的各位领导，各位来宾，各位摄影、新闻界的朋友们：

大家上午好！

金秋九月，丹桂飘香。在庆祝新中国成立63周年，迎接党的十八大胜利召开的喜庆日子里，我们在这里隆重举行“科学发展在苏州，成就辉煌看十年”摄影作品展开幕式暨“古韵今风·家在苏州”中国苏州国际摄影大展启动仪式，我谨代表苏州市委、市政府和市委宣传部，对各位领导、各位嘉宾的到来表示热烈的欢迎，对中国摄影家协会、中国摄影报社、中国摄影出版社以及省文联、省摄影家协会对本次活动的大力支持表示衷心的感谢！

苏州是吴文化的发祥地，素有“人间天堂”的美誉。历史上吴地名人辈出，是中国独树一帜的“状元之乡”“院士之乡”。全市现有九处世界文化遗产，昆曲、评弹等六项位列“人类非物质文化遗产代表作”。此外，以苏州刺绣、桃花坞木刻年画为代表的苏州手工艺在海内外长久享有盛誉。近年来，我市紧紧围绕率先基本实现现代化和建设宜居新苏州、打造创业新天堂、共筑幸福新家园的发展目标，正在全力建设文化事业繁荣、文化产业发达、文化人才辈出、历史文化与现代文明相交融的文化强市。

今天在这里展出的200幅作品，从不同角度记录了苏州发展变迁的精彩瞬间，形象地展示了党的十七大以来我市经济社会发展的最新成就以及在迈向现代化新征程中苏州人民奋发昂扬的精神风貌。这是为迎接党的十八大胜利召开，唱响共产党好、社会主义好、改革开放好、伟大祖国好主旋律的一次生动实践。今天，

"古韵今风·家在苏州"中国苏州国际摄影大展活动也将正式拉开帷幕，此项活动通过向国内外摄影家和摄影爱好者征集以"家在苏州"为主题的摄影作品，组织中外名家来苏州采风创作等方式，全方位、深层次地展示苏州优美的人文自然景观、深厚的文化积淀以及日新月异的发展景象。我们希望以镜头为窗，让光影作媒，使得国内外朋友认知苏州、喜欢苏州、走进苏州。这也必将进一步提升苏州的城市形象，扩大苏州在海内外的影响力。

最后，祝"科学发展在苏州，成就辉煌看十年"摄影作品展暨"古韵今风·家在苏州"中国苏州国际摄影大展取得圆满成功！

谢谢大家！

在苏州作家与中国当代文学研讨会开幕式上的致辞

（2012年11月17日）

蔡丽新

尊敬的各位领导，各位专家，文学界、新闻界的各位朋友：

大家上午好！

今天，我们在这里隆重举行苏州作家与中国当代文学研讨会。这次会议的召开是我市文化建设中的一件盛事，更是全市文学界的荣耀。我谨代表苏州市委、市政府，对各位领导、各位专家的到来表示热烈的欢迎，对中国作家协会、江苏省作家协会长期以来对苏州的热情关注和大力支持表示衷心的感谢！

苏州是一座文脉绵长的文化古城，历史上曾孕育了范仲淹、冯梦龙、金圣叹、叶圣陶、俞平伯、周瘦鹃等文豪大家。当代苏州文坛，既有陆文夫这样享誉国内外的代表性作家，又涌现了范小青、苏童、叶弥、荆歌、金曾豪、王一梅、杨守松、车前子、朱文颖等一批优秀的中青年实力派作家。当代苏州作家，以动人的笔触描绘正在发生的历史巨变，生动地反映了日新月异的社会变迁，塑造了一批感人至深的艺术形象。在苏州作家创造的优秀文学作品中，《城乡简史》荣获了第四届鲁迅文学奖，《城市表情》等三部作品荣获中宣部“五个一工程”奖，《蓝调江南》等四部作品获全国优秀儿童文学奖。可以自豪地讲，苏州光辉的文学传统，为中国文坛提供了具有鲜明地域特色的研究范本，在中国文学史上留下了浓墨重彩的一笔。

党的十八大刚刚胜利闭幕，苏州将认真贯彻落实党的十八大精神，围绕“建设宜居新苏州，打造创业新天堂，共筑幸福新家园”的总体要求，努力把苏州建设成现代化、国际化、人文宜居创新名城，为全国、江苏的现代化建设探索新路子。火热的实践为文学创作提供了现实的肥沃土壤。我们今天在这里召开苏州作家与中国当代文学研讨会，希望大家通过回顾建国以来苏州文学创作发展的历程，不断总结经验，坚持改革创新，以充沛的激情、丰富的想象、生动的笔触、感人的形象，为人民书写心声，为时代引吭高歌，充分发挥文学的独特作用和巨大影响。同时，我真诚希望通过今天的研讨会，在座的各位专家能对苏州文学创作加深了解，提出批评，出谋划策，一如既往地关心支持苏州文学的进步。

最后，祝苏州作家与中国当代文学研讨会取得圆满成功。祝愿大家在苏期间工作顺利，身体健康！

谢谢大家！

在全市文联工作座谈会上的讲话

（2012年8月10日）

缪学为

同志们，朋友们：

今天，市文联在这里召开全市文联工作会议，回顾总结上半年工作，研究部署下半年各项任务，这对全市文艺界认清形势、统一思想、凝聚力量、提振信心，开创苏州文艺事业和文联工作新局面，以优异的成绩迎接党的十八大胜利召开具有重要的意义。在此，我谨代表市委宣传部向与会的市文联主席团成员、各团体会员负责人和文联、协会的工作者致以亲切的问候！

今年以来，全市文联在十届文联主席团带领下，围绕中心，服务大局，积极履行联络、协调、服务、指导职能，各项工作取得了显著成效。围绕纪念毛泽东《在延安文艺座谈会上的讲话》（以下简称《讲话》）发表70周年，组织开展了一系列主题文艺活动，全市广大文艺工作者深入学习贯彻《讲话》精神，积极践行“爱国、为民、崇德、尚艺”的文艺界核心价值观，取得了良好效果。围绕丰富人民群众精神文化生活，开展了“学习雷锋——家在苏州·践行‘五好’”文化志愿服务活动、中国书法名城苏州书法教育千百工程、“名家荟萃”惠民演出等一系列文艺惠民服务活动，受到群众一致好评。围绕进一步推动苏州文学艺术事业繁荣发展，提出了以“家在苏州”精品创作工程、德艺双馨人才建设“三霞”工程、名家荟萃“三走”品牌工程、“文艺之家”组织网络建设工程为抓手的文学艺术“四大工程”建设规划。刚才成从武主席全面总结了市文联上半年的工作情况，部署了下半年的工作安排，我完全赞同。上半年，全市文联工作总体上来看特色鲜明、活力增强，做到了有声有色、有为有位，发挥了积极的作用。特别值得肯定的是新一届文联主席团根据新定位、新要求，创新思路，谋划工作，积极探索文联组织在行业服务、行业管理、行业教育和行业自律方面的新路子，更好地发挥了文联的职能和作用，研究并制订了《苏州市文学艺术界行业建设“十二五”行动计划》，围绕文艺精品、文艺人才、文艺品牌、文艺惠民、文艺交流等方面提出了文学艺术“四大工程”建设任务，对推动苏州文艺大发展大繁荣具有较强的针对性和实践性。希望市文联认真组织实施好每一项任务，逐一细化分解，按照时间节点定措施、定责任、定进度，确保工作落到实处，取得实效。

下面，我就做好下半年工作讲几点意见。

（一）精心策划，上下联动，力争十八大主题文艺活动有声势、有特色

党的十八大将于今年下半年召开，这是党和国家政治生活中的一件大事。全市各级文联要把迎接党的十八大胜利召开作为工作的重中之重，精心策划、精心组织，充分发挥文联的资源和优势，以丰富多彩的文艺形式，充分展现我国改革开放和现代化建设的辉煌成就，展示苏州经济社会发展取得的丰硕成果，努力营造积极健康、团结和谐的良好氛围。要组织引导文艺工作者以“科学发展在苏州，成就辉煌看十年”为主题，积极创作一批反映苏州率先发展、科学发展、和谐发展、创新发展生动实践的主旋律文艺作品，精心组织优秀文艺作品的展演、展示和展览活动。全市文联组织要加强统筹协作，上下联动，形成活力，积极开展十八大主题文艺活动。要坚持面向城乡基层，组织开展城乡群众广泛参与、乐于参与的文艺活动，丰富群众的文化生活，使迎接十八大的主题宣传热在基层、热在群众，取得实实在在的效果。十八大召开后，要引导文艺工作者深入学习、领会党的十八大提出的一系列重要思想和战略部署，在文艺界率先兴起贯彻落实党的十八大精神的新高潮。

（二）锻造精品，繁荣创作，力争在精品创作上有成绩、有突破

创作文艺精品是文艺工作和文联工作的立足点和出发点。党的十七届六中全会把加强文艺创作、实施文艺精品工程作为新时期满足广大人民群众精神文化需求和构建公共文化服务体系的重要组成部分，为我们提出了更新、更高的要求。各级文联和广大文艺工作者一定要树立精品意识，要有一种境界、一种追求、一种责任、一种思想，精心组织谋划，努力创作，力求多出精品。要始终坚持“二为”方向和“双百”方针，坚持“三贴近”原则，积极发挥文化引领风尚、教育人民、服务社会、推动发展的作用，探索文艺自身发展规律，尊重各种形式的艺术创造。要紧扣时代脉搏，及时把握文艺发展的新思潮、新理念。要用新理念写新作品，创新精品，用精品力作感染人、教育人、成就人。

下半年，市文联要紧紧围绕促进创作繁荣，努力在引领和服务文艺创作上取得更大成果。要积极组织会员参与全国性相关文艺奖项的评奖活动，力争取得优异成绩，提升苏州文艺创作的实力和水平。要精心组织并举办好文学、书法、美术、音乐、摄影等高平台的创作和研讨活动，要创新评选机制、运行机制，提升活动的参与度和影响力。要通过活动平台，创作出一批紧扣时代脉搏、彰显苏州特色、富有时代气息、深受群众喜爱的文艺精品，努力形成文学艺术佳作不断、精品迭出的喜人局面。

（三）找准定位，改进方式，力争文联各项工作有亮点、有成效

在新形势下，文艺工作和文联工作的内涵和外延应当有新的深化和拓展，履行职能的方式手段也需要改进和创新。全市文联组织要准确把握好文艺界人民团体的性质，积极探索新形势下如何更好地发挥联络、协调、服务、指导的职能，充分发挥好党和政府联系广大文艺工作者的桥梁和纽带作用，探索符合文艺发展规律的管理体制、运行机制、组织形式和活动方式，加强行业管理，开展行业教育，促进行业自律，完善行业服务。要拓宽服务渠道，提升服务水平，真心实意地为文艺家服务，切实加强文艺家的权益保护和行业维权建设，建立维权工作机制，认真履行维护保障广大文艺家著作权权益的职能。要拓展文联工作领域，完善组织网络建设，实施好“文艺之家”组织网络建设工程，加大对基层文联的联络、协调、服务和指导力度，加强上下联动，共同推进苏州文学艺术事业的全面繁荣发展。

同志们，今年的文联工作任务繁重、责任重大，希望同志们振奋精神、凝聚力量，在市委坚强领导下，坚定信心、迎难而上、开拓创新、扎实工作，努力开创文联工作新局面，共同谱写苏州文艺繁荣发展的新篇章，以优异的成绩向党的十八大献礼！

谢谢大家！

在喜迎十八大——"家在苏州"优秀书法美术摄影作品展开幕式上的讲话

（2012年10月12日）

缪学为

尊敬的各位领导、各位嘉宾、各位艺术家朋友：

大家上午好！

在全国上下喜迎十八大之际，由中共苏州市委宣传部、苏州市文学艺术界联合会主办，苏州市书法家协会、苏州市美术家协会、苏州市摄影家协会承办的喜迎十八大——"家在苏州"优秀书法美术摄影作品展今天正式开幕了。值此之际，我谨代表苏州市委宣传部向展览的隆重开幕和参展艺术家表示最热烈的祝贺，向出席今天活动的各位领导、来宾和文艺界的朋友们表示最诚挚的欢迎和由衷的感谢！

"家在苏州"优秀书法美术摄影作品展是我市文艺界以实际行动向党的十八大献礼的具体体现，也是坚持文艺"三贴近"的生动展示。展览汇集了全市文艺工作者精心创作的180件书法、美术、摄影艺术精品。这些作品主题鲜明、健康向上、内容丰富、重点突出，具有较强的思想性、艺术性和观赏性，从不同侧面、不同角度、不同领域生动形象地展示了我市在党的正确领导下经济建设和社会发展所取得的新成就、新面貌。作品深刻地体现了艺术家们对祖国和家乡的深厚之情，凝聚着艺术家们创造的智慧、前进的足音、宽阔的视野和昂扬的锐气。

喜迎十八大——"家在苏州"优秀书法美术摄影作品展览是"科学发展在苏州，成就辉煌看十年"主题宣传活动之一，目的就是要热情讴歌我市改革开放、现代化建设取得的重大成就，大力唱响共产党好、社会主义好、伟大祖国好的主旋律，激发党员干部和人民群众爱党、爱国、爱家乡的热情和创业、创新、创优的精神面貌，为党的十八大胜利召开营造积极向上的良好氛围。当前，苏州正在朝着率先基本实现现代化目标迈进，建设"宜居新苏州，创业新天堂，幸福新家园"，迫切需要文艺事业有一个更大的繁荣发展，充分发挥文艺在引领风尚、教育人民、服务社会、推动发展等方面的独特作用。希望广大文艺工作者以高度的文化自觉和文化自信，把艺术创作融入率先基本实现现代化的伟大实践，以饱满的热情、生动的笔触、优美的旋律，积极反映社会进步和人民创造，奏响时代发展主旋律，更好地为建设文化强市、推进率先基本实现现代化贡献智慧和力量。

最后，预祝喜迎十八大——"家在苏州"优秀书法美术摄影作品展圆满成功。祝福伟大的中国共产党永葆青春！祝福伟大的祖国繁荣昌盛、人民安康幸福！谢谢大家。

在江苏省德艺双馨文艺工作者事迹巡回报告会上的讲话

（2012年12月18日）

缪学为

各位艺术家，同志们，朋友们：

在全国掀起深入学习贯彻党的十八大精神热潮之际，江苏省文联组织的省德艺双馨文艺工作者事迹巡回报告团今天来到苏州，旨在以党的十八大精神为指导，进一步在江苏文艺界营造崇德尚艺、爱岗敬业、淡泊名利、服务社会、甘于奉献的良好风尚，以实际行动推动江苏文艺队伍建设。在此我谨向省文联领导和报告团的六位艺术家表示衷心的感谢，向前来参加报告会的无锡、苏州两市文艺工作者表示热烈欢迎！

“崇德”是文艺工作者的基本操守，“尚艺”是文艺工作者的职业要求。“德艺双馨”既是艺术家获得成功的必由之路，也是人民群众对艺术家最高的褒扬。刚刚听了我省六位德艺双馨艺术家的先进事迹报告，非常感动。他们是“爱国、为民、崇德、尚艺”文艺界核心价值观的优秀实践者，向我们展示了光辉灿烂的人生。很高兴苏州的两位文艺界领军人物顾芗、盛小云也参加了此次宣讲，她们不仅是江苏的骄傲，也是苏州的荣耀。

苏州市委、市政府高度重视文艺工作和文艺人才队伍建设，市第十一次党代会确立了文化发展的目标，描绘了率先基本实现现代化，建设现代化、国际化、人文宜居创新名城的宏伟蓝图，文化又一次承载起苏州在新的高位平台上发展的历史重任。在市委坚强领导下，全市宣传思想文化战线围绕中心，服务大局，主动作为，按照主战线、主阵地、主力军的新要求，在全局工作中发挥了重要作用。苏州文艺工作者紧跟时代脉搏，“文艺苏军”更加活跃，为建设文化强市、推进“两个率先”贡献了智慧和力量。借此机会，我谈谈我的四点体会，与大家共勉。

一要弘扬先进文化，唱响时代主旋律。

党的十八大报告是中国共产党领导全国各族人民沿着中国特色社会主义道路前进、全面建设小康社会、不断推进社会主义现代化建设、实现中华民族伟大复兴的一个纲领性文件，报告对文化建设的几个重要任务进行了集中阐述。对苏州文艺界而言，最重要的是要以社会主义核心价值体系为引领，以多出精品和人才为目标，特别要围绕苏州“两个率先”的目标，精心提炼、巧妙构思，创作出更多反映苏州特色的优秀现实题材作品，进一步提升苏州的城市凝聚力和人们对苏州文化的认同感。

二要坚持扎根群众，满足群众新需求。

一直以来，苏州的文艺工作者们坚持以人为本，自觉服务群众，把众多优秀文艺作品奉献给了人民群众，坚持以最广大人民为服务对象和表现主体，创造了许多思想性、艺术性、观赏性俱佳，群众喜闻乐见的优秀作品。今后，我们还要多组织群众愿意参与、能够参与的文艺活动，多提供满足不同群体需求的文化服务，让更多的普通群众成为文艺作品的主角，让更多的普通群众共享文艺发展成果，真正做到文艺来源于民、植根于民，同时服务于民。

三要把握艺术规律，占领文艺新高地。

苏州的前沿地位给了文艺创作得天独厚的条件，苏州的文艺创作更应坚持“二为”方向，贯彻“双百”方针，自觉遵循艺术规律，充分发挥艺术家的主观能动性和艺术想象力，善于把握生活的本质和主流，突出宣传宜居新苏州、创业新天堂、幸福新家园的美好景象，提升苏州城市文化新内涵，努力把城市、农村的变化鲜明地体现出来，提倡崇高理想、高尚情操、宽阔眼界和求实精神，使之成为振奋人民精神、鼓舞群众斗志、激发社会活力的巨大力量。

四要开拓新境界，践行核心价值观。

文艺工作者是人类灵魂的工程师，践行着“爱国、为民、崇德、尚艺”的核心价值观，众多优秀文艺工作者淡泊名利、甘于寂寞、潜心创作、不懈追求，攀登了人生和艺术的高峰，传播了先进文化，弘扬了人间正气，塑造了美好心灵。希望苏州的文艺工作者们能始终坚持社会主义先进文化的前进方向，把正确的价值追求同崇高的艺术追求统一起来，努力用更多更好的文艺作品和多姿多彩的文艺表现形式为人民群众奉献最好的精神食粮，真正成为群众喜爱、展示苏州特色的艺术家。

最后，祝江苏省德艺双馨文艺工作者事迹报告会圆满成功！

在中国书法名城苏州书法教育千百工程启动仪式上的讲话

（2012 年 4 月 17 日）

成从武

尊敬的各位领导，各位来宾，各位书法界、教育界的朋友：

今天，我们在苏州高新区人才广场隆重举行中国书法名城苏州书法教育千百工程启动仪式暨苏州市首届公务员书法班学员习作汇报展开幕式，这是我市书法界积极推进书法名城建设的又一重大举措，也是我市文化界的一大盛事，必将对苏州书法的发展产生积极的影响。在此，我谨代表主办单位向活动的成功举办表示热烈的祝贺，并对出席今天仪式的各位领导、来宾朋友表示衷心的感谢！

2008年4月，苏州被中国书法家协会首批命名为中国书法名城，为我们发展繁荣苏州书法提供了一个新的历史机遇。我们紧紧抓住这个契机，倾力打造中国书法名城苏州特色品牌，近几年来，先后举行了“吴门书道——中国书法名城苏州作品”国内外的系列巡展、中国苏州书法史讲坛、首届中国书法名城论坛，并进一步加强书法特色教育，建立了一大批书法教育基地，提升了苏州书法艺术的影响力和竞争力，也使苏州书法成为城市的一张文化名片。

为贯彻落实党的十七届六中全会关于推动文化大发展大繁荣的精神，贯彻文艺界核心价值观，践行苏州市文艺工作者职业道德公约，进一步传承吴门书道，培养书法新人，提高市民素质，提升城市品位，从今年起，苏州市文联、苏州市书协启动了中国书法名城苏州书法教育千百工程，即面向社会义务培养1000名书法爱好者，面向苏州市区中小学义务培养100名书法师资。这是一件功在当代、利在千秋的大好事，它标志着苏州书法名城建设又迈开了新而坚实的步伐。可喜的是，苏州市公务员书法培训班学员习作汇报展为我们今天书法教育千百工程启动仪式增添了亮丽的色彩，让我们看到了千百工程的灿烂曙光。

各位领导，各位嘉宾，党的十七届六中全会吹响了文化大发展大繁荣的进军号。苏州文化底蕴深厚，依托近年来飞速发展的经济建设，文化发展有了长足进步，人民群众的物质生活水平日益丰裕，对精神文化的需求也日趋旺盛，这为苏州文化的繁荣发展提供了极大的空间和难得的历史机遇。我们要认清形势，抓住机遇，更加自觉、更加主动地肩负起时代的使命，充分发挥主战线、主阵地、主力军作用，弘扬时代主旋律，为人民抒写、为人民放歌，推进文化创造，丰富和满足人民群众的精神文化生活，努力在引领社会风尚、教育人民、服务社会、推动发展上有更大作为。

谢谢大家！

在苏州市文学艺术界 “学习雷锋——家在苏州·践行‘五好’” 文化志愿服务活动启动仪式 暨2012“家在苏州”摄影年系列活动开幕式上的讲话

（2012年5月12日）

成从武

各位领导、各位文艺家朋友们：

上午好！

今天，由苏州市委宣传部、苏州市精神文明建设指导委员会办公室、苏州市文联、中国移动苏州分公司、姑苏晚报社、平江区委宣传部联合主办的苏州市文学艺术界“学习雷锋——家在苏州·践行‘五好’”文化志愿服务活动启动仪式暨2012“家在苏州”摄影年系列活动开幕式在这里隆重举行，我谨代表苏州市文联对各位领导、嘉宾的到来表示衷心的感谢！向积极参与此次活动的各位文艺家志愿者致以崇高的敬意！

为大力弘扬新时期雷锋精神，把学习雷锋活动不断引向深入，发挥文化志愿服务在服务群众、凝聚人心、促进和谐方面的作用，根据市委宣传部、市文明办的统一部署，苏州市文学艺术界专门发出通知，各市（县）、区文联联动，广泛开展“学习雷锋——家在苏州·践行‘五好’”文化志愿服务活动。活动以“存好心，做好事，当好人，有好报，扬好德”为主题，着力倡导人人心存好心、善良友爱的良好品德，着力培养人人争做好事、互助关爱的志愿精神，着力形成人人争当好人、学习好人的社会氛围，着力弘扬讲文明、树新风、崇德尚艺的文艺界新风尚。

文化志愿服务活动是广大文艺工作者参与社会实践、奉献艺术才华、服务人民群众的重要途径，是文艺界在新的历史条件下继承发扬毛泽东《在延安文艺座谈会上的讲话》精神的重要体现。近年来，苏州市文联坚持为人民服务、为社会主义服务的方向，牢牢把握社会主义核心价值体系的根本要求，引导广大文艺工作者围绕中心、服务大局，面向基层、面向群众，积极投身苏州现代化建设第一线，围绕新农村建设、轻轨建设、南环新村和桃花坞地区改造建设等开展志愿服务活动，组织开展了送欢乐到基层、中国书法名城苏州书法教育千百工程、百名书画家惠民进万家、名家荟萃惠民文艺演出等文艺惠民服务活动。

今天的活动是苏州市文学艺术界纪念毛泽东《在延安文艺座谈会上的讲话》发表70周年系列活动之一，也是我们认真学习践行“爱国、为民、崇德、尚艺”的文艺界核心价值观和《苏州市文艺工作者职业道德公约》的重要举措。今天的文化志愿服务活动内容丰富多彩，一是举办“家在苏州”摄影展，将展出258幅摄影家专门为苏州的58位“中国好人”拍摄的摄影作品和反映苏州轨道交通建设及南环新村、桃花坞地区、虎丘地区改造建设的摄影作品。二是举办摄影美术书法惠民活动，我们在观前地区设立了五个摄影服务点，免费为广大的市民朋友拍摄合家欢，美术家、书法家也走进观前地区，义务为老百姓创作美术、书法作品。三是开展“家在苏州”观前地区一日摄影比赛，热忱地欢迎广大的摄影爱好者和市民朋友积极参与。今年，我们将以开展的“家在苏州”摄影年系列活动为契机，加大文艺惠民服务力度，用文艺的表现形式聚焦时代、服务大局，宣传苏州幸福新天堂、创业新家园、美丽新苏州的美好景象，努力为人民群众送去精神食粮、送上欢乐温馨。

同志们，朋友们！“学习雷锋——家在苏州·践行‘五好’”文化志愿服务活动既是我们向雷锋、向“中国好人”表达的崇高敬意，更是向社会发出的真诚倡议。希望通过我们的举动，大力宣扬雷锋和“中国好人”的感人事迹，颂扬他们的高尚情操，激发广大群众的道德意识，在全社会营造存好心、做好事、当好人、有好报、扬好德的良好氛围。希望广大文艺工作者牢牢把握社会主义核心价值体系的根本要求，坚持正确的创作导向，坚持贴近实际、贴近生活、贴近群众，创作出更多的文艺精品，为满足人民群众的精神文化需求、为加快推进文化强市建设作出苏州文学艺术界应有的贡献！

谢谢大家！

在周良与苏州评弹研究学术研讨会上的讲话

（2012年5月19日）

成从武

各位领导、各位嘉宾、各位曲艺界的朋友：

上午好！

今天，我们相聚在这里隆重举行周良与苏州评弹研究学术研讨会，共同回顾周良同志的艺术生涯，总结他从事评弹研究工作的宝贵经验和突出贡献，这对推动苏州曲艺事业的健康持续发展具有十分重要的意义。借此机会，我谨代表苏州市文学艺术界联合会向各位领导、各位嘉宾的到来表示热烈的欢迎，向周良同志长期以来对苏州评弹艺术的坚守和担当表示衷心的感谢和崇高的敬意，向一直关心支持苏州曲艺事业的中国曲协、江苏省文联、江苏省曲协表示衷心的感谢！

周良同志是20世纪中叶以来苏州评话和苏州弹词研究的著名专家，曾任苏州市文化局局长、苏州市文学艺术界联合会主席、江苏省曲艺家协会主席、文化部江浙沪评弹工作领导小组副组长、中国说唱文艺学会副会长、《中国曲艺志》副主编等职，编著出版或主持编纂过《苏州评弹旧闻钞》、《苏州评弹史稿》、《苏州评弹艺术论》及《评弹艺术》、《评弹文化词典》、《苏州评弹书目库》、《苏州评话弹词史》等数十部苏州评弹理论研究书刊，参与编辑了《陈云同志关于评弹的谈话和通信》、《陈云同志和评弹艺术》、《陈云和苏州评弹界交往实录》等专著。他对苏州评弹及与之有关的称谓考释、苏州评弹艺术特征、苏州评弹的叙事方言、一些评弹史实或人物的考证等，研究深入，尤显功力。他主持编撰了评弹申报联合国、中国国家级非物质文化遗产代表作项目名录的文本。2006年，因对中国曲艺事业的重大贡献，他被中国文联和中国曲艺家协会授予“中国曲艺牡丹奖·终身成就奖”。

周良同志长期担任文化部门领导职务，是苏州文艺界德高望重的老领导，对苏州文艺事业的发展，特别是在评弹艺术领域，为苏州评弹传统书目的保护和继承、新书目的创作与演出、评弹人才队伍的建设与培养倾注了全部心血，作出了突出贡献。他尊重艺术规律，坚持陈云同志提出的“出人出书走正路”，在文艺界倡导团结、和谐、宽容、民主的艺术氛围，经常深入第一线与评弹演员交朋友，多听书，多看脚本，组织抢救整理评弹老艺人的说书资料，这些弥足珍贵的资料目前已成为苏州文化的一笔丰厚财富。无论是在评弹事业兴旺发展，还是在受挫遇到困难的时候，他总是千方百计地组织调研、召开座谈会、撰写文章，一如既往地支持、关心苏州评弹事业的发展。离休以后，周良同志对苏州评弹的研究也从未停止，仍然在为苏州评弹事业不辞劳苦，操劳奔波。20世纪80年代末，周良同志参与了罗扬同志主持的曲艺大型志书《中国曲艺志》的编纂工作，任副主编，主编了《苏州市曲艺志》和《中国曲艺音乐集成·江苏卷》，并随罗扬同志一起走遍全国，参与审稿工作。由他负责的江浙沪评弹工作领导小组每年召开年会，交流、研究评弹工作中存在的问题，积极寻找解决问题的对策和措施，为改善评弹艺术生存、发展环境而努力。他先后任主编、顾问的《评弹艺术》丛刊一直坚持出版，他亲自参与丛刊的栏目设置、选稿、组稿、校对工作，并解决出版过程中遇到的一系列问题。周良先生今年已87岁高龄，他把自己全部的智慧和心血都献给了苏州的评弹事业，献给了中国的曲艺事业。正是有像他这样的一批老艺术家艰苦卓绝的努力和孜孜不倦的探索，才奠定了今天苏州评弹事业繁荣发展的良好基础。他严谨治学、甘于奉献、淡泊名利的精神永远值得我们认真学习和总结。

今天，我们在这里举行周良与苏州评弹研究学术研讨会，不仅是向以周良同志为代表的老一辈艺术家表示崇高的敬意和衷心的祝贺，还要借此机会，号召包括苏州曲艺界在内的广大文艺工作者学习老一辈文艺工作者的高尚品格、崇高艺德、艰苦奋斗的作风和坚持真理、精益求精的学风，积极投身到建设社会主义文化强国的伟大实践中来，牢牢把握社会主义核心价值体系的根本要求，践行“爱国、为民、崇德、尚艺”的文艺界核心价值观，牢记时代赋予的神圣职责和使命，坚持正确的文艺立场，自觉把个人的艺术追求融入到时代发展洪流中去，创作生产出更多思想性、艺术性、观赏性俱佳，深受人民群众喜爱的精品力作，不断满足人民群众多层次、多方面、多样化的精神文化需求，为推动苏州文化强市建设和社会主义文化大发展大繁荣作出新的更大的贡献！

最后，祝愿周良同志和各位曲艺界的老领导、老艺术家生活愉快，健康长寿！

谢谢大家！

在苏州市文学艺术界纪念《在延安文艺座谈会上的讲话》发表70周年座谈会上的发言

（2012年5月22日）

成从武

各位领导、各位文艺家：

今天，我们在这里聚集一堂，隆重纪念毛泽东同志《在延安文艺座谈会上的讲话》（以下简称《讲话》）发表70周年，这对于凝聚广大文艺工作者进一步继承弘扬《讲话》精神，深入贯彻党的十七届六中全会和全国九次文代会、八次作代会精神，以及苏州市第十一次党代会精神，坚持文艺“二为”方向、“双百”方针和“三贴近”原则，团结带领广大文艺工作者以饱满的热情投身先进文化建设，努力开创苏州文艺事业新局面，具有十分重要的意义。市委、市委宣传部、市文广新局的领导出席了今天的座谈会，11位文艺家代表将作精彩的发言，市委常委、宣传部部长蔡丽新同志将作重要讲话，希望各位文艺家认真学习，积极贯彻。首先，我代表市文联十届主席团作个发言。

（一）继承弘扬《讲话》精神，坚持社会主义先进文化前进方向，努力推动社会主义文艺事业大发展大繁荣

70年前，毛泽东同志针对当时延安文艺界的现状，发表了具有时代意义的《在延安文艺座谈会上的讲话》。《讲话》紧密结合当时中国革命的实际，围绕文艺工作的若干重大问题，全面、深刻、系统地阐述了党的文艺思想，为革命文艺的发展、为建设民族的科学的大众的文化指明了前进的方向，是中国新文艺发展史上的里程碑。《讲话》阐明了文艺与人民、文艺与政治、文艺与生活等一系列重大问题，提出了文艺为什么人服务和如何服务这两个根本问题，系统论述了文艺与人民、与政治、与生活、与时代的关系，确立了党对文艺工作的根本方针和理论观点，对我们党的文艺理论建设、文艺方针制定和文艺实践发展都产生了巨大而深远的影响。70年来，我们党适应时代发展的新要求，不断提出新的战略思想，丰富和完善了社会主义文艺理论，推动社会主义文艺实践实现了历史性的巨大进步。特别是党的十七届六中全会更是提出了坚持中国特色社会主义文化发展道路、努力建设社会主义文化强国的战略思想和宏伟目标，为繁荣发展文艺事业提供了难得的历史机遇和广阔的发展空间。今天，《讲话》所阐明的基本观点和基本路线，对于我们在日益复杂的多元文化格局中构建中国特色社会主义文化，依然有着广泛的针对性和根本性的指导意义。一是必须坚持先进文化的前进方向，弘扬以爱国主义为核心的民族精神和以改革创新为核心的时代精神，更好地发挥文化引领风尚、教育人民、服务社会、推动发展的作用。二是必须坚持党对文艺工作的领导，坚持文艺为人民服务、为社会主义服务的方向和“百花齐放、百家争鸣”的方针,勇于在新的历史条件下进行新的文化创造，推出更多思想性、艺术性、观赏性俱佳，人民群众喜闻乐见的精品力作，推动文艺的繁荣发展。三是必须大力继承和弘扬从群众中来、到群众中去的光荣传统，团结和带领广大文艺工作者到基层群众中去，到生活实践中去，汲取丰富的营养，进行艺术创造。四是必须建设一支德艺双馨的文艺工作者队伍，加强文艺工作者的职业道德建设，树立正确的世界观、人生观和价值观，忠于祖国，热爱人民，奉献社会，崇德尚艺。

今天，我们重温《讲话》精神，必须结合新形势、新要求，不仅要认真学习、深刻领会《讲话》精神，还要深入研究《讲话》在当下的历史价值和现实指导意义。要积极响应时代召唤，以学习、弘扬《讲话》精神为契机，自觉践行“爱国、为民、崇德、尚艺”的文艺界核心价值观，切实推进社会主义核心价值体系建设，积极承担引领社会主义先进文化前进方向的重任，为建设文化强市、推动苏州文艺大发展大繁荣作出文艺界应有的贡献。

（二）践行《讲话》的时代精神，更加自觉、更加主动地肩负起新的历史使命

近年来，市文联在市委、市政府的正确领导下，高举旗帜、围绕大局、改革创新、服务人民，以建设社会主义核心价值体系为根本任务，以满足人民群众精神文化需求为出发点和落脚点，认真履行联络、协调、服务、指导的职能,在推动文艺创作、打造文艺品牌、促进文化惠民、扩大文化交流、加强文艺队伍建设等方面做了积极有效的工作，涌现了一批获得全国各艺术门类最高奖项的优秀文艺作品，造就了一支走在全省乃至全国第一方阵的文艺人才队伍，形成了一个个有特色、有影响的文艺活动品牌，有力地推动了苏州文艺事业的繁荣发展，有效提升了苏州文化在全国的竞争力和影响力。但是，面对党和政府的新要求、人民群众的新期盼，我们必须在三个方面再上新台阶。

一是在文学艺术建设成果与市委、市政府“文化苏州”建设的要求方面再上新台阶。

这些年，我们文艺作品的产出数量很高，在全国各类主要文艺奖项中的获奖作品也很多，充分展示了文化强市建设的成就，形成了苏州的“文化高原”。但“高原”与“高峰”相比，还有很大差距，特别是与苏州历史上的文化高峰相比，为当代苏州文化建设创造真正传得开、留得住、叫得响的精品力作还不多；各艺术门类发展不平衡，有些艺术门类尽管不乏资源和人才，但由于受诸多客观因素困扰，影响了自身的繁荣发展。

二是在党和政府对行业建设的要求与文联自身推进行业管理的能力和水平方面再上新台阶。

随着经济社会的发展变化，人民群众多元化精神文化需求的不断形成，特别是随着政府管理方式逐步转变，社会组织地位逐步确立，文联行业建设职责随之加重，作用和地位不断增强，新形势下文联承担的行业建设和管理职能十分迫切和重要。要进一步理清和确立新形势下行业建设和管理的思路、举措、路径，进一步提升建设和管理的能力和水平，团结凝聚体制内外的广大文艺工作者，激发他们的创造活力，共同推进苏州文艺事业的全面繁荣。

三是在文艺界行业自律建设与人民群众的

新期盼方面再上新台阶。

近年来，我市的文艺家在全国各类文艺奖项的评选中不断摘金夺银，充分体现了苏州文艺的竞争力和影响力，也证明了我市文艺家队伍是一支拉得出、打得响的有战斗力的队伍，是苏州文化建设的主力军，但也存在着一些不和谐的音符。譬如：一是某些文艺工作者艺术追求、艺术精湛度不够，满足于现状，缺乏精益求精、勇攀高峰的精神。二是在传承创造中粗制滥造、弄虚作假、急功近利的现象还不同程度地存在。三是个别文艺工作者缺乏职业道德和职业操守，极端个人主义、拜金主义等倾向依然存在。这些现状如果不加以正确引导，危害极其严重。作为党和政府联系文艺界的桥梁和纽带，文联有责任、有义务承担起行业教育和行业自律的职能，加强文学艺术界的思想道德建设，引导广大文艺工作者自觉践行文艺界核心价值观和《苏州市文艺工作者职业道德公约》，提高艺术境界，培养高尚人格，使德艺双馨、爱岗敬业、奉献社会、弘扬正气、关爱他人等优良传统成为文学艺术界每位文艺工作者的自觉追求。

（三）坚持改革创新，以《讲话》精神为指导，推进苏州文学艺术事业再上新台阶

一是要坚持正确导向，把握社会主义核心价值体系的根本要求，围绕中心，服务大局，尽责有为，充分发挥文艺独特的引领作用，凝聚力量，推动发展。要下大力创新机制、思路和措施，在狠抓精品创作、打造文艺品牌、培养文艺人才、推进惠民服务方面有新突破，大力提升文艺凝聚引领能力、文艺创作生产能力、“文艺苏军”建设能力、文艺惠民服务能力、文艺传承创新能力，推出一批既叫好又叫座的精品力作，建设一支有影响的“文化苏军”队伍，继续打造一批在全国第一方阵行列的优势门类，力争在全国性重大文艺奖项评比中再创佳绩。积极扶持推动其他门类优秀作品的创作生产，全面推进各艺术门类的繁荣发展。二是要不断解放思想，创新观念，探索文联在行业管理、行业建设、行业服务、行业自律方面的建设发展途径。把握好文联的性质和特点，加强对各类文艺从业人员和各类民间文化组织的服务和管理，找准加强行业管理、行业服务、行业自律的工作切入点，建立健全行业管理体系。构建活动平台，以项目带动行业自身建设，从而形成一个在市委、市政府领导下，与党委政府主管部门齐抓共管、各司其责、互补共进的发展格局。三是要切实加强文艺界思想道德建设，把学习践行文艺界核心价值观和《苏州市文艺工作者职业道德公约》（简称《公约》）作为文艺队伍建设的一项基础性和长期性工作抓细抓实，结合实际，采取有效措施，精心组织开展主题教育、文艺惠民等有特色、有声势、有影响的文艺活动，使文艺界核心价值观和《公约》逐步深入人心，成为广大文艺工作者的价值取向和行为规范。

我们将研究制订《苏州市文学艺术界践行核心价值观、加强行业建设的行动计划》（暂名）。同时，集中力量，精心策划、组织实施“家在苏州”精品创作工程。引导广大文艺工作者与时代同行、与人民同心，深入苏州率先基本实现现代化的伟大实践，积极创作以“家在苏州”为主题，形式多样的反映苏州新时代、新风貌、新成就的精品力作，为当代文化苏州建设增光添彩。实施“德艺双馨”人才培养工程，组织开展朝霞、彩霞、晚霞人才建设培养工程，引导广大文艺工作者追求德艺双馨，进一步培养和造就苏州文艺领军人物和中青年文艺人才，逐步形成苏州文艺人才高峰优势和人才整体优势。实施名家荟萃“双走”工程，组织引导广大文艺工作者深入基层、深入群众、深入生活。积极开展文艺惠民服务活动，通过组织文艺名家惠民演出、书法普及教育千百工程、百名书画家惠民进万家等活动，将优秀的文化成果送到基层，送到人民群众中，不断满足人民群众的基本文化需求。加强文化交流与合作，坚持“走出去”和“请进来”，通过组织举办国内外艺术展览、展示、展演等活动，展示苏州文化风采，进一步扩大和提升苏州文化影响力。

文联是繁荣社会主义文艺、发展先进文化的重要力量，更是广大文艺工作者的共同家园。我们要牢牢把握先进文化前进方向，始终坚持为人民服务、为社会主义服务的方向和百花齐放、百家争鸣的方针，更加自觉、更加主动地服务大局、服务群众、服务文艺工作，推出更多的文艺精品和文艺人才，以高度的文化自觉和文化自信奋力开启苏州文艺事业和文联工作的新征程！

在中国曲协苏州评弹艺术委员会成立仪式上的致辞

（2012 年 6 月 27 日）

成从武

尊敬的董书记、叶书记，各位领导，各位来宾：

下午好！

今天，中国曲协苏州评弹艺术委员会在这里举行成立仪式。我谨代表苏州市文学艺术界联合会向各位领导、各位评弹名家的到来表示热烈的欢迎和衷心的感谢！

评弹作为苏州“三朵花”之一，是苏州一张亮丽的“文化名片”，被誉为“中国最美的声音。在历经400余年的历史长河中，苏州评弹艺术源远流长，意韵独特，流派纷呈，经久不衰，留下了许多脍炙人口的艺术佳作，成为中华民族优秀传统艺术的瑰宝。近年来，在中央、省、市各级领导和社会各界的关心支持下，我们坚持科学保护和建设的工作思路，不断加大对评弹艺术的保护和宣传力度，精心构筑评弹艺术“节”（中国苏州评弹艺术节）、“馆”（中国苏州评弹博物馆）、“场”（城乡书场、电视书场）、“校”（苏州评弹学校）、“团”（评弹团及评弹之乡等），逐步形成和完善了苏州评弹“五位一体”和“五管齐下”的保护工作格局，评弹事业呈现了良好的发展态势。一批经典书目得到抢救传承，一批新创作品屡获殊荣，一批优秀表演人才脱颖而出，评弹艺术教育质量不断提高，城乡书场数量稳步增加，评弹艺术的生存发展环境得到进一步改善。同时，我们积极为传承和弘扬评弹艺术搭建平台，营造氛围，提供服务，通过策划举办中国苏州评弹艺术节，打造苏州评弹艺术品牌，扩大苏州评弹的影响力和辐射力，彰显评弹艺术的魅力。6月29日我们又将迎来第五届中国苏州评弹艺术节的隆重举办，这是评弹界的又一次艺术盛会，将为我们呈现出更多评弹艺术传承和创作的新成果，这也是苏州评弹艺术界一次很好的学习、交流、提高的机会。

多年来，中国文联、中国曲协、省文联、省曲协和在座的各位对苏州评弹艺术的保护、传承与发展给予了大力的支持和帮助，做了很多富有成效的工作。今天，中国曲协苏州评弹艺术委员会又正式成立了，这无疑是一个新的契机，必将有力地推动苏州评弹艺术的保护、传承和发展。希望各位领导和专家今后不吝赐教，通过中国曲协苏州评弹艺术委员会这个平台，为苏州评弹的保护和发展提出更多更好的意见和建议。我们将以行业建设的责任感和使命感，坚持在保护中发展，在发展中创新，与时代同步，与人民同行，使评弹这一精湛的艺术绽放出时代的光彩。

谢谢大家！

在中国苏州虎丘曲会开幕式上的发言

（2012年7月1日）

成从武

各位嘉宾、各位曲友，上午好！

六月的苏州，幽兰飘香，百花绽放。由我市承办的第五届中国昆剧艺术节、第五届中国苏州评弹艺术节、第六届中国昆曲国际学术研讨会和第四届中国非物质文化遗产保护·苏州论坛于6月29日至7月7日在这座洋溢着浓厚文化氛围的古城举行，全国7个昆曲院团和有关地方戏曲院团、戏曲院校等单位的25台优秀昆曲剧目将在这里上演。今天，我们在这里隆重举行2012·中国苏州虎丘曲会开幕式暨《中国昆曲年鉴》首发式。在此，我谨代表苏州市委、市政府对各位嘉宾、各位曲友的到来表示热烈的欢迎和衷心的感谢！

昆曲艺术历史悠久，距今已有600余年的历史，是我国优秀传统艺术中的瑰宝，是戏曲百花园中的一朵奇葩，被称为“百戏之祖，百戏之师”。2001年，昆曲被首批列入联合国教科文组织“人类口头和非物质文化遗产代表作”，可以说，昆曲的艺术成就和文化价值超越了民族与国界，成为了全人类共同拥有的精神和文化财富。长期以来，党和政府高度重视民族优秀文化艺术的传承与保护，启动和实施了“国家昆曲艺术抢救、保护和扶持工程”，加大对昆曲的扶持和保护。我市坚持科学保护和建设的工作思路，积极传承和创作演出，培养昆曲人才，还举办有影响的活动，打造昆曲艺术品牌。特别是青春版《牡丹亭》、传统经典《长生殿》等在国内外巡演，引起轰动。从2000年开始苏州已连续举办四届中国昆剧艺术节，今年已经是第五届，还举办了昆剧艺术大展演、大交流和昆曲国际学术研讨会。虎丘曲会作为传承和发展昆曲的重要形式，有着悠久的历史传统，自21世纪正式恢复这一传统活动以来，已成功举办12届，吸引了海内外广大曲友踊跃参加，特别是近年来，越来越多的年轻人以及少儿昆曲爱好者参与进来，为虎丘曲会带来勃勃生机，古老的昆曲正在不断发扬光大，生生不息。今年适逢第五届中国昆剧艺术节在苏州举办，第十三届中国苏州虎丘曲会作为昆剧节的活动之一，内容十分丰富。广大曲友不仅可以交流吟唱，还将观摩到全国昆剧艺术院团名家、优秀演员的精彩演出，相信各位曲友通过“零距离”欣赏名家的演出，必将有所收获。今后，我们将继续做优做强我市昆曲艺术，打造虎丘曲会活动品牌，推动虎丘曲会成为联系海内外朋友的窗口，使昆曲成为苏州对外交流的一张亮丽的“名片”。

最后，预祝第十三届中国苏州虎丘曲会圆满成功！

谢谢大家！

在全市中青年文艺家读书班开班仪式上的动员讲话

（2012 年 8 月 7 日）

成从武

尊敬的蔡部长、缪部长、同志们：

上午好！

根据市文联2012年重点工作任务安排，全市文艺家读书班经过精心筹备，今天在美丽的阳澄湖畔开班了。这次读书班得到市委和市委宣传部的高度重视，市委常委、宣传部蔡部长和缪部长亲临今天的开班仪式，蔡部长还将为我们开讲第一课。在此，我谨代表市文联党组向冒着高温酷暑前来参加读书班的领导和文艺家朋友表示热烈的欢迎！

全市中青年文艺家读书班在市委宣传部的关心与支持下，在全市文艺界的共同努力下已连续多年举办。读书班多年来坚持围绕中心、服务大局，联系文艺工作和文联工作实际，结合文艺工作者的需求，精心策划，积极创新，经过不断完善和打造，已成为文艺家们增长知识、拓宽视野、促进交流、加深友谊、提高能力、提升创作的重要平台。

本期读书班的主要任务是：紧紧围绕学习贯彻党的十七届六中全会精神、市委十一届三次全体（扩大）会议精神和全市宣传部长座谈会精神，自觉践行文艺界核心价值观，努力增强贯彻落实党的文艺方针政策的自觉性和坚定性，着力提高广大文艺工作者的政治素质、理论水平和业务能力，积极引导文艺工作者发挥“主战线、主阵地、主力军”作用，以奋发有为的精神状态、扎实工作的实际行动迎接党的十八大胜利召开。

下面，我就如何办好本次读书班，作个简单动员。

（一）充分认识办好全市文艺家读书班的目的和意义

党的十七届六中全会首次提出了建设社会主义文化强国的战略任务，胡锦涛总书记在全国九次文代会上向广大文艺工作者提出了要更加自觉、更加主动地承担起“四个历史责任”，为加快文化建设指明了方向，提供了强大的动力。苏州市第十一次党代会明确了“建设宜居新苏州，打造创业新天堂，共筑幸福新家园”的总体要求，提出了建设文化事业繁荣、文化产业发达、文化人才辈出、历史文化与现代文明相交融的文化强市目标。今年初，中国文联九届二次全委会审议通过了《中国文艺工作者职业道德公约》，明确提出了“爱国、为民、崇德、尚艺”的文艺界核心价值观。在市第十次文代会上，我们积极贯彻中国文联的部署，审议出台了《苏州市文艺工作者职业道德公约》，要求全市广大文艺工作者：忠诚国家利益，弘扬先进文化；勇担社会职责，努力服务人民；追求德艺双馨，倡导团结和谐；勇于开拓创新，自觉遵纪守法。省委常委、市委蒋宏坤书记在市委十一届三次全体（扩大）会议讲话中把争创城市内涵发展的新优势作为文化繁荣发展的核心内容，为我们提出了更新、更高的要求。城市是文化的载体，文化是城市的灵魂，文化又一次承载起苏州在新的高位平台上发展的历史重任。希望每位文艺工作者都要有一种责任感和使命感，更加自觉、主动地投身文化建设工程，为建设文化强市、推进率先基本实现现代化贡献智慧和力量。

同志们，当前文艺工作和文联工作面临着许多新情况、新问题。唯有善于学习，勇于探索适应社会主义市场经济、符合文艺发展规律、体现苏州经济社会发展状况和人民团体特点的管理体制、运行机制、组织形式、活动方式，才能不断提升行业服务、行业管理、行业自律的能力和水平，创新联络服务文艺工作者的新途径。我们希望通过读书班的学习，一是进一步增强文化人的责任意识，使他们自觉用社会主义核心价值体系引领文艺思潮，以丰富多彩的文艺形式，弘扬先进文化、唱响时代主旋律，以饱满的热情和优异的成绩迎接、学习和贯彻党的十八大精神，在发挥文艺独特作用、提升城市文化内涵方面有新的作为。二是进一步增强文化人的能动意识，让他们树立崇高的艺术理想，潜心锤炼，追求卓越，在用丰富的文化成果和优质的文化服务不断满足人民群众多层次的精神文化需求中有新的创造、新的成果。三是进一步增强文化人的表率意识，使他们加强自身修养，追求高尚情操，自觉抵制低俗、庸俗、媚俗之风，以新的举措、新的形象更好地为人民服务。

（二）本期读书班的主要内容和安排

本期读书班为期三天，今天上午的开班典礼，蔡部长将作重要讲话，希望大家认真学习，并结合自身实际，创新思路，探索推进苏州文学艺术事业繁荣发展的新途径、新办法。读书班还专程邀请了中国作协党组成员、副主席何建明主讲“真诚地贴近生活，才能收获创作”，南京大学文学院教授许结主讲“经典阅读和人文情怀”，江苏省文化厅副巡视员、省剧协主席汪人元主讲“传统之美与创新之魅——从京剧音乐谈中国传统戏剧的继承与创新”，市人大议案工委主任高志罡主讲“坚持科学发展，推动文化繁荣——谈对党的十七届六中全会精神的学习体会”。读书班内容十分丰富，相信三天的集中学习，对大家今后的创作实践一定会有很大的帮助。

（三）几点希望和要求

为确保本期读书班的办班效果，在这里我简要提几点希望和要求：一是珍惜机会，专心学习。平常大家都忙于工作，事务缠身，挤一点学习时间也往往是关注自己所熟悉的领域。今天，我们为大家提供一个难得的学习机会，邀请了不同门类具有一定水准的专家或领导为大家授课。平常难得有机会亲耳聆听他们的真知灼见，而且还有这么多的同行在一起交流探讨，希望大家一定要珍惜这次读书班的机会，扎扎实实地学习，尽量不要请假、不要缺课，把有限的时间和精力放在学习上。如确有要事须向会务组请假。希望大家严格按照读书班的安排和要求，按时参加听课，积极交流，确保学习效果。二是广泛交流，增进友谊。读书班的各位学员，大家来自不同岗位，在各自领域都做出了一定的成绩，都有着自己独到的人生体验、创作体会和工作经验。希望大家在听好讲座、深入思考的基础上，抓住机会，相互交流，集思广益，互相启发，取长补短，教学相长。既要交流学习体会和工作经验，也要加强感情联络和思想沟通，切实通过本次读书班的培训，学到知识，增进友谊，开阔胸襟，学有所获。三是联系实际，学以致用。希望大家在读书班期间要理论联系实际，在学好理论知识的同时，紧密联系工作实际和创作实践，要从专家的授课辅导和与大家的交流中得到启发，真正把所学的知识和获得的感悟应用到以后的工作和创作中，从而增强学习的针对性和实效性。总之，我希望大家通过这次读书班，进一步增强终身学习的意识，形成学无止境的良好氛围，通过自身的勤奋努力，切实提高繁荣发展苏州文艺事业的本领，共创苏州文艺事业的新辉煌。

（四）关于“十二五”苏州文学艺术界行业建设行动计划的说明

在市委宣传部的指导和支持下，新一届文联主席团围绕苏州文化强市建设的目标要求，进一步解放思想、创新思路，在充分调研的基础上，积极谋划文学艺术界行业管理、行业服务、行业自律、行业教育的行业建设规划，提出了文学艺术建设的一个总体目标、五项基本原则和四大工程。一是实施“家在苏州”精品创作工程。以精神文明建设“五个一工程”为龙头，加强对文艺精品创作的引导，突出主旋律创作，展现苏州创新发展的成就和经验。加强创作选题、项目策划与论证，搭建交流展示平台，举办高层次、高水准的文艺活动，力争三到五年内集中打造、创作一批能在全国有较大影响、彰显苏州文化强市综合实力的精品力作。二是实施“德艺双馨”人才建设“三霞”工程。进一步推进朝霞、彩霞、晚霞人才建设培养工程，引导广大文艺工作者追求德艺双馨，努力为优秀文艺人才脱颖而出、施展才华搭建平台载体，健全完善扶持激励机制，激发文艺家的文艺创造活力，造就一批在全国有影响的文艺领军人物和文艺拔尖人才，逐步形成苏州文艺人才高峰新优势。三是实施名家荟萃“三走”品牌工程。组织引导广大文艺工作者走进基层、走进群众，努力为文艺家深入生活进行采风创作创造条件。积极开展文艺惠民服务活动，通过组织名家荟萃惠民文艺演出、书法教育千百工程等惠民品牌活动，活跃群众文化生活，使城乡群众共享文艺建设成果。加强国内外文化的交流与合作，有计划、有步骤地组织文艺名家走出去，举办国内外艺术展览、展示、展演等活动，展示苏州文化风采，进一步扩大和提升苏州文化影响力。四是实施“文艺之家”组织网络建设工程。研究探索加强文联行业服务、行业管理、行业自律的新途径、新机制和新手段。加强以“爱国、为民、崇德、尚艺”为核心的职业道德建设，增强文联干部职业道德修养，激发创造活力，增强工作本领，提高管理能力，建设一支政治强、业务精、作风正、善管理的文联干部队伍。健全完善文联组织网络，探索文联行业建设在乡镇、街道、产业（行业）以及新兴文艺领域的有益实践，加大对基层文联的联络、协调、服务力度，加强上下联动，努力形成优势互补、相互促进、共同发展的格局。目前，“行动计划”已八易其稿，听取了各方意见，下一步，在10日召开的全市文联工作座谈会上将把征求意见稿发给大家，再次征求各团体会员和相关文艺家的意见。

同志们，当下正是文艺大发展大繁荣的时代，更是文联组织大有作为的时代，让我们以这次读书班为充电器和加油站，不断加强学习、勇于创新、勤奋工作，在加快推进文化强市建设、率先基本实现现代化的进程中充分施展才华，多作贡献。

最后，衷心祝愿各位艺术家、各位同仁在读书班期间，学习顺利，生活愉快，身体健康！

苏州作家与中国当代文学研讨会开幕式欢迎辞

（2012年11月17日）

成从武

各位领导、各位嘉宾：

大家上午好！

今天，苏州作家与中国当代文学研讨会在这里隆重开幕了。我谨代表苏州市文学艺术界联合会向各位领导、各位嘉宾的到来表示热烈的欢迎，对长期以来坚守文学创作事业的苏州作家们表示由衷的敬意，向一直关心支持苏州文学事业的中国作协、江苏省作协表示衷心的感谢！

党的十八大刚刚落下帷幕，大会报告浓缩了改革开放以来特别是最近十年来，党领导中国发展建设的经验与启示，勾画出中国未来发展的蓝图。十八大的召开对于我国经济社会发展有着承前启后的重大意义。今天，我们的研讨会也是一次承前启后的会议，在接下来三天的时间里，我们将重点围绕“中国当代文学视野中的苏州文学创作”“苏州文学与吴文化”“苏州作家作品论”等议题，在中国当代文学发展现状和趋势的大背景下，回顾建国以来苏州文学创作发展历程，探讨苏州作家作品在中国当代文学中的地位。

2012年是中国文学的圆梦之年，诺贝尔文学奖首次颁给了中国籍作家，这是中国文学繁荣进步的体现，是我国综合国力和国际影响力不断提升的体现；同时，这一奖项也是对默默耕耘、锲而不舍的文学精神的肯定和褒扬。当下，文学常常被视作寂寞的事业，我们的作家能在喧哗和躁动的时代潮流中沉潜下来，坚守着这份事业，对社会、历史、文化发展保持着一种关注、思考、问询和探索的能力，这是苏州作家群体强烈的历史使命感和社会责任感的体现。

苏州的文学创作和文学理论批评一直保持着良好的互动关系。评论界对于苏州作家作品的关注与批评起到了积极的宣传、引导和推介作用。市文联曾于2008年策划出版了一套九卷本的《苏州作家研究系列》丛书，这套丛书是对苏州近二十年来文学的一次检阅，它以陈列的形式展示了一段时期内苏州的作家、作品及相关研究。此次研讨会将立足于一个更高的起点，期望对苏州的作家作品做出一个更全面、更切实的整理与评价，对苏州文学的未来进行一次展望。这对于塑造文学苏州、文化苏州形象，推动苏州文学事业的持续繁荣发展有着十分重要的意义。

最后，期待苏州的作家群体能够植根于人民生活和吴文化传统的深厚土壤，激情迸发，创作出更多具有苏州风格和地域特色的好作品，为“文化苏州”建设作出新的更大的贡献。

谢谢大家！

在苏州市文学艺术界学习贯彻十八大精神座谈会上的讲话

（2012 年 11 月 20 日）

成从武

各位主席、各位艺术家、同志们：

在党的十八大刚刚胜利闭幕、全市上下迅速掀起学习贯彻十八大精神高潮的时候，今天，我们在这里召开全市文艺界学习贯彻党的十八大精神座谈会，目的就是通过以学习贯彻十八大精神为动力，统一思想、提高认识、振奋精神、凝聚力量，认真谋划苏州文艺事业繁荣发展的新思路、新举措，更好地团结带领全市广大文艺工作者以党的十八大精神为指引，围绕中心、服务大局，充分发挥文化引领风尚、教育人民、服务社会、推动发展的作用，以高度的文化自觉和文化自信奋力开启苏州文艺事业新征程。刚才，顾芗同志传达了党的十八大召开的盛况，并谈了亲历十八大会议的体会。顾芗同志作为我省十八大代表中的文艺界代表，不仅是她个人的殊荣，更是苏州文艺界的荣耀。她刚才的发言，表达了以实际行动践行党的十八大精神的信心和决心。七位文艺家分别谈了学习十八大精神的体会，并结合自身的创作实践，发表了很好的见解，我完全赞同。下面，我代表文联党组、主席团谈谈如何在文艺界抓好学习贯彻党的十八大精神的几点意见，供大家参考。

（一）充分认识学习贯彻党的十八大精神的重要意义

党的十八大是我国在全面建设小康社会关键时期和深化改革、加快转变经济发展攻坚时期召开的一次具有里程碑意义的会议。会议全面总结了过去五年至十年的工作成绩和基本经验，对实现社会主义现代化和中华民族伟大复兴的总任务与“五位一体”的总布局作出了重大部署，提出了实现全面建设小康社会奋斗目标的新要求，对在新的历史起点上全面推进中国特色主义社会事业和党的建设新的伟大工程具有十分重要的指导作用和战略意义。特别是党的十八大报告从兴起文化建设新高潮、推动社会主义文化大发展大繁荣的战略高度，提出了坚持中国特色社会主义文化发展道路、努力建设社会主义文化强国的战略任务，吹响了新一轮文化改革发展的进军号，是指导当前和今后一个时期文化建设的纲领性文献，为推动文化大发展大繁荣指明了方向，提供了动力，创造了更好的环境。我市各文艺家协会和文联各部门要把深入学习贯彻落实党的十八大精神作为当前和今后一个时期的首要政治任务，要认真组织广大文艺工作者深入学习研读党的十八大工作报告、习近平总书记在十八届中央政治局第一次集体学习时的重要讲话、共产党章程等一系列文件，全面理解、深刻领会、准确把握报告的精神实质，在提高认识、坚定信念上下功夫，在吃透精神、把握实质上下功夫，在解放思想、开拓创新上下功夫，在指导实践、推动工作上下功夫，切实把广大文艺工作者的思想和行动统一到党的十八大精神上来，把智慧和力量凝聚到实现党的十八大确定的各项任务上来，进一步坚定理想信念，肩负起推动文化大发展大繁荣、建设社会主义文化强国的庄严使命。

（二）自觉服从服务于全市大局，提供良好的智力支持和文化条件

党的十八大描绘了全面建成小康社会、加

快推进社会主义现代化的宏伟蓝图，为党和国家伟业进一步发展指明了方向。苏州作为“两个率先”的排头兵和先行军，当前正处在转型升级、创新发展的关键阶段。在新起点上推进率先基本实现现代化，物质是基础，精神是导向，文化是灵魂，改革创新是动力。蒋书记在市委召开的传达学习贯彻党的十八大精神大会上，强调提出了当前乃至明年要重点做好的六个方面的工作：一是始终高举深化改革、扩大开放大旗，勇立时代发展潮头；二是始终紧扣聚焦转型、突出创新核心，实现经济量质齐升；三是始终坚持城乡统筹、共同发展原则，构建一体化发展新格局；四是始终牢记兴盛文化、传承文明使命，推进物质精神双丰收；五是始终突出生态优先、环境再造关键，建设宜居美丽新苏州；六是始终践行以人为本、执政为名宗旨，把人民群众放在最高位置。蒋书记首次提出在苏州率先实现文化大发展大繁荣的目标任务，这既是贯彻党的十八大提出的“五位一体”发展在苏州的率先实践，也是苏州率先基本实现现代化的重要任务；既是对苏州文化发展提出的新的更高要求，也是对全市文化艺术工作的信任和厚望。面对率先基本实现现代化的伟大实践，面对建设文化强市和率先实现文化大发展大繁荣的重大课题，迫切需要文艺事业有一个更大的繁荣发展，文艺工作的起点更高、前景更广阔，大有所为。希望我市各文艺家协会围绕学习贯彻党的十八大精神积极组织开展多种形式的主题文艺活动，引导广大文艺工作者勇立时代发展潮头，投身火热的社会生活，把握时代前进的脉搏，自觉为人民书写放歌、为发展加油鼓劲，为建设宜居新苏州、创业新天堂、幸福新家园贡献智慧和力量。

（三）充分发挥文联职能，推动文学艺术事业全面发展

当前，我们必须坚持把以十八大精神指导实践、推动文艺繁荣发展作为学习的出发点和落脚点，作为衡量学习成效的重要标准，切实增强大局意识、责任意识、创新意识，按照高举旗帜、围绕大局、服务人民、改革创新的总要求，以改革创新为动力，以精品创作为要务，以人才建设为根本，以品牌打造为重点，充分发挥主战线、主阵地、主力军的作用，积极履行联络、协调、服务、指导职能。当前学习贯彻党的十八大精神，结合文联自身实际，应着重做好以下六方面的工作。

一是弘扬社会主义核心价值体系，着力推进文艺精品创作繁荣。

要始终坚持正确的文艺导向，加强对文艺作品的创作引导，自觉用社会主义核心价值体系引领文艺思潮，用高品质的文艺作品和多姿多彩的文艺表现形式，讴歌时代精神，奏响时代主旋律。大力实施精品战略，高质量推进一批重点文艺创作项目，以“家在苏州”精品创作工程为抓手，重点组织好“古韵今风·家在苏州”中国苏州国际摄影大赛、中国（苏州）音乐家联袂创作、苏州作家与中国当代文学研究成果、“新吴门，六月风”全国名家画苏州、中国（苏州）书法“得意之作”邀请展、现代小戏小品评比展演等重点创作活动，搭建平台，逐步建立委约、资助、扶持等创作激励机制，推进“家在苏州”现实题材的文学艺术创作。推动各艺术门类协调发展，齐头并进。加强文艺理论研究和文艺评论，推进文艺传承创新，不断提升当代苏州文学艺术的内涵和影响力。

二是切实加强文艺队伍建设，构筑文艺苏军人才新高地。

在新的历史起点上要再创苏州文艺新辉煌，必须要加大人才选拔、培养、使用、激励力度，着力搭建多种形式的平台载体，不断完善激励机制，营造有利于高素质文艺人才不断涌现、健康成长的良好环境，造就一批在全国有影响的名家名师。认真组织实施德艺双馨人才建设“三霞”工程，以彩霞工程、朝霞工程、晚霞工程为抓手，重点加大对优秀中青年文艺家的培养、激励和宣传推介力度，制定并实施全国重大文艺奖项和重点人才配套激励机制，做好全国、省优秀拔尖人才的推荐工作，在项目资助、宣传推介、研讨培训以及有关配套服务等方面进一步强化措施，着力推出一批在全国同门类中有影响力的领军人物。精心组织开展各艺术门类优秀青年文艺人才的评选活动，逐步探索有利于青年文艺人才健康成长、脱颖而出的竞争和激励机制，构筑文艺苏军的新优势。要把加强文艺界思想道德建设作为一项基础性工作来抓，引导文艺工作者积极践行“爱国、为民、崇德、尚艺”的文艺界核心价值观，自觉遵守《苏州市文艺工作者职业道德公约》，弘扬德艺双馨精神。

三是协同推进文艺体制机制创新，积极促进文艺科技融合协调发展。

改革创新是坚持和发展中国特色社会主义的强大动力，也是推动文艺繁荣发展的强大动力。一是要推动文艺家遵循艺术规律，焕发创造活力，更好地贴近群众、贴进社会，最大限度满足人民群众日益增长的精神文化需求。二是伴随文艺的内容形式、体制机制和传播手段不断创新，要加强推进各文艺门类之间的相互学习、相互交流，推动传统文艺与现代文艺、民族文艺与外国文艺相互借鉴、取长补短。各种艺术元素既个性鲜明，又融合创新。三是要努力推动运用高科技特别是迅猛发展的数字技术、网络技术，包括数字艺术、网络视频、网络音乐、手机电视、动漫游戏等一系列新兴文艺业态，推进文艺创新，支撑文艺创作，提高艺术的表现力和冲击力。

四是广泛开展文艺惠民活动，满足人民群众的精神文化需求。

积极实施名家荟萃“三走”品牌工程，精心组织文艺采风活动，鼓励和倡导文艺家走进生活与实际，把满足人民群众日益增长的精神文化需求作为出发点和落脚点，创作出更多人民群众喜闻乐见的优秀文艺作品。深入开展文艺惠民活动，充分发挥文艺家志愿者服务队的作用，组织实施中国书法名城苏州书法教育千百工程、名家荟萃惠民演出、苏州民间艺术节、中国苏州虎丘曲会等送欢乐到基层的各类文化志愿服务活动，活跃群众文化生活，使城乡群众共享文艺建设成果。继续开展文学进校园、戏曲进校园、书画进校园、民间艺术进校园等惠民活动。建立长效机制，创新活动形式，进一步提升文艺惠民活动质量。建立协会基层联络点，帮助基层文艺人才提升艺术素养，逐步实现由“送文化”向“种文化”的提升，不断激发城乡群众创造文化的智慧与热情。

五是切实加强对外文化交流，推动苏州文艺走向更广阔的世界。

坚持“走出去”和“引进来”相结合，积极开展多渠道、多形式的对外文艺交流活动，相互借鉴，充分展示苏州文艺的发展成果和无穷魅力。加强与国内文艺界的交流与合作，组织文艺名家走出苏州，举办各类展览、展演活动，推介弘扬苏州文化，促进苏州文化与其他文化的交融，扩大苏州文艺名家在全国的知名度和影响力。不断拓展对外交流渠道，服务苏州对外开放大局，以视觉和表演艺术两大板块为主，有计划、有步骤地组织国际文化交流活动，进行行业维权国际考察，推动苏州文化走向世界。

六是加强文联基层组织建设，努力增强文联凝聚力。

以学习贯彻党的十八大精神为契机，努力建设学习型、创新型、服务型的文联组织，加强文联干部队伍和文艺家协会建设，增强服务本领，提升服务水平。切实加强文艺家的权益保护和行业维权建设，建立维权工作机制，认真履行维护保障广大文艺家著作权权益的职能。建立健全各项管理制度，强化工作目标责任管理，使各项工作更加规范化、制度化。牢固树立全市文联“一盘棋”的思想，加大对基层文联的联络、协调、服务力度，加强上下联动，努力形成优势互补、相互促进、共同发展的格局。积极推广乡镇文联建设的先进经验，制定实施基层文联建设指导意见和考核评估办法。引导和支持基层文联充分挖掘地域文化资源，科学有效地培育特色文化品牌，形成“一市（区）一品”“一镇一品”的态势，共同推进全市文联组织网络体系建设再上新台阶。

同志们，对十八大精神的学习贯彻将是我们当前和今后一个时期工作的重中之重。今天的座谈会只是刚刚开始，下一步，我们将按照市委和宣传部的统一部署，采取多种形式，不断深化学习，以十八大精神为指导，高举旗帜、同心同德、开拓进取、扎实工作，以更加振奋的精神、更加优异的成绩，谱写苏州文学艺术事业新的篇章。

在市文艺之家揭牌仪式上的致辞

（2012年12月25日）

成从武

尊敬的各位领导，各位文艺家：

上午好！

在市委、市政府的亲切关怀下，全市文艺工作者期盼已久的市文艺之家暨文艺家协会联络站今天在曲园正式揭牌了，这是我市文艺界的一件喜事，是市委、市政府为全市文艺工作者做的一件好事、实事。在此，我谨代表苏州市文学艺术界联合会及5554名文艺家协会会员向亲临今天揭牌仪式的各位领导表示热烈的欢迎！向长期以来高度重视和大力支持文学艺术事业和文联工作的市四套班子领导以及市委宣传部、市编办、市财政局、市人社局、市文广新局（文物局）表示衷心的感谢，并致以崇高的敬意！

曲园是晚清文学大家俞樾先生的故居，俞樾先生的艺术成就涉猎经学、诗词、小说、戏曲、书法，著作等身。曲园还滋哺了俞陛云、俞平伯两位学人，可谓书香门第。作为国家级文物保护单位，曲园更是苏州历史文化的重要坐标之一。经过全面整修，2011年10月，市委、市政府将这块宝地正式调拨给文联文艺之家管理和使用，这是对我们的厚爱，是对我们的激励。作为苏州城市文化的一张靓丽名片，文联有责任维护、使用和管理好曲园，更好地发挥其历史文物价值和文艺之家的功能，提升苏州城市的文化内涵。建成后的市文艺之家将是广大文艺工作者学习、聚会、交流的开放式场所。一是为广大文艺家提供研讨交流、切磋艺技、以文会友的阵地；二是发挥文艺家协会联络站的功能，为各文艺家协会提供管理服务和智力支持；三是保护历史文物，成为传承、弘扬苏州优秀传统文化的重要窗口；四是搭建珍藏和展示文学艺术行业建设“四项工程”成果的载体，使其更好地服务社会、服务文艺创作、服务广大文艺家。

弘扬苏州特色文化、提升城市文化内涵、争创发展新优势是当前苏州文化建设和发展的重要任务。我们将不负期望，抓住机遇，以高度的文化自觉和文化自信，充分发挥好文艺之家阵地的功能和作用，搭建交流展示平台，努力营造良好氛围，发挥桥梁和纽带作用，更好地履行行业管理、行业服务、行业自律、行业教育的职能，努力把文艺之家建设成广大文艺工作者的温馨和谐之家，为谱写苏州文学艺术事业新篇章、建设美丽苏州作出新的更大的贡献！

2013年元旦即将到来，祝各位领导和各位艺术家新年快乐、阖家幸福！

谢谢大家！

在全市中青年文艺家读书班上的小结讲话

（2012 年 8 月 7 日）

王伟林

各位学员、同志们：

2012年全市中青年文艺家读书班在市委和市委宣传部的关心重视下，经过大家的共同努力，今天下午将要圆满结束。本次读书班特邀了在相关艺术领域有一定成就的专家和领导进行授课，使大家拓宽了视野、增长了知识，提升了境界。

本次读书班主要体现了两点特色：

（一）周密部署，精心准备

市文联党组对举办这次读书班很重视，在办班准备阶段，就读书班日程、学习内容、学习人员以及活动安排等专门研究部署，并向市委宣传部领导进行了汇报。具体职能部门认真制定办班实施方案，精心设置学习内容，周密安排读书班日程，多次与讲课老师沟通协商讲课内容，并提前准备相关会务工作与文字材料，各项工作准备比较充分、保障到位，为大家创造了安心学习的条件和环境。各市（县）、区文联，各文艺家协会对读书班给予了高度重视，主要负责同志亲自参与读书班的学习。读书班期间，学习氛围浓厚，学习秩序良好，学习效果显著。

（二）内容丰富，视野开阔

市委常委、宣传部部长蔡丽新专程为读书班开讲了第一课，从全市经济社会发展的全局和率先基本实现现代化宏伟目标的实际出发，向全市文艺界提出了新的要求，号召全市广大文艺工作者要大力提升“四种能力”：文艺凝聚引领能力、文艺创作生产能力、“文艺苏军”建设能力、文艺惠民服务能力。要自觉做好“四个表率”：在围绕中心、服务大局方面作表率，在服务基层、服务群众方面作表率，在多出精品、促进繁荣方面作表率，在践行文艺界核心价值观、引领社会文明风尚方面作表率。读书班期间，中国作协副主席、著名作家何建明主讲的《真诚地贴近生活，才能收获创作》，南京大学文学院许结教授主讲的《经典阅读与人文情怀》，江苏省文化厅副巡视员、省剧协主席汪人元主讲的《传统之美与创新之魅——从京剧音乐谈中国传统戏剧的继承与创新》，苏州市人大议案工委主任高志罡主讲的《坚持科学发展，推动文化繁荣》，都具有很强的思想性、针对性和指导性，特别是何建明副主席从自己的创作实践出发，阐释了文艺与人民、文艺与生活的关系，文艺家只有真诚地贴近生活，才能收获创作的丰硕成果。大家普遍感到：这次读书班日程安排科学合理，邀请的领导、学者层次高，水平高，理论造诣深，讲课观点新颖，深入浅出，生动形象；学习的内容既有高度，又有广度；通过三天的学习、交流，对提高自身业务能力、增长艺术素养帮助很大。正如在刚才交流中有的同志说，全市文艺家读书班每年都办，但每年都有特色和亮点，已成为全市文艺工作者学习知识、拓展视野、增长才干的综合性学习平台。

通过本次读书班的学习，主要有三点收获：

1.进一步明确方向，深刻认识到文艺工作的重要性。

通过这次读书班，大家更加了解把握了文化发展的新形势、新任务，能自觉处理好文艺与时代的关系，努力承担起历史赋予的责任，积极参与反映表现当今时代的文艺创作实践。文艺工作者要以自己创作的优秀文艺作品，服务人民大众，被人民大众认同，并且感染、影响一个民族的精神，引领时代风尚，开启民众智慧。成主席在动员讲话中就“十二五”期间苏州市文学艺术界行业建设行动计划进行了说明，提出了苏州文学艺术“四大工程”建设任务。大家听了非常振奋，进一步增强了责任意识、使命意识，把对文艺工作的认识提高到了一个新的境界，在推进文化大发展大繁荣、建设文化强市的伟大实践中，明确了目标任务，增强了信心和决心。

2.进一步提高素养，深刻认识到文化人的价值。

文以载道，以文化人。文艺是民族精神的火炬。优秀的文艺家能够弘扬文明理念、播撒美德光辉，感化人们的心灵。古往今来，那些能够流芳百世、广受人们尊敬和赞誉的文艺名家，无不是在追求高超艺术造诣的同时，努力做真、善、美的追求者、践行者、传播者。文艺工作者不仅要孜孜追求与努力实现艺术新境界，创造出更多更好的优秀文艺作品，而且要更加自觉、更加主动地传播先进文化、弘扬人间正气、塑造美好心灵。从刚才几位同志的交流发言中，我感到大家通过学习培训，对于文艺工作者特别是知名文艺家，在社会上有着广泛的影响力，肩负着传播真、善、美，弘扬美德新风的重要职责和使命有了更深刻的认识，对新形势下做好文艺工作和文联工作有了许多新的认识和新的思考。大家普遍认为，推进文化大发展大繁荣，文艺界自身要进一步加强职业道德建设，树立良好的形象，充分发挥自身价值，正确处理艺术与生活、艺术与人生、艺术与时代的关系，敢于攀登人生和艺术新高峰，积极做好文艺工作和文联工作。

3.进一步增进友谊，充分体会到文艺交流的意义。

参加读书班的学员大多是活跃在一线的中青年文艺工作者，还有文艺名家和各团体会员负责人，他们本身就有较高的理论修养和丰富的实践经验。大家平时工作很忙，却能够妥善安排协调好工作，珍视这次集中学习的机会，虚心地与各位朋友共同交流学习，这就为我们今后的相关工作树立了榜样，也充分体现了文艺家的风范。大家来自不同岗位，但是各有所长，各有自己的人生体验和工作体会。通过读书班，大家不仅能够相互切磋、相互启发、取长补短，而且能够进一步加深了解、增进友谊、推进互动，这有利于在今后的工作中，各艺术门类相互协作和支持，也有利于全市文联系统上下左右加强联系与合作，使全市文艺界携手并进，共创美好未来。

同志们，我们正处在知识创新的时代，勤奋学习、善于学习是加强修养、提高本领、做好工作的前提。这期读书班将要结束了，但我们的学习没有止境，我们要从书本中学习，要从实践中学习，解放思想，开拓创新，以“主战线、主阵地、主力军”的新定位、新要求，积极推进文化强市建设，促进苏州文艺大发展大繁荣，以优异的成绩迎接党的十八大胜利召开！

最后，祝大家工作顺利，创作丰收！

以“四项工程”为抓手　推动协会建设上新水平

苏州市文联

文艺家协会是文联的重要组成部分，也是文联工作的基础。加强文艺家协会建设，充分发挥党和政府联系文艺家的桥梁和纽带作用，对于推动文艺创作的繁荣和发展具有十分重要的意义。目前，我市拥有文学、书法、美术、摄影、音乐、戏剧、曲艺、舞蹈、影视、杂技、民间文艺和文艺评论等12个文艺家协会，全市共有市级会员5554人，其中省级会员2404人，国家级会员696人，形成了一支艺术门类齐全、数量充足、实力雄厚的“文艺苏军”队伍。近年来，我们坚持把加强协会建设作为文联工作的重点，高度重视协会的建设和发展，积极探索协会工作的特点和规律。特别是去年文联换届后，新一届领导班子进一步创新协会工作的机制、思路和办法，加大对协会工作的支持力度，夯实协会工作基础，拓展协会工作空间，提升协会水平，精心策划并组织实施了“家在苏州”精品创作工程、德艺双馨人才建设“三霞”工程、名家荟萃“三走”品牌工程、“文艺之家”组织网络建设工程，实施项目带动战略，充分发挥协会在服务大局、服务人民、服务文艺家和文艺创作方面的重要作用，使我市文艺家协会工作呈现出生动活泼、健康发展的良好局面。我们的主要做法如下：

（一）创新发展思路

文艺家协会作为文联组织的重要基石，在文联工作中具有极其特殊的地位和作用，切实加强和改进协会建设，是文联组织不断增强吸引力和凝聚力的关键所在。面对当前文艺队伍构成发生的深刻变化和文艺的生产、服务、消费形式的日益多样化，我们根据党的十七届六中全会、十八大精神以及全国九次文代会、八次作代会和市委、市政府建设文化强市的目标，按照市十次文代会确定的发展思路和任务要求，深入把握新形势下文艺事业和协会建设的特点和规律，从创新理念、思路入手，努力做到在推进工作上有新思路、在破解难题上有新举措、在繁荣发展上有新成效。去年，在调查研究的基础上，制订并与市委宣传部联合出台了《苏州市文学艺术界“十二五”行业建设行动计划》，明确提出了全市文学艺术界在“十二五”期间的建设目标、基本原则、四项工程、十二项举措及相关保障措施，为推动各艺术门类的繁荣发展提供了指导性意见，逐步形成了一套多出优秀作品、多出优秀人才的长效激励机制，促进和激发了广大文艺家的创造潜能，营造了文艺界奋发向上、团结和谐的良好氛围。

（二）搭建发展平台

按照文学艺术建设“四项工程”所提出的目标任务，我们坚持以项目为抓手，以活动为载体，为各文艺家协会激发创作活力、多出优秀作品和优秀人才提供有效途径和优质平台。去年，我们精心策划、重点举办了“古韵今风·家在苏州”中国苏州国际摄影大展、中国（苏州）音乐家联袂采风创作、苏州作家与中国当代文学研讨会，策划启动了家在苏州·中国（苏州）画家画苏州采风创作、全国书法名家“得意之作”邀请展苏州作者的作品征集等活动，形成了苏州文学、书法、美术、摄影、音乐等艺术门类的国家级项目和各艺术门类两年一度深入生活创作采风项目。坚持每三年轮流举办摄影、书法、美术主题活动，搭建活动平台，打造文艺品牌，以活动促进协会工作的良性发展。去年是我市文联的“摄影年”，市摄影家协会积极围绕“家在苏州”主题，举办了70余项摄影展览和比赛活动，其中全国摄影大展就有7个。各市（县）、区摄影家协会上下联动、整合资源、发挥优势、形成效应，共同打造苏州摄影艺术品牌，产生了积极的效果，《中国摄影报》、《中国艺术报》进行了专版宣传。各文艺家协会还组织开展了有声势、有特色、有影响的迎接、庆祝十八大主题文艺活动，如“吴韵汉风·家在苏州”迎十八大——“群星荟萃”文化惠民展演、“科学发展在苏州，成就辉煌看十年”大型摄影图片展和“喜迎十八大·家在苏州”优秀书法美术摄影作品展三大活动，在全市工作大局中发挥了重要作用。

（三）构筑发展机制

最大限度地调动文艺家的积极性、主动性和创造性，增强文艺家的荣誉感和责任感是出人才、出精品的一项重要举措。我们围绕文学艺术建设“四项工程”的目标和任务，积极推动各艺术门类与中国文联、省文联所属协会重大文艺奖项对接，设立了11个文艺门类的专业奖项，如“叶圣陶文学奖”、“张旭书法奖”、“沈周美术奖”、音乐“吴韵奖”等，并制定了各奖项评比细则，加大对全国、省重大文艺奖项获得者的表彰奖励力度，坚持条件，认真实施，力求实效。同时，通过开展年度文联系统先进集体、先进个人的评选活动，着力将协会工作的积极性和创造性凝聚到推动文学艺术创作繁荣上来，将创先争优的精神和行动融入到苏州城市文化内涵提升上来，为当代文化苏州留下丰厚的精神文化产品。各文艺家协会的面貌有了较大改观，内在活力明显增强，催生文艺精品和优秀人才取得新成效。

（四）夯实发展基础

人才、资金、阵地是文艺家协会开展工作的根本保障。我们根据协会工作实际和发展要求，积极争取宣传部、编办、财政、人社等部门的支持，从人、财、物等方面为协会创造良好的发展空间。把文联实施的文学艺术行业建设“四项工程”纳入到市财政项目，每年给予专项引导扶持资金，实行项目资金管理，扶持、资助、奖励重大活动项目、重点作品和优秀人才。变更了原自收自支事业单位文艺之家为财政全额拨款性质，并进行了机构升级，增加了人员编制，确保各协会均有专职干部从事协会管理工作，同时加强了协会干部队伍建设，坚持以项目带队伍，提高了协会干部的工作能力和水平。抓好《苏州杂志》、《苏州文艺报》、苏州文学艺术网和文艺之家——曲园的建设，努力为各文艺家协会开展研讨交流、展览展示、以文会友提供阵地，增强了广大文艺家对协会组织的向心力和认同感。

一年来，由于我们把协会建设作为文联组织网络建设的一项基础性工程来抓，采取积极有效的措施，推动文艺家协会各项工作的健康发展，各艺术门类的文艺创作成果丰硕，一批作品在全国性最高文艺奖项和省“五个一工程”奖评比中取得好成绩。在第四届中国书法“兰亭奖”评选中，华人德荣获艺术奖，成为全国首位获“兰亭奖”四个门类奖项的书法家。在第八届中国文联文艺评论奖评选中，朱栋霖荣获特等奖，这是我省首次获得该奖项。在中国百家金陵画展（油画）评选中，我市画家钱流创作的《昆曲遗韵》获金奖，这是我市连续四届获得的第五个油画金奖。在第七届中国曲艺“牡丹奖”评选中，我市弹词演员季静娟获表演奖，朱栋霖撰写的《经典〈雷雨〉从话剧到苏州评弹——纪念曹禺百年诞辰》获理论奖，青年弹词演员陶莺芸获新人奖。

此外，袁小良、王瑾演唱的弹词《人面桃花》在法国“巴黎中国曲艺节”中名列第一，荣获“卢浮金奖”。在文化部第二届优秀保留剧目大奖评选中，滑稽戏《青春跑道》荣获大奖，这是继2009年滑稽戏《一二三，起步走》获得文化部首届优秀保留剧目大奖后第二次获此殊荣。昆曲青春版《牡丹亭》获文化部2011-2012年国家舞台艺术精品工程精品剧目。在第七届中国（长春、烟台）民间艺术博览会评选中，我市民间文艺家共获得27个金奖、14个银奖和1个优秀组织奖。在中国音协主办的“2012全国打工歌曲创作大赛”和“永远的江南”征歌大赛中，《我很想去你们的家》和《心在江南，梦在江南》分别获得优秀创作奖。在第八届江苏省精神文明建设“五个一工程”奖评选中，我市有七部作品分别获奖。据统计，2012年我市各艺术门类另有158件（部）作品获省及国家级其他重要奖项。

近年来的工作实践，丰富和加深了我们对加强和创新协会工作的认识，积累了一些经验，也提供了有益的启示：

一是必须要围绕中心，服务大局，才能充分发挥文艺独特的引领作用，体现协会的自身价值。

协会作为推动文艺发展的重要力量，只有在经济社会发展全局中找准工作定位，积极谋划和开展工作，主动融入社会、融入时代，弘扬社会主义核心价值体系，唱响社会进步和时代发展主旋律，凝聚推动发展的精神动力，才能做到有为有位，充分发挥协会在促进人的全面发展、推动社会进步方面的突出作用。

二是必须把多出优秀作品和优秀人才作为协会工作的根本。

多出精品佳作，多出优秀人才是社会主义文艺大发展大繁荣的主要任务，也是协会的重要职责。协会工作必须要紧紧围绕这个中心，采取积极有效的措施，在创新机制、创造条件、创优服务上下功夫，大力推进文艺创作、人才培养等方面的机制创新，激发文艺创新潜能，千方百计地催生文艺精品和优秀人才，才能使文艺事业和协会工作生机勃勃、富有活力。

三是必须紧密团结和依靠广大文艺家，充分激发文艺家的创造活力。

文艺人才是文艺事业繁荣和协会工作发展的根本保证。作为文艺工作者之家的协会组织，必须要努力营造尊重劳动、尊重知识、尊重人才、尊重创造的良好氛围，不断提升服务文艺创作、文艺家的本领和水平，甘当文艺家的贴心人和服务员，只有这样才能赢得广大文艺家的信赖和用户，才能凝聚人心、凝聚力量，最大限度调动广大文艺工作者的积极性和创造性，推动文艺事业的繁荣发展。

四是必须把满足人民群众的精神文化需求作为文艺工作和协会工作的出发点和落脚点。

文艺来源于人民、植根于人民，也必须服务于人民。协会工作要坚持面向基层、服务群众、服务社会，努力把优秀的作品和精湛的艺术奉献给人民，促进人民群众基本文化权益的保障和实现。只有坚持以人民为中心的创作导向，把人民群众作为文艺创作的表现主体和服务对象，才能以生动的笔触、优美的旋律、感人的形象创造出无愧于历史、无愧于人民、无愧于时代的文艺精品。

以上只是我们近年来在不断探索和创新协会工作新思路、新途径、新举措方面所做的一些工作和体会，当然与文化发展的新趋势和人民群众精神文化需求的新期待以及兄弟城市文联相比，我们的工作还存在着许多差距和不足。特别是在如何探索适应社会主义市场经济、符合文艺发展规律和协会特点的管理体制、工作机制、组织形式、活动形式，推进行业服务、行业管理、行业维权、行业自律等方面还有待进一步加强。我们将在今后的工作中不断开拓创新，积极实践，以高度的文化自觉和文化自信，切实加强协会建设，充分发挥协会的独特资源优势，做强协会工作，做优协会服务，为推动社会主义文艺事业大发展大繁荣作出新的更大的贡献。

（在江苏省八届四次全委会上的交流发言）

苏州市文学艺术界联合会大事记

2012年苏州市文学艺术界联合会大事记

1月

11日　首届全国报告文学理论奖颁奖仪式在京举办，苏州大学教授朱子南的《中国报告文学史》，常熟理工学院副院长、市作家协会副主席丁晓原的《文化生态视镜中的中国报告文学》获奖。

12日　苏州市文联召开2011年度工作会议，各市（县）、区文联，各文艺家协会负责人和驻会干部、文联机关全体工作人员出席了会议。会议对获得2011年度省文联工作创新奖和优秀成果奖，苏州市文联系统先进集体，苏州市文艺界杰出成果奖、优秀成果奖、成果奖，苏州市文联系统信息工作先进集体、先进个人等的集体和个人进行了表彰。

14日　由苏州市文学艺术界联合会、苏州日报社、中共吴中区委宣传部、吴中区精神文明建设委员会主办的书画惠民进万家活动举行，50位书画家走进吴中区美之国小区，为市民现场书写近千幅春联。

18日　由苏州市书法家协会、苏州市慈善总会、姑苏晚报社联合主办，苏州市青年书法家协会协办的2012苏州市书法名家大型慈善捐

助新闻行动义拍在市文联艺术家展厅举行。此次活动共筹得善款20万元，全部用于资助贫困家庭学生。

2月

2日 苏州市戏剧家协会在苏州市滑稽剧团剧场举行了盛大的“我们的节日”迎新春闹元宵联欢会。苏州市文联党组书记、副主席朱建华，江苏省文联副主席、省剧协副主席、著名表演艺术家、中国戏剧“梅花大奖”得主顾芗，省剧协副主席、市剧协主席王芳以及省剧协秘书长黄雅芬等省、市文艺和戏剧界领导，与苏州市近200名专业与业余戏剧工作者共同联欢。

7日 苏州市文联党组书记、副主席朱建华，市文联副主席王伟林率队开展书法名家进军营活动。市书协主席华人德，顾问潘振元、费之雄，副主席陈艺，秘书长王国安等参加了本次活动。中共苏州市委常委、苏州军分区蔡凡秀政委与杨晋司令员、陈贯云参谋长、政治部宋建新主任、后勤部李建平主任接见了市书协一行。

12日 苏州市文联党组书记、副主席朱建华率各文艺家协会驻会干部和文艺家代表齐聚太湖渔洋山，出席苏州文艺家创作生活基地揭牌仪式。

18日 由苏州市文学艺术界联合会和苏州日报社联合主办，苏州市书法家协会、苏州日报社文艺部与雨村美术馆共同承办的苏州传媒书法邀请展开幕。展览展出了活跃在当今书坛的50位苏州代表性中青年书法家的100幅精品，向观众展示了吴门书道的艺术魅力。

20日 苏州市舞蹈家协会第七次会员代表大会举行，市文联党组书记、副主席朱建华出席了大会。会议总结了六届舞协的工作，选举产生了新一届舞协领导班子，于丽娟当选为新一届苏州市舞协主席。

3月

28-29日 苏州市文学艺术界联合会第十次代表大会在苏州会议中心隆重开幕，来自全市的近400名文艺工作者代表汇聚一堂，共商繁荣苏州文艺大计。中共江苏省委常委、市委书记蒋宏坤等四套班子主要领导、分管领导和市委常委出席大会开幕式。蒋宏坤书记发表重要讲

话，对苏州文艺的未来寄予厚望，并提出了明确的要求，为新一届文联贯彻苏州市第十一次党代会提出的目标任务，发展和繁荣苏州文艺事业指明了方向。市委常委、宣传部部长蔡丽新在大会闭幕式上对如何围绕市第十一次党代会确定的总体目标，充分发挥文联的作用提出了要求。会上，成从武当选市文联第十届委员会主席，王伟林、顾芗、王芳、王尧、吴静当选副主席。大会回顾了过去五年的工作，明确了今后五年的工作目标和主要任务，描绘了苏州文艺发展的美好蓝图。会议修改了市文联章程，选举产生了新一届文联领导机构，审议通过了《苏州市文艺工作者职业道德公约》，表彰了苏州市德艺双馨文艺工作者（2006~2011年）、文艺家协会工作突出贡献奖获得者和首届优秀中青年文艺工作者。通过各方面的共同努力，市十次文代会开成了一个民主、团结、鼓劲、繁荣的大会。

4月

17日　由中共苏州市委宣传部、苏州市语委、苏州市文联、苏州市教育局、苏州市书协等单位联合启动的中国书法名城苏州书法教育千百工程在苏州高新区人才广场举行。仪式上为50名书法班授课导师颁发聘书，为20多个书法培训基地授牌，举行了电视系列片《跬步集——苏州书法教育校园行》的首发式。同时举办了苏州市公务员书法班习作汇报展。

19日　苏州市美协在市图书馆举行中国百家金陵画展创作动员大会，市美协以及各高校、市（县）区美协负责人、创作成员约100人参加了创作动员会。江苏省美协副主席、省油画协会会长、南京艺术学院副院长陈世宁，苏州大学艺术

学院院长、市文艺评论家协会副主席李超德到会作辅导讲座。

5月

12日 由中共苏州市委宣传部、苏州市精神文明建设指导委员会办公室、苏州市文联、中国移动苏州分公司、姑苏晚报社、中共平江区委宣传部联合主办的苏州市文学艺术界纪念毛泽东同志《在延安文艺座谈会上的讲话》发表70周年、“学习雷锋——家在苏州·践行‘五好’”文化志愿服务活动启动仪式暨2012“家在苏州”摄影年系列活动开幕式在苏州古城观前街玄妙观举行。市人大常委会副主任朱玉文，市政协副主席府采芹，中共苏州市委副秘书长蔡公武，市文明办主任、中共苏州市委宣传部副部长缪学为，市文联主席、党组书记成从武等领导向文联各团体会员颁发了以文艺工作者职业道德公约为主要内容的《苏州市文艺家手册》，并授予“文艺家志愿者服务队”队旗。2012“家在苏州”摄影年系列活动开幕式同时举行。

19日 由中国艺术研究院曲艺研究所、中国说唱文艺学会《中国曲艺杂志》总编辑部、江苏省文联、江苏省曲协、苏州市文联、苏州市文广新局、苏州市曲协联合主办的“周良与苏州评弹研究学术研讨会”在苏州举行。中国文联荣誉委员、中国曲协名誉主席罗扬，中国曲协分党组书记、驻会副主席董耀鹏，中国艺术研究院曲艺研究所所长、中国曲协副主席吴文科，江苏省政协原副主席、省政协昆评室名誉主任陆军，江苏省文联书记处书记、党组成员叶飕荣，苏州市文联主席、党组书记成从武，中国曲协副主席、江苏省文联副主席、省曲协主席盛小云等以及来自北京、江苏、上海、浙江等地曲艺界的专家、学者60余人出席开幕式。开幕式上，董耀鹏、叶飕荣、成从武分别致辞，高度评价了周良先生长期以来对苏州评弹艺术的贡献。吴文科宣读了中国曲协刘兰芳主席等为研讨会召开发来的贺信。成从武代表苏州市文联向周良赠送了纪念品，苏州市曲协、评弹团、评弹学校、评弹博物馆代表苏州曲艺界向周良先生敬献鲜花。出席本次研讨会的领导、专家还有黄群、李玉、芦

明、朱建华、胡韵荪、钱瓔、金声伯、吴静、金丽生、孙惕、周沛然、袁小良、彭本乐、唐力行、施振眉等。

22日 苏州市文学艺术界纪念毛泽东同志《在延安文艺座谈会上的讲话》发表70周年座谈会在市会议中心召开。市老艺术家代表和文学、书法、美术、戏剧、曲艺、音乐、舞蹈等各艺术门类的代表人物聚集一堂，畅谈《讲话》精神的历史价值和现实指导意义。座谈会由市委副秘书长蔡公武主持。中共苏州市委常委、宣传部部长蔡丽新到会并作重要讲话。市文联主席、党组书记成从武在座谈会上代表十届文联主席团作了主题性发言。

6月

1日 苏州市青年文学创作会议在昆山召开。来自全市范围内的青年作家代表和文学工作组织者50余人齐聚一堂，共话“青创”主题。江苏省作协党组书记、主席范小青，省作协党组成员、创研室主任汪政，省作协副主席、青创委主任储福金，苏州市文联、作协昆山市文联的相关领导出席了会议。

2日 苏州市第十三届摄影艺术展在市图书馆隆重开幕。市人大副主任朱玉文，市政协副主席府采芹，市老领导冯瑞渡、黄铭杰，市文联主席、党组书记成从武，市文联调研员朱建华等参加了开幕式并为苏州市第13届摄影艺术展剪彩。

15-22日 由苏州市美术家协会主办，苏州工艺美术职业技术学院协办的“美美与共”谢士强、王永利中国画展在市文联艺术家展厅展出。

27日 中国曲协苏州评弹艺术委员会成立仪式在苏州举行，中国曲协分党组书记、驻会副主席董耀鹏，江苏省政协原副主席、省政协昆评室名誉主任陆军，江苏省文联书记处书记、党组成员叶飚荣，中国曲协顾问余红仙，苏州市文联主席、党组书记成从武，中国曲协副主席、江苏省文联副主席、省曲协主席盛小云，中国曲协研究部副主任杨小雪和江、浙、沪三省市文联、曲协、评弹团等有关单位的领导和代表30余人出席。成立仪式上，董耀鹏、叶飚荣、成从武分别致辞，董耀鹏、叶飚荣为艺委会名誉主任、

主任、副主任、秘书长、副秘书长、委员颁发聘书。

7月

1日 第13届中国苏州虎丘曲会在中国昆曲博物馆举行，文化部艺术司司长董伟，中国曲协分党组书记季国平，文化部艺术司戏剧处处长吕育忠，中共苏州市委常委、宣传部部长蔡丽新，中共苏州市委宣传部副部长、市文明办主任

缪学为和来自海内外近30家曲社的300余名曲友以及中国昆曲国际学术研讨会的专家、学者们参加了开幕式。开幕式上，《中国昆曲年鉴》同时首发。

20日 苏州市文联组织徐惠泉、张晓飞等10余位书画家走进虎丘区人民武装部，开展书画拥军、文化惠民活动。

21日 苏州市摄影家协会组织100余名会员赴驻苏部队开展"我们的队伍向太阳"主题创作活动。

31日 由苏州军分区主办，苏州军分区政治部、中共苏州市委宣传部、兵团十师北屯市党委宣传部承办，苏州市文联等单位协办的"我为祖国当卫士"主题书法展在苏州市美术馆开幕。中共苏州市委副书记陈振一、苏州市副市长盛蕾、苏州军分区的领导、苏州市文联副主席王伟林等领导同志以及苏州市书法家协会副主席陈艺、秘书长王国安等，驻苏部队官兵、苏州市民共200多人参加了开幕式。此次展览共展出军地书法家作品近200幅，其中苏州市书法家协会组织书法家作品共计70多幅。

8月

2日 苏州市政协副主席王跃山和文教卫体委员会驻会负责同志等一行赴市文联进行工作调研。

3日 中共苏州市委常委、宣传部部长蔡丽新，市委宣传部副部长、市文明办主任缪学为等到苏州市文联考察调研。

7–9日 2012·苏州市中青年文艺家读书班在阳澄湖畔开班，中共市委常委、宣传部部长蔡丽新，市委宣传部副部长、市文明办主任缪学为，市十届文联主席团全体成员，各市（县）、区文联负责人，各文艺家协会负责人，市文联机关驻会干部以及中青年文艺家代表近百人出席了开班仪式。蔡丽新部长在开班仪式上作重要讲话。市文联主席、党组书记成从武作开班动员。读书班邀请了中国作协副主席、著名作家何建明，南京大学文学院教授许结，江苏省文化厅副巡视员、省剧协主席汪人元，苏州市人大议案工委主任高志罡作专题讲座。

10日 苏州市文联工作座谈会在阳澄商旅半岛酒店举行，市文联十届主席团全体成员、各文艺家协会主席和驻会干部、各市（县）区文联主席以及部分乡镇文联的主要负责人参加了会议。市文联主席、党组书记成从武作总结发言，各市（区）文联和部分乡镇文联在座谈会上作了交流发言。

11日 "锦光杯"苏州市国际、国内获奖摄影作品展暨佳能摄影大篷车活动在市图书馆开幕。全市摄协会员、影友500余人参加了开幕式并参观影展。市委老领导黄铭杰，市文联主席、党组书记成从武，副主席王伟林等出席了开幕式并为展览剪彩。

21日 由苏州市人民政府、江苏省文联、中国美术家协会、中国美术馆、中国画学会、中国

文化传媒集团共同主办，苏州市文联承办的“寂寞修正果”刘振夏水墨人物画展在中国美术馆开幕。全国人大常委会副委员长、民进中央主席严隽琪，全国政协原副主席张怀西，中国人民解放军原副总参谋长、上将熊光楷，全国人大常委、民进中央副主席朱永新，全国人大原常委、民进中央副主席王立平，中国文联副主席、书记处书记杨承志，中国文化传媒集团董事长、总经理刘承萱，中央电视台原副总编、央视国际画院院长赵立凡，中国美术馆馆长范迪安，中国美术家协会分党组副书记兼秘书长刘健，中国国家画院美术研究院院长、美术评论家邵大箴，印度大使馆参赞Arun Sahu，苏州市副市长王鸿声，苏州市文联主席、党组书记成从武等领导和嘉宾出席展览开幕式。中国书协副主席、江苏省文联副主席言恭达主持开幕式，王鸿声和刘健在开幕式上致辞。

25日 由江苏省文联、西泠印社、苏州市文联主办，西泠印社印学理论与社史研究室、苏州市书协、昆山市文联、昆山书画院承办的“明清篆刻史国际学术研讨会”论文终评工作在苏州落下帷幕，共评出入选论文31篇，另有特约论文10多篇。

28日 “中曲牡丹夜”曲艺名家江苏行首场惠民巡演在苏州相城区体育馆拉开帷幕，牛群、大兵、盛小云等15位当代曲艺名家联手为现场市民奉上了一道精彩“曲艺大餐”。

9月

1日 由江苏省文联、苏州市文联主办，江苏省曲艺家协会、昆山千灯镇人民政府承办的“中曲牡丹夜·曲艺名家——走进千灯”大型文艺演出在千灯旅游公司广场举行。黄宏、大兵、赵卫国等曲艺名家以精湛的演出为居民们送上了一场视觉艺术盛宴。

7日 由江苏省美协、苏州市文联主办，苏

州市美协和苏州工艺美院承办的第五届苏州高校美术教师作品展在工艺美院美术馆开幕。江苏省文联副主席、书记处书记杨企鹏，苏州市人大副主任徐国强，中共苏州市委副秘书长蔡公武，苏州市文联主席、党组书记成从武等以及画家、美术评论家、各高校师生近500人出席开幕式。江苏省美协副主席、苏州市文联秘书长徐惠泉主持开幕式。省文联副主席、书记处书记杨企鹏，苏州市文联主席、党组书记成从武，南京艺术学院院长张友宪，苏州工艺美院党委书记王建良先后致辞。

15日 第七届中国曲艺牡丹奖颁奖晚会在南京举行。在七大奖项共四十七个奖项中苏州获得四项大奖，位居全省第一。其中，著名评话表演艺术家金声伯荣获终身成就奖，弹词演员季静娟荣获表演奖，苏州大学教授朱栋霖撰写的《经典〈雷雨〉从话剧到苏州评弹——纪念曹禺百年诞辰》荣获理论奖，弹词青年演员陶莺芸荣获新人奖。

22日 “科学发展在苏州，成就辉煌看十年”摄影作品展开幕式暨“古韵今风·家在苏州”中国苏州国际摄影大展启动仪式在市图书馆隆重举行，中国摄影家协会副主席李伟坤，中国摄影报副社长方焕然，中国摄影出版社副社长高扬，江苏省文联党组书记、常务副主席王慧芬，江苏省文联副主席、省摄影家协会主席沈遥，中共苏州市委常委、宣传部长蔡丽新，市人大副主任周玉龙，副市长王鸿声，市政协副主席王跃山等领导和来自全市的数百名摄影家出席开幕式。蔡丽新部长作了热情洋溢的重要讲话。开幕式由苏州市文联主席、党组书记成从武主持。

23日 由江苏省舞蹈家协会、苏州市文学艺术界联合会、苏州市舞蹈家协会、苏州文化艺术中心联合主办的江苏省“莲花奖”第三届社会舞蹈暨第五届少儿舞蹈比赛颁奖晚会在苏州文化艺术中心举行，江苏省文联党组书记、常务副主席王慧芬，江苏省文联党组成员、书记处书记郑泽云，苏州市文联主席、党组书记成从武，苏州市文联副主席王伟林等出席晚会并向获奖者颁发奖证。

29日 由中共苏州市委宣传部、苏州市文联、苏州市文化广电新闻出版局和相城区政府主办的“吴韵汉风·家在苏州”迎十八大——苏州市“群星荟萃”文化惠民演出在相城区体育馆举行。中共江苏省委宣传部副部长梁勇,中共苏州市委常委、宣传部部长蔡丽新，苏州市副市长张跃进，苏州市政协副主席赵鹤鸣，中共苏州市委副秘书长蔡公武，中共苏州市委宣传部副部长缪学为等观看了晚会。

10月

12日 由中共苏州市委宣传部、苏州市文学艺术界联合会主办，苏州市书法家协会、苏州市美术家协会、苏州市摄影家协会承办的“喜迎十八大·家在苏州”优秀书法美术摄影作品展在苏州图书馆开幕。苏州市老领导、市人大原主任周福元，中共苏州市委副秘书长蔡公武，中共苏州市委宣传部副部长、市文明办主任缪学为，苏州市文联主席、党组书记成从武以及来自全市的书法、美术、摄影艺术家出席了开幕仪式。

17日 苏州市政协主席高雪坤一行到市文联视察工作。

17日 由中共江苏省委宣传部、江苏省文联、苏州市文联、常熟市文联主办，江苏省戏剧

家协会、苏州市戏剧家协会、常熟市戏曲家协会、常熟市锡剧团、常熟市文化馆承办的喜迎十八大——江苏·苏州梅花奖艺术家走进常熟惠民专场演出在常熟市石梅广场举行。10多位戏剧表演艺术家为常熟观众献上了一道丰盛的艺术大餐。江苏省、苏州市文联领导和常熟市领导王建国、潘志嘉、殷丽萍观看了演出。

15-19日 苏州市文联主席、党组书记成从武带领文联调研小组走访了苏州五市(县)七区，进行了为期一周的文联工作专题调研。

26日 由苏州市人民政府主办，市文联和市文广新局共同承办的苏州市第13届体育运动会开幕式暨“阳光苏州”大型文体表演在市体育中心举行。

30日 中国文联文艺评论奖在昆明颁奖，苏州市文艺评论家协会主席、苏州大学朱栋霖教授的《经典〈雷雨〉从话剧到苏州评弹——纪念曹禺百年诞辰》喜获论文类唯一的特等奖。这也是该奖项设立10多年来，苏州首次获得特等奖。

30日 苏州民间文艺家在(烟台)第七届中国民间工艺品博览会上取得17金、9银的佳绩。

11月

3日 苏州市核雕艺术家协会成立大会暨首届“舟山杯”核雕作品大赛开幕式在苏州巴利艺术品展览馆举行。苏州市人大副主任徐国强、副市长冷本加、省地税局纪检组长陶孙贤与苏州市文学艺术界联合会、市民间文化保护办、市民间文艺家协会、市工艺美术协会、吴中区等的有关领导以及100多位核雕工艺家出席了苏州市核雕艺术家协会揭牌仪式。首届“舟山杯”核

雕作品大赛也同时拉开帷幕。

3－6日 由中国文联副主席、中国音乐家协会党组书记徐沛东，中国音乐家协会副主席印青等率领的“古韵今风·家在苏州”创作采风团一行赴苏州创作采风。

6日 由江苏省文联、西泠印社、苏州市文联联合主办，西泠印社印学理论与社史研究室、苏州市书法家协会、昆山市文联、昆山书画院共同承办的明清篆刻史国际学术研讨会在昆山开幕。中国书协副主席、江苏省文联副主席言恭达，中国书协副主席、西泠印社副社长兼秘书长陈振濂，西泠印社副社长李刚田，西泠印社社委会副主任、西泠印社常务副秘书长包正彦，中国书协学术委员会副主任、西泠印社理事黄惇，上海市书协副主席、西泠印社副秘书长孙慰祖，中国书协隶书委员会副主任、苏州市书协主席华人德，山东省书协副主席、西泠印社理事范正红，中国书协学术委员、苏州市文联副主席王伟林，昆山市文联主席莫全明，以及来自海内外的研讨会论文作者、学者专家、专业媒体代表百余人出席了会议。

14－15日 由苏州市文联、苏州市文广新局、常熟市文联、常熟市文广新局联合主办，苏州市戏剧家协会、苏州市文艺创作中心、苏州市文化馆、常熟市戏剧家协会、常熟市锡剧团、常熟市文化馆共同承办的2012·苏州市第七届小戏小品大赛舞台演出决赛在常熟虞山大剧院隆重举行，来自全市各区（县）以及市直专业、业余文艺团队的12部小戏和17部小品分三场进行决赛。

17日 由江苏省作协、苏州市文联、苏州市作协联合举办的苏州作家与中国当代文学研讨会在苏州会议中心举行，江苏省作协党组书记、主席范小青，中共苏州市委常委、宣传部部长蔡丽新，江苏省作协党组副书记、书记处书记张王飞，中共苏州市委宣传部副部长、市文明办主任缪学为，苏州市文联党组书记、主席成从武以及来自北京、上海、南京、广州、西安等地的50多位知名专家、学者出席了研讨会。苏州市文联副主席、作协主席王尧主持会议。

20日 苏州市文学艺术界学习贯彻十八大精神座谈会在市文联召开，中共市委宣传部副部长、市文明办主任缪学为，江苏省文联副主席、苏州市文联副主席、十八大代表顾芗，市文联主席、党组书记成从武，市文联十届主席团成员，市各文艺家协会负责人，驻会干部以及市文联机关各部门同志共40余人参加了座谈会。座谈会由市文联党组成员、副主席王伟林主持。

27日 家在苏州·中国（苏州）画家画苏州采风创作活动启动，苏州市文联副调研员胡韵荪、市美协主席孙君良、省美协副主席徐惠泉一行26位画家赴周庄祁浜行政村三珠浜自然村进行实景写生和现场创作。此次周庄行是家在苏州·中国（苏州）画家画苏州采风团的第一站。

28日 中国书法协会分党组书记、驻会副主席赵长青，中国书法家协会副主席，评审委员会主任吴善璋，中国书协理事、中国青年书法家协会主席刘恒，中国书法家协会组联部副主任、刻字研究会副主任段军等一行12人前来巴城镇视察中国书法家协会巴城创作培训基地。

12月

18日 江苏省中青年德艺双馨文艺工作者事迹巡回报告会在苏州图书馆隆重举行。江苏省文联党组副书记、副主席、书记处书记杨企鹏，省文联组联部副主任徐宝亚，省文联人事部副主任何超，中共苏州市委宣传部副部长、市文明办主任缪学为，苏州市文联主席、党组书记成从武以及市各文艺家协会、各市（区）文联的负责同志，市文联机关干部，各艺术门类的艺术家、文艺工作者300余人出席报告会。苏州市滑稽剧团名誉团长、省文联副主席、省剧协副主席、市文联副主席顾芗等5位艺术家分别讲述了自己的“艺术人生”，展示了他们

践行“爱国、为民、崇德、尚艺”核心价值观的心路历程。

19日 苏州市第二届“时运杯”散文奖颁奖大会在胥城大厦举行。苏州市文联主席、党组书记成从武，苏州工业园区时运精工有限公司董事长陈大厦，市文联副主席、市作协主席王尧出席了会议。颁奖会由市作协散文分会会长谭亚新主持。评奖活动于2012年6月下旬启动，至8月15日截止，共计参赛人员151人，参赛作品265篇。经过初、复、终三轮评选，最终评选出一等奖2名、二等奖5名、三等奖7名及优秀奖16名。

25日 苏州市“文艺之家”暨文艺家协会联络站在曲园正式揭牌。中共苏州市委常委、宣传部部长蔡丽新出席揭牌仪式并为“文艺之家”揭牌。

重点项目及重大活动

苏州市文学艺术界联合会第十次代表大会

3月28日，苏州市文学艺术界联合会第十次代表大会在苏州会议中心隆重开幕，来自全市的近400名文艺工作者代表汇聚一堂，共商繁荣苏州文艺大计。江苏省文联、省作协主要领导，中共江苏省委常委、苏州市委书记蒋宏坤等四套班子主要领导、分管领导和市委常委出席大会开幕式。蒋宏坤书记发表重要讲话，对苏州文艺的未来寄予厚望，并提出了明确的要求，为新一届文联贯彻苏州市第十一次党代会提出的目标任务，为发展繁荣苏州文艺事业指明了方向。省文联党组书记、副主席、书记处第一书记王慧芬在开幕式上致辞。中共苏州市委常委、宣传部部长蔡丽新在大会闭幕式上对如何围绕市第十一次党代会确定的总体目标，充分发挥文联的作用提出了要求。

大会回顾了过去五年苏州市文艺事业取得的成就，同时提出了今后五年繁荣和发展苏州文艺事业的总体目标和要求：坚持社会主义先进文化前进方向，努力担当时代赋予的崇高使命和历史责任，把勇担历史责任、推动文艺繁荣作为文艺工作和文联工作的崇高职责，把建设社会主义核心价值体系作为文艺工作和文联工作的根本要求，把多出文艺精品、多出优秀人才作为文艺工作和文联工作的永恒主题，把满足人民群众精神文化需求作为文艺工作和文联工作的出发点和落脚点。坚持以改革创新为动力，开启苏州文艺事业发展新征程，紧紧围绕服务大局，努力在唱响时代发展和社会进步的主旋律上作出新贡献；紧紧围绕繁荣创作，努力在推出优秀文艺作品上创造新佳绩；紧紧围绕德艺双馨队伍建设，努力在构筑文化人才高地上实现新突破；紧紧围绕实施品牌战略，努力在打造独具特色的文艺品牌活动上取得新成效；紧紧围绕服务人民群众，努力在提升文艺惠民成效上开创新局面；紧紧围绕内强素质与外树形象，努力在提高文联工作的科学化水平上迈上新台阶。

会上，成从武当选市文联第十届委员会主席，王伟林、顾芗、王芳、王尧、吴静当选副主席。会议修改了市文联章程，选举产生了新一届文联领导机构，审议通过了《苏州市文艺工作者职业道德公约》，表彰了苏州市德艺双馨文艺工作者（2006-2011年）、文艺家协会工作突出贡献奖和首届优秀中青年文艺工作者。

苏州市文联年度工作会议

1月12日，苏州市文联2012年度工作会议在市文联会议室召开，各市（县）、区文联负责人，各文艺家协会主席和驻会干部、文联机关全体工作人员出席会议。

会议由市文联副主席王伟林主持。市文联党组书记、副主席朱建华向与会人员介绍了2011年度市文联的重点工作，并对2012年工作进行了整体规划。市文联秘书长徐惠泉宣读了《关于表彰江苏省市、县（市、区）文联工作创新奖和优秀成果奖的决定》、《关于表彰苏州市文联系统先进集体的决定》，市文联副秘书长薛亦然宣读了《关于表彰苏州市文艺界杰出成果奖、优秀成果奖、成果奖的决定》，市文联副主席胡韵荪宣读《关于表彰苏州市文联系统2011年度信息工作先进集体、先进个人、“十佳信息”稿、“十佳信息”入围稿的决定》。

随后，大会对获得省文联工作创新奖和优秀成果奖，苏州市文联系统先进集体，苏州市文艺界杰出成果奖、优秀成果奖、成果奖，苏州市文联系统信息工作先进集体、先进个人等的集体和个人进行了表彰。会议还对苏州市文联明年的换届工作进行了整体部署与安排。

书法名家大型慈善捐助行动

1月18日下午，2012苏州市书法名家大型慈善捐助新闻行动义拍在市文联艺术家展厅如期举槌。在社会各界人士和爱心企业的支持下，4组爱心作品拍出并筹得善款20万元。

继2011年苏州百位书法名家大型慈善捐助新闻行动之后，在龙年春节来临之际，由苏州市书法家协会、苏州市慈善总会、姑苏晚报社联合主办，苏州市青年书法家协会协办的2012苏州市书法名家大型慈善捐助新闻行动再次拉开帷幕。苏州市书协主席团成员华人德、王伟林、陆家衡、陈道义、谭以文、张少怡、周雪耕、李少鹏、陈艺、李双阳、王国安、郦方、林再成、林尔、徐世平及书法创作骨干再次捐助精心创作的百余幅书法作品，以慈善义捐的方式表达服务社会、回报社会的深情厚意。其中，中国书协隶书委员会副主任、苏州大学博士生导师、苏州市书协主席华人德精心创作了一件隶书、楷书斗方“香光庄严”北魏造像题跋作品。不久前成立的苏州市青年书法家协会闻讯后也欣然作为协办单位，号召全体会员投入创作，积极投稿捐献。

这次慈善义拍的作品包括书法作品、印章实物、《怀袖雅物》精美图书等，均为苏州市书坛名家的精品力作。拍品中有一件十分珍贵之物，即已故著名书法家瓦翁先生95岁时书写的行楷对联“花有重开时，人无再少年”，由其学生慷慨捐献。西泠印社社员林尔特意创作了一方肖形印（六佛图），取材于北魏造像，线条灵动，气韵古朴。所用石材是其收藏多年的一方寿山石，印钮为一条盘坐的螭龙。苏州市慈善总会负责人陈建珍表示：“今年的书法慈善义拍活动得到了社会各界的大力支持，160余幅精美的作品是书家们的一片赤诚；爱心人士和爱心企业的积极参与也令人感动。此次活动筹得的爱心款项将全部用于资助贫困家庭学生，我们将把资金的使用过程向全社会进行公示。”

连续两年举办的书法名家大型慈善捐助新闻行动彰显出苏州市文艺界、新闻界及慈善界积极响应党中央十七大及十七届六中全会号召，关爱弱势群体，构建和谐社会，推动文化大发展大繁荣的人文情怀和强烈的社会责任感。

“我们的节日”迎新春闹元宵联欢会

2月2日，苏州市戏剧家协会在苏州市滑稽剧团剧场举行了盛大的“我们的节日”迎新春闹元宵联欢会。苏州市文联党组书记、副主席朱建华，省文联副主席、省剧协副主席、著名表演艺术家、中国戏剧“梅花大奖”得主顾芗，省剧协副主席、苏州市剧协主席王芳以及省剧协秘书长黄霞芬等省、市文艺和戏剧界领导，与苏州市近200名专业与业余戏剧工作者共同联欢。联欢会上，戏剧工作者表演了丰富多彩的文艺节目。

书法名家进军营活动

2月6日，2012年苏州市书法名家走进苏州军分区开展交流笔会活动，苏州市军分区长城会所内人声鼎沸，一派喜气洋洋的场面。

中共苏州市委常委、苏州军分区蔡凡秀政委与杨晋司令员、陈贯云参谋长、政治部宋建新主任、后勤部李建平主任接见了由市文联党组朱建华书记、王伟林副主席为领队的市书协拥军代表团。市书协主席华人德，顾问潘振元、费之雄，副主席陈艺，秘书长王国安，主席团王坚委员，副秘书长许晨曦，金阊区书协副主席朱斌

生等参加了本次活动。

活动中，书法家们热情高涨地为部队的文化建设泼墨挥毫，不辞辛劳地书写书法作品。其中，80高寿的书协顾问费之雄为中华人民共和国国防部梁光烈部长书写了六尺巨幅“松风梅骨”作品，年近70的书协顾问潘振元一气呵成，书写了十多幅作品。其他书法家也都用各自擅长的书体书写了数十幅作品赠送给部队官兵，受到了部队官兵们的热烈欢迎。

活动临近尾声时，由苏州市军分区五位首长与到场的书法家们共同书写了一幅以“龙”字为主题的巨幅书法作品，各种书体的“龙”字栩栩如生，跃然纸上，给龙年增添了活力和喜气。华人德主席欣然为作品书写“龙”字并题款留念。最后，苏州市军分区五位首长还一起在长城会所设宴款待参加活动的书法家们，畅叙军民鱼水深情。

2012 苏州传媒书法邀请展

2月18日，苏州龙年第一书法大展2012苏州传媒书法邀请展在苏州雨村美术馆正式拉开帷幕。来自江苏苏州市的50位中青年代表性书法家的100幅精品，向观众展示了吴门书道的艺术魅力。

吴门书道源远流长，明清时期便成为最重要的书法流派。当代吴门书法进入新的历史阶段。2007年12月，苏州更是成为中国书法家协会正式命名的首批“中国书法名城”。为展示吴门书道传承和创新的成果，苏州日报社与苏州市文学艺术界联合会主办了此次传媒书法邀请展，苏州市书法家协会、苏州日报社文艺部与苏州雨村美术馆共同承办。展览向活跃在当今书坛的50位苏州代表性中青年书法家征集了100幅作品。作品具有苏州书法精美典雅的传统风格，也有部分是富有个性、比较张扬的创新之作。

此次邀请展的艺术顾问、苏州市书法家协会主席华人德表示，与艺术馆和画廊等传统的展览方式相比，传媒邀请展的受众更加广泛。同时，由于作品要结集出版，对于书法家来说也是一次极其珍贵的机遇和鼓励，不同的传播渠道能更进一步地激励书法家的创作激情。据悉，苏州市书法家协会现有会员近千人，其中，中国书法家协会会员158人。此次受邀参加2012苏州传媒书法邀请展的50位中青年书法家以中国书协会员为主。

本次展览一直延续到2月25日。

苏州市舞蹈家协会第七次会员代表大会

2月20日上午，苏州市舞蹈家协会召开第七次代表大会，80多位舞蹈工作者欢聚一堂，共谋苏州舞蹈事业发展大计。会议总结了第六届舞协的工作，选举产生了新一届舞协领导班子，于丽娟当选为新一届苏州市舞协主席。苏州市文联党组书记、副主席朱建华希望广大舞蹈工作者认真学习、贯彻党的十七届六中全会精神，站在新时代的高度，勇担责任；坚持社会主义核心价值，切实增强发展繁荣文艺事业的责任感和使命感；紧扣时代脉搏，善于继承借鉴，勇于探索创新，努力创作更多更好、贴近群众、彰显地域特色的舞蹈精品力作，满足人民群众多层次的精神文化需求。

纪念毛泽东《在延安文艺座谈会上的讲话》发表70周年座谈会

5月22日下午，苏州市文学艺术界纪念毛泽东同志《在延安文艺座谈会上的讲话》发表70周年座谈会在市会议中心召开。市老艺术家代表和文学、书法、美术、戏剧、曲艺、音乐、舞蹈等各艺术门类的代表人物聚集一堂，畅谈了《讲话》精神当下的历史价值和现实指导意义。座谈会由市委副秘书长蔡公武主持。

苏州市文联主席、党组书记成从武在座谈会上代表十届文联主席团作了主题性发言。成主席谈了学习重温《讲话》精神对推动社会主义文艺大发展大繁荣的启示，分析了文艺工作面临的问题，找出差距和不足，提出了实施“家在苏州”精品创作工程、德艺双馨人才培养工程、名家荟萃“双走”工程的工作目标。

座谈会上，艺术家们从不同角度、不同层面畅谈了对《讲话》精神内涵和指导意义的理解，同时围绕当下文艺创作的现状和问题，对如何正确处理好文艺创作与深入生活、弘扬主旋律与提倡多样化、继承与创新等方面的关系进行了深入思考。大家一致认为，要践行时代使命、担当历史责任，必须坚持为人民服务，为社会主义服务，牢牢把握社会主义先进文化前进方向，树立以人民为中心的创作思想，深入群众生活，感受时代脉搏，在群众的伟大历史创造中挖掘创作素材，汲取创作营养，创作更多无愧于时代、无愧于历史、无愧于人民的优秀文艺作品。代表们表达了秉持崇高艺术追求和坚守艺术良知的信念和决心。

中共苏州市委常委、宣传部部长蔡丽新到会并作重要讲话。蔡部长的讲话语重心长，言简意赅，深刻阐述了《讲话》理论和实践的指导意义，对如何学习、践行《讲话》精神，促进苏州文艺事业大发展大繁荣，更加自觉主动地担当起用社会主义先进文化引领社会进步、推进文化创造、弘扬文明道德风尚、为人民抒写放歌的历史责任，提出了五个方面的要求：要把握好正确的文艺导向，着力提升文艺凝聚引领能力；要探索文艺规律，重视和加强文艺理论评论工作；要与时俱进，大力推进文艺传承创新；要坚持崇德尚艺，努力建设一支德艺双馨的文艺工作者队伍；要加强文联行业建设，充分发挥文联的职能和作用。

周良与苏州评弹研究学术研讨会

5月19日上午，周良与苏州评弹研究学术研讨会开幕式在苏州胥城大厦隆重举行，中国曲艺家协会名誉主席罗扬，中国曲艺家协会分党组书记、副主席董耀鹏，中国曲艺家协会副主席、中国艺术研究院曲艺研究所所长吴文科，江苏省政协原副主席、省政协昆评室名誉主任陆军，江苏省文联党组成员、书记处书记叶飏荣，省曲艺家协会副主席芦明，苏州市文联主席、党组书记成从武，市文联副主席王伟林，以及来自北京、上海、浙江曲艺界的领导、专家、学者60余人出席了开幕式。苏州市曲艺家协会、苏州市评弹团、苏州评弹学校、苏州评弹博物馆的代表向周良献花。与会的专家、学者在接下来的两天时间里，对周良苏州评弹研究的宝贵经验和突出贡献进行了全面回顾与深入研讨。

周良是20世纪中叶以来苏州评话和苏州弹词研究的著名专家，曾任苏州市文化局局长、苏州市文学艺术界联合会主席、江苏省曲艺家协会主席、文化部江浙沪评弹工作领导小组副组长、中国说唱文艺学会副会长、《中国曲艺志》副主编等，编著出版或主持编纂过《苏州评弹旧闻钞》、《苏州评弹史稿》、《苏州评弹艺术论》及《评弹艺术》、《评弹文化词典》、《苏州评弹书目库》、《苏州评话弹词史》等数十部苏州评弹理论研究书刊，参与编辑了《陈云同志关于评弹的谈话和通信》、《陈云同志和评弹艺术》、《陈云和苏州评弹界交往实录》等专著。他在苏州评弹艺术特征、苏州评弹的叙事方言、评弹史实和人物的考证等领域，研究深入，见解独到。20世纪80年代初，陈云在杭州接见周良等评弹负责同志时曾经嘱托："你们这辈子就把评弹搞下去吧。"30多年来，牢记这句嘱托的周良在评弹研究领域辛勤耕耘，著作等身，成就斐然。2006年，因对中国曲艺事业的重大贡献，他被中国文联和中国曲艺家协会授予"中国曲艺牡丹奖·终身成就奖"。

成从武主席在开幕式上的讲话说出了与会者的心声：今天，我们在这里举行周良与苏州评弹研究学术研讨会，不仅是要向以周良同志为代表的老一辈艺术家表示崇高的敬意和衷心的祝贺，更要借此机会，号召包括苏州曲艺界在内的广大文艺工作者学习老一辈文艺工作者的高尚品格、崇高艺德、艰苦奋斗的作风和坚持真理、精益求精的学风，积极投身到建设社会主义文化强国的伟大实践中来，牢牢把握社会主义核心价值体系的根本要求，践行“爱国、为民、崇德、尚艺”的文艺界核心价值观，牢记时代赋予的神圣职责和使命，坚持正确的文艺立场，自觉把个人的艺术追求融入到时代发展的洪流中去，创作生产出更多思想性、艺术性、观赏性俱佳，深受人民群众喜爱的精品力作，不断满足人民群众多层次、多方面、多样化的精神文化需求，为推动苏州文化强市建设和社会主义文化大发展大繁荣作出新的更大的贡献。

苏州市青年文学创作会议

6月1日，苏州市青年文学创作会议在昆山召开。来自全市范围内的青年作家代表和文学工作组织者50余人齐聚一堂，共话“青创”主题。江苏省作协党组书记、主席范小青，省作协党组成员、创研室主任汪政，省作协副主席、青创委主任储福金，以及苏州市文联、作协和昆山市文联的相关领导出席了会议。会议由苏州市文联副主席、作协主席王尧主持。

与会各市（县）作协主席对各地青年作家创作现状、青创工作得失、今后设想等作了汇报交流。青年作家代表结合自身创作实践，踊跃发言。许多代表表达了在当下宽松、和谐的创作氛围中，从事文学创作获得的欣喜、快乐，以及自我价值得到实现的满足感；也有代表强调了个体在创作过程中遇到的发表、出版、维权等种种难题，以及产生的困惑与焦虑，期盼作协组织的关注与扶持，也希望获得思想观念上的释疑解惑；另有部分青年作家趋向于往文学与内心世界寻求力量支撑，安于“无名”的现状，摒弃功利目的，坚守文学一隅。针对青年作家发言中提及的种种想法和问题，市作协副主席王一梅、小海、朱文颖先后作了回应。市文联调研员朱建华结合近期文联关于文学艺术建设工程的规划部署，表达了对青年文学创作的关注、支持和期望。

范小青主席认真听取了与会代表的发言。她在讲话中充分肯定了苏州市青年文学创作的成绩，并提出进一步要求，希望青年作家要处理好创作中的淡定与焦虑、市场与文学、地域文化与文学等若干关系，并引用罗志军书记的话来勉励年轻作家：要建立有利于优秀文化人才和作品脱颖而出的新机制，对从事原创的作家艺术家，要给予真情呵护和特殊关爱，使他们耐得住寂寞、抗得住诱惑、出得了精品。

储福金副主席从创作本体出发，勉励苏州的青年作家要多写、多沉淀，着眼于技巧的提升、学养的积淀，从而形成宽广的境界。他反复强调，写作源于生活，仰仗于才气，但最终依靠的还是思想，青年作家们要在作品中表现大我，书写出真正意义上的文学作品。

著名评论家汪政将苏州文学喻为江苏文学的“发动机”，指出了苏州文学创作的几大优势：各个年龄段皆有代表性作家；创作文体表现均衡；区域文学优势明显；创作与评论相互激发，形成良性互动等。关于青年文学创作，他提出了“新青年”“思想”“社会”“痛感”等几大关键词，阐明了文学与批评、文学与思想、文学与生存现实等的关系。

王尧主席在总结发言中着重提出，青年作家的成长、成熟是文学事业兴旺的重要标志，关系到苏州文学事业的持续繁荣发展。我们的青创工作要致力于培养领军型人物，推出标志性作品。随后，他列举了市作协今后青创工作中的几项新举措：建立青年文学创作基地，定期举办青年作家读书班；争取开设鲁迅文学院江苏学员班，选送有潜力的青年作家进修深造；设立“苏州市青年文学奖”；编辑出版《苏州青年文学丛书》等。

本次青创会是在市作协领导班子走进基层、充分摸底、扎实调研的基础上召开的。

根据市作协年度工作计划，在毛泽东《在延安文艺座谈会上的讲话》发表70周年之际，市作协开展了青年文学创作专题调研活动，把“走、转、改”落到实处。由主席王尧带队的作协主席团成员调研组先后赴吴江、常熟、太仓、张家港等市（县）深入调研，听取各市（县）青创工作汇报，与基层青年作家60余人进行了面对面的交流，较为全面地了解了青年文学创作现状。

苏州市作协现有“70后”青年会员76人，其中省作协会员47人，中国作协会员5人，初步形成了一支数量充足、门类齐全、梯次合理的青年文学创作生力军。这支队伍中既有在全国文坛享有知名度的领军型人才，也有崭露头角的后起之秀，以及有潜力、有后劲的可塑性人才。近年来，苏州的青年文学创作取得了丰硕成果，同时也面临着问题和压力。在当前致力于推动文化大发展大繁荣的新形势下，进一步发展壮大苏州文学创作的生力军，迎接苏州文学新一波发展高峰的到来，成为时代赋予我们的光荣使命。

青创会的召开为今后苏州市的青创工作更上一层楼理清了思路，初步拟定了一系列切实可行的青年文学创作推动举措，激发了苏州青年作家的创作热情，极大地鼓舞了这支年轻生力军的士气，也给未来的苏州青年文学创作竖起了一座灯塔。

苏州市第十三届摄影艺术展

在全市人民喜迎党的十八大胜利召开、纪念毛泽东《在延安文艺座谈会上的讲话》发表70周年之际，6月2日上午10时，苏州市第十三届摄影艺术展在市图书馆隆重开幕。开幕式隆重热烈，苏州市大市范围近千名影友出席开幕式并见证了影展的盛大开幕。

开幕式由苏州市摄影家协会秘书长闻军主持，市人大副主任朱玉文，市政协副主席府采芹，市委老领导冯瑞渡、黄铭杰以及市文联党组书记、主席成从武，市文联调研员朱建华，张家港市政协副主席李汉忠，苏州市摄影家协会主席张炎龙，市摄影家协会原主席陈健行等参加了开幕式并为苏州市第十三届摄影艺术展剪彩。

作为2012“家在苏州”摄影年系列活动重要内容之一的第十三届摄影艺术展，每三年举办一次，是苏州市摄影艺术领域具有较大影响力的品牌活动，是全体苏州摄影人献给全市人民、献给党的十八大召开的一份厚礼，也是苏州市全体摄影家、摄影爱好者三年来勤奋创作的成果展示。影展共展出了近年来苏州市摄影家创作的151幅摄影精品，这些作品是从400多位影友投稿的1400多幅作品中评选出来的优秀作品，作品主题鲜明、意境深远、内容丰富、形式多样，充分反映了苏州现代化建设的辉煌成就，展示了苏州百姓的精彩生活和奋发向上的精神风貌。这些作品凝聚了广大摄影工作者的辛勤劳动，是近年来苏州市摄影水平的一次综合性大检阅，必将为推动全市摄影事业的繁荣发展产生积极而深远的影响。

张炎龙主席致热烈洋溢的开幕词。开幕式上给获得本次影展金、银、铜牌的作者颁发了奖杯和证书。市文联党组书记、主席成从武在讲话中祝贺第十三届影展成功举办的同时，热情鼓励全市广大摄影家、摄影爱好者以本次影展为契机，牢牢把握社会主义核心价值体系的根本要求，自觉践行“爱国、为民、崇德、尚艺”的文艺界核心价值观和《苏州市文艺工作者职业道德公约》，坚持“三贴近”原则，为时代放歌，为人民抒情，多出优秀摄影艺术作品，推出优秀摄影艺术人才，推动苏州摄影艺术的繁荣发展，把更多更好的精神食粮奉献给人民，为苏州文艺事业的大发展大繁荣贡献智慧和力量。

开幕式后，各位领导和影友一同参观了影展。

中国曲协苏州评弹艺术委员会成立仪式

6月27日，中国曲协苏州评弹艺术委员会成立仪式在苏州举行，中国曲协分党组书记、驻会副主席董耀鹏，江苏省政协原副主席、省政协昆评室名誉主任陆军，江苏省文联书记处书记、党组成员叶飚荣，中国曲协顾问余红仙，苏州市文联主席、党组书记成从武，中国曲协副主席、江苏省文联副主席、省曲协主席盛小云，中国曲协研究部副主任杨小雪和江、浙、沪三省市文联、曲协、评弹团等有关单位的领导和代表30余人出席。

苏州评弹艺术委员会汇聚了支持评弹事业的各方资源、各界力量，聘请余红仙（上海）、杨乃珍（江苏）、盛小云（江苏）为名誉主任，陆军（江苏）为主任，赵开生（上海）、蒋希均（浙江）为副主任，芦明（江苏）为艺委会秘书长，章燕（上海）为副秘书长，委员有（按姓氏笔画）孙惕（江苏）、邢晏芝（江苏）、吴新伯（上海）、陆嘉乐（浙江）、周介安（上海）、金丽生（江苏）、姜永春（江苏）、袁小良（江苏）、高博文（上海）、秦建国（上海）、黄海华（浙江）等，规模居中国曲协11个专业委员会之首，成员年龄涵盖老、中、青，递次合理。作为目前中国曲协最大的专业委员会，这一组织将通过不同形式的活动，加强沟通，增进合作，推动评弹人才培养和优秀作品创作，促进评弹事业的进一步发展。

成立仪式上，董耀鹏、叶飚荣、成从武分别致辞。董耀鹏、叶飚荣为艺委会名誉主任、主任、副主任、秘书长、副秘书长、委员颁发聘书。

董耀鹏指出，成立评弹艺委会，要着眼于增强评弹界的大团结，倡导宽容、宽厚、宽松，营造融洽和谐、奋发有为、共同发展的大团结氛围；着眼于评弹创作的大繁荣，推出一批舞台上立得住、业界叫得响、社会上传得开、历史上留得住的精品力作；着眼于推动评弹事业的大发展，培养评弹艺术的大师名家、领军人物，努力造就一支老、中、青相结合，整体素质优良的评弹工作者队伍。他说，中国曲协苏州评弹艺委会是平台更是舞台，希望大家各展所长、优势互补、共同发展，把苏州评弹很好地传承发展下去。

叶飚荣说，中国曲协对包括苏州评弹艺术在内的各曲艺样式着力关心、大力支持。在今年上半年，中国曲协在苏州成立了评弹教育委员会，今天又成立了中国曲协苏州评弹艺术委员会。中国曲协苏州评弹艺术委员会首先是一个平台，为更好地推动评弹艺术发展搭建的平台；其次是一个载体，有助于汇聚支持评弹事业各方资源、各界力量的载体；第三是一根红线，把江、浙、沪评弹界的专家、学者、组织者联结在一起，加强沟通，增进合作，促进发展。

成从武在讲话中介绍了苏州文联在中央、省、市各级领导和社会各界的关心支持下，对苏州评弹所做的各项保护宣传工作。对苏州评弹艺委会的成立，他说，多年来，中国文联、中国曲协、省文联、省曲协和在座的各位为苏州评弹艺术的保护、传承与发展给予了大力的支持和帮助，做了很多富有成效的工作。今天，中国曲协苏州评弹艺术委员会正式成立了，这无疑是一个新的契机，必将有力地推动苏州评弹艺术的保护、传承和发展。希望各位领导和专家今后不吝赐教，通过中国曲协苏州评弹艺术委员会这个平台，为苏州评弹的保护和发展提出更多更好的意见和建议。苏州评弹艺委会将以行业建设的责任感和使命感，坚持在保护中发展，在发展中创新，与时代同步，与人民同行，使评弹这一精湛的艺术绽放出时代的光彩。

成立仪式后，在陆军主任的主持下，艺委会领导、委员和部分特邀评弹名家、学者在一起进行了座谈。大家一致认为，评弹艺委会的成立为中国的评弹艺术打造了一个很好的平台，有这个组织把江、浙、沪评弹资源整合起来，全国的评弹艺术都会得益。大家纷纷表示，一定要在艺委会的带领下，团结一致，做好苏州评弹的推广普及工作，加强评弹艺术人才培养，进一步推进评弹艺术的传承和发展。新上任的评弹艺委会主任陆军深感责任重大。他表示，这个艺委会虽然成立得晚，但工作绝不会落在其他艺委会后面，在中国曲协的领导下，在大家的支持下，一定会把工作做好，把具体工作一项项落到实处。

当晚，为祝贺苏州评弹艺术委员会的成立，在光裕书厅举办了苏州评弹名家名段展演。

2012·中国苏州虎丘曲会

7月1日，中国昆曲博物馆内热闹非凡，作为第五届中国昆剧艺术节、中国苏州评弹节系列活动之一的第13届中国苏州虎丘曲会在此开幕。国内第一本《中国昆曲年鉴》同时首发。文

化部艺术司司长董伟，中国曲协分党组书记季国平，文化部艺术司戏剧处处长吕育忠，中共苏州市委常委、宣传部部长蔡丽新，中共苏州市委宣传部副部长、市文明办主任缪学为和来自海内外近30家曲社的300余名曲友以及中国昆曲国际学术研讨会的专家、学者们参加了开幕式。

虎丘曲会是苏州历史上规模宏大的群众性昆曲演唱活动，在明、清两代曾延续220多年。那时候，每逢中秋佳节，文人雅士齐聚虎丘，赏月唱曲，场面壮观。2000年，一度中断的虎丘曲会正式恢复，每年中秋举办一次。今年因配合中国昆剧艺术节等盛会而提前举办。

开幕式上，无论是登台演出的演员还是台下观众，年轻人都占很大比例。今年参与活动的曲社、曲友比以往明显增多。数百名曲友来自全国各地，其中还有港台同胞。

同时，《中国昆曲年鉴》首发，这也是有史以来第一本《中国昆曲年鉴》。年鉴主编、苏大教授朱栋霖介绍，《中国昆曲年鉴》较全面客观地反映了2011年昆剧艺术活动的主体的剧目、教育、理论研究等活动。此外书中还推荐了2011年度的剧目、艺术家、理论文集等。这样一本年鉴体现了我国在昆曲艺术传承保护方面的努力，同时吸引了更多的人来关注和传承昆曲。

“我为祖国当卫士”主题书法展

时值庆贺中国人民解放军建军85周年之际，由苏州军分区主办，苏州军分区政治部、中共苏州市委宣传部、兵团十师北屯市党委宣传部承办，苏州市文联等单位协办的“我为祖国当卫士”主题书法展7月31日在苏州市美术馆隆重开幕。

中共苏州市委副书记陈振一、苏州市副市长盛蕾、苏州军分区领导、苏州市文联副主席王伟林等领导同志以及苏州市书法家协会副主席陈艺、秘书长王国安等，驻苏部队官兵、苏州市民共200多人参加了开幕式。此次展览共展出军地书法家作品近200件，其中苏州市书法家协会组织书法家的作品共计70多件。

2012苏州市中青年文艺家读书班

8月7日至9日，由苏州市文联举办的2012苏州市中青年文艺家读书班在阳澄湖畔开班，中共苏州市委常委、宣传部部长蔡丽新，市委宣传部副部长、市文明办主任缪学为，市十届文联主席团全体成员，各市（县）、区文联负责人，各文艺家协会负责人，市文联机关主会干部以及中青年文艺家代表近百人出席了开班仪式。

苏州市文联党组成员、副主席王伟林主持了开班仪式。蔡丽新部长在开班仪式上作重要讲话。蔡部长充分肯定了近年来文艺工作和文联工作所取得的成绩，高度评价了广大文艺工作者为推动苏州文艺事业繁荣发展作出的积极贡献，同时也向文艺界提出了新的要求，寄予了新的期望。蔡部长的讲话为在新的起点上推进文化强市建设指明了方向，对在新阶段加强文艺队伍建设、促进苏州文艺大发展大繁荣具有十分重要的指导意义。

市文联党组书记、主席成从武在开班动员时指出，当前文艺工作和文联工作面临着许多新情况新问题，唯有善于学习、勇于探索，才能不断提升行业服务、行业管理、行业教育、行业自律的能力和水平，创新联络服务文艺工作者的新途径。

读书班期间，中国作协副主席、著名作家何建明主讲的《真诚地贴近生活，才能收获创作》，南京大学文学院许结教授主讲的《经典阅读与人文情怀》，江苏省文化厅副巡视员、省剧协主席汪人元主讲的《传统之美与创新之魅——从京剧音乐谈中国传统戏剧的继承与创新》，苏州市人大议案工委主任高志罡主讲的《坚持科学发展，推动文化繁荣》，都具有很强的思想性、针对性和指导性。吴中区文联主席周一风等多名学员代表在大会上交流了学习体会，王伟林作了总结发言。

苏州市中青年文艺家读书班每年举办一期，已成为全市文艺家增长知识、拓宽视野、交流心得、提升创作水平的重要平台。

苏州市文联系统工作座谈会

8月10日，苏州市文联在阳澄湖畔商旅半岛酒店召开了全市文联工作座谈会，主题是学习贯彻中共苏州市委十一届三次会议精神，总结上半年工作，明确目标，以实际行动迎接党的十八大胜利召开。市文联干部，各协会主席、副主席和驻会干部，各市（县）区文联主席、副主席以及部分乡镇文联的主要负责人参加了会议。苏州市文联主席、党组书记成从武就文联工作作了总结发言，并提出了下半年的工作思路和具体方案；各市（区）文联和部分乡镇文联在座谈会上作了交流发言。

座谈会全面展示了2012年市文联第十次代表大会召开以来，全市文联系统积极履行联络、协调、服务、指导职能，卓有成效地开展各项工作，在文艺创作、文艺活动、人才培养、惠民服务、自身建设等方面取得的令人瞩目的成绩。与会者还充分表达了以迎接、学习、宣传、贯彻党的十八大为主线，紧紧围绕繁荣社会主义先进文化，推动社会主义核心价值体系建设这个主题而展开各项工作的巨大热情。

“锦光杯”苏州市国际国内获奖摄影作品展暨佳能摄影大篷车活动

在全市上下满怀豪情地迎接党的十八大胜利召开的日子里，苏州市国际国内获奖摄影作品展8月23日在市图书馆隆重开幕，来自苏州各市区的会员、影友500多人参加了开幕式并参观影展。苏州市老领导黄铭杰，市文联党组书记、主席成从武，副主席王伟林，市摄影家协会主席张炎龙，副主席朱立新，名誉主席陈健行等出席了开幕式并为展览剪彩。

根据苏州市文联今年工作的总体要求，市摄影家协会组织开展了2012“家在苏州”摄影年系列活动，此次“锦光杯”苏州市国际国内获奖摄影作品展就是系列活动的重要内容之一。此次作品展展出了88位作者的94幅佳作，汇聚了市摄影家协会近年来在国际、国内各类展赛中取得优异成绩的作品，是苏州市摄影家牢记党的文艺方针，把握方向，团结和凝聚广大摄影爱好者，贴近实际，贴近生活，精心捕捉社会生活的美好瞬间，创作出的大批具有深刻思想内涵和独特魅力的摄影精品的代表。这些获奖作品主题鲜明、形式多样、流派纷呈，热情讴歌记录了苏州及各地改革开放以来取得的巨大成就，留下了珍贵的历史资料。此次影展的举办是摄影艺术工作者献给全市广大市民的艺术食粮，更是以艺术的品质向党的十八大献上的一份厚礼。

开幕式后同时举办了佳能摄影大篷车活动，佳能公司为全市影友提供了技术讲座、EOS产品试拍体验、开放式摄影体验、现场评片、摄影名家讲堂等活动，著名摄影家石广智为广大影友作了精彩的讲座。

《范培松文集》首发式

“否定和裂变是痛苦的，但是我正是在否定和裂变中获得新生和喜悦。”范培松在自己的文集首发式上这样阐述自己充满曲折艰辛的科研之路。作为国内外知名的散文研究学者，他数十年来与散文相濡以沫，结下了难以割舍的学术“良缘”。八卷本的《范培松文集》是他悲喜交集的情感结晶，也是他过去三十几年学术奋斗历程的完美收官。

8月28日，《范培松文集》首发式在独墅湖畔的金陵观园国际酒店举行。江苏省作家协会党组书记、主席范小青，苏州大学校长朱秀林，中共苏州市委宣传部副部长缪学为，苏州市人大研究室主任周文生，苏州市文联党组书记、主席成从武，苏州大学文学院教授范伯群，复旦大学中文系教授、博导栾梅健，苏州大学文学院院长、教授、博导王尧等领导与专家出席了首发式。与会者从高校学科建设以及个人学术建树等方面出发，高度评价了范培松教授数十年来在专业领域取得的丰硕成果，他在教学科研岗位上兢兢业业、一丝不苟的治学育人的态度，以及他“学高为师、身正为范”的榜样力量。

获得自由是学术研究的最高境界，也是范培松梦寐以求的学术理想。他的散文研究可以粗略划分成以下三个阶段：第一阶段是20世纪80年代初到80年代中后期，以散文创作论研究为主，主要作品有《散文天地》、《散文写作教程》等；第二阶段是20世纪80年代中后期到90年代初，主要成果为《中国现代散文史》；第三阶段是20世纪90年代中期到现在，从散文史转入散文理论批评的研究，主要出版了《20世纪中国散文批评史》和《20世纪中国散文史》。

《范培松文集》洋洋洒洒八卷本，分别收录了20世纪中国散文史研究、散文批评史研究、报告文学研究、文学评论和散文创作等几大板块的内容。在范培松本人看来，他的治学历程，一直是在否定、肯定、再否定、再肯定中挣扎着前进的。八卷文集，记录了他自己的历程和印痕，也是中国转型时期自身的真实存在。他说：“没有作品，我将什么都不是。”

第五届苏州高校美术教师作品展

作为奉献给第27个教师节的一份礼物，由江苏省美协、苏州市文联主办，苏州市美协和苏州工艺美院承办的第五届苏州高校美术教师作品展，9月7日在工艺美院美术馆隆重开幕。江苏省文联党组副书记、副主席、书记处书记杨企鹏，苏州市人大常委会副主任徐国强，中共苏州市委副秘书长蔡公武，苏州市文联主席、党组书记成从武等有关领导以及画家、美术评论家、各高校师生近500人出席开幕式。江苏省美协副主席、苏州市文联秘书长徐惠泉主持开幕式。省

文联党组副书记、副主席、书记处书记杨企鹏，苏州市文联主席、党组书记成从武，南京艺术学院院长张友宪，苏州工艺美院党委书记王建良先后致辞。

成从武主席在致辞中说，高校美术教师在美术创作中无疑是一支重要力量，在相当程度上可以说起着先锋引导作用。这也是苏州市文联、市美协以及各高校重视并努力打造苏州高校教师展这个品牌的原因之一。在苏州现代美术景象中，高校教师在油画、粉画、版画等领域内业已形成一道不可或缺的亮丽风景线，而在全国性综合性展览以及一些单项画种的展事中获奖的苏州画家中，高校教师的比例也在不断提升。苏州市文联、市美协携手各高校策划举办的苏州高校教师美术作品展（双年展），已成功举办了四届，现在改为三年展，作为成功打造成的品牌活动，逐渐成为苏州美术文化中具有广泛社会影响的一个大型展事。

第五届和往届有所不同，得到江苏省美协和省内一些高校如南京艺术学院、南京师范大学、南京大学美术研究院、江南大学的大力支持。在画展的筹备过程中，应邀参与的各高校都很重视这次展览，认真组织、挑选参展作品，从而使这届展览所显示出的学术性超越了苏州区域，提升到了全省高校的层面。从这层意义上讲，这也极大地拓展了“苏州高校教师美术作品展”这个品牌的影响空间。

他山之石，可以攻玉。据江苏省美协副主席、苏州市文联秘书长徐惠泉介绍，今后苏州高校教师美术作品展，不仅邀请省内高校，还设想邀请其他各省高校参与，希望把这个美术品牌做得更好，期待苏州高校美术教师在与全国兄弟院校（系）的交流、比较、借鉴、探索过程中，从艺术的内涵上深入实践，从而积极推动苏州现代美术的发展，勇攀江苏乃至全国美术的制高点。

“寂寞修正果”刘振夏水墨人物画展

4月28日下午，“寂寞修正果”刘振夏水墨人物画展在苏州博物馆隆重开幕。沉寂近30年后“复出”画坛的刘振夏展出了近年来创作的40余幅人物画精品。作为全国巡回展的第一站，苏州本土画家在苏博办展览尚属首次。

本次画展由中国美术家协会、中共江苏省委宣传部、省文化厅、省文学艺术界联合会联合主办，中共苏州市委宣传部、市文化广电新闻出版局、市文学艺术界联合会等单位承办。中国书法家协会副主席、省文学艺术界联合会副主席、省书法家协会副主席言恭达，中共苏州市委常委、市委宣传部部长徐国强等领导，以及各界来宾500余人出席了开幕式。“寂寞修正果”刘振夏水墨人物画展分为“西北风情”“远去渔歌”“古风传奇”和“难忘印度”四个系列。《刘振夏人物画集》也同时举行了首发式，刘振夏向苏州博物馆、苏州图书馆、苏州大学艺术学院等单位赠送了自己的画集。

开幕式前，来自全国的学者、专家举行座谈，对刘振夏人物绘画艺术进行了专题研讨。中国书法家协会副主席、省文学艺术界联合会副主席、省书法家协会副主席言恭达，中国美术家协会理事、中国画艺术委员会副主任、中国美术学院博导刘国辉教授，中国美术学院教授、美术报社副社长蒋跃对刘振夏把艺术与人生紧紧相连，并且不断超越，扎扎实实地面向生活、体悟社会的追求予以高度赞赏。刘振夏在30年间从中国的江南到西北再到印度等地，将中外民俗和不同文化特质中人们的精神风貌生动艺术地表现出来。与会者认为，刘振夏为人生的艺术做得非常地道、非常到位；刘振夏的绘画也许不能用壮美和优美之词来概括，但他对绘画艺术的追求是崇高的。

9月21日，“寂寞修正果”刘振夏水墨人物画展在中国美术馆开幕。全国人大常委会副委员长、民进中央主席严隽琪，全国政协原副主席张怀西，中国人民解放军原副总参谋长、上将熊光楷，全国人大常委、民进中央副主席朱永新，原全国人大常委、民进中央副主席王立平，中国文联副主席、书记处书记杨承志，中国文化传媒集团董事长、总经理刘承萱，中央电视台原副总编、央视国际画院院长赵立凡，中国美术馆馆长范迪安，中国美术家协会分党组副书记兼秘书长刘健，中国国家画院美术研究院院长、美术评论家邵大箴，印度大使馆参赞Arun Sahu，苏州市副市长王鸿声，苏州市文联主席、党组书记成从武等领导和嘉宾出席了展览开幕式。中国书协副主席、江苏省文联副主席言恭达主持开幕式，王鸿声和刘健分别代表苏州市政府和中国美协在开幕式上致辞。

“科学发展在苏州，成就辉煌看十年”摄影作品展开幕式暨“古韵今风 · 家在苏州”中国苏州国际摄影大展启动仪式

9月22日，“科学发展在苏州，成就辉煌看十年”摄影作品展开幕式暨“古韵今风·家在苏州”中国苏州国际摄影大展启动仪式在苏州市图书馆隆重举行，中国摄影家协会副主席李伟坤，中国摄影报副社长方焕然，中国摄影出版社副社长高扬，江苏省文联党组书记、常务副主席王慧芬，江苏省文联副主席、摄影家协会主席沈遥，中共苏州市委常委、宣传部长蔡丽新，市人大副主任周玉龙，副市长王鸿声，市政协副主席王跃山等领导和来自全市的数百名摄影家出席了开幕式。蔡丽新部长作了热情洋溢的重要讲话。开幕式由苏州市文联主席、党组书记成从武主持。

蔡丽新部长在致辞中说，苏州历史悠久，人文荟萃，是中国吴文化的发祥地，素有“人间天堂”的美誉。在这片富饶的土地上，苏州人民创造了辉耀古今的物质文明，赢得了人间天堂、物华天宝的盛誉，也创造了独具特色的璀璨文化，博得了文教昌明、人杰地灵的美名，孕育了陆机、张旭、陆龟蒙、范仲淹、沈周、顾炎武等

彪炳史册的一大批文化名人，催生了被誉为苏州“三朵金花”的昆曲、评弹、苏剧等特色文化，打造了以苏州刺绣、桃花坞木刻年画、玉雕、红木雕核等在海内外享有盛誉的民间艺术精品，为中华民族文化宝库留下了灿烂的文化瑰宝。改革开放以来，苏州的经济、社会、文化得到了巨大发展，传统文化和现代文明交相辉映，苏州成为经济发达、文化繁荣、富有活力的现代都市。特别是近年来，苏州紧紧围绕率先基本实现现代化和建设宜居新苏州、打造创业新天堂、共筑幸福新家园的目标，加快建设文化事业繁荣、文化产业发达、文化人才辈出、历史文化与现代文明相交融的文化强市，提升城市发展新内涵，打造出了“古韵今风”的城市形象。

蔡丽新部长指出，正式拉开帷幕的“古韵今风·家在苏州”中国苏州国际摄影大展，是我市与中国摄影家协会、江苏省文联等联合举办的高规格、高水平的国际摄影节庆活动，通过向国内外摄影家和摄影爱好者征集苏州题材的摄影作品，组织中外摄影名家到苏州采风创作，全方位、立体式地展示了苏州优美的人文自然景观、深厚的文化积淀以及日新月异的发展景象，这是提升苏州城市形象、进一步扩大苏州在海内外的影响力的良好契机和重要载体。我们热切期待通过举办中国苏州国际摄影大展活动，以摄影作品为载体，向世界展示苏州；以光影为媒，让国内外朋友通过镜头认知苏州、喜欢苏州，走进苏州这座充满传统与现代魅力、活力的城市，与苏州结缘，与苏州共同发展。

“科学发展在苏州，成就辉煌看十年”摄影作品展共展出作品200幅，集中展示了苏州各地转型升级、科技创新、农业现代化、文化建设、民生幸福、社会管理创新、生态文明建设和党建创新等“八项工程”的最新成果以及在迈向现代化新征程中苏州人民奋发昂扬的精神风貌。由中国摄影家协会、江苏省文联和苏州市联合举办的“古韵今风·家在苏州”中国苏州国际摄影大展面向全世界摄影家征集反映苏州科学发展辉煌成就的摄影作品，着眼于打造高层次、高水准的摄影艺术展示平台，大力宣传苏州幸福新天堂、创业新家园、美丽新苏州的景象，进一步扩大了苏州在海内外的影响力。

江苏舞蹈“莲花奖”第三届社会舞蹈比赛暨第五届少儿舞蹈比赛

9月23日，由江苏省舞蹈家协会、苏州市文学艺术界联合会、苏州市舞蹈家协会、苏州文化艺术中心联合主办的江苏省“莲花奖”第三届社会舞蹈比赛暨第五届少儿舞蹈比赛圆满落幕，当晚在苏州文化艺术中心大剧院举行了颁奖晚会。江苏省文联党组书记、常务副主席王慧芬，江苏省文联党组成员、书记处书记郑泽云，苏州市文联主席、党组书记成从武，苏州市文联副主席王伟林等出席晚会并向获奖者颁发奖证。

“莲花奖”是江苏省舞蹈比赛的最高奖。本次比赛经过预选、复选，最后全省共有126个节目参加决赛，苏州有21个节目进入了决赛。比赛分常青组、青年组和少儿组三个组别进行，经过角逐，苏州最后摘下了“莲花奖”四分之一的“莲花”，可谓成绩喜人。

本届“莲花奖”自4月份启动以来，作为东道主的苏州积极准备，各市（区）报名踊跃，共有65个节目报名参赛。从这些节目来看，内容既有少儿阳光灿烂的学习生活，年轻人靓丽时尚的青春风采；又有老当益壮的夕阳无限、温婉华丽的浪漫情怀。参赛选手年龄跨度大，最大的60多岁、最小的不到5岁。创作节目占了绝大多数，新颖独特，而学习节目则是锦上添花。演员大都是活跃在社区、学校、社会各行各业的舞蹈爱好者，编导则多是苏州舞蹈界的骨干。本次比赛体现了舞蹈骨干对舞蹈事业的热爱，以及他们走出行业、走向社会，积极主动地融入和谐社会共建的热情，同时也展现了广大舞蹈爱好者健康向上的精神风貌，以及他们在建设和谐社会、打造苏州文化强市中所发挥的积极作用。

“喜迎十八大·家在苏州”优秀书法美术摄影作品展

金秋十月，丹桂飘香。10月12日，在喜迎党的十八大胜利召开的美好时节，由中共苏州市委宣传部、苏州市文学艺术界联合会主办，苏州市书法家协会、苏州市美术家协会、苏州市摄影家协会承办的“喜迎十八大·家在苏州”优秀书法美术摄影作品展在苏州图书馆隆重开幕。苏州市老领导、市人大原主任周福元，中共苏州市委副秘书长蔡公武，中共苏州市委宣传部副部长、市文明办主任缪学为，苏州市文联主席、党组书记成从武以及来自全市的书法、美术、摄影艺术家出席了开幕仪式。

党的十六大以来的十年间，苏州科学发展成果辉煌，人民生活日新月异，城乡一体化大步推进，大大激发了全市文艺工作者热情讴歌和形象反映改革开放新时代，爱党、爱国、爱家乡和建设美好新苏州的豪迈情怀。为了集中展示当代苏州书法、美术、摄影的最新创作成果，市委宣传部、市文联采取特约征稿的方式，分别向180位知名书法、美术、摄影艺术家征集佳作，艺术地展示苏州经济社会跨越发展的新成就、新气象。

呈现在广大市民面前的180件书法美术摄影作品，是全市广大文艺工作者充分发挥艺术才华，泼墨于丹青，造型于光影，奉献给中国共产党十八大的一份深情厚礼，奉献给苏州人民的一份艺术盛宴。作品主题突出、题材多样、特色鲜明、风格各异，多视角地反映了书法家、美术家、摄影家传播先进文化、构建和谐苏州的良好精神风貌和迎接十八大胜利召开的喜悦心情，折射出广大文艺工作者对美好生活的追求和真实表达，给人以精神的鼓舞、智慧的启迪和美的享受。从中我们可以强烈地感受到蕴含在参展作品中的艺术修养、文艺才情和精神世界，浸润在艺术作品中的家园情怀、文化品格、生命气息和审美特质。

苏州市文联副主席王伟林主持开幕式。开幕式上，周福元、蔡公武、缪学为、成从武向苏州图书馆、苏州市革命博物馆、苏州市老年大学、苏州市书画研究会以及沧浪区双塔街道赠送了《“喜迎十八大·家在苏州”优秀书法美术摄影作品集》。

“古韵今风·家在苏州”
中国（苏州）音乐家联袂采风创作活动

11月5日，由中国文联副主席、中国音乐家协会党组书记徐沛东，中国音乐家协会副主席印青等率领的中国著名音乐家一行10余人来到苏州进行为期一周的采风创作。采风团先后参观走访了苏州名人馆、中国刺绣博物馆、太湖湿地公园、西山雕花楼、明月湾古村、莲花岛、工业园区等地。通过零距离地接触苏州的风土人情、民风民俗，音乐家们对太湖山水、古吴文化有了真正的体会和感受，获得了丰富的灵感和启发，并把体会转化成美妙的音符，创作出了许多优秀的音乐作品，歌唱美丽的苏州。采风考察期间，著名音乐家徐沛东还专门走进苏州大学，与苏大师生共享创作经验。

苏州市核雕艺术家协会成立

11月3日，以吴中区宋水官、周建明、许忠英、须培金等工艺大师为主体的众多核雕艺术家，在苏州市文联以及市民间文化保护办、苏州市民间文艺家协会、苏州市工艺美术协会、吴中区文联等支持下，成立了苏州市核雕艺术家协会，成为苏州市文联下属社会团体，并举办了首届“舟山杯”核雕作品大赛。

核雕，为我国微雕技艺的杰出代表，其技艺吸收了石雕、玉雕、木雕、竹刻、微雕等艺术精华，造型活泼，风格细腻，线条明晰，人物有神，立体感强。早在明清时期，光福舟山一带的传统核雕工艺就已名扬四海。目前核雕技艺已列入国家级非物质文化遗产名录。作为苏州市民间文艺家协会的重要组成部分，苏州市核雕艺术家协会成立后，将团结广大核雕艺术家，积极开展艺术创作、成果展示、学术研讨、人才培养、艺术交流、行业自律等，传承和弘扬苏州核雕艺术，促进核雕艺术走向更高、更大的平台。

苏州市人大副主任徐国强、苏州市政府副市长冷本加、江苏省地税局纪检组长陶孙贤与苏州市文联、苏州市民间文化保护办、苏州市民间文艺家协会、市工艺美术协会、吴中区等的有关领导以及100多位核雕工艺家共同出席了苏州市核雕艺术家协会揭牌仪式。首届“舟山杯”核雕作品大赛也同时拉开帷幕。

迎接庆祝十八大、学习贯彻十八大主题文艺活动

11月20日，苏州市文学艺术界学习贯彻十八大精神座谈会在苏州市文联召开，苏州市委宣传部副部长、苏州市文明办主任缪学为，江苏省文联副主席、苏州市文联副主席、十八大代表顾芗，苏州市文联主席、党组书记成从武，苏州市文联十届主席团成员，苏州市各文艺家协会负责人，驻会干部以及苏州市文联机关各部门同志共40余人参加了座谈会。座谈会由苏州市文联党组成员、副主席王伟林主持。江苏省文联副主席、苏州市文联副主席顾芗传达了参加十八大的亲身经历，并围绕“五位一体”“两个翻番”“建成小康”“美丽中国”“文化活力”等关键词，就如何学习贯彻十八大精神作发言。市文联主席、党组书记成从武作专题发言。苏州市委宣传部副部长、市文明办主任缪学为作总结发言。

2012年，围绕迎接庆祝十八大、学习贯彻十八大，苏州市文联配合市委宣传部开展了以“我看这十年”为主题的摄影图片征集活动，举办了“科学发展在苏州，成就辉煌看十年”大型摄影作品展、“吴韵汉风·家在苏州”迎十八大——“群星荟萃”文化惠民展演、“喜迎十八大·家在苏州”优秀书法美术摄影作品展、喜迎十八大——江苏·苏州梅花奖艺术家惠民专场演出等主题活动，为党的十八大召开营造了良好的文化氛围。

2012年苏州市第七届小戏小品大赛舞台演出决赛

11月14至15日，2012年苏州市第七届小戏小品大赛舞台演出决赛在常熟虞山大剧院隆重举行，来自全市各区（县）以及市直专业、业余文艺团队的29个节目分三场进行了决赛。

这次大赛由苏州市文联、苏州市文广新局、常熟市文联、常熟市文广新局联合主办，苏州市

戏剧家协会、苏州市文艺创作中心、苏州市文化馆、常熟市戏剧家协会、常熟市锡剧团、常熟市文化馆共同承办。参赛节目是在2011年全市作品征稿评奖的基础上加上新近创作经过严格选拔而来的，有沪剧、锡剧、苏剧等12部小戏和17部小品。这些作品题材丰富、风格各异、贴近群众、贴近生活，强烈的舞台演出效果不时激起观众的阵阵掌声。

这次大赛评委会由省、市领导和专家组成，评委根据节目的思想性和艺术性进行现场评比打分。经过两天三场紧张激烈的角逐，将评出节目金奖、银奖、铜奖、优秀奖及导演、表演、舞美、音乐等各单项奖。此次大赛的作品题材丰富、风格各异、贴近群众、贴近生活，其整体艺术质量要明显优于往届，有望在全省乃至全国小戏小品大赛中争金夺银。

中国(苏州)画家画苏州写生创作活动

2012年11月，由苏州市文联、苏州市美协组织的家在苏州·中国(苏州)画家画苏州写生创作活动启动，苏州市百名画家奔赴苏州各县市区进行采风写生。活动旨在反映民生，充分展示苏州经济腾飞的新风貌，创作具有时代风采的精品力作，推动苏州现代美术的繁荣发展。采风团共百名画家分三批分别在苏州各市县区开展了为期15天的写生创作。苏州市文联、美协还邀请了部分全国著名画家来苏州采风写生，一起参与本次活动。

11月27日，苏州市美术家协会一行26位画家由昆山周庄镇文联主席费幸林等人陪同，赴祁浜行政村三珠浜自然村进行实景写生和现场创作。此次周庄行是家在苏州·中国(苏州)画家画苏州采风团的第一站。

苏州画家们来到三珠浜自然村，在欣赏优美的自然风光之余，又饶有兴味地观看了鱼鹰捕鱼的生动场景和村文艺团队打连厢、挑花篮等周庄民俗文化表演，兴致勃勃地走进了农家大院参观现代化家居，津津有味地品尝了农家栽种的水果，切身感受新农村甜蜜幸福的生活。看到周庄新农村清新优美的环境，农民生活幸福指数节节攀高，画家们都沉浸其中，纷纷拿起相机拍摄，用丹青妙笔尽情描绘新农村的美景，即兴创作了反映三珠浜自然村建设成果的画作，将美丽乡村实景变为画卷，以表达内心对周庄新农村建设的由衷赞美和美好祝愿。

“家在苏州”摄影年系列活动

2012年是市文联确定的摄影艺术重点活动年，全市广大摄影艺术家以“摄影让生活更美丽”为主题，用影像的手段聚焦时代、服务苏州、服务大局，宣传苏州幸福新天堂、创业新家园、美丽新苏州的美好景象，精心打造摄影艺术品牌，不断拓展苏州摄影事业发展的空间和潜力。

全年共组织举办了苏州市第13届摄影艺术展、“锦光杯”苏州市国际国内获奖摄影作品展、“永远的江南”全国摄影艺术精品展等78项展览展示活动。全年摄协参与主办和承办的大赛有28个，其中全国大赛7个、市级大赛21个、展览12个。所有大赛共计参赛影友38650人次，收到作品达184000幅，展出作品1600多幅。全年共组织各类创作采风29次，1600多人次参与创作。据不完全统计，全年苏州市作者获得省级以上各类奖项的作品有620多幅。其中张炎龙获得江苏省摄影最高奖——金瞬奖，徐晓根的《天使向日葵》和陆金元的《芦苇女》获第二届全国农民摄影大展铜奖，朱德明的《社区模特》获2012环太湖摄影拉力赛总决赛一等奖，王克明的《会战》获江苏省“亲情电力·幸福民生”摄影大赛金奖。

省中青年德艺双馨文艺工作者事迹巡回报告会

旨在学习贯彻党的十八大精神，扎实推进社会主义文化强国建设，进一步动员全省文艺界弘扬德艺双馨精神，营造见贤思齐的良好氛围，江苏省文联专门组织了中青年德艺双馨文艺工作者事迹巡回报告会。12月18日下午，继在南京、镇江举办报告会之后，报告会在苏州图书馆隆重举行。江苏省文联党组副书记、副主席、书记处书记杨企鹏，省文联组联部副主任徐宝亚，省文联人事部副主任何超，苏州市委宣传部副部长、市文明办主任缪学为，苏州市文联主席、党组书记成从武以及市各文艺家协会、各市（区）文联的负责同志，市文联机关干部，各艺术门类的艺术家、文艺工作者300余人出席报告会。

会上，苏州市滑稽剧团名誉团长、省文联副主席、省剧协副主席、市文联副主席顾芗等五位艺术家分别讲述了自己的“艺术人生”，展示了他们践行“爱国、为民、崇德、尚艺”核心价值观的心路历程。此次作报告的艺术家除顾芗外，还有中国曲协副主席、省文联副主席、省曲协主席盛小云，南通蓝印花布博物馆馆长吴元新，中国电视纪录片学术委员会副秘书长吴建宁，连云港其魔魔术杂技团团长汪其魔。鲜活的语言、生动的故事、感人的事迹，五位德艺双馨艺术家代表用自己的艺术实践和亲身感悟展示了他们光辉灿烂的艺术人生，回答了艺术与生活、艺术与人民、艺术与时代、艺术与民族振兴的密切关系，体现了德艺双馨艺术家内外兼修的优秀品质和为国为民的高尚情怀。他们是“爱国、为民、崇德、尚艺”的文艺界核心价值观的优秀实践者。他们的事迹见证了艺术家们“立业先立德，为文先为人”的人生实践，在听众中产生了强烈的反响和共鸣。

成从武主席主持报告会，杨企鹏书记、缪学为副部长先后讲话。缪学为副部长在讲话中对新形势下苏州文艺工作者提出了四点要求：一要弘扬先进文化，唱响时代主旋律；二要坚持扎根群众，满足群众新需求；三要把握艺术规律，占领文艺新高地；四要开拓新境界，践行核心价值观。希望广大文艺工作者在市委坚强领导下，服务大局，主动作为，按照主战线、主阵地、主力军的新要求，在全局工作中发挥重要作用。苏州文艺工作者要紧跟时代脉搏，更加活跃，为建设文化强市、推进“两个率先”贡献智慧和力量。

苏州市第二届“时运杯”散文奖颁奖

12月19日，苏州市第二届“时运杯”散文奖颁奖大会在胥城大厦举行。苏州市文联党组书记、主席成从武，苏州工业园区时运精工有限公司董事长陈大厦，苏州市文联副主席、市作协主席王尧出席了会议。颁奖会由市作协散文分会会长谭亚新主持。

21世纪以来，苏州市文学创作持续繁荣，发表和出版的作品数量众多，不少作品迭获全国、省、市大奖。为进一步推动散文创作的发展，定期检阅散文创作成果，苏州市作家协会散文分会和苏州工业园区时运精工有限公司于2009年共同设立了“时运杯”苏州散文奖。该奖项每两至三年一届，是苏州市首次为散文创作设立的专业奖项。

本届评委、市作协顾问朱红介绍了第二届散文奖的评奖情况。参评作品为公开发表于2009-2011年市级以上报刊的散文作品，或由国内出版社出版的文集中的作品。作者限于生活在苏州市（包括五县市）的人员。评奖活动于2012年6月下旬启动，通过公开征集，至8月15日截止，共计参赛人员151人，参赛作品265篇。经过初、复、终三轮评选，最终评选出一等奖2名、二等奖5名、三等奖7名及优秀奖16名。获奖作品展示了近三年来苏州散文创作的新成果。它们的题材各有侧重，表达方式迥异：有的观照园林、评弹等最有代表性的文化符号，也有的回归日常，回归自身经验，借怀旧来抒发情绪；有的直抒胸臆，文笔质朴，也有的一咏三叹，渲染铺陈。获奖者既有知名作家，也有新生代的青年作者，显示了苏州散文实力不凡、蓬勃向上的局面。

特邀评委、著名散文家谢大光对获奖作品予以评述，他认为，苏州在变，苏州的散文也在变，试探的脚步已然迈出，陌生的、新鲜的不断涌现……本次散文奖的获奖作品颠覆了他对苏州式散文的印象，题材和表现手法都在朝着丰富多元化的方向发展。苏州本身有着良好的文学生态环境，又得到了优秀实业家的大力扶持。苏州散文不缺水土阳光，要的是功夫。苏州的散文作者应该潜下心来，聆听自己内心的声音，创作出属于自己独一份的作品。

评委王稼句宣布了获奖名单，颁奖仪式简洁而隆重。作家燕华君代表获奖作者发言，讲述了有关散文创作的三个话题：在一个宣扬“文字无用”的时代，写作者如何与散文相濡以沫，与文字相互塑造，并相互升华。

苏州工业园区时运精工有限公司董事长陈大厦娓娓道来，向与会者讲述了《托尼的故事》，发人深省。他认为，现代社会“需要我们有更多的作家，包括专业的、业余的，把大家生活中真实的一面恰如其分地表现出来。七分美丽带三分忧伤，那才是真实的美。那就需要我们的作家走出书房，深入社会，深入生活，那里才是我们创作的源泉”。

王尧主席即席发言，他向所有获奖者表示热烈的祝贺，并向给予本次散文活动重要支持的陈大厦董事长、成从武主席表达了由衷的敬意。他认为，“时运杯”散文获奖者三代同堂的格局再次揭示了这样一个定律：文字可以使人永葆青春。在所有的文体当中，真正能让文字成精的只有散文。苏州散文深受明清散文影响，有着深厚的历史渊源和文化底蕴。同时，苏州散文应该拒绝标签化，既需要传承，又要颠覆创新，在散文多元化的道路上走得更远。在当下，塑造文化中国亟须文学与文人。文字是个人的，但是文学的发展必须依仗良好的文学生态。而散文创作，既要有个人气息，又必须放开怀抱，接纳时代，接纳社会，成就大气磅礴的散文格调。今后，苏州在加强对散文及其他各类文体的评论及研究上，还有更多的工作要做。

成从武主席在总结讲话中表示，本届“时运杯”散文奖评选及颁奖活动作为市作协推动文学创作、提升事业发展的系列举措之一，对苏州的散文创作起到了积极有效的促进作用。与会专家对本届散文的获奖作品给予了充分的肯定和高度的评价，对苏州散文的昨天和今天做出了总结与归纳，同时对散文创作的明天提出了建议，寄予了厚望。培养领军型人才，推出标志性作品，这一目标有助于提振苏州文艺界的底气与实力，激发文艺工作者的精气神。今后，苏州文艺界应该加大力度，争取支持，朝着领军型人才、标志性作品迈进，在各个文艺领域实现突破性进展。

德艺双馨人才建设“三霞”工程

2012年，苏州市文联坚持把文艺人才建设作为工作的立足点和着力点，努力构筑苏州文艺人才高地，培育文艺人才整体优势，取得了新成效。苏州市文联所属12个文艺家协会共有市级会员5570人，其中省级会员2411人、国家级会员698人，全年新增市级会员495人，省级会员144人，国家级会员47人。

实施“彩霞工程”，组织举办苏州市中青年文艺家读书班、苏州市青年文学创作会议。顾芗、王芳、盛小云等一批优秀中青年文艺家还分别入选市级以上人才工程。据统计，全年苏州市有20余位中青年文艺家分别在国家级文艺奖项评选中获一等奖。

实施“晚霞工程”，举办周良与苏州评弹研究学术研讨会、刘振夏水墨人物画展中国美术馆巡展、《范培松文集》首发式等活动，支持出版《周良与苏州评弹研究论集》、钱璎编撰的《艺文书简》、《昆剧传统折子戏传承简目》等。

实施“朝霞工程”，拓展“故事姐姐”阅读推广活动，组织举办省“莲花奖”少儿舞蹈比赛、苏州市第二届少儿曲艺大赛、第六届苏州市少儿艺术节评弹展演、苏州市第五届青少年钢琴大赛等活动，积极推荐戏曲新苗参与第十六届“中国少儿戏曲小梅花荟萃”、第四届江苏省少儿曲艺大赛。做好全市书画、音乐、舞蹈等的培训和考级工作。组织推荐的童谣《花外婆》获全国第三届童谣大赛二等奖。

中国书法名城苏州书法教育千百工程

4月17日下午，中国书法名城苏州书法教育千百工程启动仪式暨苏州市首届公务员书法班学员习作汇报展开幕式在苏州高新区人才广场隆重举行。

苏州历史悠久，经济富庶，文化璀璨，吴门书风源远流长，书法艺术已走入寻常人家，成为当下苏州市民喜爱的精神食粮。2008年4月，苏州荣膺全国首座“中国书法名城”称号。几年来，苏州书法名城建设稳步推进，创作、学术、教育等各项事业齐头并进，协调发展，声誉日隆，为千年古城增添了无穷魅力。

为贯彻党的十七届六中全会关于推动文化大发展大繁荣的精神，自觉践行文艺界核心价值观，进一步传承吴门书道，培养书法新人，提高市民素质，提升城市品位，从2012年始，苏州市委宣传部、苏州市语委、苏州市文联、苏州市教育局、苏州市书协等单位联合启动中国书法名城苏州书法教育千百工程，即面向社会义务培养1000名书法爱好者，面向苏州市区中小学义务培养100名书法师资。

作为书法教育工程的先期探索，苏州市文联、苏州市书协早在2009年秋季就开始了公务员书法培训，为苏州市处级以上干部开设了四个培训班，苏州市书协主席、博士生导师华人德先生亲任总顾问，潘振元、葛鸿桢、李少鹏、陈艺等四位教学经验丰富的书法家担任授课导师。同时，又邀请言恭达、李啸、刘灿铭、王伟林等著名书法家讲学，拓宽视野，提升审美水平。经过刻苦努力，不少学员作品先后参加了名城书法巡展和联展，并在市、区相关书画展中亮相，初步展现了书法培训的成果。

值此中国书法名城苏州书法教育千百工程启动仪式举行之际，苏州市首届公务员书法班学员习作汇报展隆重举行，为千百工程拉开了绚丽的序幕。

应邀出席仪式的领导有苏州市老领导周福元、冯瑞度、周彩宝以及市文联、市教育局、高新区的相关领导。中央数字书画频道、《新华日报》、《书法报》、《美术报》、《书画名家》、《书画艺术》、《七彩语文·写字》以及苏州本地新闻媒体前往报道。仪式上，领导们为50名书法班授课导师颁发聘书，为20多个书法培训基地授牌，为高新区书法教育基地——人才广场揭牌，又举行了电视系列片《跬步集——苏州书法教育校园行》的首发式。

同时亮相的苏州市公务员书法班习作汇报展吸引了广大观众，数十幅佳作，正、草、隶、篆、行诸体皆备，让大家看到了苏州书法教育千百工程的灿烂曙光。

“学习雷锋——家在苏州·践行‘五好’”文化志愿服务活动

5月12日上午，苏州古城观前街玄妙观棂星门前彩旗招展，人头攒动，来自苏州文艺界各个艺术家协会的艺术家们正在这里隆重集会，由中共苏州市委宣传部、苏州市精神文明建设指导委员会办公室、苏州市文联、中国移动苏州分公司、姑苏晚报社、中共平江区委宣传部联合主办的苏州市文学艺术界纪念毛泽东同志《在延安文艺座谈会上的讲话》发表70周年，“学习雷锋——家在苏州·践行‘五好’”文化志愿服务活动启动仪式暨2012“家在苏州”摄影年系列活动开幕式在这里举行。苏州市人大常委会副主任朱玉文，苏州市政协副主席府采芹，中共苏州市委副秘书长蔡公武，苏州市文明办主任、宣传部副部长缪学为，苏州市文联党组书记、主席成从武等领导向文联各团体会员颁发了以文艺工作者职业道德公约为主要内容的《苏州市文艺家手册》，并授予“文艺家志愿者服务队”队旗，2012“家在苏州”摄影年系列活动开幕式同时举行。

近年来，苏州市广大文艺工作者坚持艺术理想和艺术良知，以弘扬先进文化为己任，创作了一批引领文明风尚、弘扬社会正气、净化美好心灵的优秀文艺作品，充分发挥了文艺服务社会、服务群众、凝聚人心、促进和谐、推动发展的作用。苏州市文联坚持面向基层、服务群众，开展了形式多样的文艺惠民活动，把优秀的文艺成果送到农村、校园、社区、企业和军营，形成了“送欢乐到基层”“百名书画家惠民进万家”、中国书法名城苏州书法教育千百工程等文艺惠民的活动品牌，产生了广泛的社会影响。苏州文学艺术界深入开展“学习雷锋——家在苏州·践行‘五好’”文化志愿服务活动，正是以实际行动弘扬“奉献、友爱、互助、进步”的志愿精神、践行“爱国、为民、崇德、尚艺”的文艺界核心价值观的具体体现。

中国移动杯“家在苏州”摄影展展出了反映苏州50多位“中国好人”的精神面貌、苏州轨道交通建设和南环新村等地区改造建设成就以及百姓生活的摄影比赛获奖作品共200余件，12位苏州的“中国好人”亲临现场，苏州摄影家向他们赠送了为他们拍摄的摄影作品。同时，100位苏州摄影家分5个摄影点为观前地区的老百姓义务拍摄。苏州的画家和书法家们也纷纷泼墨挥毫，参加了惠民活动。

"吴韵汉风·家在苏州"
迎十八大——苏州市"群星荟萃"文化惠民演出

9月29日晚，由中共苏州市委宣传部、苏州市文联、苏州市文化广电新闻出版局和相城区政府主办的"吴韵汉风·家在苏州"迎十八大——苏州市"群星荟萃"文化惠民演出在相城区体育馆亮相，参加晚会的艺术家们向相城老百姓奉献了一台热情饱满、风格多样、富有浓郁生活气息的文艺节目，艺术地展示了改革开放以来苏州大地上的巨大变迁，在中秋和国庆佳节前夕为数千观众增添了一抹浓重的喜庆色彩。中共江苏省委宣传部副部长梁勇，中共苏州市委常委、宣传部部长蔡丽新，苏州市副市长张跃进，苏州市政协副主席赵鹤鸣，中共苏州市委副秘书长蔡公武，中共苏州市委宣传部副部长缪学为等领导兴致勃勃地观看了这台晚会。

晚会在载歌载舞的评弹歌舞《锦绣苏州》中拉开序幕，上篇《吴韵千年新姑苏》和下篇《姹紫嫣红新天堂》组成的整台演出，通过歌舞快板、戏曲联唱、少儿舞蹈、小品、弹词开篇、民俗表演等形式，充分展示了"科学发展在苏州，成就辉煌看十年"的主题，生动地描绘出苏州当代生活的社会画卷，反映了苏州老百姓安居乐业的精神面貌，同时显示出苏州人勇于在科学创新的前进大道上不断谱写新辉煌的自信与向往，抒发了热爱党的真挚之情。弹词开篇《好人礼赞》之后出现的场景是晚会的一大亮点：两位"中国好人"代表登台接受了苏州摄影家代表赠送的由苏州摄影家拍摄的68位苏州"中国好人"摄影作品，"中国好人"的苏州风采和苏州摄影家的敬业精神激起全场热烈的掌声。晚会鲜明集中的主题性、雅俗共赏的群众性和积极进取的时代性给人们留下了深刻印象。

近年来，苏州市广大文艺家在大力促进苏州文艺繁荣、激励更多精品力作问世的同时，一直致力于将文艺创作的丰硕成果更多、更全面地奉献给社会、奉献给基层、奉献给老百姓，让苏州的文学艺术在建设社会主义精神文明的大潮中发挥出应有的作用，获得了广大民众的普遍欢迎和肯定，这也更加激励苏州文艺家们创作出更多更好的作品回馈社会，回馈这个伟大的时代。

喜迎十八大——江苏·苏州梅花奖艺术家惠民专场演出

10月17日晚，由中共江苏省委宣传部、江苏省文联、苏州市文联、常熟市文联主办，江苏省戏剧家协会、苏州市戏剧家协会、常熟市戏曲家协会、常熟市锡剧团、常熟市文化馆承办的喜迎十八大——江苏·苏州梅花奖艺术家走进常熟惠民专场活动在常熟市石梅广场隆重举行。十多位戏剧表演艺术家为常熟观众献上了一道丰盛的艺术大餐。江苏省、苏州市文联领导和常熟市领导王建国、潘志嘉、殷丽萍观看了演出。

尽管虞城的秋夜寒意阵阵，却依然挡不住艺术家们为群众表演的热情。著名锡剧表演艺术家陈云霞以一段锡剧《红花曲》拉开了演出的序幕，著名昆剧表演艺术家孔爱萍清唱的昆曲《牡丹亭·游园惊梦》经典选段《思凡》婉转清丽、荡气回肠，而央视《曲苑杂坛》特邀演员、著名小品艺术家杨晓苇男扮女装演绎的喜剧小品则不停地给观众带来欢声笑语，并引起了全场的热烈互动。著名梆子戏表演艺术家张虹唱完豫剧《谁说女子不如男》，又来上一段水袖迪斯科，传统和现代的完美结合令人惊叹。

此次来常熟的十多位艺术家都是国家一级演员或中国戏剧梅花奖得主，他们是应常熟市文联的邀请来作惠民演出的。专场演出中，艺术家们还表演了苏州评弹《蝶恋花·答李淑一》、昆剧《十五贯·杀尤》和苏剧、滑稽戏、京歌等节目，名家名段荟萃的演出让常熟观众过足了戏瘾。

明清篆刻史国际学术研讨会

11月6日，明清篆刻史国际学术研讨会在昆山开幕。这是迄今为止围绕明清篆刻史举行的首次专题学术研讨活动，也是江苏省首次与著名文人艺术社团西泠印社联合举办的学术研讨和交流，被列为西泠印社壬辰秋季雅集“百年西泠·翰墨春秋”大型系列活动中最具学术分量的一项。

本次会议由江苏省文联、西泠印社、苏州市文联联合主办，西泠印社印学理论与社史研究室、苏州市书法家协会、昆山市文联、昆山书画院共同承办。中国书协副主席、江苏省文联副主席言恭达，中国书协副主席、西泠印社副社长兼秘书长陈振濂，西泠印社副社长李刚田，西泠印社社委会副主任、西泠印社常务副秘书长包正彦，中国书协学术委员会副主任、西泠印社理事黄惇，上海市书协副主席、西泠印社副秘书长孙慰祖，中国书协隶书委员会副主任、苏州市书协主席华人德，山东省书协副主席、西泠印社理事范正红，中国书协学术委员、苏州市文联副主席王伟林，昆山市文联主席莫全明，以及来自海内外的研讨会论文作者、学者、专家、专业媒体代表百余人出席了会议。王伟林主持会议，言恭达、陈振濂、莫全明分别代表主办单位江苏省文联、西泠印社和承办单位昆山市文联致辞。

明清时期是中国印章艺术史上流派繁衍、风格纷呈、印学研究不断深化、重要印人不断涌现的时期，对近现代篆刻艺术的发展具有极为深远的影响。明清时期的篆刻，除安徽与浙江以外，吴门篆刻是一大宗。不但吴门画坛领袖文征明有“我之书斋，多于印上起造”的逸闻，更有文彭、何震等以青田灯光冻入印、遂开五百年篆刻基业的历史记载。一提吴门篆刻，首先想到的是它的开启与筚路蓝缕之功，是它的缔造与创建、引领风气与大胆开拓的创造活力。吴门篆刻已是中国篆刻史上一个非常值得关注的地域文化现象。因此，在具有深厚印学传统积淀的吴门苏州举办首次明清篆刻史国际学术研讨会，有着十分深远的历史涵义。

本次会议采取定向邀约和公开征稿相结合的方式，共收到海内外作者的来稿60余篇，经社内外专家评委数轮筛选，共评出30余篇论文，连同特约专家稿共计44篇一同入编论文集，于会议开幕同期面世。研讨会由主题发言和论文交流发言两大部分组成，孙慰祖以《文人用印体系形成的若干条件》、黄惇以《篆刻史论研究的思路和方法》为题，分别作了半小时的主题报告。随后举行的论文交流，与会作者根据各自提交的论文论题各自发言，并进行了充分的交流和探讨。

本次会议在“明清篆刻史”的历史时段和学科方向限定下，论题涵盖面相当广泛，其中有的专注于明清印学中逐渐呈现出来的“流派”意识，有的讨论印谱体例变迁中显示出的古印观，有的研究在当时并不太发达的篆刻理论文献，乃至印人行踪考证、地域印人群体研究、印学与其他诸艺如紫砂陶艺之关系、篆刻家的金石学癖好、印人的仕途经历、明清文人篆刻中的“封泥”视点、明清印谱的相关诸问题……论题甚至涉及明清印学对海外的影响等诸多方面。这充分显示了本次研讨会开阔的学术视野和活跃的学术思维，为提升江苏省印学研究水准、加深与著名印学社团西泠印社的交流与合作发挥了重要作用。

本次研讨会于11月7日下午闭幕。作为“吴门印风”系列活动的重要组成部分，与会专家、学者还将转赴苏州，参加8日上午举行的“当代吴门篆刻名家作品邀请展暨苏州中青年篆刻家作品展”开幕式。

苏州作家与中国当代文学研讨会

由江苏省作协、苏州市文联、苏州市作协联合举办的苏州作家与中国当代文学研讨会11月17日在苏州会议中心举行。此次研讨会以“中国当代文学视野中的苏州文学创作”“苏州文学与吴文化”“苏州作家作品论”为议题，回顾新中国成立以来苏州文学创作的发展历程，研究与展望当下创作现状、趋势及未来发展前景，评估

与探讨苏州文学在中国当代文学中的地位，塑造文学苏州、文化苏州形象。来自北京、上海、南京、广州、西安等地的50多位知名专家、学者齐聚一堂，把脉苏州文学创作。江苏省作协党组书记、主席范小青，中共苏州市委常委、宣传部部长蔡丽新，江苏省作协党组副书记、书记处书记张王飞，中共苏州市委宣传部副部长、市文明办主任缪学为，苏州市文联党组书记、主席成从武等出席了研讨会。苏州市文联副主席、作协主席王尧主持会议。

蔡丽新部长在开幕式讲话中指出，苏州是座文脉绵长的历史古城，曾孕育了范仲淹、冯梦龙、金圣叹、叶圣陶这样的文豪大家。当代苏州文坛则既有陆文夫等享誉国内外的代表性作家，又涌现了范小青、苏童、荆歌、叶弥、朱文颖、戴来、车前子、小海、杨守松、金曾豪、王一梅等一批优秀的中青年实力派作家。苏州当代作家群人数之多、实力之强、作品质量之高，在全国其他城市中是不多见的。党的十八大刚刚胜利闭幕，苏州将认真贯彻落实会议精神，为全国、江苏的现代化建设探索新路。这一火热的实践，必将为文学创作提供肥沃的土壤。希望广大苏州作家以充沛的激情、丰富的想象、生动的笔触、感人的形象，为人民书写心声，为时代引吭高歌，充分发挥文学的独特作用和巨大影响；也期望专家、学者一如既往关心、支持苏州文学的持续繁荣和发展。《文艺报》主编阎晶明在讲话中强调，苏州这座历史悠久、文脉绵延的天堂之城，为文学书写提供了丰富的素材，已经在人们心中形成了先验的经典的文学形象，而苏州作家群也正在江苏乃至全国文坛起着越来越重要的主力军作用。范小青主席在讲话中指出，以陆文夫为首的苏州当代作家的作品有着鲜明的地域文化特色，他们的写作也成为苏州文化的精神内核，是不可或缺的组成部分。

研讨会主体由三场分论坛组成，从不同层面对苏州文学做了全面立体的剖析与研究。会场气氛热烈，与会者发言踊跃：有的高屋建瓴，从宏观把握；有的探幽寻微，由小处着手；有的兼顾系统梳理和个案分析，全面深入地探讨苏州文学；有的既将苏州作家作为一个整体，置于中国当代文学的大环境中加以观照，又对具体文本详加剖析，从思想性与艺术性上对作品予以琢磨推敲。

南京大学丁帆教授强调了苏州文脉的延续性，并梳理出了苏州当代文学的代际关系。江苏省作协创研室主任汪政肯定了苏州当代作家的文学史研究意义，细述了它的代际呈现和文人传统。中国现代文学馆常务副馆长吴义勤从审美层面归纳了苏州当代文学创作的三个特色：日常生活审美化，审美格调奇异化，非对抗性的现实描写。南京大学王彬彬教授强调了苏州作家对日常生活的关注，对大时代、小人物描摹的精细和精准。栾梅健教授重申了苏州深厚的文学积淀，并指出以陆文夫为代表的苏州小说开启了文学从“为老百姓写作”到“作为老百姓写作”的时代。复旦大学张新颖教授认可了专家们对于苏州当代文学风格化的共识，同时进一步提出了生活、文明、时代三者之间的关系。《收获》主编程永新、《南方文坛》主编张燕玲、《文学报》主编陈歆耕、《美文》主编穆涛、《当代文坛》主编罗勇等，从编辑家的角度解读了苏州的作家、作品及现象，认为他们为文坛提供了独特的中国经验，富有极大的生命力和创造力。费振中、范培松、徐国源、刘绪源等专家分别从小说、散文、诗歌、儿童文学、报告文学等文体出发，从创作优势、姑苏情结、独特文风乃至生活方式的层面，对苏州的作家作品做了精彩解读和恰如其分的评价。何平、王光东、张学昕、郭冰茹、金理、晓华、季进、陈霖等专家的发言各有侧重，细述了苏州当代具有代表性的作家作品，分析鞭辟入里，既关注苏州当代文学创作的面貌，又深入文学的肌理。

研讨会重点梳理了苏州当代文学创作的脉络，厘清了代际关系；从小说、诗歌、散文、报告文学、儿童文学等各种文体均衡发展的角度，对苏州文学作出了客观评价；针对不同作家作品的个案研究，突出了在吴文化浸染下，每个创作主体各具特色、神态各异的创作面貌，呈现了苏州当代文学创作多元共生的局面。

江苏省作协党组副书记、书记处书记张王飞做了精彩的闭幕讲话。他指出，苏州当代作家群为文坛提供了一派杏花、春雨、江南的情境，苏州文学是从小巷深处款款走来的缪斯女神，精巧柔美，不温不火。苏州还有一支颇具阵容的文学评论队伍，范伯群教授的通俗文学研究和范培松教授的散文研究，都在学界产生了重大影响。如今，以王尧为代表的一批中青年优秀批评家正在成为评论界的中流砥柱，将发挥越来越大的作用。

苏州市2012年创作歌曲研讨会

12月22日，苏州市音乐家协会30多位词曲作者满怀热情，带着他们的新创作品，汇聚在太湖之滨的海关培训基地，举行了一年一度的苏州市创作歌曲研讨会。苏州市文联党组书记、主席成从武，副主席王伟林，调研员朱建华出席了研讨会，他们对苏州音乐工作者们在歌曲创作领域里取得的成果表示肯定。

这次的歌曲创作研讨会为期3天，与会者认真审听了各位作者带来的31首最新创作的歌曲并进行点评。为保持评分的公正性，这次研讨会改进了审听方法，所有作品都隐去词曲作者的姓名，统一编号进行评议。没有了情面的障碍，大家提起改进意见来也就没有了顾虑，这样有助于更好地提高歌曲的艺术质量，评选出真正的好作品。

23日上午，中共江苏省委宣传部文艺处处长李朝润，省音乐家协会副主席、省文化厅艺术处处长吴小平，省音乐家协会副主席、创作委员会主任崔新，省音乐家协会顾问何山，南京军区前线歌舞团创作员许诺赶到苏州参加了研讨会。他们对苏州的新创作歌曲一首首地进行了深入浅出的分析和精到的点评，评议的深度和力度使与会者获益匪浅。

苏州市创作歌曲研讨会已经坚持举办了十多年，在苏州音乐人的共同打造下，已经成为一个有影响力的品牌活动，得到了全省乃至全国同行的赞同。苏州市广播电视总台中波1080苏州综合广播的《姑苏乐坛》节目作为这些原创歌曲的播出平台，10多年来一直不遗余力地对这些优秀原创歌曲进行展播，让更多的市民了解苏州的音乐创作，让这些优秀的原创歌曲传唱开来。

苏州市文艺之家（曲园）揭牌

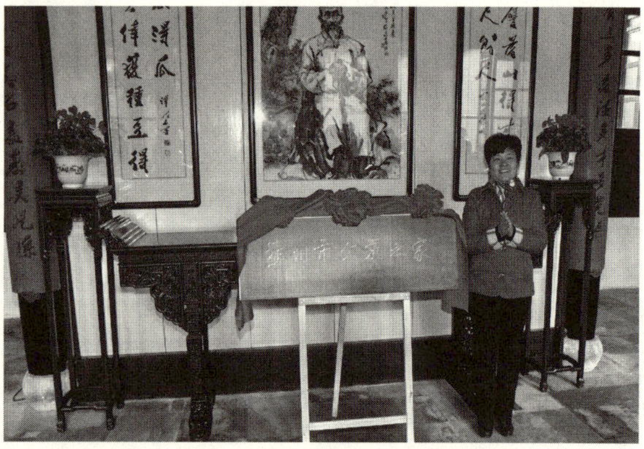

12月25日，在中共苏州市委、市政府的亲切关怀下，苏州市文艺之家（曲园）正式挂牌成立。苏州市委常委、宣传部部长蔡丽新出席揭牌仪式并为“文艺之家”揭牌。

曲园是晚清文学大家俞樾先生的故居，俞樾先生的艺术成就涉猎经学、诗词、小说、戏曲、书法，著作等身。曲园还滋哺了俞陛云、俞平伯两位学人，可谓书香门第。作为国家级文物保护单位，曲园更是苏州历史文化的重要坐标之一。作为苏州城市文化的一张靓丽名片，文联将更好地发挥其历史文物价值和文艺之家的功能，提升苏州城市的文化内涵，建成后的市文艺之家的主要功能：一是为广大文艺家提供研讨交流、切磋艺技、以文会友的阵地；二是发挥文艺家协会联络站的功能，为各文艺家协会提供管理服务和智力支持；三是保护历史文物，成为传承、弘扬苏州优秀传统文化的重要窗口；四是搭建珍藏和展示文学艺术行业建设“四项工程”成果的载体，使其更好地服务社会、服务文艺创作、服务广大文艺家。

文艺评奖与表彰

关于对2012年度
全市文学艺术各门类优秀成果予以表彰的决定

2012年，苏州市广大文艺工作者牢牢把握正确导向，坚持围绕中心，服务大局，深入实际、深入生活、深入群众，创作了一批思想性、艺术性、观赏性相统一的优秀作品，在全国和江苏省各类重大文艺赛事中获奖，为苏州争得了荣誉。为表彰先进，激励多出优秀作品和优秀人才，进一步提高苏州文学艺术的竞争力和影响力，经市文联主席团会议研究决定，对2012年度我市文联所属相关文学艺术门类文艺家会员担当主创的荣获全国、省重要奖项的优秀成果予以表彰。授予华人德等五位文艺家以“荣誉大奖”称号，授予唐晓玲等43位文艺家或作品以“荣誉奖”称号，授予《青春跑道》等两项作品以“荣誉特别大奖”称号，授予孔维坤等38位文艺家或作品以“荣誉特别奖”称号。

希望获表彰的单位和个人再接再厉，进一步增强责任感和使命感，努力创作出更多更好的文艺作品，充分发挥文艺在引领风尚、教育人民、服务社会、推动发展等方面的重要作用，为加快推动苏州市文艺事业大发展大繁荣，提升苏州文化的影响力作出新的更大贡献。

荣誉大奖

相关艺术门类文艺家会员主创，荣获中宣部“五个一工程”奖，中国文联、中国作协标志性奖励，省政府嘉奖。

<table>
<tr><th>获奖作品名称</th><th>奖　项</th><th>颁奖单位</th><th>授予荣誉</th><th>获奖者</th></tr>
<tr><td>书法创作</td><td>第四届中国书法兰亭奖
艺术奖</td><td>中国文联
中国书协</td><td>苏州市书法“张旭奖”
荣誉大奖</td><td>华人德</td></tr>
<tr><td rowspan="2">经典《雷雨》：
从话剧到苏州评弹</td><td>第八届中国文联文艺评论奖
特等奖</td><td>中国文联</td><td>苏州市文艺评论“金圣叹奖”
荣誉大奖</td><td rowspan="2">朱栋霖</td></tr>
<tr><td>第七届中国曲艺牡丹奖
理论奖</td><td rowspan="3">中国文联
中国曲协</td><td rowspan="3">苏州市曲艺“光裕奖”
荣誉大奖</td></tr>
<tr><td>良　心</td><td>第七届中国曲艺牡丹奖
表演奖</td><td>季静娟</td></tr>
<tr><td>西厢·拷红</td><td>第七届中国曲艺牡丹奖
新人奖</td><td>陶莺芸</td></tr>
<tr><td>昆曲遗韵</td><td>时代风采2012年
中国百家金陵油画展金奖</td><td>中国美协</td><td>苏州市美术“沈周奖”
荣誉大奖</td><td>钱　流</td></tr>
<tr><td>戏剧表演</td><td>江苏省首届紫金文化奖章</td><td rowspan="3">江苏省
政府</td><td>苏州市戏剧“兰花奖”
荣誉大奖</td><td>顾　芗</td></tr>
<tr><td>文艺评论</td><td>江苏省首届紫金文化
荣誉奖章</td><td>苏州市文艺评论“金圣叹奖”
荣誉大奖</td><td>朱栋霖</td></tr>
<tr><td>戏剧表演</td><td>江苏省首届紫金文化
荣誉奖章</td><td>苏州市戏剧“兰花奖”
荣誉大奖</td><td>陆伦章</td></tr>
</table>

荣誉奖

由市文联组织创作，推荐报送，荣获省委宣传部“五个一工程”奖，省文联标志性奖项，省作协“紫金山”文学奖、文学评论奖，中国文联、中国作协所属协会届展（演）最高奖项〈专业类〉。

<table>
<tr><th>获奖作品名称</th><th>奖　项</th><th>颁奖单位</th><th>授予荣誉</th><th>获奖者</th></tr>
<tr><td colspan="5">文　学</td></tr>
<tr><td>城市底色</td><td rowspan="2">江苏省第八届
“五个一工程”奖</td><td rowspan="2">省委宣传部</td><td rowspan="2">苏州市文学“叶圣陶文学奖”
荣誉奖</td><td>唐晓玲</td></tr>
<tr><td>第一道防线</td><td>奚旭初</td></tr>
<tr><td colspan="5">书　法</td></tr>
<tr><td>草书作品</td><td>首届“张芝奖”全国书法
大展优秀奖（最高奖）
第三届全国行草书作品展
优秀奖（最高奖）</td><td rowspan="2">中国书协</td><td rowspan="2">苏州市书法 “张旭奖”
荣誉奖</td><td>钱玉清</td></tr>
<tr><td>楷书作品</td><td>第三届老年书法展
优秀奖（最高奖）</td><td>政定荣</td></tr>
<tr><td colspan="5">美　术</td></tr>
<tr><td>异粧玩偶</td><td>2012 全国工笔画展
优秀奖</td><td rowspan="5">中国美协</td><td rowspan="5">苏州市美术“沈周奖”
荣誉奖</td><td>沈　垚</td></tr>
<tr><td>晨　曦</td><td>首届全国中青年油画展
优秀奖</td><td>钱兆峰</td></tr>
<tr><td>淘金者</td><td>第十届全国水彩粉画展
优秀奖</td><td>张　永</td></tr>
<tr><td>太湖之恋</td><td>2012 年全国中国画作品展
优秀奖</td><td>李亚光</td></tr>
<tr><td>鱼·网</td><td>首届中国美协会员油画
精品展优秀奖</td><td>刘昌明</td></tr>
<tr><td colspan="5">摄　影</td></tr>
<tr><td>摄影作品</td><td>江苏省摄影金瞬奖</td><td>省文联
省摄协</td><td>苏州市摄影“金镜头奖”
荣誉奖</td><td>张炎龙</td></tr>
<tr><td colspan="5">曲　艺</td></tr>
<tr><td>人面桃花</td><td>巴黎中国曲艺节
“卢浮金奖”</td><td>中国曲协
巴黎中国
文化中心</td><td rowspan="2">苏州市曲艺“光裕奖”
荣誉奖</td><td>袁小良
王　瑾</td></tr>
<tr><td>啼笑因缘·逼疯</td><td>中国曲艺“牡丹奖”提名奖</td><td>中国文联
中国曲协</td><td>王　瑾</td></tr>
<tr><td colspan="5">音　乐</td></tr>
<tr><td>我很想去你们的家</td><td>全国打工歌曲创作大赛
优秀奖</td><td>中国音协</td><td rowspan="3">苏州市音乐“吴韵音乐奖”
荣誉奖</td><td>词:华　也
曲:姜兴龙</td></tr>
<tr><td>深情的诉说</td><td rowspan="2">江苏省第八届
“五个一工程”奖</td><td rowspan="2">省委宣传部</td><td>词:阮晓星
曲:王　迈</td></tr>
<tr><td>永远和人民在一起</td><td>词:陈四海
曲:吴小平</td></tr>
</table>

·续表·

民文				
海·鸥	第十一届中国民间文艺山花奖·民间工艺美术作品奖评选暨第七届中国（长春）民间艺术博览会金奖	中国文联 中国民协	苏州市民间文艺“金桂奖”荣誉奖	姚建萍
虢国夫人游春图				吴文康
少　女				濮凤娟
人生三忆				蔡云娣
维摩演教图				陈英华
观音像大悲咒				李　禾
宋代《樱桃》				倪雪娟刺绣艺术工作室
繁花似锦				郁丽琴 吕小怡
追　篁				王丽华
蒲塘秋艳图	第十一届中国民间文艺山花奖·民间工艺美术作品奖评选暨第七届中国（烟台）民间工艺品博览会金奖			曹美姐
吉祥子孙佩				夏　翔 张亚义
钵式洒金薰炉				徐　鑫
凤眼桥耳三足大乳炉				陈巧生
千丝万缕香炉				史忠明
富贵玉兰				袁中平
群仙祝寿图				卢招娣
豹　猫				孙素群
飞　天				徐晓东
簸箕砚				蔡金兴
十二金钗				朱雪明
秋山夜雨				朱芬华
云光紫气沐青山				马建娣
枝头双鸟				顾莉芳
跳跃追逐				邹紅芳
记　忆				李兰珍 李　寅
欢聚一堂				濮凤娟 濮毅德
影视				
万历首辅 ——张居正	中国20年“百部优秀电视剧奖”和国家电视剧政府奖“飞天奖”提名荣誉奖	中国广播电视协会、中国电视艺术家协会、中央电视台	苏州市影视“金茉莉奖”荣誉奖	苏州广电总台
菊隐江湖 ——鞠国栋70年风雨	第28届江苏省电视“金凤凰”奖一等奖	省文联 省电视家协会		

·续表·

<table>
<tr><td>红杉树长高了</td><td rowspan="2">第28届江苏省电视
“金凤凰”奖一等奖</td><td rowspan="3">省文联
省电视家协会</td><td rowspan="3">苏州市影视
“金茉莉奖”荣誉奖</td><td>常熟广电总台电视中心</td></tr>
<tr><td>苏州评弹形象片</td><td>苏州广电总台</td></tr>
<tr><td>欢乐元帅</td><td>第28届江苏省电视
“金凤凰”奖最佳作品奖</td><td>苏州福纳文化科技有限公司</td></tr>
</table>

荣誉特别大奖

相关艺术门类文艺家会员主创，荣获文化部、广电总局标志性奖项。

<table>
<tr><th>获奖作品名称</th><th>奖　项</th><th>颁奖单位</th><th>授予荣誉</th><th>获奖者</th></tr>
<tr><td>青春跑道</td><td>文化部第二届
“优秀保留剧目大奖”</td><td>文化部</td><td rowspan="2">苏州市戏剧“兰花奖”
荣誉特别大奖</td><td>苏州市滑稽剧团</td></tr>
<tr><td>青春版《牡丹亭》</td><td>2011-2012年度国家舞台艺术
精品工程年度资助剧目</td><td>文化部
财政部</td><td>苏州昆剧院</td></tr>
</table>

荣誉特别奖

相关艺术门类文艺家会员主创，荣获中宣部、文化部、广电总局其他重要奖项，省委宣传部“五个一工程”奖。

<table>
<tr><th>获奖作品名称</th><th>奖　项</th><th>颁奖单位</th><th>授予荣誉</th><th>获奖者</th></tr>
<tr><td colspan="5">文　学</td></tr>
<tr><td>花外婆</td><td>第三届全国优秀童谣
二等奖</td><td>中宣部、教育部、中央文明办、团中央、妇联</td><td>苏州市文学“叶圣陶文学奖”
荣誉特别奖</td><td>孔维坤</td></tr>
<tr><td colspan="5">戏　剧</td></tr>
<tr><td rowspan="2">红豆祭</td><td>江苏省第八届
“五个一工程”奖</td><td>省委宣传部</td><td rowspan="10">苏州市戏剧“兰花奖”
荣誉特别奖</td><td rowspan="2">苏州
锡剧团</td></tr>
<tr><td rowspan="4">第五届中国昆剧艺术节
优秀展演剧目奖</td><td rowspan="9">文化部
省政府</td></tr>
<tr><td>水　斗</td><td>苏州市
艺术学校</td></tr>
<tr><td>满床笏</td><td rowspan="2">苏州昆
剧院</td></tr>
<tr><td>玉簪记</td></tr>
<tr><td>满床笏</td><td rowspan="4">第五届中国昆剧艺术节
优秀表演奖</td><td>王　芳</td></tr>
<tr><td>红豆祭</td><td>张唐兵</td></tr>
<tr><td rowspan="3">玉簪记</td><td>俞玖林</td></tr>
<tr><td>沈丰英</td></tr>
<tr><td>第五届中国昆剧艺术节
优秀司笛奖</td><td>邹建梁</td></tr>
</table>

·续表·

一盅缘	上海“白玉兰”戏剧表演艺术奖主角奖	文化部、上海市政府白玉兰戏剧表演艺术类组织委员会	苏州市戏剧“兰花奖”荣誉特别奖	董红
曲艺				
雷雨	江苏省第八届“五个一工程”奖	省委宣传部	苏州市曲艺“光裕奖”荣誉特别奖	苏州市评弹团
绣神	第五届中国苏州评弹艺术节优秀中篇书目奖	文化部 省政府		
西厢记·惊艳	第五届中国苏州评弹艺术节优秀短篇书目奖			
港城大义	第五届中国苏州评弹艺术节优秀短篇(选回)书目奖			张家港评弹团
招牌菜	第五届中国苏州评弹艺术节优秀书目奖			常熟市评弹团
杨乃武	第五届中国苏州评弹艺术节长篇书目传承演出奖			传承人:金丽生
绣神	第五届中国苏州评弹艺术节优秀表演奖			盛小云 吴静
马嵬坡				吴伟东
西厢·惊艳				郁群
杨乃武·别姑	第五届中国苏州评弹艺术节长篇书目传承演出奖			传承人:邢晏芝
孙武与胜玉	第五届中国苏州评弹艺术节优秀表演奖			陆人民 张建珍 陈琰
招牌菜				陆建华
港城大义				季静娟
苦谏	第五届中国苏州评弹艺术节优秀短篇创作(改编)奖			王智雄
舞蹈				
桃花坞	江苏省第八届“五个一工程”奖	省委宣传部	苏州市舞蹈“红菱奖”荣誉特别奖	苏州市歌舞剧院
影视				
康定情歌	江苏省第八届“五个一工程”奖	省委宣传部	苏州市影视“金茉莉奖”荣誉特别奖	苏州电视台
八月桂花香				苏州广电总台
中国兔子德国草				张家港广播电台
马丁的绝招				常熟广播电视台
激战江南				苏州亚细亚影业传媒有限公司

其他荣誉

除前列各荣誉奖项之外，2012年苏州市文联及所属团体会员担当主创的作品还在全国、全省各类评比或赛事中取得一系列成绩，现予以汇总公布。

苏州市文联

奖　项	颁奖单位	获奖者
江苏省“吴韵汉风”喜迎十八大文艺展演优秀组织奖	省委宣传部	市文联
江苏省文联2012年度先进集体	省文联	
苏州市第九届“五个一工程”优秀组织奖	市委宣传部	

苏州市作家协会

获奖作品名称	奖　项	颁奖单位	获奖者
	江苏省文学组织工作先进集体	省作协	苏州市作协
城市底色	苏州市第九届“五个一工程”奖	市委宣传部	唐晓玲
莉莉姨妈的细小南方			朱文颖
天降大任——吴栋材与一个村庄的命运			肖　静
龙舞天堂			王文标
小红人和乌鸦			王一梅
盛世花开——文化沧浪的诗性解读			燕华君
毕业当村官			李建荣
战地浪漫曲			侯大康
追寻历史的真相：毛泽东与鲁迅			秋　石

苏州市美术家协会

获奖作品名称	奖　项	颁奖单位	获奖者
	江苏省美术创作优秀组织奖	省美协	苏州市美协
岁月留痕	江苏省美协第四次新人新作展新人奖		张　瑞
温馨阁楼			熊　玉
生命不能承受之轻			张建卫
莫干路的冬日阳光			徐宏泽
好年景			赖培文
where shall we go			雪　惠
溪水观鱼			张利群
正在消逝的风景	江苏省第十一届油画展优秀奖		李洪震
寻　梦			王　嫩

·续表·

神圣的几何	江苏省第十一届油画展优秀奖	省美协	吴晓洵
流动的玻璃时代			姚　莨
海阔天空			郑　亮
尘封的记忆			潘道生
清　波			陈二夫
寻　觅			王　月
游园惊梦	江苏省首届水粉画展优秀奖		王　莺
黑哥们			易仲阗
往　事			徐海鸥
美人蕉			朱　旗
静　悟			王　勇
花　卉			张德胜
港　湾			王贤培
大地的祝福	2012 年傅抱石奖	省政府、省委宣传部、省文化厅、省文联	冯　豪

苏州市书法家协会

获奖作品名称	奖　项	颁奖单位	获奖者
	江苏省第八届新人书法篆刻作品展优秀组织奖	省书协	苏州市书协
行草书	永乐宫第五届国际书画艺术节百佳奖	中国书协	杨建荣
行草书	江苏省第八届新人书法篆刻作品展获奖作品（最高奖）	省书协	龙　侃
篆刻			潘　攀

苏州市摄影家协会

获奖作品名称	奖　项	颁奖单位	获奖者
天使向日葵	第二届全国农民摄影大展铜奖	中国文联、农业部、中国摄协	徐晓根
芦苇女			陆根元
少儿模特	2012 环太湖摄影拉力赛总冠军	中国摄影报	朱德明
千丝万缕	“江南何处好，乐居在吴江”——“亨通”杯全国摄影大赛金奖	中国摄协	许金荣
虞山晨曦	“永远的江南”全国摄影艺术精品展典藏精品奖		苗一峰
沙家浜			梅志强
雨声笑声	第四届中国（常熟）江南文化节“永远的江南”全国摄影艺术精品展“典藏精品奖”	中国摄协 常熟市人民政府	陈建法
儿行千里	第十届江苏省“五星工程奖”	省文联	王金元

·续表·

船　娘	锦溪杯首届青春之歌 全国青年摄影大赛金奖	中国摄协	吴　靖
会　战	江苏省“亲情电力 幸福民生” 摄影大赛金奖	省文联	王克明
千年古城靓丽夜	江苏省“亲情电力 幸福民生” 摄影大赛银奖		马耀明
风雪中的菜农	江苏省社会主义新农村摄影 大赛三等奖		江全官
海　边	2012中国航海摄影大赛银奖		张丽娜
渔村留影	“幸福江苏·光影十年”大型 摄影作品展银奖		朱　宏
呵护未来			邵家声

苏州市民间文艺家协会

获奖作品名称	奖　项	颁奖单位	获奖者
	第十一届中国民间文艺山花奖·民间工艺美术作品奖评选暨第七届中国（烟台）民间工艺品博览会优秀组织奖	中国文联 中国民协	苏州市民协
双城记	第十一届中国民间文艺山花奖·民间工艺美术作品奖评选暨第七届中国（长春）民间艺术博览会银奖		钱晓丽
冬景婴戏图			薛金娣
云雾黄山			钱晓芳
荷花宝鸭美人榻			史志晔
蜀葵萱花图	第十一届中国民间文艺山花奖·民间工艺美术作品奖评选暨第七届中国（烟台）民间工艺品博览会银奖		曹美姐
鳌鱼观音			徐　鑫
狮　子			陈巧生
四美图			陈建萍
忆江南			陈丽华
妙法莲华经			孙振涛
骑兽十八罗汉			周春毅
十八罗汉			谢庆华
十二金钗			马金华
陈巧生展位	第十一届中国民间文艺山花奖·民间工艺美术作品奖评选暨第七届中国（烟台）民间工艺品博览会最佳展台奖		陈巧生
江山如此多娇	苏州市第九届“五个一工程”奖	市委宣传部	姚建萍
姑苏繁华图			蔡梅英
捣练图			薛金娣

苏州市音乐家协会

<table>
<tr><th>获奖作品名称</th><th>奖　项</th><th>颁奖单位</th><th>获奖者</th></tr>
<tr><td>母爱绵绵</td><td rowspan="12">苏州市第九届
“五个一工程”奖</td><td rowspan="12">市委宣传部</td><td>词：葛　逊
曲：吴利明</td></tr>
<tr><td>中国力量</td><td>词：高　远
曲：苏　林</td></tr>
<tr><td>一片新天地</td><td>词：华　也
曲：姜兴龙</td></tr>
<tr><td>赏　春</td><td>词：杨瑞庆
曲：杨瑞庆</td></tr>
<tr><td>启明星</td><td>词：王　洁
曲：费所望</td></tr>
<tr><td>心在黄河上</td><td>词：李俊伟
曲：江建军</td></tr>
<tr><td>蝴蝶双双又飞来</td><td>词：王建平
曲：陈　勇</td></tr>
<tr><td>红军走过的山坡</td><td>词：俞明龙
曲：王金元</td></tr>
<tr><td>中华是一家</td><td>词:华　也
曲：周友良</td></tr>
<tr><td>欢乐一起来</td><td>词：华　也
曲：颂　今</td></tr>
<tr><td>要问咱工人如今想些啥</td><td>词：沈　石
曲：周友良、李　崇</td></tr>
<tr><td>点亮春风</td><td>词：华　也
曲：吴利明</td></tr>
<tr><td>幸福江苏</td><td>“弘扬新江苏精神“优秀创作
歌曲征集评选活动
优秀奖</td><td>省委宣传部
省文化厅
省文联</td><td>词：葛　逊
曲：蒋承江</td></tr>
<tr><td>心在江南</td><td rowspan="2">“永远的江南”全国歌曲征集
评选活动优秀奖</td><td rowspan="2">中国音协</td><td>词：叶方毅
曲：周友良</td></tr>
<tr><td>请喝一杯虞山茶</td><td>词：金曾豪
曲：王金元</td></tr>
</table>

苏州市戏剧家协会

<table>
<tr><th>获奖作品名称</th><th>奖　项</th><th>颁奖单位</th><th>获奖者</th></tr>
<tr><td>那个雪夜</td><td>第四届全国小戏小品曲艺大展二等奖</td><td>文化部
中国剧协</td><td>苏州锡剧团有限公司</td></tr>
<tr><td>开心天堂路</td><td rowspan="2">第七届江苏戏剧奖小戏小品奖大赛
优秀剧目一等奖</td><td rowspan="2">省文化厅
省文联</td><td>张家港市艺术中心</td></tr>
<tr><td>城市雕塑</td><td>苏州市滑稽剧团</td></tr>
<tr><td>优秀传承单位</td><td>江苏省非物质文化遗产优秀传承单位</td><td rowspan="2">省文化厅</td><td>苏州昆剧院</td></tr>
<tr><td>红豆祭</td><td>第六届戏剧节优秀剧目奖</td><td>苏州锡剧团有限公司</td></tr>
</table>

·续表·

那个雪夜	第九届“中国滨州·博兴小戏艺术节”优秀表演奖	中国曲协	张　萍 沈中秋
茉莉飘香	第九届“中国滨州·博兴小戏艺术节”最佳表演奖		杨旻华 倪剑虹
那个雪夜	2012年第四届全国小戏小品曲艺大展二等奖	中国剧协	编剧：江洪涛 导演：张天乐 作曲：张天乐 舞美：周　峰 演员：张　萍 沈中秋 吴林沽
《茉莉飘香》片段	首届中国·江苏省文化艺术节舞台艺术新人奖	省委宣传部	杨旻华
城市雕塑	第七届“江苏戏剧奖小戏小品奖”大赛优秀表演奖	省文化厅 省文联	浦雨竹 朱雪燕
	第七届“江苏戏剧奖小戏小品奖”大赛优秀编剧奖		张　昇
	第七届“江苏戏剧奖小戏小品奖”大赛优秀导演奖		李伯男
	第七届“江苏戏剧奖小戏小品奖”大赛优秀舞美奖		周华东 徐建明

苏州市曲艺家协会

获奖作品名称	奖　项	颁奖单位	获奖者
老子折子孝子	第七届江苏省曲艺节优秀节目奖	省文化厅	苏州市评弹团
五姑娘	第五届中国苏州评弹艺术节中篇创作（改编）奖	文化部	杨筱东 陈松青
采　访	第五届中国苏州评弹艺术节书目奖	文化部 省政府	苏州市评弹团
东渡·庆安往事	第五届中国苏州评弹艺术节短篇（选回）书目奖		张家港市艺术中心
西厢·惊艳	第五届中国苏州评弹艺术节表演奖		沈　彬
老子折子孝子			查兰兰 许芸芸
厅堂夺子			归　兰
马嵬坡			毛瑾瑾
厅堂夺子			张毅谋
采　访			张丽华
正说包公			金鉴伯
老子折子孝子			殷麒麟
满床笏	第五届中国昆剧艺术节表演奖		赵文林 翁育贤
正说包公	第七届江苏省曲艺节优秀表演奖	省文化厅	金鉴伯

·续表·

杨贵妃	第七届江苏省曲艺节优秀表演奖	省文化厅	吴伟东 毛瑾瑾
老子折子孝子	第七届江苏省曲艺节优秀表演奖 第七届江苏省曲艺节表演奖	省文化厅	查兰兰 陈燕雯 殷麒麟 陶莺芸 徐　刚 徐剑秋 杨衣云 许芸芸

苏州市舞蹈家协会

获奖作品名称	奖　项	颁奖单位	获奖者
	江苏舞蹈“莲花奖”第三届社会舞蹈暨第五届少儿舞蹈比赛组织奖	省文联 省舞协	苏州市舞协
桃花坞	苏州市第九届“五个一工程”奖	市委宣传部	苏州市歌舞剧院有限公司
过年啦	江苏舞蹈“莲花奖”第三届社会舞蹈暨第五届少儿舞蹈比赛创作金奖、表演金奖	省文联 省舞协	高菊珍 蒋　珏 葛　伊
春天的芭蕾	江苏舞蹈“莲花奖”第三届社会舞蹈暨第五届少儿舞蹈比赛表演金奖、创作银奖	省文联 省舞协	戴长怡
水乡如画	江苏舞蹈“莲花奖”第三届社会舞蹈暨第五届少儿舞蹈比赛表演金奖、创作银奖	省文联 省舞协	邹颖欣
吴宫教战	江苏舞蹈“莲花奖”第三届社会舞蹈暨第五届少儿舞蹈比赛表演金奖、创作银奖	省文联 省舞协	卞葆芝
社区有个民乐队	江苏舞蹈“莲花奖”第三届社会舞蹈暨第五届少儿舞蹈比赛创作金奖、表演银奖	省文联 省舞协	黄国生
卖火柴的小女孩	江苏舞蹈“莲花奖”第三届社会舞蹈暨第五届少儿舞蹈比赛创作金奖、表演银奖	省文联 省舞协	陈　赟
我的稻草人	江苏舞蹈“莲花奖”第三届社会舞蹈暨第五届少儿舞蹈比赛创作金奖、表演银奖	省文联 省舞协	梁苏华 唐　佳 李　玲
童心梨园梦	江苏舞蹈“莲花奖”第三届社会舞蹈暨第五届少儿舞蹈比赛创作金奖、表演银奖	省文联 省舞协	吕　佳
璀璨玉珠	江苏舞蹈“莲花奖”第三届社会舞蹈暨第五届少儿舞蹈比赛表演金奖、创作银奖	省文联 省舞协	郭贵玉
赞　哈	江苏舞蹈“莲花奖”第三届社会舞蹈暨第五届少儿舞蹈比赛表演金奖	省文联 省舞协	周思羽
春闺梦	江苏舞蹈“莲花奖”第三届社会舞蹈暨第五届少儿舞蹈比赛表演金奖	省文联 省舞协	高　琰
雨竹林	江苏舞蹈“莲花奖”第三届社会舞蹈暨第五届少儿舞蹈比赛表演金奖	省文联 省舞协	苏州市少儿艺术团
中国芭比	江苏舞蹈“莲花奖”第三届社会舞蹈暨第五届少儿舞蹈比赛表演金奖	省文联 省舞协	苏州市少儿艺术团
情•诉	江苏舞蹈“莲花奖”第三届社会舞蹈暨第五届少儿舞蹈比赛创作银奖、表演银奖	省文联 省舞协	樊晨霞
茉莉芬芳	江苏舞蹈“莲花奖”第三届社会舞蹈暨第五届少儿舞蹈比赛创作银奖、表演银奖	省文联 省舞协	王永林
新姑苏天堂	首届“晓邦杯”舞蹈比赛金奖	省舞协	高菊珍
过年啦	首届“晓邦杯”舞蹈比赛金奖	省舞协	高菊珍 蒋　珏 葛　伊

苏州市影视家协会

<table>
<tr><th>获奖作品名称</th><th>奖　项</th><th>颁奖单位</th><th>获奖者</th></tr>
<tr><td>永不消失的电波</td><td rowspan="3">第二十八届江苏省电视“金凤凰”奖二等奖</td><td rowspan="7">省文联
省电视家协会</td><td>常熟市广电总台电视中心</td></tr>
<tr><td>话说虎丘</td><td>苏州广电总台</td></tr>
<tr><td>节目主持</td><td>黄　蕾</td></tr>
<tr><td>节目主持</td><td>第二十八届江苏省电视“金凤凰”奖三等奖</td><td>张　璇</td></tr>
<tr><td>“长江水　山花情”山歌会</td><td>第二十八届江苏省电视“金凤凰”奖二等奖</td><td>张家港广播电视台</td></tr>
<tr><td>2011昆山阳澄湖葡萄节开幕式暨东方国际模特大赛江苏赛区总决赛</td><td rowspan="2">第二十八届江苏省电视“金凤凰”奖三等奖</td><td rowspan="3">苏州广电总台</td></tr>
<tr><td>苏州人过年
——2012春节电视评弹特别节目</td></tr>
<tr><td>菊隐江湖
——鞠国栋七十年风雨</td><td>第十四届中国对外宣传节目“彩桥奖”一等奖</td><td>中央外宣办
中国广电协会</td></tr>
<tr><td>誓　言</td><td>上海2011年度纪录片一等奖</td><td>上海市广电局上海纪协会</td><td>苏州传视影视传媒制作</td></tr>
<tr><td>欢乐元帅</td><td rowspan="2">2011年度江苏省政府电视剧奖二等奖</td><td>省广电局
省广电协会</td><td>苏州福纳文化科技股份有限公司</td></tr>
<tr><td>激战江南</td><td>省广播电影电视局
省广电协会</td><td>苏州亚细亚影业传媒有限公司</td></tr>
<tr><td>诺诺森林之天外来客</td><td>2012年度“美猴奖”中国动画最佳创投奖</td><td>中国动画学会</td><td>苏州士奥动画有限公司</td></tr>
</table>

苏州市文艺评论家协会

<table>
<tr><th>获奖作品名称</th><th>奖　项</th><th>颁奖单位</th><th>获奖者</th></tr>
<tr><td></td><td>第二届江苏省文艺评论奖获奖作品和组织工作先进单位</td><td>江苏省文联
省文艺评论家协会</td><td>苏州市评协</td></tr>
<tr><td>作为非物质文化遗产的苏州评弹的保护</td><td>第二届江苏省文艺评论奖三等奖</td><td rowspan="4">省评协</td><td>周　良</td></tr>
<tr><td>从中心到边缘：20世纪中国戏剧文学观念的变迁</td><td rowspan="3">第二届江苏省文艺评论奖优秀奖</td><td>季　玢</td></tr>
<tr><td>江南民间传统宣卷的曲调与曲种价值初探</td><td>史　琳</td></tr>
<tr><td>《承清馆印谱》、《学山堂印谱》印人考辩</td><td>周新月</td></tr>
</table>

张家港市文联

获奖作品名称	奖　项	颁奖单位	获奖者
	江苏省文联2012年度先进个人	省文联	庞　曦
长大有点慢吞吞	苏州市第九届“五个一工程”奖	市委宣传部	徐　玲
行　书	江苏省第八届新人书法篆刻作品展获奖作品（最高奖）	省书协	赵怡平

·续表·

生锈的机器	江苏美协第四次新人新作展新人奖	省美协	蒋　勇
吴软河阳	“今日张家港 印象凤凰镇”全国摄影大赛金奖	中国摄影报	陈洪标
浴火·微笑	“吴冠中艺术馆开馆暨全国中国画作品展”优秀奖	中国美协	陈三石
廉石组歌	“鹿城清风”全国廉政诗歌大赛优秀奖	省作协	安昌礼
闪光的足迹	“道德的力量”主题诗歌全国大赛优秀奖		
偷娘记	第七届“江苏戏剧奖小戏小品奖”大赛表演奖	省文化厅 省文联	俞新跃 蒋丽娟 金冬梅
开心天堂路	第七届“江苏戏剧奖小戏小品奖”大赛优秀导演奖		蒋宏贵
	第七届“江苏戏剧奖小戏小品奖”大赛优秀编剧奖		孙智宏
	第七届“江苏戏剧奖小戏小品奖”大赛音乐奖		糜建平
	第七届“江苏戏剧奖小戏小品奖”大赛优秀表演奖		朱宝根 朱燕君 惠　鸽
东渡·庆安往事	第七届江苏曲艺节创作奖	省文化厅	徐　辉

常熟市文联

获奖作品名称	奖　项	颁奖单位	获奖者
	江苏省文联 2012 年度先进集体	省文联	常熟市文联
狐狸敲门	苏州市第九届“五个一工程”奖	市委宣传部	金曾豪
行草书	永乐宫第五届国际书画艺术节百佳奖	中国书协	寇忠理
空山新雨后	江苏省美协第四次新人新作展新人奖	省美协	朱　江
两棵树			陶语歌
山　歌	首届全国山歌大赛银奖	中国民协	沙家浜镇石湾山歌代表队
恬庄春雾	“印象凤凰镇”全国摄影大赛银奖	中国摄协	时晓波
繁　花	“牡丹花城”国际摄影大展铜质收藏奖		谢　健
偷娘记	第七届“江苏戏剧奖小戏小品奖”大赛优秀剧目三等奖	省文化厅 省文联	常熟市锡剧团
梦圆沙家浜	第九届“中国滨州·博兴小戏艺术节”优秀推荐奖	中国剧协	乔新谓
育种人	第七届江苏曲艺节节目奖	省文化厅	常熟市评弹团
火烧富春山居图	第五届中国苏州评弹艺术节书目奖	文化部 省政府	常熟市评弹团（陈伟春）
岳传·扫秦	第五届中国苏州评弹艺术节书目奖、表演奖		陈燕燕
育种人	第五届中国苏州评弹艺术节短篇创作奖		陆建华 张国灿
招牌菜	第七届江苏省曲艺节优秀表演奖、节目奖、创作奖	省文化厅	陆建华 金曾豪
火烧富春山居图	第七届江苏省曲艺节 优秀节目奖、优秀创作奖、优秀表演奖		陈伟春 霍进芳
偷娘记	第七届“江苏戏剧奖小戏小品奖”大赛导演奖	省文化厅 省文联	陆建兵
	第七届“江苏戏剧奖小戏小品奖”大赛音乐奖		冯石明

·续表·

雷雨·戏凤	第七届江苏曲艺节表演奖	省文化厅	华一芳
江南第一书码头	五星工程奖金奖		钱　津
走到一起来	江苏舞蹈“莲花奖”第三届社会舞蹈暨 第五届少儿舞蹈比赛创作金奖、表演金奖	省文联 省舞协	李　桦
群舞《一方田》	江苏省五星工程奖金奖	省文化厅	牛小艾

太仓市文联

获奖作品名称	奖　项	颁奖单位	获奖者
	江苏省文联2012年度先进个人	省文联	汪　放
第一道防线	苏州市第九届“五个一工程”奖	市委宣传部	奚旭初 奚菊芬
灌　酒	“亨通杯”2012中国吴江摄影大展“金质收藏奖”	中国摄协 吴江市人民政府	邱根生
闭　月	“千年帝都 牡丹花城”国际摄影大展铜质收藏奖	中国摄协 洛阳市人民政府	许雅兰
三月童谣	江苏舞蹈“莲花奖”第三届社会舞蹈暨 第五届少儿舞蹈比赛创作金奖、表演金奖	省文联 省舞协	周煦青
岁月如歌	江苏舞蹈“莲花奖”第三届社会舞蹈暨 第五届少儿舞蹈比赛创作金奖、表演银奖		陈　静
戏　迷			薛　艳

昆山市文联

获奖作品名称	奖　项	颁奖单位	获奖者
	江苏省文联2012年度先进集体	省文联	昆山市文联
草　书	江苏省第八届新人书法篆刻作品展获奖作品（最高奖）	省书协	张　斌
书法创作	江苏省“第十届五星工程奖”书法金奖	昆山书法家协会	浦建青
书法创作	江苏省“第十届五星工程奖”书法银奖	江苏省人民政府	王金春
梨园打击乐	江苏舞蹈“莲花奖”第三届社会舞蹈暨 第五届少儿舞蹈比赛创作金奖、表演金奖	省文联 省舞协	陈　琴

吴江区文联

获奖作品名称	奖　项	颁奖单位	获奖者
	江苏省文联2012年度先进集体	省文联	吴江区文联
秀才造反与民国创立	苏州市第九届“五个一工程”奖	市委宣传部	王晓华 俞　前
天山晨曲	第七届西部大地情全国中国画、油画展优秀奖	中国美协	钱兆峰
五姑娘	第七届江苏省曲艺节表演奖	省文化厅	陈松青
庭院红鲤	“永远的江南”全国摄影艺术精品展 获精品典藏奖	中国摄协	钮泉娜
晒	“江南何处好，乐居在吴江” ——“亨通”杯全国摄影大赛银奖		李坚强

·续表·

五姑娘	第五届中国苏州评弹艺术节中篇创作（改编）奖	文化部	杨筱东 陈松青
	第七届省曲艺节优秀节目奖	省文化厅	吴江区评弹团
	第七届省曲艺节优秀创作奖		杨筱东 陈松青 黄　阳
	第五届中国苏州评弹艺术节创作奖	文化部 省政府 组委会	
	第五届中国苏州评弹艺术节表演奖	文化部	陈松青 徐小凤
	第七届江苏省曲艺节优秀表演奖	省文化厅	吴嘉雯 徐小凤
	第七届江苏省曲艺节表演奖		陈松青
	第五届中国苏州评弹艺术节表演奖	文化部	陈松青 徐小凤
同里三桥	第十一届民间文艺山花奖·民间工艺美术作品奖评选暨第七届中国（长春）民间艺术博览会银奖	中国文联 中国民协	计建明

吴中区文联

获奖作品名称	奖　项	颁奖单位	获奖者
乘风破浪	苏州市第九届“五个一工程”奖	市委宣传部	宋水官 宋梅英
丹凤朝阳			孙林泉
横泾新民谣	省“五星”工程奖银奖	省文化厅	陈静娟
《鸭司令》等两幅	第二届全国农民摄影大展优秀奖	中国文联 农业部 中国摄协	陆根元
《他乡亦快乐》等三幅			江全官
整　治	首届全国农村土地整治摄影大展优秀奖	国土资源部 中国摄协	葛全南
未解缆的小船	2012中国摄影报环太湖摄影拉力赛三等奖	中国摄影报社 省摄协 浙江省摄协	
牧归、残荷之韵	2012中国摄影报环太湖摄影拉力赛优秀奖		赵永清
百姓的早晨、钢铁工人			王永康
春天里的笑容、担、童趣、天际、做“微笑”、做回家作业			葛全南
秋收、过桥			吴　伟
市场纵横			阮　强
江南文化园一景			鲍建国
秘　境			丁卫东
对　话			乐菊泉
风雪中的菜农	江苏省社会主义新农村摄影大赛三等奖	省文联 省摄协	江全官
乡村运动场	江苏省社会主义新农村摄影大赛入选		陆根元
太湖风			陆斌

·续表·

出海归来	江苏省“感知郑和，拥抱海洋”摄影大赛铜奖	中国航海日活动南京组委会 江苏省摄协	赵永清
网	江苏省“亲情电力、幸福民生”摄影大赛入选	省摄协 省电力公司	陆根元
孙武与胜玉	第五届中国苏州评弹艺术节“表演奖”	文化部 省政府	钱国华
	第七届江苏曲艺节“表演奖”	省文化厅	陆人民
	第七届江苏曲艺节“优秀表演奖”		张建珍
			陈　琰
			钱国华
	第七届江苏曲艺节“表演奖”		莫桂英
			马志伟

关于表彰2012年度苏州市文联系统“四项工程”建设先进集体和先进个人的决定

各市（县）、区文联，产（行）业、院校文联，市各文艺家协会，市文联各部门：

2012年，全市文联组织和广大文艺工作者坚持高举旗帜、围绕大局、服务人民、改革创新，以迎接和学习宣传贯彻党的十八大为主线，深入推进社会主义核心价值体系建设，紧紧围绕“家在苏州”精品创作工程、德艺双馨人才建设“三霞”工程、名家荟萃“三走”品牌工程、“文艺之家”组织网络建设工程，着力推出优秀文化作品和优秀文艺人才，满足人民群众不断增长的精神文化需求，涌现出一大批求真务实、勇于创新、团结进取、工作成绩突出的集体和个人。

为表彰先进，鼓舞干劲，进一步激发全市文联组织和广大文艺工作者的积极性和创造性，经文联主席团研究决定，授予苏州市作家协会等3家单位为“苏州市文联系统‘四项工程建设’（四项）先进集体”，授予昆山市文联等8家单位为“苏州市文联系统‘四项工程建设’（三项）先进集体”，授予苏州市戏剧家协会等3家单位为“苏州市文联系统‘四项工程建设’（两项）先进集体”，授予苏州市民间文艺家协会等11家单位为“苏州市文联系统‘四项工程建设’（一项）先进集体”，授予昆山市作协等14家单位为“苏州市文联系统基层建设先进集体”，授予肖志刚等34名同志为“苏州市文联系统先进个人”。

希望受表彰的集体和个人珍惜荣誉，再接再厉，不断取得新成绩。同时希望全市文联系统各团体会员和广大文艺工作者始终保持奋发有为的精神状态，锐意进取、勇于担当，切实发挥“主战线、主阵地、主力军”作用，在推进率先基本实现现代化的伟大实践中再立新功！

苏州市文学艺术界联合会

2012年度苏州市文联系统“四项工程”建设先进集体和先进个人表彰名单

一、先进集体（39家）

昆山市文联（德艺双馨人才建设“三霞”工程、名家荟萃“三走”品牌工程、“文艺之家”组织网络建设工程建设先进集体）

常熟市文联（“家在苏州”精品创作工程、“文艺之家”组织网络建设工程、名家荟萃“三走”品牌工程建设先进集体）

张家港市文联（德艺双馨人才建设“三霞”工程、“家在苏州”精品创作工程、名家荟萃“三走”品牌工程建设先进集体）

太仓市文联（德艺双馨人才建设“三霞”工程、“家在苏州”精品创作工程、名家荟萃“三走”品牌工程建设先进集体）

吴江区文联（“家在苏州”精品创作工程、“文艺之家”组织网络建设工程、名家荟萃“三走”品牌工程建设先进集体）

吴中区文联（德艺双馨人才建设“三霞”工程、“家在苏州”精品创作工程、名家荟萃“三走”品牌工程建设先进集体）

原沧浪区文联（德艺双馨人才建设“三霞”工程、“家在苏州”精品创作工程、名家荟萃“三走”品牌工程建设先进集体）

原金阊区文联（名家荟萃“三走”品牌工程、“文艺之家”组织网络建设工程建设先进集体）

原平江区文联（名家荟萃“三走”品牌工程建设先进集体）

相城区文联（名家荟萃“三走”品牌工程建设先进集体）

工业园区文联（名家荟萃“三走”品牌工程建设先进集体）

高新区文联（名家荟萃“三走”品牌工程建设先进集体）

苏州市公安文联（“文艺之家”组织网络建设工程建设先进集体）

苏州市作家协会（文艺发展“四项工程”建设先进集体）

苏州市书法家协会（文艺发展“四项工程”建设先进集体）

苏州市摄影家协会（文艺发展“四项工程”建设先进集体）

苏州市美术家协会（德艺双馨人才建设“三霞”工程、“家在苏州”精品创作工程、名家荟萃“三走”品牌工程建设先进集体）

苏州市戏剧家协会（“家在苏州”精品创作工程、名家荟萃“三走”品牌工程建设先进集体）

苏州市曲艺家协会（德艺双馨人才建设“三霞”工程、名家荟萃“三走”品牌工程建设先进集体）

苏州市民间文艺家协会（“家在苏州”精品创作工程建设先进集体）

苏州市音乐家协会（“家在苏州”精品创作工程建设先进集体）

苏州市舞蹈家协会（名家荟萃“三走”品牌工程建设先进集体）

苏州市影视家协会（德艺双馨人才建设“三霞”工程建设先进集体）

苏州市文艺评论家协会（“家在苏州”精品创作工程建设先进集体）

苏州市杂技家协会（名家荟萃“三走”品牌工程建设先进集体）

昆山市作家协会

昆山周庄镇文联

张家港市美术家协会

张家港市书法家协会

常熟市摄影家协会

常熟碧溪新区文联
太仓市摄影家协会
太仓市民间文艺家协会
吴江区作家协会
吴江区摄影家协会
吴中区美术家协会
相城区摄影家协会
园区摄影家协会
高新区浒墅关镇文联

二、先进个人（34名）

肖志刚　常熟市文联副主席
霍国强　昆山市文联副主席
邓　进　太仓市文联副主席
蔡克荣　张家港市作协主席
张建栋　吴江区文联副秘书长
冯朝刚　原金阊区文联秘书长
张金林　原沧浪区文联秘书长
朱　宏　原平江区摄协主席
赵　锟　吴中区书协主席
徐　琼　相城区文联秘书长
钦瑞兴　高新区书法美术摄影协会副会长
钱玉清　园区文联副主席
陈全义　市总工会事业发展部部长
陈　纯　公安局政治部宣传处干事
赵　溪　望亭发电厂工会办公室干事
孙荣昌　《苏钢通讯》主编
陈　艺　市书协副主席
燕华君　市作协副秘书长
姚永强　市美协副秘书长
潘　讯　市评论协理事
孙凤初　市摄协艺术创作部部长
袁小良　市曲协主席
张唐兵　市剧协副主席
吴利明　市音协副主席
金　凡　市舞协理事
史　铭　市影协理事
诸家瑜　市民协秘书长
姜苏珍　市杂协副主席
徐惠泉　市文联秘书长、组联部主任
邢　静　市文联办公室主任
项正伯　市文联组联部主任科员
姚　凯　市文联艺指委副主任兼秘书长
马治中　市文联业余艺校校长
张　璎　苏州杂志社财务会计

各团体会员（一）

苏州市作家协会

综　述

2012年，苏州市作协认真贯彻党的十七届六中全会和九次文代会、八次作代会精神，重点围绕精品生产、队伍建设、职能拓展等方面来推进各项工作,活动开展切实有效。

衡量一地的文学成就，作品是首要标准。市作协从专题创作、评论研讨、文学评奖、激励机制等方面着眼，多方举措，对于营造良好的文学创作氛围，促进精品生产起到了积极的推动作用。首先，市作协重点开展了“轨道交通建设”“文明道德建设”“弘扬张家港精神”等专题创作，推出了一系列长篇纪实作品，取得了较大反响。其中，《城市底色》、《一个人和一座城市》获得江苏省第八届精神文明建设“五个一工程”奖，《龙舞天堂》获苏州市第九届精神文明建设“五个一工程”奖。同时，为加强文学评论对精品创作的促进作用，市作协联合省作协、市文联，邀请国内40多位知名专家、学者，精心筹措，成功举办了苏州作家与中国当代文学研讨会，极大增强了苏州作家精品创作的自觉和自信。此外，为了进一步激发文学工作者的内在潜力，市作协还致力于完善评奖、激励机制，第十一次实施《奖励苏州作家文学创作暂行规定》，并积极举办了第二届“时运杯”苏州散文奖评选活动。

苏州文学事业的可持续发展需要人才的支撑。为了促进文学队伍建设，市作协深入开展调研，对青年创作群体进行了摸底调查。在掌握基本情况，拟定相关措施的基础上，于6月初在昆山举行了“苏州市青年文学创作会议”。另外，由于我市文学队伍不断扩大，各分会队伍结构相应变化，为进一步强化分会建设，市作协从实际出发，通过邮件征询、信息汇总、协商调整等步骤，开展了各分会队伍整建工作，同时，认真听取意见，着手各分会组织班子的调整，年内初步完成了散文、诗歌两个分会的相关工作。

市作协将“服务会员，服务创作，服务社会”视作一贯宗旨。积极履行常规服务，配合省作协完成2012年“壹丛书”项目推荐、第24期江苏青年作家读书班和首届诗歌创作读书班学员选送、会员职称申报、会员入会申报等工作；配合市委宣传部组织专家评论，助推我市作家作品参评省、全国“五个一工程”奖；配合市文明办组织作家创作、参评童谣征集活动；继续为全体会员赠订《文学报》；不断创新服务机制，以项目管理形式运作专项资金，为服务会员创作搭建平台。11月下旬，通过立项，市作协组织部分创作骨干赴云南腾冲开展了为其六天的采风活动。同时，切实提升服务水平，拟定并实施苏州市少儿文学阅读推广品牌工程提升方案。做强做实苏州少儿文学阅读推广工作，扩大该品牌工程的影响力，让更多的未成年人及家长受益。

市作协积极有序地吸纳有实力和潜质的写作人才成为新会员，现有市级会员468人，其中省级会员268人，国家级会员62人。

重要会议

【七届二次全体理事会议】

2月17日，市作协在吴江震泽创作基地举行了七届二次全体理事会议。市作协主席王尧传达了全国九次文代会、八次作代会精神，并对作协工作进行了总结和规划。2011年，市作协进一步加强组织建设，以丰富会员活动为抓手，不断增强服务意识，积极发挥协会职能。年度内，苏州作家立足精品创作，成果丰硕。据不完全统计：市作协会员发表于报刊的作品2100余篇，约490万字；发表在国家级重点刊物上的有22位作家的32篇（部）作品；另有65位作家的129部专集出版，40余位作家的作品在省级以上各类评选中获奖。会上，理事们认真学习领会两代会精神，并围绕年度工作展开热烈讨论。与会者纷纷发言，结合分会工作或是创作实际，献言献策。各市（县）作协代表重点围绕基层文学创作调研、工作经验交流和青年创作对话会等主题，发表了意见和建议。苏州市文联党组书记朱建华在会上讲话，对于2011年市作协的工作及成绩给予了充分肯定，也对全市文学工作者的辛勤笔耕表达了由衷的敬意。

中共吴江市委宣传部副部长何斌华、吴江市文联主席俞前和震泽镇有关领导出席会议并陪同作家参观考察了震泽古镇、麻立坊文化馆、农耕博物馆等景点。苏州市作家协会震泽创作基地自建立以来，已先后接待了我市作家和中国作协、省作协领导，省内外著名作家、评论家200余人，成功举办了“苏州小说新作者作品研讨会”等文学创研活动。这不仅有助于苏州文学创作事业的繁荣发展，也为提升震泽的综合竞争力和知名度起到了积极的作用。

【苏州市青年文学创作会议】

6月1日，苏州市青年文学创作会议在昆山召开。来自大市范围内的青年作家代表和文学工作组织者50余人齐聚一堂，共话“青创”主题。江苏省作协党组书记、主席范小青，省作协党组成员、创研室主任汪政，省作协副主席、青创委主任储福金，以及苏州市文联、作协，昆山市文联的相关领导出席会议并发言。会议由苏州市文联副主席、作协主席王尧主持。

与会各市（县）、区作协主席对各地青年作家创作现状、青创工作得失、今后设想等做了汇报交流。青年作家代表结合自身创作实践，踊跃发言。范小青主席认真听取了代表发言，她在讲话中充分肯定了苏州青年文学创作的成绩，并提出进一步要求，希望青年作家要处理好创作中的淡定与焦虑、市场与文学、地域文化与文学等若干关系。储福金副主席从创作主体出发，勉励苏州的青年作家要多写、多沉淀，着眼于技巧的提升、学养的积淀，从而形成宽广的境界。评论家汪政将苏州文学喻为江苏文学的“发动机”，指出了苏州文学创作的优势。关于青年文学创作，他提出了“新青年”“思想”“社会”“痛感”等几大关键词，阐明了文学与批评、文学与思想、文学与生存现实等的关系。王尧主席在总结发言中着重提出，青年作家的成长、成熟是文学事业兴旺的重要标志，关系到苏州文学事业的持续繁荣发展。我们的青创工作要致力于培养领军型人物，推出标志性作品。

青创会的召开为今后苏州市的青创工作更上层楼理清了思路，初步拟定了一系列切实可行的青年文学创作推动举措，极大地激发了苏州青年作家的创作热情，成为苏州青年文学创作的巨大推手。

重要活动

【青年文学创作专题调研活动】

5月份，在毛泽东《在延安文艺座谈会上的讲话》发表70周年之际，市作协开展了青年文学创作专题调研活动，把“走、转、改”落到实处。由主席王尧带队的作协主席团成员调研组，先后赴吴江、常熟、太仓、张家港等市（县）深入调研，听取各市（县）青创工作汇报，与基层青年作家60余人进行了面对面的交流，较为全面地了解了青年文学创作现状。苏州市作协现有1970年以后出生的青年会员76人，其中省作协会员47人、中国作协会员5人，初步形成了一支数量充足、门类齐全、梯次合理的青年文学创作生力军。这支队伍中既有在全国文坛享有知名度的领军型人才，也有崭露头角的后起之秀，以及有潜力、有后劲的可塑性人才。在当前致力于推动文化大发展大繁荣的新形势下，进一步发展壮大苏州文学创作的生力军，迎接苏州文学新一波发展高峰的到来，成为时代赋予我们的光荣使命。

【第二届“时运杯”苏州散文奖评奖活动】

第二届“时运杯”苏州散文奖评奖活动于6月下旬启动，参评作品为2009-2011年公开发表的散文作品，作者限于生活在苏州市（包括五县市）的人员。为进一步推动我市散文创作的发展，定期检阅散文创作成果，苏州市作家协会散文分会和苏州工业园区时运精工有限公司于2009年共同设立了“时运杯”苏州散文奖。该奖项每两至三年一届，是苏州市首次为散文创作设立的专业奖项。第二届评奖活动经过初、复、终三轮评选，最终从265篇参赛作品中评选出一等奖2名，二等奖5名，三等奖7名及优秀奖16名。获奖作品展示了近三年来苏州散文创作的新成果。题材各有侧重，表达方式迥异。获奖者既有知名作家，也有新生代的青年作者，显示了苏州散文实力不凡、蓬勃向上的局面。

12月19日，苏州市第二届“时运杯”散文奖颁奖大会在胥城大厦举行。苏州市文联主席、党组书记成从武，工业园区时运精工有限公司董事长陈大厦，苏州市文联副主席、市作协主席王尧出席了会议。颁奖会由市作协散文分会会长谭亚新主持。

特邀评委、著名散文家谢大光对获奖作品予以评述。他认为，本次散文奖的获奖作品颠覆了他对苏州式散文的印象，题材和表现手法都在朝着丰富、多元化的方向发展。苏州本身有着良好的文学生态环境，又得到了优秀实业家的大力扶持，苏州的散文作者应该潜下心来，聆听自己内心的声音，创作出属于自己独一份的作品。

陈大厦向与会者讲述了《托尼的故事》，发人深省。他认为，现代社会“需要我们有更多的作家，包括专业的、业余的，把大家生活中的真实一面恰如其分地表现出来。七分美丽带三分忧伤，那才是真实的美。那就需要我们的作家走出书房，深入社会，深入生活，那里才是我们创作的源泉”。

市作协主席王尧即席发言。他认为，“时运杯”散文获奖者三代同堂的格局再次揭示了这样一个定律：文字可以使人永葆青春。苏州散文深受明清散文影响，有着深厚的历史渊源和文化底蕴。同时，苏州散文应该拒绝标签化，既需要传承，又要颠覆创新，在散文多元化的道路上走得更远。

市文联主席、党组书记成从武在总结发言中表示，本届“时运杯”散文奖评选及颁奖活动作为市作协推动文学创作、提升事业发展的系列举措之一，对苏州的散文创作起到了积极有效的促进作用。培养领军型人才，推出标志性作品，这一目标有助于提振苏州文艺界的底气与实力，激发文艺工作者的精气神。今后，苏州文艺界应该加大力度，争取支持，朝着领军型人才、标志性作品迈进，在各个文艺领域实现突破性进展。

文艺创作

【贴近生活，关注民生，唱响时代主旋律】

为了加强文学与当下现实生活的对话能力，推动作家创作贴近实际、贴近生活、贴近群众，积极参与苏州“三区三城”建设，市作协重点开展了“轨道交通建设”“文明道德建设”“弘扬张家港精神”等专题创作，推出了一系列长篇纪实作品，其中唐晓玲《城市底色》、庞瑞垠《一个人和一座城市》获得江苏省第八届精神文明建设“五个一工程”奖，王文标《龙舞天堂》获苏州市第九届精神文明建设“五个一工程”奖，取得了良好的社会反响和社会效益。此外，金曾豪、王一梅、朱文颖、燕华君、侯大康、徐玲、俞前、肖静、秋石、奚旭初、李建荣等一批作家的作品也获得第九届市“五个一工程”奖，反映了苏州作家群体唱响时代、讴歌人民的火热情怀。

【深入生活，加强互动，增进创作团队凝聚力】

11月24日，市作协组织部分创作骨干赴云南开展创作采风活动。采风团一行参观考察了云南芒市、腾冲等地，饱览当地的自然人文景观，了解当地的民俗民风，并关注当地的文学发展现状与动态。创作骨干们有感而发，途中开展了积极的交流与互动，彼此加深了了解，相互间得到了激励与启发。

采风行程包括莫里原始森林公园、独树成林、热海景区、腾冲火山群国家公园、北海湿地等旅游景点。采风团成员领略了宜人的自然气候、神奇的地理景观和独特的异族风情。畹町中缅友谊桥、银杏村与和顺侨乡等处给采风团成员留下了深刻印象。和顺是云南最大的侨乡，也是各种文化交流碰撞的地方。采风团在当地市委宣传部文化干事的引导下游览了和顺古镇，参观了当地民俗收藏博物馆。随后进行了简短的文化交流活动，苏州采风团代表签名赠书，两地作家以文学为话题，开展了小型座谈，发言踊跃，气氛活泼。

本次采风团成员均为我市文学创作各门类中的佼佼者，在小说、散文、诗歌、报告文学、儿童文学等方面均取得了重要成果。采风活动既是为了强化市文联、市作协联络、协调、服务、指导的职能，促进文学创作骨干之间的互动交流，加强创作主力团队之间的凝聚力；又是创造条件，为作家们提供机遇，打开窗口，增进自身知识储备，并在认识世界的过程中获得灵感与启示，为今后的创作做好进一步的准备。

理论研究

【当代文学庞大版图上的亮点】

11月17日，由江苏省作协、苏州市文联、苏州市作协联合举办的苏州作家与中国当代文学研讨会在苏州会议中心举行。此次研讨会旨在回顾新中国成立以来苏州文学创作的发展历程，研讨当下创作的现状和趋势，评估与探讨苏州文学在中国当代文学中的地位。来自北京、上海、南京、广州、西安等地的50多位知名专家、学者齐聚一堂，就“中国当代文学视野中的苏州文学创作”“苏州文学与吴文化”“苏州作家作品论”等议题展开了深入而热烈的讨论。江苏省作协党组书记、主席范小青，中共苏州市委常委、宣传部部长蔡丽新，江苏省作协党组副书记、书记处书记张王飞，中共苏州市委宣传部副部长、市文明办主任缪学为，苏州市文联党组书记、主席成从武等出席了研讨会。苏州市文联副主席、作协主席、苏州大学文学院院长王尧主持会议。

苏州是一座文脉绵长的历史古城，曾孕育了范仲淹、冯梦龙、金圣叹、叶圣陶这样的文豪大家。当代苏州文坛则既有陆文夫等享誉国内外的代表性作家，又涌现了范小青、苏童、荆歌、叶弥、朱文颖、戴来、车前子、小海、杨守松、金曾豪、王一梅等一批优秀的中青年实力派作家。他们在省级文学奖项评选中成果丰硕、屡获佳绩，在众多国家级的权威文学奖项中也频频亮相。蔡丽新部长在开幕式讲话中指出，党的十八大刚刚胜利闭幕，苏州将认真贯彻落实会议精神，为全国、江苏的现代化建设探索新路。这一火热的实践，必将为文学创作提供肥沃的土壤。苏州作家将以充沛的创作热情，反映时代变革，书写人民心声，继续发挥文学的独特作用和巨大影响。期望专家、学者一如既往关心、支持苏州文学的持续繁荣和发展。《文艺报》主编阎晶明在讲话中强调，苏州这座历史悠久、文脉绵延的天堂之城，为文学书写提供了丰富的素材，已经在人们心中形成了先验的经典的文学形象；而苏州作家群也正在江苏乃至全国文坛起着越来越重要的主力军作用。江苏省作协党组书记、主席，著名作家范小青在讲话中指出，以前辈陆文夫为代表的苏州作家在当代文坛占有很重要的一席之地。陆文夫的作品已经成为苏州文化的一部分，成为文学苏州的代表和符号，散发着熠熠光彩。苏州是一个人文气息浓厚的城市，苏州作家们固守着文化的根，同时又广泛吸取外界的营养，丰富拓展着苏州文化。他们走进苏州，又走出苏州；坚守苏州，又超越苏州，不断地走向更广阔的空间和精神世界。苏州作家群的人数之多、实力之厚、作品质量之高，在同类城市中也是不多见的。在中国当代文学的庞大版图上，苏州无疑是一个引人注目的亮点。

研讨会主体由三场分论坛组成，从不同层面对苏州文学做了全面立体的剖析与研究。会场气氛热烈，与会者发言踊跃：有的高屋建瓴，从宏观把握；有的探幽寻微，由小处着手；有的兼顾系统梳理和个案分析，全面深入地探讨了苏州文学；有的既将苏州作家作为一个整体，置于中国当代文学的大环境中加以观照，又对具体文本详加剖析，从思想性与艺术性上对作品予以琢磨推敲。

南京大学丁帆教授强调苏州文脉的延续性，并梳理出苏州当代文学的代际关系。江苏省作协创研室主任汪政肯定了苏州当代作家的文学史研究意义，细述了它的代际呈现和文人传统。中国现代文学馆常务副馆长吴义勤从审美层面归纳了苏州当代文学创作的三个特色：日常生活审美化，审美格调奇异化，非对抗性的现实描写等。南京大学王彬彬教授强调了苏州作家对日常生活的关注，对大时代、小人物描摹的精细和精准。栾梅健教授重申了苏州深厚的文学积淀，并指出以陆文夫为代表的苏州小说开启了文学从“为老百姓写作”到“作为老百姓写作”的时代。复旦大学张新颖教授认可了专家们对于苏州当代文学风格化的共识，同时进一步提出了生活、文明、时代三者之间的关系。《收获》主编程永新、《南方文坛》主编张燕玲、《文学报》主编陈歆耕、《美文》主编穆涛、《当代文坛》主编罗勇等，从编辑家的角度解读苏州的作家、作品及现象，认为他们为文坛提供了独特的中国经验，富有极大的生命力和创造力。费振钟、范培松、徐国源、刘绪源等专家分别从小说、散文、诗歌、儿童文学、报告文学等文体出发，从创作优势、姑苏情结、独特文风乃至生活方式的层面，对苏州的作家作品做了精彩解读了和恰如其分的评价。何平、王光东、张学昕、郭冰茹、金理、晓华、季进、陈霖等专家的发言各有侧重，细述苏州当代具有代表性的作家作品，分析鞭辟入里，既关注苏州当代文学创作的面貌，又深入了文学的肌理。

研讨会重点梳理了苏州当代文学创作的脉络，厘清了代际关系；从小说、诗歌、散文、报告文学、儿童文学等各种文体均衡发展的角度，对苏州文学作出了客观评价；针对不同作家作品的个案研究，突出了在吴文化浸染下，每个创作主体各具特色、神态各异的创作面貌，呈现了苏州当代文学创作多元共生的局面。

江苏省作协党组副书记、书记处书记张王飞做了精彩的闭幕讲话。他指出，苏州当代作家群为文坛提供了一派杏花、春雨、江南的情境，苏州文学是从小巷深处款款走来的缪斯女神，精巧柔美，不温不火。苏州还有一支颇具阵容的文学评论队伍，范伯群教授的通俗文学研究，范培松教授的散文研究，都在学界产生了重大影响。如今，以王尧、丁晓原为代表的一批中青年优秀批评家正在成为评论界的中流砥柱，将受到越来越多的关注。

文艺队伍建设

【发展会员积极审慎，侧重引进青年创作人才】

8月份以来，市作协开展了市级会员入会审批及省级会员申报材料审核、推荐工作。推荐17人加入江苏省作协，获批15人；共有44人申请加入市作协，获批33人。市级会员审批工作遵循以作品为考量的原则，按照分会负责人初审、专家复审、主席团会议终审的步骤有序开展。会员资格审核，着眼于文学创作的丰富性与多样化，侧重为创作队伍补充新鲜血液与新生力量，对于具有一定潜力的青年作者、成熟的网络作家及达到一定写作水准的在校生等予以积极吸纳，使得苏州的文学创作队伍能够保持生机勃勃、蓬勃向上的面貌。此外，对于1970年后出生的青年作家群体，协会还做了作家信息整理、备案工作，拟订了举办青年作家读书班、评选与推介优秀青年作家等一系列切实可行的相关举措。

文化惠民

【推广少儿文学阅读，打造未成年人思想道德建设品牌工程】

4月份，为鼓励未成年人的自主阅读，形成“爱读书、会读书、会评书”的有益氛围，市文联、市作协及下属少儿阅读指导站共同主办了“爱阅读，乐写微感言”公益读书大赛。大赛启事于“名城苏州网”发布，活动历时一个多月。5000余名小学生及其家长参与了此次读书大赛，185篇微感言入围，分获特等奖和一、二、三等奖及爱读书奖。阅读活动对我市未成年人的阅读现状做了摸底调查，反映出小学生阅读涉猎面较广、欣赏品味较高的特色；同时，家长、学校以及社会公共事业部门对未成年人阅读活动的重视，共同营造了良好的社会阅读大氛围。

市作协于2008年创建苏州市少儿文学阅读指导站，建成以来，面向广大未成年人及其家长开展了卓有成效的阅读推广工作，成为服务全市未成年人思想道德建设品牌工程。为了适应不断发展的社会需求，进一步推广儿童阅读，关注未成年人成长，市作协总结经验、整合资源，拟订了苏州市少儿文学阅读推广品牌工程提升方案。通过建设“五个一”，即一个大本营（地点：苏州职业大学儿童文学研究所）、一个示范基地（地点：苏州图书馆少儿馆）、一支志愿团队（“故事姐姐”团队成员：儿童文学作家和苏州幼儿师范学校学生）、一个互动网站（新浪@故事姐姐空间）和一系列创新活动，做强做实苏州少儿文学阅读推广工作，扩大该品牌工程的影响力，让更多的未成年人及家长受益。

苏州市戏剧家协会

综 述

2012年，苏州市剧协在省剧协和市文联的坚强领导下，做了大量工作，也取得了不少成绩，归纳起来，主要有以下五个方面：一是继续抓好剧协原有的品牌活动，不断扩大剧协在广大会员中的凝聚力和影响力；二是埋头苦干、扎实工作，圆满完成省剧协和市文联交办的各项工作任务；三是积极组织推荐我市优秀戏剧表演、创作人员参加全国、省、市各类业务培训和外出采风，不断提高他们的思想理论与业务工作水平；四是认真组织本市优秀剧节目和优秀戏剧表演人才积极参加各级各类大赛，以可喜的成果为苏州文艺争光添彩；五是立足岗位，团结带领广大会员，打造精品剧目，参加全国、省、市重大演出活动，为推介和繁荣苏州社会主义文艺作出较大贡献。据不完全统计，全市会员2012年获国家级奖励100余项，省级奖励200余项，剧协也被市文联评为协会工作先进单位。

重要会议

【剧协主席团会议】

4月7日、27日分别召开主席团部分成员会议，研究制定2012年度“学雷锋——家在苏州·践行‘五好’”志愿服务活动计划。决定从5月起，和苏州昆剧院、市滑稽剧团、市锡剧团有限公司联合建立苏州市戏剧家协会青年志愿者服务队，组织协会优秀青年演员赴市敬老院、广场、学校、社区等为老年人、残疾人、少年儿童和农民工等义务演出。

重要活动

【迎新春闹元宵联欢会】

2月2日下午，市剧协在市滑稽剧团剧场举办了“我们的节日”2012年苏州市戏剧家迎新春闹元宵联欢会，苏州昆剧院、市滑稽剧团、市锡剧团、市文化馆以及常熟市锡剧团、昆山市和平江区的近40位著名演员、优秀青年演员和小梅花演员参加了联欢演出。

【虎丘曲会】

6月30日至7月3日，市剧协参与承办了由市文联、市文广新局、市园林和绿化管理局联合主办的2012·中国苏州虎丘曲会(第十三届)。本届曲会作为第五届中国昆剧艺术节、第五届中国评弹艺术节、第六届中国昆曲国际学术研讨会系列活动之一，有来自全国27个曲社的300多个曲友参加了曲会演唱。

【第五届中国昆剧艺术节演出活动】

6月末、7月初，市文联副主席、市剧协主席王芳，市剧协副秘书长沈丰英，理事俞玖林、翁育贤等参加了第五届中国昆剧艺术节演出活动。苏州昆剧院《满床笏》、《玉簪记》获优秀剧目奖，王芳、俞玖林、沈丰英获优秀表演奖，赵文林、翁育贤获表演奖，邹建梁获优秀司笛奖，苏州市艺术学校、苏州昆曲博物馆获优秀展演奖。

【全市小戏小品大赛】

9月，市剧协组织有关专家对全市小戏小品大赛的节目进行选拔，最后，挑选出29个节目参加决赛，其中小戏12个、小品17个。11月14-15日，决赛在常熟市虞山大戏院进行。经过紧张激烈的角逐，苏州市锡剧团有限公司苏剧小戏《那个雪夜》，苏州市文化馆、昆山市文化馆小品《寻家短信》获节目特别奖；张家港市艺术中心小锡剧《开心天堂路》等7部作品获节目金奖，姑苏（金阊）区文联小品《半个月亮爬上来》等11部作品获节目银奖；张家港市文化馆小品《绿灯行》等9部作品获节目铜奖；蒋宏贵等5人获优秀导演奖；糜建平等5人获优秀音乐奖；朱家驹等3人获优秀舞美奖；王越等24人获优秀表演奖；彭博等27人获表演奖；常熟市文联等13个单位获优秀组织奖。

【苏州市第四届民间戏曲节比赛和颁奖典礼】

10月，市剧协参加协办了由市文广新局、市文联、广播电视总台、江苏有限网络苏州分公司联合主办的“江苏有线杯”苏州市第四届民间戏曲节比赛和颁奖典礼活动。

文艺创作

【青年创作成果迭出，积蓄启动】

3月，我市青年女作者周琰创作的大型音乐剧本《森林之歌》获江苏省戏剧文学奖新人新作奖。7月，《森林之歌》被中国剧协选中参加全国第四届中青年编剧研修班。同月，我市青年女作者霍进芳创作的大型童话剧剧本《走向春天的下午》发表于中国剧协主办的《剧本》月刊2012年第六期。这是我市青年剧作者近十年来首次在国家级戏剧刊物发表大型戏剧作品。10月15-29日，市剧协副秘书长、市文艺创作中心编剧江洪涛经市文联推荐，参加了由中国文联文艺研修院在中央社会主义学院举办的首届全国中青年编剧高级研修班学习。

【创作采风】

7月27日至8月1日，组织协会主席团部分人员赴青岛、大连等地进行采风活动。其间，不但组织参观游览，还与当地文联、剧协进行交流座谈，相互探讨戏剧创作演出以及协会创新发展方面的方法与经验。王芳、张唐兵、宋苏霞、乔新谔、项正伯、杨晓勇、江洪涛、唐荣等一起参加了这次采风活动。

【第十六届“中国少儿戏曲小梅花荟萃”活动】

4月27日，市剧协组织申报参加由中国戏剧家协会、泰州市人民政府共同主办，省剧协等单位共同协办的第十六届“中国少儿戏曲小梅花荟萃”活动，以及联络、组织报送参加第十六届“中国少儿戏曲小梅花荟萃”大赛。我市共报送周少石（锡剧《双推磨》）、盛誉（昆剧《牡丹亭·拾画》）、吕明慧（昆剧《牡丹亭·游园》）三人。8月8-12日，中国戏剧家协会在泰州举办第十六届“中国少儿戏曲小梅花荟萃”演出评审、佩花晚会活动。市文联副主席、市剧协主席王芳应邀担任评委。我市共获得9个金奖，其中周少石获地方戏组金奖，盛誉、吕明慧和昆山小梅花基地申报的王涵馨、姚玟萱、仲雅婷、夏雨欣、周羽芮、汤佳妮等获京昆组金奖。

【新编锡剧《一盅缘》】

10月，协会团体会员张家港市艺术团根据河阳山歌《圣关还魂》改编的大型新编锡剧《一盅缘》荣获江苏省舞台艺术精品工程重点资助剧目，领衔主演董红凭借此剧荣获第二十二届上海戏剧“白玉兰”奖主角奖。

【第七届“江苏戏剧奖·小戏小品奖”】

11月13日接省剧协通知，市文联副秘书长、市剧协秘书长项正伯前往镇江参加了由省剧协召开的第七届“江苏戏剧奖·小戏小品奖”大赛决赛预备会议。12月2–5日，市剧协组成代表队赴镇江参加了第七届“江苏戏剧奖·小戏小品奖”大赛决赛。苏州市滑稽剧团的小品《城市雕塑》获小品类优秀剧目一等奖，浦雨竹、朱雪燕获优秀表演奖，张昇获优秀编剧奖，李伯男获优秀导演奖，周华东、徐建明获优秀舞美奖。张家港市艺术中心的小锡剧《开心天堂路》获小戏类优秀剧目一等奖，朱宝根、朱燕君获优秀表演奖，惠鸽获表演奖，孙智宏获优秀编剧奖，蒋宏贵获优秀导演奖，縻建平获音乐奖。常熟市锡剧团的锡剧小戏《偷娘记》获小戏类优秀剧目三等奖，俞新跃获优秀表演奖，蒋丽娟、金冬梅获表演奖，陆建兵获导演奖，冯石明获音乐奖。同时，苏州市文广新局、苏州市文联还获得优秀组织奖，获奖数量和层次继续位列全省前列。

【江苏首届文化艺术节“红梅飘香”青年戏曲演员演唱大赛】

8月底，根据省委宣传部、省文联联合文件通知和市文联要求，市剧协组织申报参加中国江苏首届文化艺术节“红梅飘香”青年戏曲演员演唱大赛演员节目工作。9月17–19日，苏州昆剧院翁育贤、徐栋寅、市锡剧团有限公司杨旻华等三名演员赴南京参加首届中国江苏文化艺术节“红梅飘香”青年戏曲演员演唱大赛活动。

【第九届中国滨州·博兴小戏艺术节】

9月20日，由文化部社文司、中国戏剧家协会、山东省文化厅、山东省戏剧家协会等联合举办的第九届中国滨州·博兴小戏艺术节在博兴县隆重开幕，我市选送的苏剧小戏《那个雪夜》、《茉莉飘香》和锡剧小戏《梦圆沙家浜》均获优秀推荐剧目奖，多位演员获得优秀表演奖。

【中华颂“天鹅湖杯”第四届全国小戏小品曲艺大展】

11月28日至12月2日，协会团体会员市苏剧团(筹)、市锡剧团有限公司苏剧小戏《那个雪夜》赴阜宁参加由文化部艺术服务中心、中国剧协艺术发展中心主办的中华颂“天鹅湖杯”第四届全国小戏小品曲艺大展，获小戏类优秀剧目二等奖。

【省舞台艺术精品工程终评演出】

11月5日，协会团体会员市苏剧团(筹)、市锡剧团有限公司苏剧《红豆祭》在市公共文化中心剧场参加了省舞台艺术精品工程终评演出。张家港市艺术中心大型新编锡剧《一盅缘》也于

当天下午在张家港保利大剧院演出，接受省舞台艺术精品工程验收。

【滑稽戏《青春跑道》荣获第二届优秀保留剧目大奖】

11月20日，在文化部召开的第二届优秀保留剧目大奖获奖作品表彰会上，市滑稽剧团创作演出的滑稽戏《青春跑道》荣获大奖。这是该团继2009年滑稽戏《一二三，起步走》获得文化部首届优秀保留剧目大奖后第二次获此殊荣。

文艺交流

【交流演出异彩纷呈】

7–11月，苏州市文联副主席、市剧协主席王芳，市剧协副主席张唐兵联袂主演的大型苏剧《红豆祭》参加了第五届中国昆剧艺术节闭幕式演出、“艺术与人民同行”2012年江苏舞台优秀剧目汇演、庆祝“十八大”系列文艺展演、2012中国·张家港长江文化艺术节——第五届中国·张家港长江流域戏剧艺术节优秀剧目展演等活动。11月17日，王芳参加了在北京举办的全国十位昆剧表演艺术家专场演出。11月，协会团体会员苏州昆剧院昆剧《玉簪记》、《牡丹亭》在上海东方艺术剧院演出。11月23日，王芳作为全国劳动模范参加了市总工会主办的2012姑苏职工文化节颁奖仪式活动，演出昆曲《牡丹亭》片段《游园》。12月10日，协会团体会员苏州昆剧院昆剧《长生殿》、《西厢记》晋京，在北京梅兰芳大剧院演出。12月25、26日，北京国家大剧院演出昆剧折子戏专场，王芳等参加演出。

理论研究

【《苏剧简明读本》编辑出版会议】

8月27日，市剧协组织召开了江苏地方戏曲系列《苏剧简明读本》编辑出版会议，商量了有关文字编辑、照片资料收集和音乐录音、曲谱等工作。市文联副主席、市剧协主席王芳，市音协主席周友良，市剧协名誉主席褚铭，苏州昆剧院原副院长尹建民和市文联副秘书长、市剧协秘书长项正伯等参加了会议。会议决定文字稿由苏州昆剧院尹建民撰写，现已完成并提交有关领导、专家审阅和提出意见；音乐资料请苏州昆剧院一级作曲、市音乐家协会主席周友良负责，市剧协还和省有关单位人员联系，主动做好音乐谱原始资料的搜集工作。

文艺队伍建设

【2012年知名演员读书班】

6月11–14日，市文联副主席、市剧协名誉主席顾芗，市剧协顾问张克勤，秘书长项正伯，副秘书长董红赴宜兴参加了省戏剧家协会举办的2012年知名演员读书班活动。顾芗、张克勤还参加了文艺惠民演出，受到当地观众的欢迎。

【苏州市中青年文艺家读书班】

8月7–10日，市文联副主席、市剧协主席王芳，副主席徐春宏、张唐兵，秘书长项正伯，副秘书长张昇，市剧协理事俞玖林等部分骨干参加了市文联在园区商旅阳澄半岛酒店举办的市中青年文艺家读书班和文联系统工作座谈会。

【学习贯彻党的十八大会议精神座谈会】

11月20日上午，市文联副主席、市剧协主席王芳，市剧协副主席张唐兵，市文联副秘书长，市剧协秘书长项正伯参加了市文联召开的苏州市文学艺术界学习贯彻党的十八大会议精神座谈会，张唐兵在会上作了座谈发言。

【顾芗赴京参加十八大】

11月，我市著名滑稽戏表演艺术家、中国戏剧“梅花大奖”获得者顾芗光荣当选中国共产党第十八次代表大会代表，赴京参加了具有深远意义的党的十八大。

文艺惠民

【新春团拜联欢】

2月，小品《全城热恋》参加市委市政府新春团拜会，小品《破镜重圆》等节目参加73032部队新春联欢会。

【“学习雷锋——家在苏州·践行‘五好’”文化志愿服务活动启动仪式】

5月12日上午，苏州市文联副主席、市剧协主席王芳，市剧协副主席徐春宏、张唐兵，秘书长项正伯，副秘书长唐荣等参加了苏州市文学艺术界“学习雷锋——家在苏州·践行‘五好’”文化志愿服务活动启动仪式暨2012“家在苏州”摄影年系列活动开幕式活动。

【江苏梅花奖获奖演员赴延安慰问演出】

5月，顾芗、张克勤参加了由省文化厅组织的纪念毛泽东《在延安文艺作谈会上的讲话》发表70周年江苏梅花奖获奖演员赴延安慰问演出活动。

【“梅花飘香满园春”演唱会】

9月，协会团体会员市滑稽剧团组织来自全国10个不同剧种的15位“梅花奖”演员、2位“二度梅”演员和2位“梅花大奖”获得者，在千灯镇古戏台广场举行“梅花飘香满园春”演唱会，开创了中国剧协梅花奖艺术团走进乡镇开展演出的先例，并邀请中央电视台戏曲频道、上海东方电视台共同参与了本次演唱会的拍摄、剪辑与展播。

【江苏·苏州梅花奖艺术家惠民专场演出】

10月17日，市剧协、省剧协在苏州工艺美术职业技术学院演艺中心联合承办了由中共江苏省委宣传部、省文联、市教育局、苏州国际教育园管理办公室、市文联联合主办的国际教育园建园十周年庆——江苏·苏州梅花奖艺术家惠民专场演出活动。同日，市剧协与省剧协、常熟市戏剧家协会等在常熟市石梅广场联合承办了由中共江苏省委宣传部、省文联、市文联和常熟市文联联合主办的喜迎十八大——江苏·苏州梅花奖艺术家走进常熟惠民专场演出活动，顾芗、王芳、张克勤、林继凡、张唐兵等参加了这次演出，市艺术学校昆曲班20多个学生演出了祝贺节目《武戏表演》。

苏州市音乐家协会

综　述

2012年，苏州市音协同创作委员会、音乐文学学会积极组织词曲作者参加了“家在苏州”歌曲创作和江苏省“三创三新”、全国“打工者之歌”的征歌活动，创作了一批新歌，并在活动中取得了好成绩。

12月22日，市音协召开了每年一次的“创作歌曲研讨会”。研讨会已经成为一个有影响力的文化品牌活动，得到了全省乃至全国同行的赞同，对于进一步提高苏州市的歌曲创作水平起到了推动作用。

2012年，市音协在致力于创作的同时积极组织演出：市音协合唱学会积极参与市委宣传部及各区、街道组织的“喜迎十八大”文艺汇演；苏州爱乐乐团远赴澳大利亚墨尔本演出，当地的大使馆人员和文化参赞都出席，演出获得了圆满成功。

为交流学习、拓宽视野、打开思路，市音协邀请中国音协、江苏省音协著名音乐家一行14人来苏州创作采风。本次活动是苏州音乐界的一大盛事。徐沛东应邀在苏州大学作了《歌曲的继承与创新》专题讲座，并与苏州市词、曲作家现场交流。

为培养新一代音乐人才，提高人们的音乐素养，市音协钢琴学会成功举办了2012苏州市第五届青少年钢琴大赛暨江苏省钢琴论坛。

2012年是市音协丰收的一年，在国家级刊物《歌曲》、《词刊》、《儿童音乐》等共发表了本市作者的20多件歌曲、歌词作品；在《百花园》、《重庆词风》、《长白山词林》、《轻音乐·歌词》、《徽风》上刊登本市作者的7个歌词专版；在2012中国音协主办的“永远的江南”和全国“打工者之歌”创作大赛以及“2012弘扬新江苏精神”优秀创作歌曲征集活动中，在江苏省第十届“五星工程奖”比赛中均取得不菲的成绩。

重要会议

12月22–24日，一年一度的苏州市2012年创作歌曲研讨会在苏州海关培训基地举行，来自大市范围的市音协30多位词、曲作者带着他们精挑细选的31首歌曲作品参加了研讨会。为保持评分的公正性，研讨会改进了审听方法，所有作品都隐去作者姓名，统一编号评议。

23日上午，中共江苏省委宣传部文艺处处长李朝润，省音乐家协会副主席、省文化厅艺术处处长吴小平，省音乐家协会副主席、创作委员会主任崔新，省音乐家协会顾问何山，前线歌舞团创作员许诺赶到苏州参加了研讨会。他们对这些创作歌曲进行了深入浅出的分析和精到的点评，使与会者获益匪浅。苏州市文联主席、党组书记成从武特来基地看望了专家以及全体与会者。

苏州市创作歌曲研讨会举办了10多年，已经成为一个有影响力的品牌活动，得到了全省乃至全国同行的认同。苏州市广播电视总台中波1080苏州综合广播的《姑苏乐坛》节目作为这些原创歌曲的播出平台，10多年来一直不遗余力地对这些优秀原创歌曲进行展播，让更多的市民了解苏州的音乐创作成果。

重要活动

【第五届青少年钢琴大赛暨江苏省钢琴论坛】

5-9月，市音协钢琴学会成功举办了2012苏州市第五届青少年钢琴大赛暨江苏省钢琴论坛。9月8日晚，在独墅湖影剧院举行了大赛闭幕式颁奖音乐会。7个组别共74名青少年选手分获一等奖和特等奖。苏州市青少年钢琴大赛是我市水平最高、最具权威性的一项钢琴专业赛事，是青少年展现音乐才华的重要舞台。

【第二届青年琴家音乐会】

4月15日下午，由苏州市音乐家协会主办，吴门琴社、清微雅集承办的苏州市第二届青年琴家音乐会在苏州图书馆学术报告厅举行。12位青年琴家演奏了《阳关三叠》、《关雎》、《平沙落雁》、《梅花三弄》、《忆故人》等经典曲目，音乐会座无虚席，几百位琴生及古琴爱好者到现场观摩。

文艺创作

【《莳秧歌》获"五星工程奖"表演类音乐金奖】

田歌对唱《莳秧歌》获江苏省第十届"五星工程奖"表演类音乐金奖。作词：徐新园。作曲：徐新园。演出单位：张家港市文化馆。

【《亮亮高，板板桥》获"五星工程奖"表演类合唱金奖第一名】

童声合唱《亮亮高，板板桥》获江苏省第十届"五星工程奖"表演类合唱金奖第一名，作词:庞曦。作曲:蒋燕军、庞曦。演出单位：苏州工业园区花季青少年艺术团。指挥：李崇。

【《将进酒》获"五星工程奖"表演类合唱金奖第二名】

歌曲《将进酒》获江苏省第十届"五星工程奖"表演类合唱金奖第二名。作曲：王蔚。演出单位：苏韵合唱团。指挥：李崇。

【《千恩万谢》获"五星工程奖"表演类音乐银奖】

男声独唱《千恩万谢》获江苏省第十届"五星工程奖"表演类音乐银奖。作词：李昌明。作曲：吴利明。演出单位：太仓市文化馆。

【词曲作者作品丰硕】

2012年，周友良、姜兴龙、许明生等在国家级刊物《歌曲》上共发表8首歌曲；华也、吴晓风、张景坤等在《歌曲》、《词刊》、《儿童音乐》等国家级刊物上共发表17件歌词；徐新园作曲的歌曲《乡音不断肠》、《孝道歌》等在国家级刊物《神州歌海》发表；音乐文学学会在《百花园》、《重庆词风》、《长白山词林》、《轻音乐·歌词》、《词坛》、《徽风》、《上海歌词》等歌词报刊上刊发7个歌词专版，共发表歌词作品98首；沈石作词、周友良、李崇作曲的男声合唱《要问咱们工人如今想些啥》入选 "喜迎十八大" 江苏省合唱展演曲目。

【会员获"永远的江南"征歌大赛优秀奖】

由叶方义作词、周友良作曲的《心在江南，梦在江南》，金曾豪作词、王金元作曲的《请喝一杯虞山茶》，在2012中国音协等主办的“永远的江南”征歌大赛中获优秀奖。

【《我很想去你们的家》获“打工者之歌”创作大赛优秀奖】

由华也作词、姜兴龙作曲的《我很想去你们的家》，在2012中国音协等主办的全国“打工者之歌”创作大赛中获优秀奖。

【《幸福江苏》获“2012弘扬新江苏精神”优秀创作歌曲征集活动优秀创作奖】

由葛逊作词、蒋承江作曲的歌曲《幸福江苏》，在“2012弘扬新江苏精神”优秀创作歌曲征集活动中获优秀创作奖。

【会员作品入围“2012弘扬新江苏精神”优秀创作歌曲征集评奖活动终评】

由华也作词、周友良作曲的《率先飞翔》，庞毅作词、作曲的《天下江苏》，刘瞬骊作词、陈剑荣作曲的《江苏小夜曲》，李朝润作词、周友良作曲的《这就是我的故乡》，杨瑞庆作词、作曲的《天地人和》等五首歌曲，入围“2012弘扬新江苏精神”优秀创作歌曲征集评奖活动终评。

文艺交流

【著名音乐家来苏创作采风】

11月3-6日，中国音协、江苏省音协著名音

乐家一行14人来苏创作采风。成员有中国文联副主席、中国音协分党组书记、著名作曲家徐沛东，中国音协副主席、中国音协创作委员会主任、著名作曲家印青等知名音乐家。本次著名音乐家苏州行活动旨在通过专家的音乐创作，打造一批以“家在苏州”“姑苏行”“古韵今风新气象”“千年古城好风光”等为题材的原创歌曲。采风期间，音乐家们深入探访苏州文化，欣赏苏州山水人文景观，为进一步创作积累了素材。采风期间，徐沛东应邀在苏州大学举行了《歌曲的继承与创新》专题讲座，并与苏州市词、曲作家进行现场交流。

【爱乐乐团赴澳大利亚举办音乐会】

5月12日、13日，苏州爱乐乐团远赴澳大利亚墨尔本举办音乐会，演出了乐团原创曲目和世界名曲，多元文化，中西合璧，受到热烈欢迎，当地报纸《墨尔本日报》进行了报道。

苏州市美术家协会

综 述

2012年，根据苏州市文联党组的统一部署以及美协年度工作会议的安排，协会工作借势励志，继续打造品牌效应；不断搭建展示平台，助推青年美术家健康成长，让苏州美术创作队伍可持续发展；组织丰富的创作采风活动，使得美术创作交流在多领域、多渠道得以畅通进行；坚持文艺为大众服务，积极投身于“家在苏州·践行五好”文化志愿服务活动。

重要会议

【第二届中国粉画展表彰会暨创作动员大会】

2011年10月，苏州市美术家协会成功承办了由中国美术家协会、苏州市人民政府主办的第二届中国粉画展，在美术界引起极大的关注，获得中国美协吴长江书记和时任苏州市长阎立的高度评价。连续两届中国粉画展在我市举办，这是苏州的荣耀，也是千年古城与粉画艺术情缘的升华。在第二届中国粉画展中，我市9件作品获奖、33幅作品入选。4月19日市美协在苏州图书馆举办“时代风采”2012百家金陵油画展暨2012年苏州美术创作工作动员会。省美协副主席、南京艺术学院副院长陈世宁作了创作动员和辅导，苏州市政府副秘书长陆俊秀、市文联书记成从武到会讲话。

重要活动

【第五届苏州高校教师美术作品展】

第五届苏州高校教师美术作品展由江苏省美协和中共苏州市委宣传部、市文联共同主办，特邀南京大学美术研究院、南京艺术学院、南京师范大学美术学院、江南大学艺术学院等省内艺术院校的作者参展，共收到作品188件。展览特邀江苏省内重点艺术院校教师参与，促进了城市之间、校际之间的交流和相互了解，同时也提升了该品牌活动的学术性，扩大了影响力。当下，高校教师在油画、粉画、版画等领域内已形成一道不可或缺的亮丽风景线，而在全国性综合性展览以及一些单项画种的展事中获奖的苏州画家里，高校教师的比例也在不断提升。苏州市文联、市美协携手各高校策划举办的苏州高校教师美术作品展（双年展），已连续成功举办四届，作为协会的一项品牌活动，逐渐成为苏州文化界具有广泛社会影响的一个大型展事。

【打造“朝霞工程”品牌工程】

“朝霞工程”苏州优秀青年美术作品系列展是美协的又一个品牌活动。“美美与共·谢士

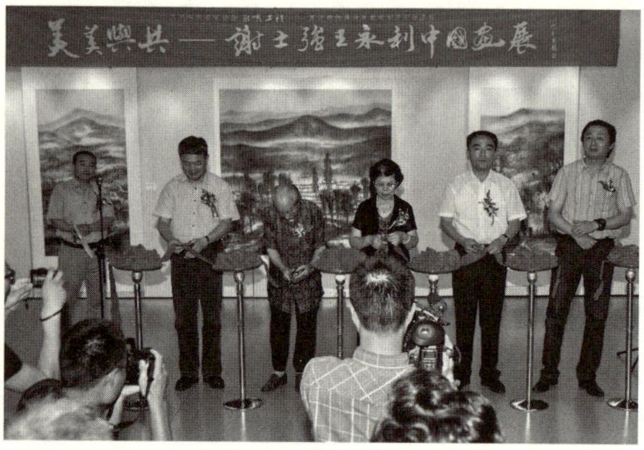

强、王永利中国画展”经过精心准备，于6月15日下午在市文联艺术家展厅顺利开幕。“苏州优秀青年版画家作品展”作为“朝霞工程”系列展览的第二个展览，于12月26日在苏州市文联艺术家展厅展出。

文艺创作

【佳作纷呈，屡获殊荣】

苏大艺术学院教授钱流的油画作品《昆曲遗韵》荣获“时代风采”2012年中国百家金陵油画展金奖，青年作者钱兆锋的油画作品《晨曦》获首届全国中青年油画展优秀奖，作品《天山晨曲》获第七届西部大地情全国中国画油画展优秀奖，作品《最绘画》入选全国青年油画展。苏大艺术学院刘昌明教授的《网·鱼》获首届中国美协会员油画精品展优秀奖，苏州科技学院张永的粉画作品《淘金者之一》获第十届全国水彩粉画展优秀奖，苏州科技学院李亚光的中国画作品《太湖之恋》获2012年全国中国画作品展优秀奖，陈三石中国画作品《欲火·微笑》获2012年吴冠中艺术馆开馆暨全国中国画作品展优秀奖，青年女作者沈垚的中国画作品《异妆玩偶》获2012全国中国工笔画展优秀奖。在“江苏省美术家协会第四次新人美术作品展”中，我市入选作品共104件，其中，10件作品获新人奖，30件作品获佳作奖。

【搭建展示平台，推动出人出作品】

举办一系列画展，如“水·印·象”第十一届姑苏之秋版画展暨桃花坞木刻年画文献大展、苏州第13届体育运动会美术书法摄影集邮展、喜迎十八大·家在苏州优秀书法美术摄影作品展、苏州市首届法治文化节·美术书法摄影展、2011苏州油画雕塑年鉴展、“形影太湖”张骅骝油画作品展、“淡·远”戴家峰油画作品展、“半梦”黄晖油画作品展、吴继涛油画展、顾人德师生作品展、“砚池游心”丁建中花鸟画展、“水缘”张辛题苏州与威尼斯水彩画展、“江南情”蔡萌萌山水画展、“吴门烟水”苏州画家六人邀请展、张明中国画作品展等。

【开展创作采风】

家在苏州·中国（苏州）画家画苏州写生创作活动是今年市美协组织的大型活动，百名画家自11月26日至12月14日分三批写生线路走进昆山、太仓、张家港、常熟、吴江区、相城区、工业园区、高新区、吴中区和姑苏区，用三周的时间走基层。

【四城市书画联展】

5月，市美协组织部分中国画作品参加北京东城区、苏州市、锡林郭勒盟、青岛市四城市书画联展。沈民义、陈危冰专门出席了在青岛市举办的开幕式和书画交流笔会，与来自首都和大草原的书画作者进行交流探讨。江南水乡秀美素丽的吴门笔韵感染了北方的观众，尽管展出的时间和作品数量有限制，但吴门艺术的魅力还是让北方的观众近距离地得以欣赏。

【“新吴门·六月风”苏州美术作品邀请展】

5月16日，由苏州市美术家协会、苏州市沧浪书画联谊会、苏州美术院、深圳市政协书画研究院、深圳美术馆共同主办的“新吴门·六月风”苏州美术作品邀请展在深圳美术馆开幕，展出了张继馨、孙君良、沈民义、张晓飞、姚苏、

陈艺、徐惠泉、陈危冰等18位苏州老、中、青三代的书画作品90件。深圳美术馆宋玉明馆长在开幕式上致辞："改革开放以来，苏州经济的腾飞为苏州美术业的发展创造了良机。苏州画家抓住苏州经济大繁荣、文化大发展的机遇，在中国画创作中逐渐形成以园林、水乡题材为主导，工笔写意相结合的画家群体，其作品笔墨考究，色调高雅，将苏州江南水乡和古典园林的温润秀气表现得恰到好处。"

理论研究

【"寂寞修正果"刘振夏水墨人物画研讨会】

8月，由苏州市文联和苏州市美协承办的"寂寞修正果"刘振夏水墨人物画展和学术研讨会在中国美术馆举行，展出了刘振夏自20世纪80年代以来各个时期创作的精品。

文化惠民

【积极参与文艺志愿服务活动】

在"学习雷锋——家在苏州·践行'五好'"文艺志愿服务活动中，协会先后组织会员走进吴中区龙西社区、吴中区临湖镇牛桥村、平江区社区、虎丘区人武部，以笔墨之情、书画神韵惠泽百姓生活。

【服务城市建设】

苏州火车新站贵宾室落成，美协应邀为贵宾室创作大型中国画作品，张继馨、孙君良、刘懋善、沈民义、张晓飞、王锡麒等10多位我市著名画家冒着酷暑挥汗创作，力图把苏州最重要的城市窗口布置得更有文化神韵，让中外朋友领略吴门艺术的风采。

苏州市曲艺家协会

综　述

2012年，苏州市曲艺家协会在市文联的领导支持下，坚持围绕中心、服务大局，把握正确导向，遵循艺术规律，提升演艺水平，助推曲艺人才，强化书目建设，支撑理论研究，服务社会民生，艺术生产亮点凸现，特色活动方兴未艾，为建设文化强市，推进社会主义文化大发展大繁荣作出了积极贡献。

2012年是曲艺界的“比赛年”，第七届中国曲艺牡丹奖、第七届江苏省曲艺节和第五届中国苏州评弹艺术节等多个国家级、省级大赛相继举行。市曲协精心组织准备，创造条件，支持鼓励一大批曲艺演员参赛。他们不负众望，在比赛中摘金夺银，屡获大奖，使市曲协成了各次比赛的大赢家。

据不完全统计，2012年，曲协各评弹团的专业演员全年演出长篇书目超万场，为江、浙、沪各地超过百万人次的听众服务，取得了良好的社会效益和声誉。同时，协会的创作骨干们也以两次重大赛事为契机，深入生活，创作了一批立足本土文化、体现地方特色的中、短篇书目。创作演出成果丰硕，得到了听众、行家的肯定和好评。

作为演员的“娘家”，市曲协以及下属各团体会员都十分重视曲艺人才的发现和培养，为他们搭建平台，宣传造势，努力营造良好的氛围，积极参与保护和传承工作，促进苏州评弹等曲艺传承有序、桃李争妍。越来越多的中青年演员为了追求艺术进步，主动拜师学艺。一批颇有声望的老艺术家爱惜人才，慷慨传书授艺。

面对近年来曲艺听众数量、质量下降的新形势，市曲协和下属的会员单位、骨干演员们除了坚持说唱长篇书目、服务基层听众外，还群策群力，想方设法开展形式多样的特色活动，设立传承基地，启动社会考级，树品牌，重服务，利用网络、电视、电台、报刊等媒体为保护和推广曲艺宣传造势，争取更多的人文关注，凝聚人气。

曲协注重工作的规范化和制度化，新年伊始就召开了七届二次理事会，总结工作，表彰先进，贯彻落实文联要求，部署阶段性工作要点。一批德艺双馨、致力于传承发展曲艺事业的艺术家、会员受到上级表彰，出席了苏州市文联第十次代表大会、中国曲艺家协会第七次全国代表大会、第四届“中国曲艺团长高峰论坛”等重要会议，并担任要职。

重要会议

【中国曲协曲艺创作与教育委员会第一次工作会议在苏举行】

3月，中国曲协曲艺创作与教育委员会正式成立并在苏州评弹学校举行第一次工作会议，市曲协副主席、苏州评弹学校校长周沛然担任委员会副主任，邢晏芝被聘为委员。同时，苏州评弹学校还在国内曲艺界率先成立了苏州评弹专业社会艺术水平考级中心。

【苏州评弹座谈会】

中国曲协苏州评弹艺术委员会成立后，在

苏州举行了首次评弹座谈会。8月初还主办了关根同志与苏州评弹座谈会，深情追思和缅怀丁关根同志。两个委员会在苏州的成立和活动，是对苏州曲艺的肯定和鞭策，也为曲艺教育和人才培养、保护传承等工作提供了有力的支撑。

【七届二次理事会】

市曲协注重工作的规范化和制度化，新年伊始就召开了七届二次理事会，总结工作，表彰先进，贯彻落实文联要求，部署阶段性工作要点。

【曲艺家代表出席中国曲协七大】

11月底，中国曲艺家协会第七次全国代表大会在北京召开，盛小云、孙惕、周沛然、袁小良、吴静、陆建华、金丽生、邢晏芝等代表赴京出席大会。盛小云、孙惕、邢晏芝当选中国曲协第七届理事会理事，盛小云再次当选中国曲协副主席。

【曲艺家代表出席中国曲艺团长高峰论坛】

12月初，金丽生、孙惕、袁小良、陆建华、杨筱东等赴济南出席第四届中国曲艺团长高峰论坛，金丽生携徒郁群参加了会议期间举办的全国曲艺类非物质文化遗产保护成果学术交流展演，获节目金奖。

重要活动

【传承流派经典唱段演唱会】

在中国曲协、省文联、省政协昆评室及苏州市文联的关心下，6月27日，中国曲协苏州评弹艺术委员会在苏州成立，盛小云被聘为名誉主任，孙惕、邢晏芝、金丽生、袁小良为委员。中国曲协苏州评弹艺术委员会成立后，在苏州举行了首次评弹座谈会。协会利用省曲艺节开幕式、评弹艺术委员会成立等契机，举办了“传承流派经典唱段演唱会”“苏州评弹名家名段展演”。

【第五届中国苏州评弹艺术节】

7月份举行的第五届中国苏州评弹艺术节，是由文化部和省人民政府联合主办的全国最高级别的评弹赛事。本届艺术节由17个评弹团体以及相关单位组成江、浙、沪、苏州四个代表队参赛，共由58个节目入选决赛，组成14台28场演出，云集江、浙、沪三地优秀的中青年评弹演员120多人，人数和节目均为历届之最。经过9天的精彩演出和激励角逐，共评出11类79个奖项。苏州代表队参赛阵容强大，说唱基本功扎实，传统、新编书目优势明显，最终以夺得37个奖项的好成绩，稳居苏州评弹“第一方阵”。其中，盛小云、吴静、张建珍、陈琰、陆建华、吴伟东、季静娟、郁群、陆人民获优秀表演奖，颜丽花、沈彬、查兰兰、许芸芸、归兰、毛瑾瑾、张毅谋、钱国华、陈燕燕、张丽华、金鉴伯、徐小凤、陈松青、殷麒麟获表演奖。

【弹词音乐成果丰硕】

弹词音乐方面成立了丽调唱腔艺术研究工

作室，副主席陈勇的弹词音乐创作成果丰硕，由他作曲的《徐调流派是最醇的酒》、《公共财政惠三农》、《城乡文化一体化》、《生养曲》等小组唱参加了全市多项重大活动，有的还代表苏州市赴京演出。评弹歌曲《蝴蝶双双又飞来》登录央视，在中央电视台音乐频道《中国音乐电视》栏目播出。

【《电视书场》创办19年】

市曲协副秘书长、苏州电视书场编导殷德泉创办《电视书场》至今19年，为保护抢救评弹艺术资料、宣传推广苏州地方曲艺作出了很大贡献。殷德泉对寻求现代媒体与传统曲艺的契合点有着独特视角，在策划编导评弹专场和大型曲艺晚会方面别具匠心，多次获得国家级大奖。在2012年第三届全国春节电视文艺晚会评选活动中，由他编导的评弹春晚《苏州人过年》荣获一等奖，该节目还同时获得第二十八届江苏省电视金凤凰奖三等奖。最近，凝聚着他工作经历经验、评弹研究文章等内容的《评弹情缘》正式出版，受到江、浙、沪评弹爱好者的热捧。

文艺创作

【第七届中国曲艺牡丹奖摘金夺银】

第七届中国曲艺牡丹奖评选从3月开始，我市共报送13个奖项。其中，王瑾、季静娟、王春霞、陈燕雯、陶莺芸、许芸芸等人的节目顺利入选，参加了杭州赛区“弹词评话滑稽小品类”的比赛，王瑾、季静娟获表演提名奖，陈燕雯、陶莺芸获新人提名奖。经过牡丹奖终评，著名苏州评话艺术家金声伯荣获终身成就奖，朱栋霖撰写的《经典〈雷雨〉从话剧到苏州评弹——纪念曹禺百年诞辰》荣获理论奖，季静娟获得表演奖，陶莺芸获新人奖。8月15日市曲协组织获奖者赴南京参加由省文联、省曲协举办的江苏获奖项目媒体见面会，9月15日组织获奖者赴南京参加颁奖晚会活动。9月中旬市曲协还协办了“中曲牡丹夜—— 中国曲艺名家江苏惠民行”巡演活动。从报送节目到初评、参赛、终评、颁奖，历时四个多月，市曲协承担了主要的组织协调工作，为保证大赛的顺利进行作出了积极贡献。

【第七届江苏省曲艺节成果丰硕】

6月初，第七届江苏省曲艺节在常熟举行。这次大赛汇集了苏州评话、苏州弹词、扬州评话、扬州弹词、徐州琴书、常州评话、苏北大鼓、相声、小热昏等曲艺形式，共10台节目，近百位演员参赛，是一次全省曲艺盛会。苏州的曲艺演员精心准备，积极参赛，凭借超强的实力夺取了众多奖项，使苏州成为曲艺节的最大赢家。陆建华、陈伟春、钱国华、陈琰、张建珍、金鉴伯、吴伟东、毛瑾瑾、殷麒麟、陈锦燕、查兰兰、陶莺芸、徐小凤、吴嘉雯等14位评弹演员获优秀表演奖，陈松青、华一芳、陆人民、莫桂英、马志伟、徐刚、徐剑秋、杨衣云、许芸芸等9位评弹演员获表演奖。张家港市艺术团相声演员倪夏宇获表演奖，这是苏州地区首次入选省曲艺节并获奖的非评弹曲艺演员，他还获得了今年牡丹奖的新人提名奖，这对于丰富发展苏州曲艺而言，是个良好的开端。

【《江南第一书码头》夺金奖】

在10月举行的第十届江苏省“五星工程奖”评选活动中，由陆建华编剧、陈勇作曲、常熟曲协会员表演的评弹情景剧《江南第一书码头》，以其浓郁的地方特色和精彩的现场表演征服了大赛评委，一举夺得金奖。

【优秀传统曲目受热捧】

据不完全统计，市曲协各评弹团的专业演员全年演出长篇书目超万场，为江、浙、沪各地超过百万人次的听众服务，取得了良好的社会效益和声誉。演出书目既有听众耳熟能详的《三国》、《包公》、《英烈》、《玉蜻蜓》、《三笑》、《珍珠塔》等传统长篇，也有20世纪50年代以后创作的二类书、三类书等。说唱传统的同时，一批富有经验和开拓精神的演员也编演了新的长篇，受到听众的热捧。著名弹词演员司马伟，10月份在光裕书厅弹唱新编长篇《十年惊梦》，半个月场场爆满，平均上座高达271人，刷新了该书场的上座记录。据介绍，他的另一部新长篇《恭亲王》也即将与听客见面。

【创作立足本土文化，体现地方特色的中、短篇书目】

协会的创作骨干们以两次重大赛事为契机，深入生活，创作了一批立足本土文化，体现地方特色的中、短篇书目。创作演出成果丰硕，得到听众、行家的肯定好评。第五届中国苏州评弹艺术节上，胡磊蕾创作、苏州团表演的中篇弹词《绣神》获优秀中篇书目奖；陈伟春、陆建华、季静娟、沈彬、郁群等参与创作或表演的短篇评话《富春山居图》，短篇弹词《招牌菜》、《港城大义》，长篇弹词选回《西厢记·惊艳》等获优秀短篇（选回）书目奖；陈碧红、王智雄创作的长篇弹词选回《张学良与赵四小姐·苦谏》获优秀短篇创作（改编）奖；窦福龙创作、吴中区评弹团表演的中篇弹词《孙武与胜玉》获中篇书目奖；司马伟、张丽华、金鉴伯、陈燕燕、殷琴、叶桦、戴芳等创作或表演的短篇弹词《采访》、《东渡·庆安往事》，长篇评话选回《正说包公》、《岳传·扫秦》获短篇（选回）书目奖；杨筱东、陈松青、黄阳创作的中篇弹词《五姑娘》获中篇创作（改编）奖；陆建华、张国灿创作的短篇弹词《育种人》获短篇创作（改编）奖。这些节目在第七届江苏省曲艺节上也获得多个奖项，其中中篇弹词《五姑娘》、短篇评话《富春山居图》获优秀节目奖、优秀创作奖，中篇弹词《孙武与胜玉》，短篇评话《正说包公》获优秀节目奖，短篇弹词《采访》获优秀创作奖，短篇弹词《招牌菜》、《东渡·庆安往事》获节目奖、创作奖，短篇弹词《育种人》、《采访》获节目奖，短篇评话《正说包公》获创作奖。

【《雷雨》荣获省“五个一工程”奖】

11月，中篇弹词《雷雨》荣获第八届江苏省精神文明建设“五个一工程”奖优秀作品奖。

【胡磊蕾创作丰收】

市曲协理事胡磊蕾担任市文广新局文艺创作中心专业编剧，成功创作了中篇弹词《绣神》，

短篇弹词《温馨泰元》，弹词开篇《好人礼赞》、《相约姑苏》以及一批戏剧作品。

文艺交流

【“我爱评弹”新春评弹联欢会】

新春伊始，由市曲协袁小良主席亲自策划的“我爱评弹”新春评弹联欢会在园区新罗酒店隆重举行，吸引了280多位来自江、浙、沪的

热爱、关心苏州评弹的各界人士。出席联欢会的领导有省政协原副主席、省政协昆评室名誉主任陆军，中国曲协会副主席、中国文化艺术基金秘书长姜昆，中国曲协党组副书记、秘书长刁惠香，中国曲协副主席、上海文联副主席、上海曲协主席王汝刚，省文联书记处书记叶飚荣，中国曲协副主席、省文联副主席、省曲协主席盛小云，省曲协副主席、秘书长芦明，苏州市人大副主任朱玉文，苏州市副市长、公安局长张跃进，苏州市政协副主席府采芹，中共苏州市委宣传部副部长郦方，农工民主党苏州市委主委周进，苏州市文联党组书记、副主席朱建华，中共苏州市委统战部原部长、政协副主席盛家振等。联欢会既是一次新朋老友的聚会，也是一次艺术风采的展示，各级领导与曲协的老艺术家、中青年演员们一起和谐互动，热情联欢。活动极大地激发了会员的工作积极性，增强了协会的亲和力和凝聚力，促进了协会的和谐发展。

【袁小良、王瑾参加“巴黎中国曲艺节”】

6月16-23日，市曲协主席袁小良、理事王瑾应邀赴法国参加由巴黎中国文化中心、中国曲协主办的“巴黎中国曲艺节”演出活动。两人凭借弹词开篇《人面桃花》的精彩弹唱，征服了现场所有观众和评委，以总分第一名的优异成绩荣获唯一大奖——“卢浮金奖”。

【各类交流演出广受赞誉】

吴中团钱国华、张建珍、陈琰等先后应邀赴德国里萨、法国巴黎参加文化交流活动，张建珍、陈琰还参加了首届江苏文化艺术节开幕式的演出，与著名昆曲演员俞玖林、沈丰英联袂演出《牡丹亭·惊梦》。9月中下旬，市曲协副主席陈勇带队赴南京，参加了由省委宣传部等单位主办，省曲协、省评弹团、苏州评弹团、苏州评弹学校等单位承办的首届江苏文化艺术节“评弹音画：唐宋古韵·忆江南”专场演出，演出了由陈勇作曲的《九张机》等节目，陈勇担任专场的评弹艺术指导。评校学生参加了其中六个节目的演出，认真刻苦的排练和精彩的表演受到上级领导的赞誉。

理论研究

【周良与苏州评弹研究学术研讨会】

5月下旬，市曲协积极参与主办了周良与苏州评弹研究学术研讨会。研讨会吸引了来自中国艺术研究院曲艺研究所、中国说唱文艺学会、中国音乐学院、上海师范大学、苏州大学、江苏省艺术研究院、上海市艺术研究所等高等院校和学术机构，以及江、浙、沪曲艺界的专家、学者60多人，收到论文30多篇。通过回顾总结周良从事曲艺工作的实践经验，研究探讨了周良对评弹的研究学术贡献，团结和鼓舞了一批理论研究者，促进了当前苏州评弹的研究、保护和传承工作。为了留存和展示本次研讨会的学术交流成果，进一步推动苏州评弹研究及对周良学术思想的探讨，主办方中国艺术研究院曲艺研究所和苏州市文联将与会人员提交的论文及发言结集成册，已于11月底由古吴轩出版社正式出版发行。

【成立苏州评弹表演艺术传承研究会】

为了营造良好的学术研究氛围，5月24日，曲协成立了苏州评弹表演艺术传承研究会，成员包括国家级、省级、市级评弹传承人和评弹研究学者共31人，推选金丽生为会长，毕康年、邢晏春、彭本乐、周明华为副会长，华觉平为秘书长，潘讯、尤志明、曹凤渔、傅菊蓉、殷德泉、孙伊婷为副秘书长，聘请周良、张澄国、朱寅全为顾问。研究会的主要宗旨是总结交流评弹表演艺术经验，交流研讨评弹表演艺术的继承创新，为评弹研究创造条件、提供支持。研究会成立后，已着手整理王月香、薛小飞等著名弹词艺术家的艺术经历和经验等，计划在明年开展更大规模的老艺人口述历史记录和整理工作。吴江利用庆贺评弹团建团五十周年之机，保护抢救了一批图片和文字资料、老艺人回忆录等，由常熟曲协会员、常熟理工学院周巍博士担任责任编辑，结集成《缘自评弹》一书，已于年初由人民日报出版社出版。

【周良主持编纂《苏州评弹书目库》等评弹研究丛书】

协会注重长篇书目的保护和传承，“活态”“静态”双管齐下。在静态保护传承方面，曲协积极参与了由周良主持编纂的《苏州评弹书目库》、《演员口述历史及传记》等评弹研究丛书的撰写及编辑工作。

文艺队伍建设

【注重长篇书目的保护和传承】

市曲协注重长篇书目的保护和传承，“活态”“静态”双管齐下。在动态保护传承方面，邢晏春、邢晏芝、金丽生等国家级传承人将他们的长篇书目和说唱艺术传承给学生，在第五届中国苏州评弹艺术节上邢双档和学生孙立、孙可，金丽生和学生沈彬、郁群分别获得了长篇书目传承演出奖。2012年苏州市新增国家级传承人1人、市级传承人5人，金丽生、邢晏芝还分别获得省杰出传承人、市级优秀传承人的称号。传承活动的另一亮点是越来越多的中青年演员为了追求艺术进步，主动拜师学艺，一批颇有声望的老艺术家爱惜人才，慷慨传书授艺。2012年曲协共参与组织或举行拜师仪式10场，徐文龙

等一批刚踏上书坛的青年演员开始跟师学艺，短短几个月时间，在老师们的认真指导下，他们中的一部分已经正式登台说唱长篇。华一芳、陈燕燕、吴含婷、毛亮、李喜峰、钱燕等中青年演员已取得一定成绩，为了艺术上有所突破，也分别拜师钻研说唱艺术，传承优秀书目。

【坚持联系、协调、服务】

市曲协始终坚持联系、协调、服务的工作理念，以曲艺为本，以会员为本，认真履行职责，注重队伍建设和德艺建设。一批德艺双馨、致力于传承发展曲艺事业的会员受到上级表彰。盛小云入选首届姑苏文化创新重点人才，邢晏芝、盛小云被评为2006-2011年度苏州市德艺双馨文艺工作者，金丽生被授予苏州市文艺家协会工作突出贡献奖，陆建华、吴静被评为苏州市首届优秀中青年文艺工作者。

【培养推出曲艺人才】

市曲协最大的团体会员苏州市评弹团在培养推出曲艺人才方面做了大量卓有成效的工作，值得其他曲艺团体借鉴学习。他们利用“光裕双月会书”的平台，在2012 年先后为青年演员陈燕雯、陶莺芸、张毅谋、归兰、王春霞、吴含婷、孙一等举办传承汇报专场，还将年底的艺术考核与传承汇报演出相结合，择其优者推出了两台专场，受到听众的热烈欢迎。通过专场汇报演出，青年演员在展示成绩的同时，接受名

师名家的评价点拨，发现差距，明确目标，努力进取。苏州团还大胆起用青年演员，让他们在江苏省曲艺节、中国苏州评弹艺术节等大赛中历练成长，提升说唱艺术水平。在今年举行的第七届中国曲艺牡丹奖评选活动中，苏州申报的四个新人奖有三人入围决赛，陈燕雯、陶莺芸获新人提名奖，陶莺芸成功夺得牡丹奖新人奖，为江苏曲艺界赢得了荣誉。

【苏州评弹学校成为评弹演员的“摇篮”】

苏州评弹学校是国内为数不多的培养专业曲艺人才的学校，是评弹演员的“摇篮”。协会副主席陈勇担任评校教务处长，在工作岗位上兢兢业业，恪尽职守，带出了一批“上书台能演出，进课堂能教学”的复合型人才。6月，陈勇被江苏省文化厅命名为首批“江苏省艺术职业学校教学名师”，全省仅5名教师获得该荣誉称号。6月14-16日，陈勇带队前往连云港参加省文化厅主办的第四届江苏省艺术职业学校专业教师技能比赛（决赛），顾小伟、孙可获戏剧（曲艺）专业二等奖，凌涛、陈侃获三等奖，吴斌杰获优秀奖。11月，由文化部文化科技司主办的“红铜鼓”中国·东盟艺术教育成果展演在南宁举行，吴斌杰、霍婉璐带着老师袁小良、王瑾的代表作——弹词开篇《人面桃花》参赛，在参演的国内外171个节目中脱颖而出，一举荣获展演的特等奖——2012年“红铜鼓”中国·东盟艺术“优秀教育成果奖”。

【胡磊蕾获国家一级编剧职称】

2012年本协会理事胡磊蕾通过了省艺术专业高级技术资格的评审，获得国家一级编剧的职称，成为省内获得正高职称的最年轻的专业编剧。

【推荐青年演员参加各类研修班】

为了提高青年演员的文化素养和理论水平，曲协组织安排20多位青年演员先后参加了由省文联、省曲协主办的2012江苏省优秀青年曲艺人才高级研修班和市文联举办的中青年文艺家读书班。吴中团组织青年演员排演中篇评弹《杨八姐游春》，受到听众的好评。2012年全省艺术、图书（群文）、文博专业高级专业技术资格评审结果揭晓，协会陈勇、陈琰被评为一级演员，王春霞被评为二级演员。

【设立苏州曲艺“光裕奖”】

根据市文联的要求，下半年曲协组织制定了苏州曲艺“光裕奖”评选方案和标准。“光裕奖”是苏州曲艺专业奖项，每两年评选一次，旨在推动曲艺艺术创作，培养和鼓励优秀曲艺人才。方案经市文联审核批准，目前设表演奖、创作奖和理论奖三个奖项，已于年底启动首届评选工作。

【坚持举办重阳敬老活动】

重阳前夕，曲协联合苏州评弹团、评校等单位举办一年一度的重阳敬老活动，组织近60位苏州评弹老艺人及曲艺工作者参观游览了相城区荷塘月色湿地公园。这项活动已持续10多年，得到了广大老同志的热烈欢迎和一致赞赏。

文艺惠民

【创作演出中篇评弹《天网》】

苏州市评弹团与市公安局联手，以轰动一时的“11.29”特大跨国电信诈骗案为原型创作中篇评弹《天网》。该中篇由司马伟、王池良、吴静联袂创作，盛小云、司马伟、王池良、吴静、吴伟东、毛瑾瑾、查兰兰演出，于11月30日举行首演，12月起在全市十多个社区巡回演出，以群众喜闻乐见的评弹表演形式再现案件的侦破过程，提高大家对网络诈骗这种新型犯罪手法的警惕，受到社区居民的热烈欢迎。

【组织和参与曲艺会演】

一年来，市曲协组织和参与了“迎春评话会书”、“中曲牡丹巡演”、省政协第五届“戏曲走近大学生”、“纪念弹词名家徐云志诞辰110周年专场”、“喜迎十八大专场”、“评弹作家俞中权作品专场”等主题鲜明、内容丰富的曲艺会演。评话会书已经连续举办多年，为目前处于弱势地位的评话宣传鼓劲，是一件广受好评的实事。2012年为了满足听众的需要，在苏州和常熟各举办了一场，苏沪两地10位优秀评话演员的演出受到两地书迷的热烈欢迎。市曲协下属的文化馆评弹队、平江评弹社、金韵评弹团、评弹之友社、评弹收藏鉴赏学会、彩香街道评弹队、常熟评弹票友会以及昆山、吴江等地票友社团遍布苏州全市，长期活跃在城乡社区，服务社会，服务听众，全年公益演出数百场，收获良好的社会效益。曲艺演出形成了专业带动业余，业余烘托专业，专业业余齐头并进、交相辉映的喜人局面。

【评弹进校园】

“评弹进校园”活动，借助苏州评弹这个鲜活的载体向各级各类学校师生展示苏州地方曲艺的独特魅力，使他们通过动态的方式感受吴方言和吴文化，是一种“性价比”很高的宣传、普及方式。今年的“评弹进校园”形式多样，成果丰富。苏州大学、苏州工业职业技术学院、苏州旅游与财经高职校、科技学院音乐学院、园区服务外包学院等众多大中专院校开设了吴文化赏析、吴文化论坛、苏州评弹音乐、苏州话与评弹等选修课程，定期邀请金丽生、盛小云、孙惕、袁小良、周明华、陈勇等作讲课和示范演出。中篇弹词《雷雨》应邀到苏州大学、南京大学以及深圳、香港、澳门等高等学府巡回展演，使苏州评弹这门古老的曲艺像苏州园林一样深入人心，扩大了高校师生对曲艺的人文关注，提升了知名度。苏州全市范围内的30多所小学纷纷开设了评弹兴趣班，方洲小学还设立了未成年人评弹传承基地，常熟辛庄中心小学的评弹特色文化建设成功申报为省级课题实施研究。曲协和评弹博物馆联合举办“少儿评弹夏令营”，由袁小良、顾之芬、徐青辅导小朋友们学习弹唱开篇和方言故事等，极大地激发了他们了解评弹、关心评弹的积极性。在此基础上，成功举办了苏州市第二届少儿曲艺大赛，常熟市辛庄中心小学、苏州盲聋学校、苏州通安中学、苏州少儿艺术团、苏州新区枫桥实验小学和吴中区宝带小学等6所学校的节目获最佳演出奖，吴江松陵中心小学等8所学校的节目获优秀表演奖，田家炳初级中学等10所学校的节目获表演奖。6月份，由部分获奖节目组成的第六届苏州市少儿艺术节评弹展演成功举行，其中优秀的节目被选送参加8月份由省文联、省曲协主办的第四届江苏省少儿曲艺大赛。比赛中，孙向红辅导、常熟辛庄中心小学选送的弹词小组唱《欢迎你到江南来》和顾之芬辅导、苏州市少儿艺术团选送的弹词表演唱《老师的生日》荣获节目一等奖；周明华、殷琴辅导，苏州市通安中学选送的双档评话《三令五申》荣获表演一等奖；莫桂英、李红辅导，吴中区宝带实验小学选送的弹词表演唱《苏州剪影》荣获表演二等奖；徐青辅导、方洲小学选送的《苏州人 苏州话》等6个节目获入围奖；周明华荣获优秀园丁奖，苏州市曲艺家协会获组织工作奖。岁末，曲协还举行了“小良评弹进校园”活动，和园区青少年活动中心联合举办评弹少儿普及班。

【“道德评谈”巡回演出】

2011年起，苏州市在全国范围内首创用苏州评弹宣讲道德模范事迹的“道德评谈”巡回演出。协会袁小良、王池良、吴静、胡磊蕾、钱国华、莫桂英、陈伟春等人承担了创作和演出任务。“道德评谈”深入苏州各个社区街道演出数十场，以亲切的吴语和亲和的表演讲述百姓身边的好人故事。节目边演边改，愈演愈精，在社会上产生了广泛影响。《人民日报》在2月

3日的第4版以《苏州“道德评谈”寓教于乐》为题，对活动进行了报道。著名评话演员王池良还被中宣部、中央文明办和中国文联联合授予“参加全国道德模范故事汇基层巡演”荣誉证书，获得相关单位的表彰和赞扬。为了更广泛深入地开展这项活动，各区和县市也相继跟进，吴中区评弹团组织演员到社区和学校巡演，陆建华带领常熟的曲艺工作者创作《绣锦旗》、《育种人》等节目，深入各镇村社区行业党委等地，进行“常熟道德模范评弹故事”巡回演出。苏州市还通过学唱竞赛活动选拔出一批实力强、水平高的评弹票友，组成“道德评谈”票友志愿者服务团，到各地演出，宣传模范，弘扬正气。

【开辟构筑曲艺宣传窗口和交流平台】

市曲协和苏州团联合主办的“中国评弹网”，已成功创办十多年。网站栏目众多，信息丰富，是闻名海内外的曲艺宣传窗口和交流平台，协会周明华、任康龄、殷德泉等担任网站义工，付出了大量艰辛的劳动。此外，《扬子晚报》、《苏州广播电视报》开辟的《小良评弹》专栏，殷德泉、姚萌主持编导的《苏州电视书场》、《月末精品会书》、《评弹春晚》等电视栏目，万鸣编导的《万鸣书场》、《光裕书会》和张玉红编导的《空中书会》、《1080评弹讲堂》、《评弹名家会》等广播栏目，苏州评弹之友社、常熟曲协分别编辑出版的《评弹之友》、《评弹票友》等刊物，都是深受江、浙、沪曲艺爱好者欢迎的特色品牌。这些曲艺品牌及时传递评弹信息，录播珍贵艺术资料，为宣传推广苏州评弹、提升曲艺影响力和关注度作出了积极的贡献。

苏州市舞蹈家协会

综　述

2012年是苏州市舞协的换届之年，2月20日第七次会员代表大会顺利举行，民主选举产生了新一届的领导班子。新班子在市文联的领导支持下，坚持围绕中心、服务大局，把握正确导向，遵循艺术规律，助推舞蹈人才，服务社会民生，开展了一系列活动，为繁荣苏州的文化事业作出了贡献。

为交流学习、拓宽视野、打开思路，市舞协配合江苏省舞协于2012年9月在苏州举办了江苏舞蹈“莲花奖”第三届社会舞蹈比赛暨第五届少儿舞蹈比赛。本次活动是新一届舞协班子举办的第一次活动，通过活动和现场交流，让苏州广大的舞蹈爱好者了解了全省社会舞蹈的基本状况和水平，促进了自身的创作热情。

重要会议

经过两年的酝酿筹备，2月20日上午苏州市舞蹈家协会第七次会员代表大会在乐乡饭店会议厅召开。会上审议并通过了苏州市舞蹈家协会章程草案及修改说明，宣读了苏州市舞蹈家协会第七届理事会候选人名单，并以酝酿、鼓掌的方式通过了理事名单；同时举行了苏州市舞蹈家协会七届一次理事会，以投票选举的方式产生了第七届舞协主席和副主席，然后，七届舞协主席宣布了名誉主席、顾问及秘书长、副秘书长的聘任名单。至此，苏州市舞蹈家协会换届工作按计划顺利完成。

市舞协第七届理事会成员40名。主席：于丽娟。副主席：牛小艾、许钰民、李莉、皇甫菊含、郁岚。秘书长：郁岚。副秘书长：高菊珍、权启芳、陈伟、陶文东、江莉。名誉主席：李玉兰、马家钦。

重要活动

2012年，江苏舞蹈“莲花奖”第三届社会舞蹈比赛暨第五届少儿舞蹈比赛在苏州举行。5月份开始进入发动和准备阶段，至7月，收到苏州大市范围内参赛作品62个，数量之多超出预计。随后，市舞协组织了初评小组，邀请省舞蹈方面的专家来苏，经过慎重的评选，最后有22个节目进入“莲花奖”决赛。决赛于9月22日、23日在苏州文化艺术中心大剧场举行，23日晚举行了颁奖晚会。通过比赛，发现、凝聚了一批舞蹈新生力量，为今后的工作开展打下了基楚，有了一个良好的开端。

文艺创作

市舞协副主席牛小艾创作的群舞《一方田》

获省“五星工程奖”金奖，少儿山歌歌舞《春米谣》获2012年中国民族民间舞邀请赛金奖，广场舞蹈《浒浦花鼓》获苏州市广场舞蹈大赛金奖，少儿舞蹈《阳澄湖上》获苏州市少儿舞蹈比赛一等奖、江苏省少儿艺术节金奖；李桦创作的《走到一起来》获省“五星工程奖”银奖、江苏省“莲花奖”第三届社会舞蹈暨第五届青少年舞蹈比赛青年组金奖；市舞协主席于丽娟创作的群舞《姑苏莲厢情》由省文化厅选送参加文化部第十六届群星奖广场舞比赛，并获中国上海国际艺术节“惠南杯”长三角莲厢大汇演舞蹈比赛金奖；田辛、黄晶创作的舞蹈《韩流来袭》、《可爱淘》获上海舞林大会金奖，第十届中国艺术节组委会（山东卫视）最佳表演奖；顾海华创作的舞蹈《快乐的小卓玛》获2012年中国民族民间舞邀请赛金奖，《龙腾虎跃》获江苏省“晓邦杯”新作品比赛金奖，《阳光下成长》获银奖；刘静辅导的老年舞蹈《过戏瘾》获苏州“绚丽夕阳”舞蹈大赛暨第八届“社保情”文艺会演金奖。

理论研究

市舞协副主席许钰民《探寻舞美的秘境——以舞剧〈水月洛神〉的舞美设计为例》发表于2012年第3期《舞蹈》杂志，《一种跨文化的舞蹈解读——观李莹、潘家斌芭蕾舞剧〈罗密欧与朱丽叶〉随感》发表于2012年第7期《舞蹈》杂志。市舞协副主席皇甫菊含主编的《国际名模录》一书2012年3月由中国纺织出版社出版，专业论文《对“昆舞”价值体现的思考》发表于2012年舞蹈杂志第3期，《中国丝绸服饰的前“适”与今“生”》发表于2012年丝绸杂志第2期。林友参与的《多媒体课件在高等舞蹈教学中应用研究》获辽宁省省级课题结项。

苏州市民间文艺家协会

综　述

2012年，苏州市民协积极主动地为推进苏州民间文艺事业服务，立足自主创新，认真搞好队伍建设，着力夯实协会基础，从各方面调动会员积极性，发挥协会的整合性优势，努力开拓创新，通过开展各种大中型活动，发展壮大协会实力，有效地使苏州的民间文学艺术事业得到了长足发展，呈现出薪火相传、欣欣向荣的新景象。

市民协的资源得到了有效整合：市民协加强文化建设，打造区域性特色文化产业群，加快苏州西部地区经济建设，先后成立了光福工艺文化、东渚雕刻、苏作家具三个分会，以此构建以“光福工艺文化”“东渚雕刻”“苏作家具”为主体的经济产业集聚化格局。同时，为传承吴地优秀传统民俗，成立了民俗分会。

市民协的组织建设得到了规范、健康、有序的发展：谜学、民间艺术两个分会完成了换届；发展市级会员96名，省级会员18名；相继建立了涉及民间文学、民间艺术的研发创新、创作采风、教育培训、文化发展、大学生社会实践等9个基地。

过去因历史原因，市民协偏重于民间艺术部分，民间文学一度呈不同步发展的状况。自新一届协会班子组建后，市民协的民间文学、民间艺术两个大类同步发展、并驾齐驱。

重要会议

1月7日，楹联分会举行常务理事（扩大）会议，由各市楹联研究会交流2011年工作和2012年打算。会上向各市（县）民协赠送《江苏对联集成》，向市楹联分会会员分发《会员证》。

6月5日，市民协召开协会主席团常委会，讨论《苏州市民协“民间文学艺术建设工程”“十二五”项目规划和资金预算草案》。

7月16日，市民协召开协会主席团常委会，讨论《苏州市民协推荐文化艺术领军人才、重点人才名单》。

8月15日，市民协召开协会主席团常委会，讨论《苏州市民间文艺“金桂奖”评审细则（草稿）》和调整协会主席团常委会成员具体分工。

11月15日，市民协召开协会秘书长会议，对协会秘书处成员进行具体分工。

11月28日，民间文学分会召开理事扩大会议，总结2012年度工作情况，布置2013年工作计划。

12月5日，由市民协秘书处召集民间工艺各分会主要负责人召开会议，成立苏州市民间文艺家协会全国民间工艺美术参展参评统筹组。

12月10日，市民协召开协会主席团常委会，重点讨论协会2012年度工作总结和2013年工作计划、协会年度表彰名单、《2013年苏州市民间文艺家协会文艺发展项目及专项资金预算》等事宜。

12月18日，市民协召开协会年度总结表彰会，表彰4个“苏州市民间文艺活动先进单位”、1个“苏州市民间文艺活动创新性基地”和35名“苏州市民间文艺活动优秀工作者”。

重要活动

【"昆图杯"第六届全国春联大赛】

"昆图杯"第六届全国春联大赛由中共昆山市委宣传部、昆山市文化广电新闻出版局、昆山市文学艺术界联合会主办，昆山市图书馆、昆山市楹联灯谜学会承办，时间为2011年11月4日至2012年1月4日，共收到来自全国30个省、市、自治区和香港地区以及美国、加拿大的1152位作者的楹联作品4647副，分别邀请省、市楹联专家担任评委。初评选出406副楹联入围，终评选出一等奖1名、二等奖2名、三等奖3名、优秀奖30名。

【首届"野马渡"民俗文化节】

首届"野马渡"民俗文化节由昆山市周市镇人民政府主办，昆山市周市镇文体站、苏州市民间文艺家协会、周市镇文联承办。地点：周市白塔公园。时间：6月2-4日。项目：传统舞狮表演，变脸、二人转等文艺演出，传统手工技艺展示，民间文艺表演，原生态民俗美食实景演绎，民间游艺等。

【苏州胥王园第六届端午民俗文化节】

苏州胥王园第六届端午民俗文化节由吴中区胥口镇主办，苏州市民间文艺家协会民间文学分会胥王文化学术创研基地协办。地点：吴中区胥口镇。时间：6月23日。项目：祭祀先祖伍子胥（伍氏宗亲和当地群众）、"情系胥王缘"舞龙舞狮队伍巡游、胥江投粽。

【苏州·世界绸都纳凉文化夜市】

苏州·世界绸都纳凉文化夜市由苏州货通九州商贸有限公司、苏州市民间文艺家协会市井文化分会联办，苏州市民间文艺家协会市井文化分会文化礼仪艺术团、市井文化分会百花洲舞龙锣鼓队协办。地点：吴中区木渎竹园路"苏州·世界绸都"露天广场。时间：7月28日

至8月12日（每天18–21点）。项目：民间文艺表演（节目有地方戏曲、歌曲演唱、乐器演奏、时装魔术表演、堂名曲目演奏、舞龙舞狮、猜灯谜等）、民间手工艺演示、民间游乐。

【“周庄印象”中国旅游工艺品设计大赛展】

“周庄印象”中国旅游工艺品设计大赛展由中国美术家协会工艺设计艺委会、昆山市周庄旅游股份有限公司主办，苏州平面设计师学会、苏州工艺美术职业技术学院承办，苏州市民文协会民间艺术分会协办。时间：8月1日至12月15日。开幕式地点：昆山市周庄镇。设金奖1名、银奖2名、铜奖5名、“聚宝盆”设计奖1名、最具网络人气奖1名、设计优秀奖100名。

文艺创作

6月18–19日，民间文学分会组织30多名会员赴吴中区东山镇三山岛采风，参观“苏州市民间文艺家协会民间文学采风基地”。

本年度有近50名会员的文章、楹联在各种报刊上发表。

在2012年公开出版发行的图书：卢群、柯继承、诸家瑜、潘振亮《甪端》，柯继承《苏州老街志》，柯继承《桃花坞历史地标》，柯继承《物华天宝——从宣德炉到巧生炉》，张雪《薛金娣：苏绣守望者》，诸家瑜、戈春男《蜀僧大休》，李洲芳《洲芳寓言》，潘君明《苏州街巷文化》（修订本），邓解华《请你说句良心话》，林锡旦、柯继承、臧寿源《运河名城苏州》，潘振亮等《干将路综合整治实录》，邱景衡《夕拾朝花》，朱闻麟《春日阳光》，钱振球《灯谜基本知识》，李洲芳《杂感》，言锦瑞《2018第三次握手》，言锦瑞《犟汉》，侯楷炜《冯梦龙传说故事集》，诸家瑜等《甪端故事》，陈志强执编《松陵风物》，张瑞照执编《漕湖文化风情》，徐卓人、蔡建凤、卢丹柯、戴焱秋《阳山小白龙》，徐克明《翁同龢对联选（注释本）》。

汪寿林、邱景衡获上海“浦东花木杯”海内外灯谜大赛佳谜、谜文双奖，沈仁安荣获佳谜奖（上海市浦东新区文化广播影视管理局举办）。

蓝鸿《我是谁》、朱闻麟《论坛热点掀风波》分获“野马渡”杯全国新故事大奖赛（省民协参与联办的民间文学杂志《乡土·野马渡》编辑部举办）二、三等奖，高柏勤、周刚、刘亚武获优秀奖。

林锡旦《论吴地玉文化对华夏文明之影响》，张银龙、戴德林《奇葩盛放在肥沃的乡野》，朱闻麟《浅论新故事创作的三个要素：情、新、奇》，戴德林、张银龙《山歌越唱越鲜鲜》，诸家瑜《吴地盘歌》，柯继承《传统节日七夕考略》，倪小舟《浅刻》，濮凤娟、郁丽琴《刺绣艺术中的佛教文化刍谈》，张雷《苏州桃花坞木刻年画研究》获江苏省第十届（野马渡）民间文艺青年论坛优秀奖。

由市民协组织的苏州队——太仓市龙狮民间工艺美术厂龙狮队，获“迎接中国共产党第十八次全国代表大会胜利召开，龙腾盛世·2012‘灵山杯’江苏省舞龙精英邀请赛”表演金奖，市民协获优秀组织奖。

苏州灯谜代表队在上海“浦东花木杯”长三角地区灯谜邀请赛上荣获金奖、捧得金杯，胡文明获现场命题创作奖。在第三届蚶江侨乡谜会上，协会获得“温才杯”灯谜团体电控竞猜优秀奖和群众灯谜展猜优秀奖，邱景衡获自荐谜佳作奖和优秀论文入围奖，郦伟民获自荐谜优秀作品奖和即席命题创作佳作奖，宋国荣、龚喜中获自荐谜优秀作品奖。

姚琴华的刺绣作品《荷塘情趣》获第六届江苏省“艺博奖·银针杯”刺绣作品金奖。

胡文明《简论灯谜之30年》论文和一则灯谜，分获“居佳杯”首届灯谜文化节（深圳）海内外专题征文奖、百科题材（自荐佳谜）灯谜创作赛佳谜；缪一松获“居佳杯”首届灯谜文化节（深圳）中华灯谜男子电控锦标赛优胜奖和中华灯谜笔试精英赛第20名。

胡文明获中华灯谜学术委员会谜作年度“雁云奖”。

太仓市民协编发《联红娄江，春满太仓“中国楹联文化城市——太仓”》专辑。

昆山市民协编发《野马渡》6期。

文艺交流

6月16日，陈红英苏绣作品《双鹿图》搭乘“神舟九号”飞船进入太空。

5月31日至6月7日，由中国驻日大使馆、日中友好协会、苏州市沈寿刺绣艺术研究中心等单位联办的“绣绘古今中国风”苏绣传人濮惠菊作品展在日本日中友好会馆美术馆举办。

6月7日，姚建萍刺绣作品《英国女王》入藏白金汉宫。

9月19-22日，姚惠芬、殷毅军随苏州市政府参加在拉脱维亚首都里加市举办的“印象苏州”苏州·里加缔结友好城市15周年系列活动。

10月7-10日，姚惠芬应邀随中国代表团出席在印度金奈召开的四年一度的世界手工艺理事会。

10月19-23日，金国荣在苏州市革命博物馆举办“剪下生辉”金国荣剪纸艺术展。

10月24日，姚建萍应邀参加第105届巴黎秋季艺术沙龙展。

理论研究

在由江苏省文联民间文艺家协会主办，昆山市文联、周市镇人民政府承办的第十届（野马渡）民间文艺青年论坛上，苏州12篇论文获优秀奖。

文艺队伍建设

3月20日，楹联分会举办苏州联界学习太仓全国楹联文化城市经验座谈会。

2月12日，苏州市民间文艺家协会民间文学分会胥王文化创研基地在吴中区胥口镇胥王山文化生态园建立。

3月20日，苏州市楹联教育基地在江苏省沙溪高级中学、江苏省太仓中等专业学校、太仓市浏河镇新塘小学等三所学校建立。

5月29日，苏州市民间文艺家协会民间文学采风基地在吴中区东山镇三山岛建立。

7月4日，苏州市民间文艺家协会大学生社会实践基地在苏州市民间文艺家协会市井文化分会建立。

6月8日，苏州市民间文艺家协会民间艺术分会陈丽华苏绣教育培训基地在吴中区角直镇茉莉绣庄建立。

7月18日，苏州市民间文艺家协会民间艺术分会御窑“袁氏堂”研发、创新、教育基地在相城区“中平澄泥堂”建立。

8月28日，苏州市民间文艺家协会民间艺术分会明清家具文化艺术研发基地在吴中区光福镇苏州明仕阁古典家具厂建立。

8月28日，苏州市民间文艺家协会民间艺术分会核雕文化艺术研发、创作基地在吴中区光福镇苏州舟山核雕艺术研究所建立。

8月28日，苏州市民间文艺家协会民间艺术分会蔡梅英苏绣艺术教研创作基地在高新区镇

湖街道蔡梅英绣馆建立。

9月4日，苏州市民间文艺家协会姚建萍苏绣艺术文化发展基地在吴中区木渎镇姚建萍刺绣艺术馆建立。

文艺惠民

“学习雷锋——家在苏州·践行‘五好’”文化志愿服务活动之“公益眼科普查，慈善惠民服务”活动，由苏州大学附属理想眼科医院、苏州市民协联合举办，市井文化分会承办。

7月4日，市井文化分会举办“名家荟萃，文艺惠民‘走基层、下社区’”活动。地点：潼泾社区。项目：棕编、糖人、九连环等。

10月29日至11月4日，“喜迎十八大，树立新风尚”首届苏州市井文化艺术节·同里活动周，由苏州市民间文艺家协会市井文化分会、苏州金龙艺术品市场管理有限公司、吴江区同里商业文化广场管委会联合主办。艺术节以“学习雷锋——家在苏州·践行‘五好’”志愿服务活动为主题，组织开展名家荟萃、文艺惠民“走基层”的公益性活动，内容有民间文艺表演（节目有地方戏曲、歌曲演唱、乐器演奏、时装魔术表演、堂名曲目演奏、舞龙舞狮、猜灯谜等）、民间手工艺演示和民间游乐。

苏州市摄影家协会

综 述

2012年是苏州市文联确定的摄影艺术重点活动年，苏州市摄协以“家在苏州”为主题，开展全年摄影年系列活动。

文联党组成立了活动组委会，“家在苏州”摄影年系列活动贯穿全年，为2012年市文联和市摄协打造的最大品牌。市摄协及各市区摄协共举办了78项活动，将全年工作推向高潮。

苏州市第13届摄影艺术展、“古韵今风·家在苏州”中国苏州国际摄影大展大型活动奠定了摄影年的内容和品牌。此外，作为“家在苏州”2012年苏州摄影年的重要活动之一，7月29日、11月6日举办的苏州市国际国内获奖摄影作品展、苏州市老摄影家摄影作品展分别在苏州市图书馆开幕，各具特色的展览全面展示了我市摄影人的整体实力。

一年来，市摄协按照文联统一部署，大力唱响社会进步和时代发展的主旋律。配合市委宣传部开展了“我看这十年”摄影图片征集活动暨“科学发展在苏州，成就辉煌看十年”摄影作品大型展览，征稿作品达2000多幅，200幅作品被选出参加在图书馆的展出。

应新华社受江苏省委宣传部委托，承制江苏省形象宣传片，在全市影友中征集大量反映苏州特色和人文精神的顶尖摄影作品，受到广大摄影家、摄影爱好者热烈响应，共征集到2300多幅作品。

举办影赛影展历来是市摄协的重要工作，2012年随着摄影年的开展，影展影赛的规模达到了空前的地步，一年中协会参与主办和承办的大赛有25个，其中“古韵今风·家在苏州”中国苏州国际摄影大展等全国大赛达到7个，加上2011年启动、2012年截稿的达10个之多，市级大赛19个，展览11个。

市摄协依托自己的优势资源，注重宣传，在宣传自身，推动协会工作更快有序的发展方面做了不少工作，继续与中国移动公司苏州分公司合作，依托各自的优势，开办了2012“家在苏州”摄影年彩信专刊，希望通过短彩信平台，进一步连通协会与会员间的交流。还与凤凰资讯报续签订了合作协议，双方本着宣传苏州的理念，在凤凰资讯报每月开辟两个专版，介绍苏州摄影家的作品和举办的各项活动等。

2012年与苏州三大报的合作更加紧密，尤其是《姑苏晚报》，每星期设立了图片专版与市摄协合作，每星期一期栏目从未断过，既丰富了版面，又提供了广泛的交流平台，使协会和广大影友有了一个展示的阵地，取得了双赢的效果。

市摄协的工作丰富多彩，扎实有效，受到广大影友的大力支持和积极参与，每年均有70多人加入市协会行列，2012年入国家会员28人、省会员36人、市协会76人。

目前，市摄协有会员900多人,包括了五市、五区、五分会。市摄协是个大家庭，多年来团结协作，学习交流，不断进步，在2012年的摄影年系列活动中各市区协会紧密合作，心往一处想，劲往一处使，通力合作，为全年工作的顺利完成作出了各自的贡献。

重要会议

【省摄影家协会七届六次理事会】

江苏省摄影家协会七届六次理事会于2013年3月20日下午在苏州召开。会议总结了协会2012年工作，研究部署了2013年工作计划，听取了省文联领导的讲话。

【“家在苏州”摄影理论研讨会】

12月25日召开了主题为“家在苏州”的摄影理论研讨会，主要内容为重点论文宣讲，学术交流和自由发言以及文联领导讲话。论文内容有：《探索苏州城市化进程中的农民新影像》、《全民参与摄影活动中普及摄影基础知识之管见》、《苏州——水天堂》、《浅谈记录摄影中的特写与兴趣中心》、《影为心摄》、《景为我造》、《摄影的跨界及其他》等。

重要活动

【“家在苏州”摄影年开幕式】

5月12日上午“家在苏州”摄影年开幕式在苏州市观前街玄妙观隆重举行，苏州市及有关部门领导、近千名影友及市民参加了开幕式。开幕式当天沿街展出了258幅主题摄影作品，其中反映“苏州好人”的摄影作品有58幅，反映“苏州轨道交通建设”和市区重点工程改造建设的摄影作品有100幅，百姓生活摄影大赛获奖作品有100幅。全市5个区摄影家协会在观前街设立了5个摄影服务点，免费为民拍摄，并同市民普及摄影知识。摄影家们共拍摄照片400多幅，全部照片印出后免费寄给了服务对象。同时为配合此次摄影年开幕举办了“家在苏州”观前地区一日摄影大赛，千余位影友参加了大赛，共收稿3000多幅。

开幕式热烈隆重，中共苏州市委领导、各市（县）区文化艺术界的艺术家们参加了大会，会上市领导向苏州市各文艺家协会赠送了《苏州市文艺工作者职业道德公约手册》，向市文艺家协会、市县区文联等单位授“文艺家志愿者服务队”队旗，苏州著名摄影家吴加昌向市文明办、市文联、中共平江区委宣传部、中国移动苏州分公司赠送由他为雷锋生前拍摄的摄影作品，苏州摄影家代表为苏州好人10位代表赠送了摄影作品。

【“古韵今风·家在苏州”中国苏州国际摄影大展】

9月，为了更好地运用摄影的手段为苏州经济建设服务，为苏州发展大局服务，由中国摄影家协会、省文联和苏州市政府联合举办的“古韵今风·家在苏州”中国苏州国际摄影大展22日在苏州市图书馆隆重开幕。中共苏州市委常委、宣传部部长蔡立新，中国摄影家协会副主席李伟坤，苏州市文联主席成从武等领导出席了启动仪式并剪彩。这是今年创新打造的又一个精品战略，从2012年9月起至2013年6月底，面向全世界摄影家征集反映苏州科学发展辉煌成就的摄影作品，着眼于打造高层次、高水准的摄影艺术展示平台，大力宣传苏州幸福新天堂、创业新家园、美丽新苏州的美好景象。

11月24-28日，邀请了以中国摄协副主席张桐胜为团长的四位中外摄影名家来苏州参加看苏州、拍苏州活动，进一步为中国苏州国际摄影大展造势，扩大苏州大展在海内外的影响力。

【苏州市第13届摄影艺术展】

6月2日，苏州市第13届摄影艺术展在市图书馆隆重开幕。作为2012“家在苏州”摄影年系列活动重要内容之一的摄影艺术展，每三年举办一次，是我市摄影艺术领域具有较强影响力的又一品牌活动，是全体苏州摄影人献给全市人民、献给党的十八大召开的一份厚礼，也是我市全体摄影家、摄影爱好者三年来勤奋创作的成果展示。影展共展出了近年来我市摄影家创作的180幅摄影精品。这些作品是从400多位影友投稿的1400多幅作品中评选出来的优秀作品，凝聚了我市广大摄影工作者的辛勤劳动。本次影展是近年来我市摄影水平的一次综合性大检阅，展出的作品在影展结束后被制作成摄影集出版。

与此同时，苏州市国际国内获奖摄影作品展、苏州市老摄影家摄影作品展分别在苏州市图书馆举办。各具特色的展览全面展示了我市作者历年来在国际、国内取得的优异成绩和我市老摄影家的风采。

【环太湖摄影拉力赛系列活动】

6-12月，市摄协与中国摄影报社联合环太湖两省多家摄影家协会在环太湖地区各市（县）举办的中国摄影报@2012环太湖摄影拉力赛系列活动全国摄影大赛是今年的一项创新活动。活动

广邀高手，切磋技艺，以影会友，是光影论剑的大擂台。市摄协积极参与组织、安排，组团参加了其中在苏州境内举办的五次活动。影友参与积极性普遍高涨，在11站的打擂中，苏州影友成绩突出，包揽了总决赛的前三名。此外市摄协还参与组织了《中国摄影》举办的走进锦溪专家见面会和佳能公司举办的佳能典藏在苏推介会。

文艺创作

【创作采风活动】

2012年市摄协共组织各类创作采风29次，有："开往春天的列车"苏州轨道交通试运行采风创作（58人），"我们的队伍向太阳"苏州军旅摄影大赛采风两次（92人），2012苏州市摄影学习班常熟采风（60人），第二届苏州市"穹窿山杯"摄影大赛开拍仪式及采风（68人），协会组织赴内蒙古达茂创作团采风（22人），"百姓生活"苏州市自行车文化摄影大赛采风创作两次（40人），组织参加"记忆江南，相约甪直"全国摄影大展开拍仪式并采风创作（80人），协会网"让我们一起看海去"走进浙江象山——黄金海岸、中国渔港创作采风（74人），配合"永远的江南"全国大展常熟摄影采风（75人），配合"绿色田园@生态董浜"2012年常熟董浜摄影大赛开拍仪式暨苏州市摄影家协会董浜创作基地挂牌仪式采风创作三次（135人），重阳节老摄影家赴穹隆山采风（17人），"活力望亭·魅力水乡"摄影大赛开拍仪式暨采风创作两次（96人），"一起去看最美的红叶"协会网走进金秋的皖南采风（32人），2012"同舟蓝天下"中国（苏州）太湖开捕节开幕暨采风（56人），配合"聚焦独墅湖"摄影大赛采风创作两次（136人），配合"发现苏博·人文苏博·水墨苏博"摄影大赛组织六次闭馆采风拍摄（300人），协会网"走进如诗的水乡"兴化采风创作（33人），市摄协组织"春天的故事"苏州摄影界"送影下乡·为民服务"皖南采风创作（67人）。

【艺术创作成果】

据不完全统计，2012年我市作者共获得省级以上各类奖项620多幅。其中张炎龙获得江苏省摄影最高奖"金瞬奖"，徐晓根的《天使向日葵》和陆金元的《芦苇女》获第二届全国农民摄影大展铜奖，朱德明的《社区模特》获2012环太湖摄影拉力赛总决赛决赛一等奖，蔡龙和陈树勋分获亚军和季军，王克明的《会战》获江苏省"亲情电力·幸福民生"摄影大赛金奖，许金荣《千丝万缕》"江南何处好，乐居在吴江"获"亨通"杯全国摄影大赛金奖，吴靖的《船

娘》获锦溪杯首届青春之歌全国青年摄影大赛金奖，苗一峰的《虞山晨曦》、梅志强的《沙家浜》、陈建法的《雨声笑声》、钮泉娜的《庭院红鲤》分获“永远的江南”全国摄影艺术精品展精品典藏奖，王金元的《儿行千里》获第十届江苏省“五星工程奖”金奖，朱宏的《渔村留影》和邵家声的《呵护未来》同获江苏省“幸福江苏@光影十年”大型摄影作品展银奖。

文艺交流

【巡演、巡展、交流展】

举办影赛影展历来是协会的重要工作，近年来通过影展影赛达到宣传推介作用的效益越来越明显。全年影展有“科学发展在苏州，成就辉煌看十年”苏州市摄影展，喜迎十八大——“家在苏州”优秀书法美术摄影作品展，“喜迎十八大召开”苏州市老摄影家摄影作品展，“幸福江苏·光影十年”喜迎十八大大型摄影作品巡回展，十三届体育运动会体育摄影作品展览，苏州人眼里的承德·坝上影展，苏州市国际国内获奖摄影作品展，“卫士风采”摄影展，苏州市第13届摄影艺术展，第四届“怡情之乐”4353书画摄影小品展，苏州市法治文化节暨法治书画，摄影，漫画作品展等。

【摄影五星沙龙活动】

3月起市摄协创办了摄影五星沙龙活动，每月定期活动一次，成为全市影友又一个交流学习平台.一年来共举办了9期，每期吸引数百名会员影友到场活动，全年2000多人参加沙龙活动。

理论研究

由苏州市文学艺术界联合会、苏州市评论家协会、苏州市摄影家协会、张家港市摄影家协会共同举办的一年一度苏州市摄影家协会2012年摄影理论研讨会于12月上旬在张家港召开。

文艺队伍建设

【第二期摄影学习班】

2012年，协会继续加强人才梯队建设，第二期摄影学习班继续面向全市招生，在开办春季基础班的同时根据广大影友的需求在秋季开办了后期数码班，两期招生6个班共260多人。

苏州市摄影家协会网更加有序、科学、规范地为广大会员影友服务，为协会的发展注入了新的活力。目前网站正越来越成为协会重要的宣传工作阵地和协会与会员影友联系的纽带，目前已有15000多名来自全国各地的影友注册了会员。

【发展会员】

协会的工作丰富多彩、扎实有效，越来越多的影友想加入到协会的队伍中来。2012年28人成为国家会员，36人成为省会员，76人加入市协会。

文艺惠民

【摄影志愿者为市民服务】

参加市委室传部组织的学雷锋活动，摄影志愿者为市民免费拍摄全家福及个人照达300多幅。3月份利用到皖南采风的机会，市摄协组织了《春天的故事》苏州摄影界“送影下乡·为民服务”的活动，在当地为农家现拍、现打、现送照片，受到了当地乡、村政府及农家的广泛好评。

【为“中国好人”义务拍摄】

市摄协联合全市(县)区协会为全市58位中国好人专门拍摄了照片，在摄影年开幕上举行了赠片仪式，有力配合了中国好人精神在全市的弘扬和宣传。

【百名摄影家志愿者行动】

市摄协配合相城区摄协广泛开展了“进百家社区，送万家欢乐”百名摄影家志愿者行动，不仅从2011年起就利用去老少边远地区采风之机，义务为当地老百姓拍摄赠送照片，还为离休老干部免费制作他们一生经历的照片集锦，下到军营为即将退伍的战士拍摄并赠送纪念照，进社区、进农村为四世同堂的老百姓拍摄“全家福”，一年时间无偿送出了13000幅照片。

【聚焦市重点工程建设】

市摄协继续以实际行动配合和聚焦市重点工程建设，坚持和继续为苏州轨道交通建设、南环新村改造、虎丘等市重点惠民工程建设全程跟踪拍摄、记录留影，以实际行动服务苏州建设大局，服务重点工程，为市政建设留存完整的影像资料作出了贡献。

苏州市书法家协会

综 述

2012年，苏州市书协进一步加强中国书法名城建设，在创作、学术、教育以及品牌建设、队伍建设方面积极开展工作，取得了较好的成绩。

书法创作　华人德荣获第四届中国书法“兰亭奖”艺术奖。这是华人德继获兰亭理论奖、编辑出版奖、教育奖后获得的又一次殊荣，成为全国荣获“兰亭奖”数量最多的书法家。

政定荣虽逾古稀之年，但挚爱书法的热忱依旧执着。在第二届全国老年书法展中，他的小楷书作跻身获奖行列。公安战线的钱玉清书法作品获得第三届全国行书展优秀奖。此外，我市还有30余人次书法作品入展全国各项书法大展。

在江苏省第八届新人书法篆刻作品展中，我市4件作品获奖，入展54件，获得了省书协颁发的唯一一个优秀组织奖。

书法学术　学术与创作分头并进，是苏州书法的一贯特色。2012年，苏州书协在学术研究上主要有三个方面的成果。

一是编写书籍。华人德编著的《历代笔记书论续编》由江苏教育出版社出版。由华人德担任总主编，张建初、王伟林担任主编，陈道义、王金春、朱树民、卢月龙、张平、赵锟、庆旭分别执笔的“中国书法篆刻经典学习与鉴赏丛书”（六卷本，分为篆、隶、楷、行、草、篆刻卷）由苏州大学出版社出版。

二是参与承办了明清篆刻史国际学术研讨会，会议在昆山召开。这是暨明清书法史国际学术研讨会、中国苏州书法史讲坛、首届中国书法名城论坛后的又一次大型学术会议。

三是多位书家的论文入选全国各类学术研讨会，王伟林的论文入编《全国第九届书学讨论会论文集》，陈道义、王学雷、王渊清、朱三男等的论文入选全国第九届书学讨论会，华人德的论文参加“国山碑”学术研讨会交流。

书法教育　2012年是苏州书法教育创立特色的一年。由市文联启动的书法教育千百工程在全市得到了广大书法爱好者的热烈响应。

4月17日，由苏州市委宣传部、苏州市语言文字工作委员会、苏州市文联、高新区委宣传部等联合主办的中国书法名城苏州书法教育千百工程在高新区人才广场启动，苏州市首届公务员书法班学员习作汇报展同时举行。

12月10日，中国书法家协会教育专业委员一行30余人在申万胜、言恭达的率领下专程赴苏考察，听取了苏州实施千百工程的汇报，并实地参观了市书协教育基地苏州市山塘中心小学。

品牌建设　为进一步彰显中国书法名城品牌特色，苏州市书协开展了一系列旨在提升苏州书法品位的活动。先后举办了2012苏州传媒书法邀请展、当代吴门篆刻名家作品邀请展暨苏州中青年篆刻家作品展、2012对话园林当代中青年书法名家邀请展、中国书法名城苏州·杭州书法联展、湖南·苏州女书家20人展，12月完成了中国书法名家得意之作邀请展苏州中青年书法名家作品的征集、评议，参加2013年的中国书法名家“得意之作”邀请展。

11月13日，在法国的苏州友城格勒诺布尔市举办了“吴门书道”中国书法名城苏州作品法国展，共展出40幅书法作品。

队伍建设　在书法创作、学术研究、书法教育三位一体全面发展的同时，市书协还十分注重书法队伍的建设，重视书家德艺双馨的素质培养。

1月18日，市书协和苏州市慈善总会、姑苏晚报社联合举办了2012年苏州市书法名家大型慈善捐助行动，拍得的18万善款全部由苏州市慈善总会定向捐赠给贫困学生。

春节前，市书协组织书法家走进街道、社区，为市民义务书写千余幅春联。6月初，市书协组织部分骨干会员赴江苏徐州及山东济宁等地访碑采风。7月23日，12名书法家走进苏州军分区，挥毫泼墨近百件书法作品，表达了对人民子弟兵的深情厚谊。

2012年，苏州市书法家协会有13人获批为中国书法家协会会员，58人获批为江苏省书法家协会会员，另有78人加入苏州市书法家协会。

重要活动

4月17日，由中共苏州市委宣传部、苏州市语言文字工作委员会、苏州市文联、高新区委宣传部等联合主办的中国书法名城苏州书法教育千百工程启动仪式在高新区人才广场启动。市委宣传部、市文联等的领导、书法导师、书协书法教育基地代表等200余人参加了启动仪式。千百工程是市文联、市书协为贯彻落实党的十七届六中全会关于推动文化大发展大繁荣的精神和国家教育部2011年颁布的《关于中小学开展书法教育的意见》，加强苏州书法名城建设，传承吴门书道，培养书法新人，提高市民素质，提升城市品位，集中三年面向社会义务培养1000名书法爱好者，面向市区中小学校义务培训100名书法师资的惠民工程。市书协高度重视，先后召开了主席团会议、秘书长扩大会议、教育委员会工作会议，抓住工作重点，加强宣传联络，慎重聘请了具有较高创作水平、教育经验丰富的50名骨干会员担任授课导师，制定了“教学大纲”“学员守则”和“导师守则”，以保证千百工程的有序进行。至今已有50余个书法班先后在机关、企事业单位、部队、中小学校开班，学员超过1000人。此项工程得到社会的广泛关注和欢迎。

文艺创作

6月初，市书协组织部分骨干会员赴江苏徐州及山东济宁等地进行访碑采风活动，开拓了会员的视野，激发了大家的创作激情。

华人德获第四届中国书法“兰亭奖”艺术奖（全国10名），这是他继首届荣获兰亭奖理论奖、编辑出版奖，第三届荣获教育奖后又一次摘得兰亭奖，成为全国荣获”兰亭奖“最多的一位书法家。此外，徐圭逊、钱玉清的书法作品入展本届艺术展。

林再成的书法作品入展由江苏省文联、江苏省美协、江苏省书协主办的首届江苏省优秀中青年美术家书法家精品展（全省20人）。

钱玉清的书法作品获第三届全国行书展优秀奖，王金春、寇忠理、季雪忠、陈方红、邢宗仁、周云平书法作品入展。

政定荣的作品在第二届全国老年书法展中

获奖，华人德、李大鹏、冯瑞渡三人的作品被特邀参展。

钱玉清的书法作品在首届"张芝奖"和中国·贵州"百里杜鹃"书法展中获奖。

杨建荣、寇忠理的作品在中国（芮城）永乐宫第五届国际书画艺术节上获百佳奖。

刘开华的书法作品入展全国第三届隶书大展。

居永良、浦建青、寇忠理、刘光明的书法作品入展全国第二届册页书法作品展。

周宓、钱娟英、何方晴、王洁、葛丽萍、吴若丹的书法作品入展第五届全国妇女书法作品展。

陈方红、霍正斌、钱玉清、肖志刚、杨建荣的书法作品入展全国第三届青年书法篆刻作品展。

在江苏省第八届新人书法篆刻作品展中，潘攀、龙侃、张斌、赵怡平获奖，市书协另有入展作品54件，获奖、入展数量名列全省第一，并且获得唯一一个优秀组织奖。

浦建青的书法作品在江苏省第十届五星工程奖中获金奖，王金春的书法作品获银奖。

文艺交流

11月13日，"吴门书道"中国书法名城苏州作品法国展在法国的苏州友城格勒诺布尔市展出，市书协主席团华人德、王伟林、周雪耕、陈艺、王坚等一行5人参加了开幕式。展览共展出我市书法篆刻作品40幅。展览期间，我市书法家还为外国学生作讲座。

2月15日，由苏州日报社、苏州市文联联合主办的2012苏州传媒书法邀请展在雨村美术馆举行，参展的50位苏州中青年书法家都是活跃在当今苏州书坛的创作骨干。《中国书法》、《书法》、《苏州日报》做了专题介绍。

11月8日，由江苏省文化厅、江苏省文联、西泠印社、苏州市文联主办，市书协和东吴印社

承办的当代吴门篆刻名家作品邀请展暨苏州中青年篆刻家作品展在苏州雨村美术馆开幕。展览当天进行了学术研讨会。西泠印社出版社推出了上述两个展览的作品合集，共入编特邀、特约、入展作者40余名印人的篆刻作品。《中国书法》、《书法报》、《书法导报》、《美术报》、中国西泠网等多家专业媒体进行了专题报道。

11月28日，由苏州市书协、雨村美术馆联合主办的2012对话园林当代中青年书法名家邀请展在雨村美术馆举行。展览由华人德担任学术主持，邀请了活跃在当今书坛的中青年书法名家及苏州的中青年创作骨干共20人用不同形式、不同风格的书法作品与园林"对话"，题咏园林。

12月28日，由苏州市文联、杭州市文联、苏州工艺美院联合主办的中国书法名城杭州·苏州书法联展在苏州工艺美院美术馆举行，展出的近200幅新作反映了两地书法家的不同追求和审美取向，开幕式上《中国书法名城杭州·苏州书学文集》同时首发。

4月17日，作为千百工程的前期成果，苏州市首届公务员书法班学员习作观摩展在高新区人才广场举行，展出书法作品54件，作品集同时首发。

6月21日，首届公务员书法班（一班、二班）举行结业典礼，经过三年的学习，完成了规定的课程。大家认为结业是一个新阶段的开始，而

下半年开始的“曲园书法雅集”会成为学员们继续切磋书艺、交流感情的平台。

理论研究

11月6-7日，由江苏省文联、西泠印社、苏州市文联联合主办，西泠印社印学理论与社史研究室、苏州市书法家协会、昆山市文联、昆山书画院共同承办的明清篆刻史国际学术研讨会在昆山举办。中国书协副主席、江苏省文联副主席言恭达，中国书协副主席、西泠印社副社长兼秘书长陈振濂，西泠印社副社长李刚田，西泠印社社委会副主任、西泠印社常务副秘书长包正彦，苏州市书协主席华人德出席了会议并担任研讨会的学术主持。本次会议采取定向邀约和公开征稿相结合的方式，共计收到海内外作者来稿60余篇，经过半年多时间的征稿、论文初评、终评，共评出30余篇论文，连同特约专家稿共计44篇一同入编论文集（西泠印社出版社出版），论文集于会议开幕同期面世。我市作者周新月、顾工、张恨无、陆昱华、邵宁等的多篇论文入选。

5月，市书协与苏州大学联袂编写的“中国书法篆刻经典学习与鉴赏丛书”由苏州大学出版社出版。此书共六册，分为篆、隶、楷、行、草、篆刻卷。总策划：田晓明。总主编：华人德。主编：张建初、王伟林。本书由王金春、卢月龙、朱树民、张恨无、陈道义、赵锟、庆旭执笔撰写，是集系统性、知识性、研究性、原创性于一体的书法篆刻学习用书，为中国书法名城建设添砖加瓦，也使已列为世界文化遗产的中国书法篆刻艺术在新的历史条件下得以更好的传承和弘扬。

华人德编著的《历代笔记书论续编》由江苏教育出版社出版。

华人德的论文参加明清江南刻帖学术研讨会和“国山碑”学术研讨会交流。

王伟林的论文入编《全国第九届书学讨论会论文集》，他同时担任全国第九届书学讨论会的监审委员。王伟林担任第二届中国书法“金陵论坛”的评审委员。

8月，李海珉的《南社书坛点将录》由苏州大学出版社出版，填补了南社书史研究的空白。

陈道义的论文《〈学古书五十六体〉杂考》、王学雷的论文《〈字学臆参〉的版本、命名及写作》及朱三男的论文《〈平复帖〉识读新论》入选全国第九届书学讨论会。

董水荣的论文入选第二届中国书法“金陵论坛”。

周新月的论文《〈承清馆印谱〉、〈学山堂印谱〉印人考辨》获第二届江苏省文艺评论奖优秀奖。

文艺队伍建设

2012年，中国书法名城苏州书法教育千百工程36个书法培训基地相继挂牌。

2012年，共有13名会员加入中国书法家协会，58人获批为江苏省书法家协会会员，78人获批准为市书法家协会会员。

文艺惠民

1月18日，由苏州市书法家协会、苏州市慈善总会、姑苏晚报社联合主办，苏州市青年书法家协会协办的2012年我市书法名家大型慈善捐助行动再次拉开帷幕。活动得到各方面的支持，共拍得18万善款，全部由苏州市慈善总会定向捐赠给贫困学生。

春节前，市书协组织书法家走进街道、社区，为市民义务书写数千幅春联。

5月，市书协参与苏州文学艺术界纪念毛泽东《在延安文艺座谈会上的讲话》发表70周年系列活动，组织书法家走进观前街道小公园社区义务创作书法作品，受到热烈欢迎。

7月23日，王伟林、杨鼎美、李少鹏、陈艺、王国安、钦瑞兴、钦瑞兴、许晨曦、朱树民、朱斌生、吴明星、何鹏等12名书法家走进苏州军分区，怀着对部队的崇敬之情，挥毫泼墨，创作近百件书法作品，表达了对人民子弟兵的鱼水深情。

苏州市杂技家协会

综　述

苏州市杂技家协会在市文联党组和主席团的领导和关心下，以邓小平理论、“三个代表”重要思想和科学发展观为指导，深入学习贯彻十八大精神，围绕中心、服务大局，根据市杂技家协会实际工作特点，开展各类文艺活动。

重要会议

2011年9月6日，市杂技家协会成立大会暨第一次全体会员大会在胥城大厦举行，来自全市的60余位杂技界代表和杂技爱好者欢聚一堂，共商杂技繁荣发展大计。大会审议并通过了《苏州市杂技家协会章程》，选举产生了首届市杂技家协会主席团。我市著名魔术表演家张加宏当选为首届市杂技家协会主席，刘建文、刘常州、姜苏珍当选为副主席，赵丹为名誉主席，金廷中、张慧慧、周兵林为顾问。江苏省杂技家协会副主席、秘书长曹志龙，胡韵荪、市文联副主席王伟林出席大会。会上，王伟林作重要讲话，希望全市广大杂技工作者在首届市杂技家协会领导班子的带领下，同心同德，开拓创新，为促进我市杂技事业的发展，为推动苏州文艺事业大发展大繁荣而努力奋斗。

理论研究

1月5日，由市杂技家协会主办的2012年新春魔术研讨会在广场酒店举行。市杂技家协会50余名会员齐聚一堂。市文联党组书记、副主席朱建华，副主席王伟林出席研讨会。研讨会邀请了中国杂技家协会魔术技术委员会副主席、中国杂技魔术“金菊奖”终身成就奖获得者、上海市杂技家协会副主席周良铁先生作专题讲座。研讨会的举行不仅增进了会员间的了解与交流，也促进了青年杂技人才的成长。

文化惠民

市杂技家协会充分发挥杂技、魔术的特长，精心编排节目，参加市文联及相关部门组织的文艺惠民活动，组织举办了喜迎十八大广场惠民魔术专场，全年先后有50余人次参加了20余场广场惠民演出。

苏州市电影电视艺术家协会

综　述

2012年，苏州市电影电视艺术家协会团结广大影视工作者，进一步增强围绕中心、服务大局的意识，自觉配合党和政府的工作大局，特别是围绕市委中心工作，以重大事件和节庆日为契机，以促进电视艺术事业的大发展大繁荣为目的，继续与省视协、苏州广电总台、各县市协会等紧密合作，联合举办相关重大主题活动，做到精心策划、精心筹备、精心实施，确保活动既有正确导向，又有声势、规模和质量。

文艺创作

【推出精品力作，取得丰硕成果】

电视剧《万历首辅——张居正》获中国20年“百部优秀电视剧奖”和国家电视剧政府奖“飞天奖”提名荣誉奖，动画片《诺诺森林之天外来客》荣获2012年度中国动画最佳创投奖，电影《康定情歌》、电视剧《激战江南》获第八届江苏省“五个一工程”奖。在第二十八届江苏金凤凰奖评奖中，我市中短篇电视纪录片《菊隐江湖——鞠国栋70年风雨》、电视广告片《苏州评弹形象片》获一等奖；电视剧《欢乐元帅》获最佳作品奖；纪录片《话说虎丘》，电视文艺晚会《“长江水·山花情”山歌会》、电视节目主持人黄蕾获二等奖，电视文艺晚会《2011昆山阳澄湖葡萄节开幕式暨东方国际模特大赛江苏赛区总决赛》、《苏州人过年——2012春节电视评弹特别节目》获三等奖。

【影视创作保持良好发展态势】

4月份，苏州广电总台抽调骨干，组织班子，批拨经费，策划启动了90分钟时长的纪录片《钻天洞庭》。同时，为扩大苏州纪录片的影响力度，在更高平台上宣传苏州文化，推广城市形象，苏州广电总台加大了与央视的合作力度，拍摄制作了一大批反映苏州地域文化的纪录片，如《苏菜》、《中国古镇》“苏州组片”系列等。苏州亚细亚传播娱乐有限公司创作并投资拍摄了长篇电视连续剧《决战江南》，这是继《风雨雕花楼》、《激战江南》后，在全国产生重大影响的第六部主旋律大剧，开创了中国电视剧产业的一个崭新门类——“苏派”影视剧。士奥动画策划运作了《诺诺森林之天外来客》、《身边的故事》等多部电视系列动画片，总计360集，近2500分钟，播出后取得较大反响。

【建立有效激励机制，设置“金茉莉奖”】

为鼓励电视艺术创作多出精品，表彰优秀电视艺术人才，繁荣电视艺术事业，满足人民群众的精神文化需求，市文联和市影视协联合设立了苏州电视文艺“金茉莉奖”。“金茉莉奖”为苏州电视文艺最高综合奖，是与全国“金鹰奖”、省“金凤凰奖”配套、联动的评奖活动。同时，市影视协还正式启动了苏州市首届“微电影”创作大赛，这也是影视工作者贯彻文联、总局走基层精神的具体体现。

文艺队伍建设

【推出人才培养措施，建立人才扶持有效机制】

市影视协根据苏州影视事业发展的需要和特点，制定行之有效的人才培养措施，建立人才胜出有效机制；关注青年创作群体中的佼佼者，及时发现、跟踪培养，并为他们提供服务与帮助，使他们早日成才。市影视协与广电总台一起开展节目创新研发活动，共收到各类电视节目创新方案160多篇。先后在苏州一套和二套节目中播出的《前沿930》、《乐活六点档》等节目，经过时间的考验，不断成熟，定位日趋准确，受到广大电视观众的喜爱。市影视协在“金茉莉奖”的评比中增设了优秀主持人奖项，以期更多地挖掘年轻、优秀的主持人才。

理论研究

【深化评论对创作的引导推动作用】

市影视协与独墅湖影剧院管理中心联合举办了“湖畔印象”映展暨讲座，活动包含讲析、放映、交流等内容，总参与人数突破20000人次；市影视协还和亚细亚影视传媒合作举办了亚细亚电视剧作品研讨会，努力探索“苏派”电视剧的形成要素以及社会背景和历史背景，积极打造属于“苏州制造”的经典作品。市影视协关注创作热点，掌握创作动态，积极组织各类影视剧本、节目形态、理论研讨、影视评论活动，营造积极的、健康的、科学的文艺批评氛围，为苏州影视艺术创作的繁荣提供了坚实的理论支持，逐步建立起一支德艺双馨的理论评论队伍。

苏州市文艺评论家协会

综　述

2012年，市评协在市文联党组的关心和领导下，主动自觉地围绕中心，服务大局，积极弘扬社会主义核心价值观，依托苏州市的文艺评论队伍开展活动，在推介苏州文艺精品力作、推进苏州文艺创作，促进文艺繁荣等方面发挥了积极作用，推出了一些针对苏州文艺发展状况的专题评论，揭示了苏州文艺创作的特色与走向，引起了苏州广大文艺家的重视和关注。特别是协会主席朱栋霖教授的论文荣获第四届中国曲艺牡丹奖理论奖和中国文联第八届文艺评论奖文章类特等奖，展示了我市文艺评论的最高水平和在文艺评论界的地位。市评协还主动介入有关兄弟文艺家协会的重要活动，动员骨干评论力量研究相关文艺现象，发表了一批有针对性、有深度的评论文章。市评协协同市摄协举办了第三届苏州市摄影理论研讨会，协同市影视协举办了苏州亚细亚影视作品研讨会。协会还组织骨干会员撰写文章，在省文联的机关刊物《江苏文艺研究与评论》上连续发表了全面评价苏州文艺创作和专题推介苏州影视创作的两组论文，从而圆满完成了全年的各项任务。市评协现有会员100余名，其中省评协会员20余名。

文艺评论

【第二届江苏省文艺评论奖揭晓，我市文艺评论创作丰收】

12月19日，第二届江苏省文艺评论奖颁奖会暨省文艺评论家协会二届三次理事会在南京举行。中共江苏省委宣传部副部长梁勇，江苏省文联党组书记、常务主席王慧芬等领导出席了颁奖典礼。我市文艺评论家周良、季玢、史琳、周新月的文章分获三等奖和优秀奖。

江苏省文艺评论奖是经江苏省文联批准设立的综合性文艺评论奖，每三年评选一次，2012年是第二届。本届评选的范围为2009年1月1日至2011年12月31日公开出版发行的文艺评论著作和在报纸、杂志、图书上公开发表的文艺评论文章，涵盖文学、戏剧、电影、音乐、美术等13个艺术门类。

第二届江苏省文艺评论奖受到全省评论家们的广泛关注，省各文艺家协会、各市文联、市评协高度重视，广泛发动，积极推荐，共收到近百件优秀作品。评委会认为，2012年参评作品的总体质量较高，基本上体现了三年来江苏文艺评论所取得的阶段性成果。按照评审标准和条件，经过初评、终评及公示，最终，《象征行为与民族寓言——十七年历史剧话语形态论》等两篇文章获一等奖，《〈电声〉的办刊理念及电影史的意义》等三篇文章获二等奖，《中国画创作现状与呼唤经典作品》等五篇文章获三等奖，《后青春时代的爱情书写》等十篇文章获优秀奖。南京、苏州、泰州等三个市文联获组织工作奖。

在这次获奖作者阵容中，出现了我市周良、周新月两位文艺评论家父子联袂获奖的喜人花絮。周良的论文《作为非物质文化遗产的苏州评弹的保护》与周新月的论文《〈承清馆印谱〉、

〈学山堂印谱〉印人考辨》深获评委的好评，两代人的目光都投向苏州的传统文化遗产，都具有深厚的学养功底和扎扎实实的研究成果，令大家眼睛一亮。

【市评协组团往滇西北采风】

11月21日，在市文联党组统一部署和安排下，市评协组成由协会主要骨干参加的文艺采风团前往云南采风，历经云南大理、丽江、香格里拉等地，历时八天，收获颇丰。

采风团考察了丽江古城的纳西古乐文化，观摩了乐队的演奏，与纳西古乐的创始人宣科进行了有关文化传承、发展、评价和推介等方面的交流，获益不浅；考察了白族、藏族的起居文化，特别是白族的民间建筑给评论家们留下了深刻的印象。采风团一行在丽江观摩了张艺谋等人创作的《印象丽江》，这个大型歌舞对丽江文化的提炼与升华同样引起了热烈的讨论，对照苏州的文化创新和发展，激发出苏州文艺评论家们许多新的思考，开拓了他们在文化创新方面的思路。

一路上采风团沉浸在大自然的壮丽景色里，评论家们感谢市文联作出了这样内容丰富、实惠高效的采风活动安排，一致认为这样的活动将进一步扩大评论家们的视野，增强评论活力，促进评论的进一步发展。

理论研究

【《苏州文艺评论》取得丰硕成果】

《苏州文艺评论》2012卷集中介绍了“苏州艺术家研究丛书”问世之后国内主流媒体的报道；特别刊出了《周瘦鹃文集》座谈会特辑，充分肯定了范伯群教授以严谨的治学之风遴

选编辑了周瘦鹃作品的精粹华章；还选编了苏州市第三届摄影研讨会推出的一组摄影创作论文，对苏州的摄影创作实践进行了很好的剖析和总结。《苏州文艺评论》2012卷还发表了一批关于苏州评弹、苏州美术、苏州近代文学等方面的重头研究文章，对文艺创作的规律进行有益的理论探讨，阐发各自的见解，为文艺创作更上一层楼推波助澜。

作为苏州市评协广大会员自己的发表园地，一年一期的《苏州文艺评论》从2007年问世至今，已经连续编撰出版了4期，发表了近两百篇文艺评论文章，计100多万字，涉猎文学、美术、书法、音乐、舞蹈、戏剧、曲艺、摄影、影视、民间文艺等各个艺术门类，取得了丰硕的研究成果，为国内文艺界所关注，成为苏州文艺界一道独特的风景。《苏州文艺评论》致力于促进苏州本土文艺创作繁荣，特别关注苏州实力派艺术家的创作实践，重点总结他们的成功经验，分析他们在从事文艺创作历程中的成败得失，开展实事求是的深入研究，以期对他们提出中肯、富有建设性的建议。同时，其他艺术家也可以从中得到借鉴与启示，取得有目共睹的实效。

各团体会员（二）

张家港市文学艺术界联合会

综　述

2012年,张家港市文联认真学习贯彻党的十八大精神,紧紧围绕全省率先基本实现现代化的战略部署,自加压力,奋发有为,以生动的文艺实践进一步丰富"文化张家港"建设内涵,各项工作富有成效、亮点纷呈,在文艺创作、文化活动、协会建设、人才培养、惠民服务等方面取得了一定成绩。2月,张家港市文联主席庞曦参加江苏省文联第八届委员会第三次全体(扩大)会议,并作交流发言,张家港市文联荣获"2011年度江苏省市、县(市、区)文联工作创新奖"。同年2月,庞曦参加中国书协在人民大会堂举行的中国书协暨中国书法(名城)之乡新春联谊会。同年5月,庞曦参加全国基层文联负责人研修班,并进行经验交流。年内,庞曦获"2011–2012年度江苏省市、县(市、区)产业(行业)文联先进个人"称号。

张家港市文联切实履行服务职能,以文化软实力助推城市经济社会发展硬实力,积极参与小城河文化景观打造、网格化公共文化服务、文明百村欢乐行、全国版权示范城市申报等重大文化工作;围绕建县市50周年,全力配合组织实施"沙洲的崛起·张家港的辉煌"大型图片展,提供照片上千余幅;参与2012中国(张家港)长江文化艺术节,具体承办第三届"长江杯"江苏文学评论奖;组织实施江苏省第八届书法篆刻作品新人展,400余件精品在市美术馆精彩亮相。

张家港市文联切实担负发展使命,以文艺作品创作力丰富城市人文内涵。会员个人共出版文艺图书36部,计600余万字,发行量30余万册,在市级以上各类报刊发表文艺作品1200余篇(件),73件作品在省级以上评奖中获奖、入展(选)、演出。评弹演员季静娟摘取第七届中国曲艺最高奖——牡丹表演奖桂冠,24首音乐作品刊登在《词刊》、《歌曲》等杂志上。徐玲的小说《巨大的村庄》获批重点扶持项目;陈忠海的诗歌《终剧场》获入围资助;大型锡剧《一盅缘》相继获得江苏省舞台艺术精品工程资助剧目、重点资助剧目,主演董红荣获上海"白玉兰奖"戏剧主角奖,成为全市第一个"白玉兰奖"获得者;短篇弹词《港城大义》获第五届中国苏州评弹艺术节优秀节目奖,季静娟获优秀表演奖。

张家港市文联切实推进人才建设,使会员的整体创作水平得到有力提升。全年组织开展各类采风、观摩、交流、点评、讲座、座谈、展览、展示等专业活动30余次,有效提升了骨干会员的艺术修养和创作水平。于4月16–18日组织各协会、镇文联负责人25人,赴三清山、婺源等地开展三天的创作采风,创作了数百件文艺作品。承办首届中国舞考级师资培训,并首次完成"中国舞蹈家协会少儿考级"。经努力,全市人才队伍建设获得新发展,9人加入国家级专业协会,1人考取艺术硕士(全市艺术硕士研究生已达到5人),2人荣获"苏州市首届优秀中青年文艺工作者"称号,1人被推荐为江苏省宣传文化系统青年文化人才。至此,张家港市已建成国家包含级会员52名、省级会员163人的文艺队伍。

张家港市文联切实抓好特色活动品牌打

造，进一步提升文联影响力和活力，使得“文艺进万家”活动品牌效能得到初步释放；春联大放送、欢歌大家唱、书画公益巡展、曲艺雅韵惠民演出等“文艺进万家”系列惠民活动有序推进，相继开展30余场（次），仅义务写春联一项受益群众就超万人次。张家港市书协首度开启“情系西部·翰墨沁香”爱心助学活动，将连续5年累计资助助学经费25万元。

重要会议

【市文联五届五次全委（扩大）会议】

1月9日，张家港市文联五届五次全委会举行。中共张家港市委宣传部副部长、张家港市社科联主席朱兴华以及张家港市文联五届委员会全体委员出席会议。张家港市文联主席庞曦作了题为《弘扬张家港精神，同心协力谋发展，奋力开创文艺事业新局面》的工作报告。会议对2011年度张家港市文联先进集体及文艺工作者进行了表彰。会议调整了张家港市文联五届委员会委员。朱兴华对2011年全市文联开展的工作和全市文艺工作者取得的优异创作成果给予了充分肯定，并就喜迎十八大、献礼张家港建县（市）50周年等重要文艺工作进行了安排部署。随后，张家港市文联举行全市文艺界迎新春联谊会，中共张家港市委常委、宣传部部长杨芳出席联谊会。

【积极投身全国版权示范城市创建工作】

2月，张家港市被江苏省版权局认定为“江苏省版权示范市”。为进一步做好全国版权示范城市创建工作，2月15日，张家港市文联联合张家港市文广新局，召开全市文学艺术类版权工作推进座谈会议，张家港市文联副主席支坤兴以及文学、书法、摄影、音乐、民间文艺等协会负责人参加会议。张家港市版权局负责人着重介绍了版权工作的意义、现状以及所取得的成绩，并通报了2011年版权局的主要工作，对全市文艺类版权登记工作寄予希望，希望在版权登记和保护等工作上取得新进展。支坤兴就文艺类版权如何登记提出了具体要求：一是在张家港市文联办公室设立版权登记受理点，在周一到周五工作日期间受理版权登记业务；二是针对文艺创作生产“大户”，应主动服务到家、上门登记；三是倡导自行登记，对熟练掌握应用计算机的文艺工作者，鼓励他们自行上网登记。截至12月底，张家港市文联年内受理登记各类文艺作品700件。在首届全市优秀版权评比中，支坤兴、徐新园的歌曲《鉴真东渡的地方》获二等奖，徐玲的《炫酷课堂》、刘振新的《好风如水》、何伟明的《和谐》、任文浩的《香远益清梅花堂》获三等奖，另有侯晓云、李素艳等5位会员的作品获入围奖。

【举办首届中国舞考级师资培训班】

5月4日，由张家港市文联主办、张家港市舞蹈家协会承办的首届中国舞考级师资培训班在张家港市舞蹈学校正式开班。30名来自各舞蹈教学培训学校（中心）的学员参加了为期5天的集中培训。中国舞蹈家协会派出金牌教师殷娜前来授课，采用中国舞协统一教材，培训中国舞考级四、五、六级课程。张家港市文联副主席支坤兴出席开班仪式并作动员讲话。他说，首届培训班的开班标志着张家港市舞蹈教学进入系统化、规范化的新阶段。舞蹈考级工作将会进一步赢得社会的关注，成为舞蹈培训的新动力。他希望全体学员要增强责任意识，充分认识师资培训的特殊意义；珍惜学习机会，切实提升自身素质能力；

严格制定标准要求，做好培训考核工作。10月，张家港市舞蹈家协会完成中国舞蹈家协会少儿考级工作，426人参加考级，通过率达100%。

【市美术家协会第六次会员代表大会】

5月15日，市美术家协会第六次代表大会在馨苑度假村召开，与会代表30余人参加会议。苏州市美协副主席卢卫星，中共张家港市委常委、宣传部部长杨芳，张家港市文联主席庞曦、副主席支坤兴，张家港市民政局党委副书记徐丹出席会议。徐华翔当选为第六届美协主席，丁建中当选常务副主席、法定代表人，刘振新、陈三石、蒋萌、侯晓云、邹四青当选为副主席，侯晓云兼任秘书长。杨芳在讲话中希望新一届美协理事会要团结协作，营造竞争和谐的文艺氛围，同时加强德艺双馨建设，着力打造优秀的美术工作者队伍。

【南丰镇文联成立大会】

5月26日，南丰镇文联成立暨第一次会员代表大会在南丰镇科文中心举行，中共南丰镇党委书记常征、副书记王静娟、宣传委员谭德宝，张家港市文联主席庞曦、副主席支坤兴，以及120名代表参加会议。会议选举王静娟为镇文联主席，谭德宝为镇文联副主席，聘请常征为名誉主席。常征、庞曦为南丰镇文联揭牌，并分别代表镇党委和张家港市文联讲话，希望镇文联成立后，要围绕中心，服务大局，履行职责，建好队伍，以学习提升素养，以创新拓展空间，以服务提升地位，为建设文化强镇作出贡献。南丰镇文联下设书画影协会、文学协会、音乐协会、舞蹈协会、艺术品鉴赏等五个协会，是张家港市第四家乡镇文联组织。

【召开“香山十八景”大型主题创作研讨会】

8月23日，“香山十八景”大型主题性创作研讨会在张家港市书画院举行。张家港市文联副主席支坤兴作创作动员，丁建中、刘振新、陈三石、侯晓云、邹四青、安昌礼、浦宏观、陈金学、张新华9位美术工作者作为主要创作人员参加了会议，正式启动“香山十八景”主题创作。10月下旬，历经两月余，完成了以钓鱼台、采香径、梅花堂、洗砚池、石虎门、圣过潭、观音殿、荷花厅、圆寂塔、听松吟、桃花涧、圣清池、毗邻井、巫子门、天台石、归云洞、烽火墩、藏军洞——香山十八景为创作内容的主题性创作。18幅美术作品，突出历史性和主题性，以笔墨和丹青，较好地反映了保税区(金港镇)境内香山文化的底蕴和内涵。

【召开社会组织评估工作推进会】

9月18日，张家港市文联召开社会组织评估工作推进会，部署做好社会组织评估自评工作，张家港市书协、美协、国标舞协会负责人参加会议。张家港市文联副主席支坤兴出席会议并讲话，市民政局相关部门负责人到会作了工作指导。支坤兴围绕社会组织评估工作进行具体部署，希望有关协会充分认识开展社会组织评估和能力建设的重要意义——对新形势下各专业协会加强自身建设、提升服务水平、打造公信力群团组织而言，是一项基础性、长期性工作。支坤兴同时要求书协、美协、国标舞协三家协会按照社团登记管理机关的统一部署，在思想上高度重视，在行动上积极实施，搭建班子，细化分工，明确环节，确保按规定的时间、要求完成资料准备和自评工作。10月，张家港市美协递交了社会组织评估申请。11月，经过初评和终评，张家港市美协获得“1A社会组织”称号。

【市音乐家协会第六次会员代表大会】

9月23日，张家港市音乐家协会第六次会员代表大会在金水源酒店召开，张家港市文联主席庞曦、副主席高卫平，张家港市民政局党委副书记徐丹以及全市40余位音乐界代表出席会议。大会审议通过了第五届音乐家协会工作报告、新修订的协会章程和会费管理办法，选举瞿维娜为第六届音协主席，李刚、马向阳、徐新园、杨伟才4人为副主席，聘请钱俭为秘书长。5年来，张家港市音协创作音乐作品500余件，获奖、发表、参演作品达200余件，其中10余件获全国奖；策划和参与演出活动500多场次，举办各类培训班、训练营30多期次，累计培训学员近千人次。

【戏剧家协会成立大会】

12月31日，张家港市戏剧家协会成立会议在长春园书场举行，苏州市文联党组书记、主席成从武，苏州市文联副主席、江苏省苏州昆剧院副院长、著名昆曲表演艺术家王芳，苏州市文联副秘书长项正伯，市文联主席庞曦，中共张家港张家港市委宣传部副部长、社科联主席朱兴华，张家港市文联副主席支坤兴，张家港市民政局党委副书记徐丹，以及会员代表60余人参加会议。会议选举董红为张家港市戏剧家协会第一届理事会主席，夏敏莹为常务副主席兼法定代表人，选举谢志刚、朱宝根、周菊明、蔡仁生为副主席，朱宝根兼任秘书长。

张家港市戏剧发展代代传承，舞台上先后涌现出蒋盘芳、钱瑛、杨文良、高惠法、董红等代表性人物。21世纪以来，全市戏剧事业步入蓬勃发展期。2012年，董红荣获上海“白玉兰奖”戏剧主角奖，大型锡剧《一盅缘》获江苏省舞台艺术精品工程重点资助剧目，实现了市场和艺术价值双丰收。

重要活动

【“三人行”瓷板画作品展】

1月13日，为期3天的“三人行”丁建中、邹四青、侯晓云瓷板画作品展在张家港市图书馆展览结束。此次作品展共展出30幅瓷板画作品，是丁建中等3人半年来在景德镇精心烧制的最新力作。本次展览是张家港市画家瓷板画作品的首次集中亮相，吸引了众多市民前来观赏。

【市书画院举行新春书画小品展】

2月2日，张家港市书画院新春书画小品展在书画院展出，共展出出自书画院名誉院长、顾问、专职画师、特聘书画师之手的作品35幅，有油画、中国画、粉画、书法等丰富的表现形式，清新隽永，韵味悠长。

【“笔书华章·精彩在沃”全市机关干部硬笔书法展】

3月10日，由中共张家港市委宣传部、机关工委、团市委、市文联和日报社联合举办的“笔书华章·精彩在沃”全市机关干部硬笔书法大赛在沙洲宾馆举行开幕式。张家港市级机关工委书记马狄武主持开幕式，中共张家港市委常委、宣传部部长杨芳致辞。张家港市委常委、组织部部长方培华，张家港市政协副主席李汉忠，张家港市文联领导庞曦、高卫平以及获奖单位代表、获奖作者代表120余人参加活动，并进行了颁奖。本次大赛自2011年10月起，至2012年3月止，共收到524名参赛者的820件参赛作品，最终评出优秀组织奖10个，个人一等奖6件、二等奖10件、三等奖20件、优秀奖30件，入展76件。

【“我们的节日·清明”红色诗会】

4月1日，由中共张家港市委宣传部和保税区党工委、管委会、金港镇党委、政府主办，张家港市作家协会、舞蹈家协会承办的“我们的节日·清明”2012张家港市清明大型红色诗歌朗诵会在后塍学勤广场举行，先后表演了经典诵读、红歌舞蹈等节目。中共张家港市委宣传部副部长朱兴华、张家港保税区党工委调研员汤建中、张家港市文联主席庞曦出席朗诵会。《和你们在一起》、《看着一支革命的蜡烛点燃》、《思绪在清明》等诗歌作品表达了对先烈们的崇高敬意和深切怀念。

【徐华翔水墨艺术展】

4月10-15日，徐华翔水墨艺术展在深圳关山月美术馆举行。画展由深圳市文联、深圳市美协、中共张家港张家港市委宣传部、张家港市文联等单位共同主办。共展出徐华翔2011-2012年创作的水墨作品62幅，这些作品既饱含传统笔墨，又彰显当代图式，用现代的审美方式给观众呈现出皖南民居和江南水乡的独特韵味和意境。

【“长江潮歌”采风团来张家港市采风创作】

5月9～14日，《词刊》编辑部赵薇薇，著名作曲家冯世全，词曲作家解华，词作家张景坤、曹家为、张海宁等13人，组成“长江潮歌”知名音乐家采风团来到张家港市采风。张家港市文联主席庞曦，副主席支坤兴、陈忠海、高卫平，张家港市音乐家协会主席瞿维娜、副主席徐新园等参与接待，并陪同采风创作。在5天的采风时间里，采风团相继参观了市文化中心、暨阳湖、凤凰镇河阳山歌馆、恬庄古街等地。至11月，24首采风期间创作的词曲发表在《词刊》、《歌曲》等杂志上，支坤兴创作的歌词《沙洲神话》、《鉴真东渡的地方》、《多情江南》在《词刊》上发表。

【全市市级机关领导干部书法研修班结业作品展】

5月12日，张家港市级机关领导干部书法研修班结业作品展在张家港美术馆开幕，中共张家港市委常委、组织部长方培华，张家港市政协副主席、张家港市书协名誉主席李汉忠，张家港市人民政府副市长黄亚平，中共张家港市委宣传部副部长、张家港市文明办主任袁勋，张家港市级机关党工委书记马狄武，张家港市文联主席庞曦，张家港市文化中心主任解志荣，张家港市城管局副局长徐向前，张家港市文联副主席、张家港市书法家协会主席高卫平参加开幕式。本次展览共展出研修班学员的60多件结业作品，楷、行、篆、隶、草诸体皆有，充分展示了学习成果。展览持续到5月18日。

张家港市级机关领导干部书法研修班于2011年5月开班，历时1年。通过学习，学员们从书法爱好者变成了有一定造诣和水平的人员，4名学员作品入展江苏省第八届书法篆刻新人新作展，具备加入省书法家协会资格。

【江苏省第八届新人书法篆刻作品展】

5月28日，江苏省第八届新人书法篆刻作品展在张家港美术馆开幕，省文联党组书记、常务副主席、书记处第一书记王慧芬，中国书法家协会副主席、江苏省文联副主席言恭达，江苏省书法家协会主席团成员阙长山、李啸，苏州市文联副主席、书协副主席王伟林，中共张家港市委常委、宣传部部长杨芳以及主（协、承）办单位朱兴华、庞曦、解志荣、高卫平等领导出席。获奖作者代表，省、苏州、张家港市书画界代表300余人参加开幕式并观看展览。本届新人展，由中共张家港市委宣传部、张家港市文联与江苏省书法家协会联合主办。共收到全省18岁以上非省书协会员的书法篆刻作者的近3400余件投稿作品。经评审，评选出新人奖作品20件，入展作品432件。获奖入展作品正、草、隶、篆诸体兼备，风格多样，书风纯正，体现了江苏书法可持续发展的良好态势。在本次书法篆刻展中，张家港市有1件作品获奖，17件作品入展，创下张家港市历届省新人展最好成绩。

【参与文化客厅打造工程】

1-5月，张家港市文联依托民间文艺家协会，组织缪自强、吕大安、杨子才、徐祖白、何才荣等民间文化工作者，三次实地考察小城河二期工程现场，四次召开专题座谈会，积极参与小城河文化客厅打造工程。经过数次修改论证，突出“城”与“河”两个主题（“城”指的是杨舍堡城，“河”指的是谷渎港和小城河），以青龙桥、五行柱、展览馆、大型浮雕等为主要内容的方案获得有关领导赞许。当前，小城河文化景观已全部完成，文化客厅的气象得到呈现。

【“新水墨”当代中国画名家50人邀请展】

6月3-8日，由中共张家港市委宣传部、民盟张家港市委、张家港市文广新局、张家港市文联联合举办的“新水墨”当代中国画名家50人邀请展在张家港新水墨艺术中心展出。中共张家港市委常委、宣传部部长杨芳，张家港市人民政府副市长丁学东，张家港市政协副主席李汉忠，中共张家港市委宣传部副部长、文化广电新局局长陈世海，张家港市文联主席庞曦等领导出席开幕式。开幕式由张家港书画院院长丁建中主持，张家港市美术馆馆长、美协主席徐华翔介绍展览情况，陈世海、庞曦分别讲话。这次展览是为庆祝张家港建（县）市50周年而举办的，50位作者均为全国各地中国美协会员。这些作品表现出中国画的时代风貌，展示了中坚代美术家的创新理念与探索成就。

【“园林意境”陈国中书法精品展】

6月23日，“园林意境”陈国中书法精品展在张家港市博物馆举行，国家行政学院党委委员、纪委书记杨文明，国家行政学院书画研究院院长廖自力，国家行政学院书画研究院秘书长王均峰，张家港市人民政府副市长华红，张家港市政协副主席李汉忠，中共张家港市委宣传部副部长、文广新局局长陈世海，张家港市文联主席庞曦等主承办单位领导出席活动。开幕式由庞曦主持，华红致欢迎辞，廖自力讲话，陈国中致答谢辞。本次展览共展出陈国中书法作品41幅。

【丁建中花鸟画作品展】

6月16日，丁建中花鸟画作品展在常州武进书画院开幕。常州、张家港两市相关领导，以及两地书画同道和相关媒体参加开幕式，共展出50幅作品。

【“今日张家港·印象凤凰镇”全国摄影大展】

6月，由中国摄影报社、张家港市凤凰镇主办，苏州市摄影家协会、张家港市摄影家协会承办的“今日张家港·印象凤凰镇”全国摄影大展在张家港市凤凰镇进行了初评与终评，共评出金质收藏奖1名、银质收藏奖2名、铜质收藏奖5名、优秀作品奖100名，张家港市陈洪标的作品《吴软河阳》获得金质收藏奖。参加终评的专家有中国摄影报社副社长方焕然，江苏省文联副主席、省摄影家协会主席沈遥，著名摄影家杨大洲，苏州市摄影家协会主席张炎龙，张家港市政协副主席李汉忠，张家港市摄影家协会主席何伟明等。本次摄影大赛，作品征集历时1年，共收到全国各地参赛作品6000余件。

【“文明港城·生态家园”书画影征集颁奖典礼】

6月，由张家港市文明办、环保局、文联联合举办的“文明港城·生态家园”书画影征集活动颁奖典礼在园林广场举行，张家港市人大副主任郭炳荣、张家港市人民政府副市长邵军民、张家港市政协副主席徐平观、张家港市环保局局长张平、张家港市文联主席庞曦等出席颁奖典礼。此次活动自3月份启动以来，先后收到参赛作品356件，评出一奖3件、二等奖9件、三等奖15件、优秀奖30件、入围奖60件。

【“20年征程·20年辉煌”书画影展】

10月16日，由张家港市文联与保税区（金港镇）联合举办的“20年征程·20年辉煌”书画影展览在张家港市美术馆举行开幕式。张家港市文联主席庞曦，张家港保税区纪工委副书记、中共金港镇党委副书记刘一平等出席活动，张家港市文联副主席支坤兴主持开幕式。“20年征程·20年辉煌”书画影展览活动是为纪念张家港保税区建区20周年而举行的一项主题性文化活动，被列入保税区（金港镇）第九届香山文化旅游艺术节。自活动启动以来，收到各类参赛作品300余件，产生96件获奖作品，展出98件获奖和特邀作品。所有展出作品，题材广泛，种类丰富，基本功扎实，审美意识强，兼具传统与现代，展现了保税区（金港镇）20年内发生的翻天覆地的变化。

【第三届“长江杯”江苏文学评论奖颁奖典礼】

11月20日，第三届“长江杯”江苏文学评论

奖颁奖典礼在张家港馨苑度假村举行。该活动由中共江苏省委宣传部、江苏省作协、张家港市人民政府共同主办，中共张家港市委宣传部、张家港市文联承办。江苏省作协党组书记、主席范小青，党组副书记张王飞，中共江苏省委宣传部文艺处处长李朝润，江苏省作协党组成员、创研室主任汪政，中共张家港市委常委、宣传部长杨芳，张家港市文联主席庞曦等出席颁奖典礼。本届评论奖共收到参评作品30余部（篇），获奖作品12部（篇），黄发有的《文学与年龄：从“60后”到“90后”》获一等奖，李章斌的《瘸腿的诗学——关于当代新诗批评的音乐维度的一些思考》等3部（篇）获二等奖，子川的《穿越生死边界的一脉香火》等8部（篇）获三等奖。本届文学评论奖的最大亮点是增设了特别奖，以奖励省外以江苏文学为评论对象的优秀成果，吴义勤、张学昕获本届文学评论奖特别奖。

【“环太湖”拉力赛取得好成绩】

3–12月，中国摄影报社联合环太湖两省多家摄影家协会，在环太湖区域多个城市举办中国摄影报·2012环太湖摄影拉力赛系列活动，历经11站城市，于12月1日在太仓圆满落幕。半年多来，大赛收到参赛作品18000多件。张家港市摄影工作者积极参与，有10人共25件作品入选，并取得一等奖3件、二等奖1件、三等奖3件的好成绩，朱德明凭借《少儿模特》获得总决赛冠军。

【全市首次舞蹈专场演出】

12月30日，“美丽港城”2013年张家港市舞蹈家协会迎新年舞蹈专场在张家港市电视台演播大厅举行，表演舞蹈节目13个，是全市首次舞蹈专场。张家港市文联主席庞曦、副主席支坤兴，中共张家港市委宣传部有关领导，张家港市舞蹈家协会主席杨栋，以及赞助单位中集圣达因低温装备有限公司领导观看了演出。庞曦作了热情洋溢的讲话，肯定了舞蹈家协会一年来的工作实绩，并对这场开创性的舞蹈专场表示热烈的祝贺。本次舞蹈专场，由张家港市文联主办，张家港市舞蹈学校、少年宫承办，是为庆祝张家港市舞蹈家协会成立一周年、集中展示舞蹈事业成绩而举办的一次汇报演出。《青花瓷》、《前哨》等精彩的舞蹈作品展示了全市舞蹈工作者扎实的功力和不俗的实力，赢得了阵阵掌声。

文艺惠民

【春联暖港城送春联活动】

1月7–18日，由张家港市文联统一组织和安排部署，张家港书法家协会、美术家协会、市书画院等有关协会和单位积极参与，相继开展春联大放送活动25次，送出春联近万对，受益群众超万人次。其中，张家港市书画院联合总工会、社保局、司法局、凤翔银楼等单位联合开展一系列的送春联活动，累计送春联21场次共8000余对，将送春联活动进行到底。

【现场助力写春联，“网格化公共文化服务”会议】

1月7日下午，“网格化公共文化服务”活动在张家港星海剧场启动。此时，适逢新春佳节将至，为突出营造喜庆文化氛围，张家港市文联组织书协17名骨干会员现场书写春联，气氛热烈，大受欢迎，当场送出春联500余对。此前，先期书写的200对库藏对联也都“花落各家”。拿到对联的市民喜上眉梢，连夸“这春联送得好”。

【广场文艺祝福新年】

大年初四（1月26日），张家港市文汇广场热闹非凡，张家港市文联组织的一台歌舞节目激情上演。台上载歌载舞，精彩不断；台下欢声笑语，掌声连连。来自张家港市音乐家协会、歌唱分会的会员们用精彩的歌曲唱响节日的祝福，为港城的春节增添了节日的气氛。节目吸引了广大市民前来观看，市民们在音乐声中感受到了别样的年味。

【江苏曲艺名家走进张家港骏马集团】

7月6日晚，由江苏省文联、江苏省曲艺家协会主办，江苏骏马集团、张家港市艺术中心、张家港市曲艺家协会承办的“2012江苏省百名艺术家百场惠民演出暨江苏曲艺名家送欢笑走进骏马”大型综艺晚会在张家港市骏马体育公园隆重上演。江苏省文联书记处书记、党组成员叶飚荣，张家港市文联主席庞曦等省市文艺界领导出席。演出在张家港市艺术中心歌舞《喜事多》中拉开帷幕，音乐口技《一个人的乐队》，歌曲《锦绣前程》、《梦圆》，二胡独奏《赛马》，苏州评弹《大爱无边》等精彩上演。晚会节目形式丰富多彩，内容新颖，颇具创意，给骏马集团职工一场超级的视听享受。

【曲艺雅韵惠民演出】

10月7日，张家港市曲艺家协会“曲艺雅韵会民情”系列活动在凤凰镇、塘桥镇敬老院举行。季静娟、郭正兴、季建斌、陈晓忠、谭建荣、陈美东、赵卫祥等一批优秀曲艺名家和演员带来的精彩节目，让老人们在家门口就享受到了一席丰盛的曲艺文化大餐。本次演出由张家港市曲艺家协会主席季静娟带队，演员均由协会理事会成员、骨干组成，所有演出节目均根据老年人的喜好精心挑选，演出了《苏州好风光》、《拔兰花》、《珍珠塔》等节目，受到老人们欢迎。同时，曲艺家协会还相继走进市老年公寓、骏马集团等单位演出。

【书法家协会持续开展社会性公益活动】

张家港书法家协会持续开展书法进万家系列活动，分别于3月14日、7月12日、11月23日、12月13日组织了41人次骨干会员走进东港装饰工程有限公司、张家港市边防检查站、张家港市港口学校等单位，创作50余幅书法作品。实施“情系西部贫困学子”爱心助学行动，每年5万元，5年累计20万元资助西部贫困学子。

【书画文化社区行公益巡展】

4-11月，2012年张家港市书画文化社区行公益巡展圆满结束。活动自4月份启动以来，先后在市美术馆、凤凰镇、锦丰镇、乐余镇、南丰镇、大新镇等地展出七次，共展出30余位本土优秀书画家的精品力作38件，近万人次参观了展览。因为坚持“公益性”和“三贴近”原则，书画巡展已连续开展3年，取得了一定成效。

【书画院积极参与网络文化艺术节义卖活动】

12月，由张家港团市委等单位主办的张家港市网络文化节爱心义卖活动举行，张家港市书画院院长丁建中，书画院专职画家刘振新、侯晓云，书画院兼职书法家陈宇和谢利锋等热情参与活动，纷纷捐出自己的书画作品，助力网络文化节爱心义卖活动。

常熟市文学艺术界联合会

综　述

常熟市文学艺术界联合会(简称常熟市文联)是中国共产党常熟市委员会领导下的，由常熟市各文学艺术家协会、各镇(区)文学艺术界联合会和条线、企业文联组成的人民团体，是党和政府联系文艺界的桥梁和纽带，是繁荣发展社会主义文艺、建设社会主义先进文化的重要力量。2012年是常熟市文联成立60周年纪念之年，常熟市文联团结带领全市广大文艺工作者，以党的十八大会议精神为指针，以开展基层组织建设年为契机，坚持“二为”方向，贯彻“双百”方针，充分发挥文联组织的人才优势，立足构建文艺高地，推动文艺繁荣，培养文艺精英，取得了显著成绩。全年组织各协会开展各类活动210多场次，观众达110多万人次，83件文艺作品在全国、省、市获奖，出版和发表文学作品100多部(首)。文艺活动方面，呈现了项目多、规模大、策划好、参与广、联动强的特点；阵地建设方面，呈现了务实、渐进、特色的特点，《常熟田》秉持“纯、精、情”的品质，还扩大了覆盖面，《常熟文联》坚持了“汇、引”的功能，《文艺网》发挥了“快、广”的长处，文艺交流中心体现了“展、研、创”的作用，各协会、镇、系统文联表现了“一会一品”“一镇一品”的特点，社会和会员服务方面呈现覆盖广、引领强、关怀深、心情畅的特点；艺术成果方面呈现了创作活跃、精品多、获奖层次高的特点；机关建设方面呈现规范化、制度化的特点。常熟市文联荣获“2011-2012年度江苏省市、县(市、区)、产业(行业)文联先进单位”称号，被评为苏州市文联系统信息工作先进集体。

重要会议

【常熟市文联八次文代会】

4月29日，常熟市文学艺术界联合会第八次代表大会在国际饭店隆重举行，来自全市的160多名文艺界代表欢聚一堂，共商常熟文学艺术事业繁荣发展大计。苏州市文联党组书记、主席成从武和常熟市领导惠建林、王飚、秦卫星、徐永达、王建国、潘志嘉、钱向宏、陶理、殷丽萍出席会议。大会选举产生了第八届文联的领导机构，规划了今后五年文艺发展前景。中共常熟市委惠建林书记更为常熟市文联今后的工作指明了方向，提出了更高要求。会议期间，全体代表审议通过了《市文联工作报告》，讨论通过了新修改的《常熟市文联章程》。会议号召全体文艺工作者共同遵守《常熟市文艺工作者职业道德公约》。

重要活动

【庆祝十八大系列活动】

党的十八大胜利召开，是我党、我国各族人民政治生活中的一件大事。为迎接党的十八大胜利召开，深入学习贯彻党的十八大会议精神，营造全市人民的喜庆氛围，结合常熟市委、市政府提出的率先基本实现现代化的目标，常熟市文联围绕“庆祝十八大，迈向现代化”主题，精心策划、精心筹备，开展了一系列文艺活动，收到了良好效果。一是举办常熟文艺界欢送十八大代表常德盛文艺专场演出，二是举办180米书画长卷现场创作暨捐赠仪式，三是举办江苏·苏州梅花奖艺术家走进常熟惠民专场演出，四是举办常熟市乡镇美术、书法、摄影作品巡回展，五是举办“翰墨情、公仆心”市级机关迎接党的十八大书法展，六是举办“人与现代化”征文活动。

【文艺交流中心建成投用】

在中共常熟市委、市政府以及社会各界的大力支持下，常熟市文联于2012年筹建了常熟市文艺交流中心和常熟市黄公望书画创作研究院，为广大文艺工作者提供了一个集学习、创作、交流、研讨、展示、培训为一体的平台。文艺交流中心（黄公望书画创作研究院）拥有近2000平方米建筑面积，有创作室、展厅、报告厅、研讨室、会议室、陈列室等，设施一应俱全。5月29日，常熟市文联所属的常熟市文艺交流中心正式启用，与此同时，常熟市黄公望书画创作研究院正式成立。中国文联国际部主任黄文娟，江苏省文联党组书记、常务副主席王慧芬，苏州市文联主席、党组书记成从武，中共常熟市委常委、宣传部长潘志嘉，上海市中国画院副院长陈翔，江苏省书法家协会副主席李啸，常熟市人大常委会副主任钱向宏，苏州市文联副主席王伟林，苏州市国画院院长周矩敏，苏州市文联秘书长、江苏省美协副主席徐惠泉等应邀出席庆典仪式。黄公望书画创作研究院（文艺交流中心）先后举办了“虞山清晖”常熟市书画名家邀请展、2012年中国当代最具实力与价值中国青年艺术家作品邀请展、当代书画名家“江苏行·走进常熟”书画展、“情系常熟”中国当代美术名家作品邀请展、常熟市文联书画考级优秀作品展等。

文艺创作

【作家协会】

金曾豪、丁晓原、许军、浦君芝、顾鹰的作品分别获得苏州市文学创作奖和文学评论奖，潘吉、王晓明、叶黎侬、浦仲诚等20多位作家的作品在省级以上的文艺刊物上发表。

【美术家协会】

陶语歌的粉画在全国第二届粉画展中获优秀作品奖；画家钱学君、庞琴华的作品分别入选中国当代花鸟画展、2012中国工笔画展；陶语歌、张利群、朱江的作品获江苏省美术新人新作奖；鞠松楠的作品入选吴冠中艺术馆开馆全国中国画展；鞠松楠、吴卫星被中国美术家协会吸收为中国美术家协会会员，实现了常熟在中国美协会员零的突破。

【书法家协会】

寇忠理的作品入展全国第三届行草书法大展等中国书协主办的10项赛事，秦健的作品入展全国首届“张芝奖”书法大展等中国书协主办的四项赛事，肖志钢的作品入展第三届青年书法篆刻作品展，赵华明的作品入展瘗鹤铭书法展，刘光明的作品入展全国第二届册页书法作品展。

【摄影家协会】

苗一峰、陈福宝、梅志强在第四届中国（常熟）江南文化节“永远的江南”全国摄影艺术精品展中获典藏奖，万新光、谭瑞忠、周一进、钱伟春、沈茂芳等的作品入选全国摄影艺术精品展。

【音乐家协会】

金曾豪作词、郭晓峰作曲的歌曲《蓝调江南》在第四届中国（常熟）江南文化节上获江南音乐奖，金曾豪作词、吴小平作曲的《灵秀江南》在第四届中国（常熟）江南文化节上获江南音乐奖，金曾豪作词、王金元作曲的歌曲《请喝一杯虞山茶》在第四届中国（常熟）江南文化节上获江南音乐奖优秀奖，王金元作词、作曲的歌曲《红军走过的山坡》获苏州市“五个一工程”奖，女声独唱《灵秀江南》获江苏省“五星工程奖”银奖。

【舞蹈家协会】

牛小艾编导、林友领舞的舞蹈《一方田》获2012江苏省第十届“五星工程奖”金奖，李桦编导、倪晓波领舞的《走到一起来》获2012江苏省第十届“五星工程奖”银奖。

【戏剧家协会】

乔新谔的《梦圆沙家浜》获全国博兴杯小戏比赛优秀推荐奖，《偷娘记》获苏州市小戏小品一等奖，《追鱼》在全国公共文化示范区作品调演开幕式上演出，戏剧家协会和曲艺家协会合作的评弹情景剧《江南第一书码头》获江苏省“五星工程奖”金奖。

【曲艺家协会】

陆建华的短篇弹词《招牌菜》获文化部颁发的优秀表现奖、优秀短篇书目奖，《育种人》获文化部颁发的短片创作奖；陈伟春的短片评话《富春山居图》获文化部颁发的优秀短片书目奖，陈燕燕、陈碧红、金慧新等曲艺家的作品也在全国和省的演出中获奖。

【民文协会】

韦文禧的作品船模“郑和八宝船”获苏州市“五个一工程”奖，徐耀良创作的《清廉颂》在江苏省民文协会主办的廉政山歌邀请赛上获特等奖，胡燮敏的《尚湖文化研究》获苏州市第三届文化遗产抢救整理研究类优秀成果三等奖。

【影视艺术家协会】

影视艺术家协会创作的电视音乐节目《经典红歌唱响常熟》获江苏省政府颁发的二等奖，电视文艺《第三届中国休闲服装设计精英大赛总决赛颁奖晚会》获江苏省政府颁发的二等奖。

文艺交流

【文艺交流、采风活动成果展示】

为拓展艺术家们的艺术视野，启迪创作思维，9月，常熟市文联组织带领市舞蹈、音乐、曲艺、戏剧、影视、民间文艺六个协会中部分文艺工作者赴江西庐山和滕王阁进行为期五天的采风活动，组织《常熟田》部分编委前往宜兴、溧阳采风。10月，组织常熟十位书画家赴浙江嘉善县参加“元季四家”故里书法美术作品联展，并与无锡市锡山区，浙江省富阳市、平阳县和余杭区部分书画名家进行现场笔会交流。11月，组织作家协会的创作骨干与金阊文联、扬中文联的艺术家进行创作交流。交流采风成果都在《常熟田》上得以展示。

文艺队伍建设

【文艺阵地建设循序渐进】

2102年，常熟市文联精益求精，编辑出版文艺期刊《常熟田》、《常熟文联》，充实更新《常熟文艺网》。《常熟田》是文联主办的文艺刊物，在省内外有一定的影响，为进一步提高刊物质量，2012年在栏目编排、版面设计、作品质量、企业合作上有了新的突破，使其常办常新，成为广大文艺工作者的良师益友，同时增加了印数，扩大了社会覆盖面。《常熟文联》是《常熟日报》上的专版，每月出刊一期，报道常熟文艺界的活动信息、获奖成果，是人民群众了解常熟市文艺动态的重要窗口，是宣传党的文艺方针政策、把握政治方向的阵地。《常熟文艺网》是常熟市文联的文艺网站，是与文艺家交流和沟通各级文联的一个重要平台。《常熟文艺网》建成后，为快速高效地传递常熟文艺界的信息成果起到了极其重要的作用。

【青少年书画考级如火如荼】

为进一步普及书画艺术教育，规范书画艺术考级，促进常熟市书画艺术考级的健康发展，展示常熟市青少年书画艺术风采，发现和培养优秀青少年艺术人才，2012年常熟市文联青少年书画考级工作有了新突破，全市报考人数超过1284多名，考级成绩显著提高，取得了良好的社会效益。

【镇（区）文联文艺品牌精心打造】

为进一步提升基层文艺活动品位，常熟市文联组织艺术指导委员会的专家、顾问经常深入乡镇、社区、机关、学校进行艺术辅导，为激发基层文联的特色文艺品牌起到了积极的作用。目前，虞山镇文联的群众文艺、梅李镇文联的孝爱文化、董浜镇文联的灯迷和农民管弦乐队、支塘镇文联的阿里山艺术团、沙家浜文联的石湾山歌和阿庆嫂民俗风情节、碧溪新区文联的江花诗词、尚湖镇文联的王庄戏曲、海虞镇文联的“故事”、古里镇文联的白茆山歌和“书香古里”、辛庄文联的无线电收藏、波司登文联的道德讲堂等已成为乡镇文艺的特色品牌。

【自身建设得到加强】

2012年，常熟市文联协助市政法委成立政法系统文联，协助常熟经济技术开发区成立滨江文联，为加强基层组织建设，推进系统文艺工作作出了努力。常熟市文联又增设了一个内设机构组联部，充实了机关中层干部，为更好履行机关职能奠定了良好基础。针对工作实际文联党组同时注重内部运营规范化，先后推出了《市文联内设机构职能》、《市文联附设机构职能》、《市文联财务管理暂行规定》、《市文联书画装裱（框）业务暂行规定》、《市文联文艺活动、广告管理暂行规定》等，进一步规范了机关运作，强化了内部管理。

文艺惠民

2012年，常熟市文联响应中共常熟市委宣传部“三下乡”活动号召，组织30多名文艺家参加“常熟市文化、科技、卫生三下乡”活动，为董浜镇人民写春联、送书画，受到农民兄弟的欢迎。同时积极开展“五进五送”活动，组织书画家进校园、进园区，开展文艺惠民服务；组织作协、美协、书协、摄协的60多名创作骨干赴常熟经济技术开发区进行采风、创作，举办情满滨江雅集，编辑出版了《常熟田》文艺专刊、《春潮涌动江南岸》图文集；组织10多名著名书画家走进昆承中学进行创作笔会，创作了50多幅作品，深受广大师生欢迎。

太仓市文学艺术界联合会

综　述

2012年，太仓市文学艺术界联合会（以下简称太仓市文联）积极践行“爱国、为民、崇德、尚艺”的文艺界核心价值观，团结带领太仓市文艺工作者扎实工作，砥砺奋进，推广高雅文艺，推出精品力作，更加自觉、更加主动地承担起为人民抒写、为人民放歌的历史责任。一年来工作亮点纷呈，获得了上级组织的认可，也获得了社会各界的广泛好评，被苏州市文联授予先进文联光荣称号。

2012年，太仓市文艺界取得了不凡的成绩，组织工作跃上了新的台阶。围绕“家在太仓”主题开展的“月季花开香万家”惠民行动，得到了进一步的拓展。“晓邦杯”国标舞全国公开赛、中土摄影家交流互访、中国沙溪诗歌论坛等一系列高品质文艺活动的举办助推了太仓美誉度的提升；“百姓健康舞”推广、展演活动，“万幅楹联进万家”，本土音乐人新年音乐会，微剧、微电影，以及定时定期举办的摄影月赛、“娄东戏台”“舞林会友”“太仓乐坛”等活动引领了文艺风尚，受到了广大市民的喜爱。一年来，文艺活动多达百余场次，受众数万人。

2012年，太仓文艺界迎来一个丰收年。文学艺术园地百花齐放，创作队伍日益壮大，培育了一批领军人才和拔尖人才。据统计，一年来，太仓市文联系统共出版各类文艺著作30部，获得苏州市级以上奖项130余件，省级以上报刊发表、展出、入选作品330余件。汪放当选为苏州市文联第十次代表大会主席团成员，汪放、陈永明、蔡萌萌当选为苏州市文联第十届委员会委员。胡永平获评“2012年度全国楹联十大新闻人物”。金友良、沈美林、刘铁权、俞其林、俞镇修、钱澜、徐仲良等7人晋升为国家级会员，另有9人晋升为省级会员，27人晋升为苏州市级会员。

重要会议

【太仓市文联召开六届五次全委会】

3月7日，太仓市文联六届五次全委会在太仓市行政中心会议室召开。会议审议通过了汪放主席代表六届委员会主席团所作的题为《为提升太仓城市品位抒写，为提高娄东民生品质放歌》的工作报告。会上，太仓市文联对获得2011年度市文联先进集体、信息工作先进集体、年度单项奖的成员单位及个人进行了表彰，授予《天下第一桩》等30件作品第三届文学艺术“月季花奖”。太仓市文联委员、各成员单位负责人、获奖作者代表70余人参加了会议。

【中国沙溪首届新诗论坛】

3月10-11日，由江苏省作协主办，扬子江诗刊社、太仓市文联、太仓诗歌学会和沙溪镇政府承办的中国新诗论坛（2012·中国沙溪）在沙溪举行。这次主题为“新诗的经典化问题”的论坛，成为江苏省作协“‘新诗百年’系列活动”中的第一项重要活动。中国作协全委会委员、《人民文学》前主编韩作荣，首都师范大学教授、博士生导师、《诗探索》理论卷主编吴思敬，江苏作协党组副书记张王飞，江苏作协党组成员、创作研究室主任汪政以及来自北京、河南、海南、江苏等地诗歌界的学者、理论家30余人齐聚沙溪。

重要活动

【第二届“晓邦杯”国际标准舞全国公开赛】

7月17–18日，“2012·晓邦杯”国际标准舞（体育舞蹈）全国公开赛暨CBDF中国杯国际标准舞巡回赛——太仓站在太仓市体育中心举行。本次活动由中国国际标准舞总会、江苏省文联、太仓市政府、江苏省舞协主办，江苏省国标舞协会、太仓市文联及太仓市文新局等单位承办。来自北京、上海、广东、江苏等地的59支代表队近2000名舞者齐聚太仓，在为期两天的比赛中一展舞技。在太仓期间，全国政协委员、第七届中国文联副主席、党组成员、书记处书记胡珍，江苏省文联党组成员、书记处书记郑泽云一行参观考察了沙溪古镇、新天祥美术馆等地。胡珍一行对太仓文艺工作给予了充分肯定。

【“墨林六骥”书画作品展】

9月14日，由太仓市文联主办，太仓书画院承办，太仓博物馆、太仓市文化馆协办的喜迎十八大“墨林六骥”书画作品展在太仓市博物馆开幕，展出了毛锡林、闵文彬、吴聿明、陆涌生、陆培明、汪永新等6位中老年书画家的书画作品60幅。部分书画家、书画爱好者近百人出席开幕式并参观了展览。

【“田园城市·美丽太仓”2013中国·太仓摄影大展启动】

12月1日，“田园城市·美丽太仓”2013中国·太仓摄影大展启动仪式、中国摄影报·2012环太湖摄影拉力赛颁奖盛典在太仓举行。中国摄影家协会副主席张桐胜，中国摄影报总编辑曾星明，中国摄影报社副社长方焕然，江苏省文联副主席、省摄影家协会主席沈遥，太仓市相关领导以及中共太仓市委宣传部、太仓文明办、太仓市文联等单位相关负责人出席。来自全国各地的数百名摄影家和爱好者齐聚太仓，交流摄影艺术，增进联络感情。由中国摄影家协会及中共太仓市委宣传部联合主办，太仓市文联、苏州市摄影家协会、中国摄影报社等单位承办的“田园城市·美丽太仓”2013中国·太仓摄影大展是太仓首次举办的国家级摄影大展，旨在用镜头直观地展示太仓市改革开放成果与经济社会发展成就、自然人文景观和百姓幸福生活，用摄影艺术的形式宣传宜居太仓、现代田园、幸福家园的美好景象。

文艺创作

【《月季诗词荟萃》出版】

为宣传月季文化，丰富太仓市市花内涵，8月上旬，汪放、张炎中辑注的《月季诗词荟萃》

由山东画报出版社出版。该书共收录、遴选了宋、元、明、清文人骚客歌咏月季的赞、诗、词100首，并配以多幅明清画家所绘月季花图插页，展现了中国悠久的月季历史及月季文化的发展。这也是太仓市文联推出的第16本《月季花丛书》。

【《第一道防线》荣获江苏省“五个一工程”奖】

12月28日，江苏省第八届精神文明建设“五个一工程”奖评选揭晓。太仓本土作家、中国作协会员奚旭初创作的长篇小说《第一道防线》荣获江苏省第八届精神文明建设“五个一工程”奖文艺图书类奖。这是太仓文学图书领域省“五个一工程”奖的历史性突破。

文艺惠民

【万幅楹联进万家】

元旦、春节期间，“万副楹联进万家”活动正式启动，太仓市文联响应中共太仓市委宣传部文化下乡的号召，积极开展送春联文化惠民活动，组织书法家走上田头、街头，进工厂、进学校、进社区，为村民市民义务书写春联，共计送出春联万余幅。活动深受群众喜爱，求联者络绎不绝，获得了较好的社会反响。

【设立市文联服务窗口】

5月18日，太仓市社会组织服务中心正式成立，它是太仓市民政局下属的综合性社会组织服务机构。太仓市文联作为市社会组织工作委员会成员单位之一，在市社会组织服务中心设立了首批服务窗口，面向社会开展文艺创作方面的组织服务工作，提供公共文化服务。

【“舞动娄城·姓健康舞”广场展演活动】

10月12日，由中共太仓市委宣传部、太仓文明办、太仓市文联、太仓市文新局主办的迎接十八大、讲文明树新风“舞动娄城·百姓健康舞”广场展演活动在市行政中心前广场上举行。来自相关镇（区）的34支舞蹈队共1360名舞者参加了活动。经过角逐，来自璜泾镇的璜泾队摘得桂冠，组织奖分别由城厢镇、浏河镇和沙溪镇获得。这是太仓市举办的一项重大群众文化活动，也是太仓举办的规模最大的广场展演活动。

【新年音乐会·声乐专场】

12月30日，由太仓市文联主办、太仓市音协承办、太仓市文化馆协办的新年音乐会在太仓市文化馆小剧场上演。演出节目分为红色经典歌曲、获奖节目艺术传承歌曲等12个项目，24个节目涵盖大合唱、小组唱、独唱、对唱等多种形式。场内座无虚席，受到了广大市民的热情追捧，这也是太仓连续第四次举办本土新年音乐会。

文艺交流

【中土摄影家交流互访】

9月28日至10月12日，应土耳其国际艺术摄影协会邀请，中土（太仓）摄影文化交流团一行12人，在太仓市摄影家协会主席陈解法的带领下，前往土耳其共和国开展了为时15天的交流访问和采风创作活动。作为民间摄影组团出访国外，这在太仓还是第一次，也是江苏民间摄影组

团首次出访外国，是太仓文艺“走出去”的新尝试。在土期间，举办了中国太仓摄影家作品展，12位摄影家的60幅作品展示了中国文化、江南元素及太仓特色。2012年是土耳其中国文化年，此次太仓摄影家出访土耳其是“土中摄影家交流计划”的组成部分，也是对土耳其摄影家访华（太）的回访。

文艺队伍建设

【太仓美术馆正式组建】

5月28日，中共太仓市委、市政府举行2012年全市城建实事工程集中开工仪式，太仓美术馆作为首个项目正式开工。太仓美术馆在吴晓邦舞蹈艺术馆原址上改建而成，面积扩建至2238.2平方米，总投资1000万元。

9月3日，太仓市编委下发《关于同意组建太仓美术馆的批复》，太仓美术馆正式批准组建。文件明确：太仓美术馆为太仓市文联下属的正股级建制事业单位，太仓书画院建制并入太仓美术馆，为太仓美术馆的挂牌机构，核定人员编制6名，领导职数正职1名、副职2名，经费渠道为财政全额拨款。太仓市书画事业取得了全新的进展。

昆山市文学艺术界联合会

综　述

2012年,昆山市文联坚持文艺“二为”方向和“双百”方针,探索工作举措,注重工作创新,在加强沟通联谊、优化激励机制、开展品牌活动、推进文艺创作和服务人民群众等工作开展上取得良好成绩,被评为江苏省文联系统先进集体、苏州市文联“四项工程建设”先进集体。

昆山市文联营造团结协作、积极向上的昆山文艺界氛围,努力发挥好党和政府联系文艺界的桥梁和纽带作用,加大联谊工作力度,推出了“十个”沟通联谊举措:(1)文艺家协会理事会议制度。(2)乡镇文联联席会议制度。(3)组织文艺家采风活动。(4)举办昆山市第四届文艺家读书班。(5)开展政治理论学习。(6)加强信息宣传。(7)创建短信服务平台。(8)办好专业文艺刊物。(9)开通昆山文学艺术网。(10)印制文联系统通讯录。目前,昆山市各文艺家协会拥有会员989名,国家级会员52名,省级会员160名。

昆山市文联实施推进文学艺术创作的四项激励机制,不断优化文艺创作激励机制,把思想性、艺术性和表现时代精神风貌作为新的激励因素,突出文艺精品创作导向。(1)举行长篇文学签约制。(2)颁发文艺作品发表成果奖。(3)颁发优秀文学艺术奖。(4)实施文艺作品采购制。2012年昆山市在省级以上发表、展出各类文艺作品850多件,出版著作40多部,获得省级以上奖项200多项,其中国家级奖项有12项。

昆山市文联培育文艺服务社会服务群众的十项品牌,积极服务社会、服务群众,培育打造了十项社会服务品牌:(1)昆山美术进百家。(2)书画名家“名师坐堂”。(3)台商太太书画培训班。(4)作家巡回评稿会。(5)美术作品系列展览。(6)摄影家服务社会。(7)昆山少年文学院。(8)昆山诗会。(9)书法进校园和义务写春联。(10)舞台演出培训指导。

昆山市文联挖掘提升文艺创作水平的十个艺术沙龙,积极组织会员开展各种文艺创作活动,促进和繁荣文艺创作。(1)诗歌沙龙。(2)女子文学沙龙。(3)儿童文学沙龙。(4)民间文学沙龙。(5)昆山书法沙龙。(6)美术沙龙。(7)摄影家评片会。(8)音乐舞蹈家走基层进乡村。(9)文艺家拜师学艺。(10)侯北人山水画全国巡展。

昆山市文联认真抓好文联机关和下属单位的工作效率,2012年推出了四项工作考核机制和三个规范性管理文件。(1)《昆山市文联文艺家协会工作考核实施意见》。(2)《昆山市区镇文联工作考核实施意见》。(3)《昆山市文联信息工作考核奖励办法》。(4)《昆山市文联文艺沙龙评优办法》。还出台了《关于严格执行项目建设、维修工程和政府采购管理制度的实施意见》、《民办非赢利组织会计制度》、《昆山市文联公务接待规定》等管理文件,抓好作风建设,提高效率效能。

昆山市文联积极组织扩大昆山文艺社会影响力的赛事和展览活动。2012年组织举办和参与举办了8项全国性展览赛事和12项主题展览赛事。8项全国性赛事展览:分别与中国摄影家协会、江苏省文联、省作协、上海少儿出版社、文学报社等单位先后举办了鹿城清风全国廉政诗歌大赛、“野马渡杯”全国新故事大奖赛、中国诗刊社“三大诗歌奖”、“好孩子”杯全国征文大赛、“锦溪杯”全国摄影大赛、“夜画周庄”全球华人散文·诗歌创作大赛、“亭林杯”全国楹联大赛、“昆图杯”第六届全国春联大赛。全国近20个省市的作者参加了这些赛事活动，总计收到来稿3万余份稿件。12项主题展览赛事活动：全市系列书美摄作品展、玉峰题材书画创作研究展、“不贪为宝”王一亭书画展、“最美乡村”摄影作品展、两岸水墨名家联展、昆山中国作协书法会员展览及慈善义拍活动、“幸福昆山”第二届摄影艺术作品展、第二届江苏农民画展、第三届“新昆山人”法治书法大赛、全市中小学生作文大赛、爱国卫生运动60周年暨建设健康城市10周年征文摄影比赛、第三届“小琼花”作文大赛颁奖。这些活动得到了社会的大力支持，取得了良好的效果，为广大文学艺术家提供了艺术交流的平台，提高了艺术家们的文艺创作水平。

重要会议

【“决胜现代化与昆山作家担当”专题理事会】

3月2日，“决胜现代化与昆山作家担当”专题理事会在昆山市文联文艺家创作活动中心举行。昆山市作协理事会进行了专题讨论，大家纷纷表示在昆山“提振精气神，决胜现代化”的伟大历程中，作家不能缺席，要以自己的作品为时代鼓劲。理事会确定了2012年昆山市作协作家“六进”活动、“五大诗会”、文学沙龙、巡回评稿会、夜话周庄全国散文诗歌比赛、全国廉政微型小说征文比赛、小琼花全市中小学文学征文比赛等12项工作。昆山市文联领导提出了四点要求：一是要认清文学作品的社会作用，二是要感知新时期作家的社会担当，三是要创造雅俗共赏艺术精湛的文学精品，四是要认真落实好作协各项工作。

【乡镇文联工作会议】

4月9日，昆山市乡镇文联工作会议在昆山淀山湖镇举行。第一季度各镇文联工作成效显著：张铺镇文联在《姑苏晚报》上推出“欣兰雅集”专版，刊登10位诗人的诗歌作品；周市镇文联成立了戏曲协会；千灯镇文联举办了书法、摄影培训讲座；巴城镇文联组织会员深入基层一线创作服务；淀山湖、锦溪、周庄镇文联举办的全国戏歌征集、首届“锦溪杯”全国新人新作摄影大赛、夜话周庄全国诗歌散文大赛等全国性赛事展览全面启动。昆山市文联领导在会上布置了下阶段的重点工作：认真做好第二届江苏农民画展各项准备工作，完成决胜现代化为题材的小戏小品创作任务，进一步完善“文艺之家”的建设，继续扩大作家扶持制的影响力。领导在会议上提出了攀大树、聚人气、出作品、弄动静、创品牌、出奇招、会宣传、善借力等工作方法，要求不断扩大乡镇文联的影响力，开创乡镇文联工作新局面。

【纪念毛泽东《在延安文艺座谈会上的讲话》发表70周年座谈会】

5月23日，昆山市文联召开各文艺家协会主席、秘书长、各区镇文联秘书长等参加的纪念毛泽东《在延安文艺座谈会上的讲话》发表70周年座谈会，重温讲话精神，研讨新时期文艺创作工作。会上对毛泽东《在延安文艺座谈会上的讲话》作了辅导讲读。昆山市文联要求全市文艺工作者重温《讲话》精神，在文艺创作中坚持“二为”方向、“双百”方针和“三贴近”原则，坚持在生活实践中挖掘题材，在创作内容上把握时代精神、人民创造、地域特色和艺术魅力。各文艺家协会和区镇文联代表在座谈会上表示，文艺工作者要坚持党对文艺工作的领导，坚持先进文化发展的方向，发扬从群众中来到群众中去的优良传统，把昆山决胜现代化的生动实践和人民群众的三创精神作为取之不尽的素材，努力为人民抒写为人民放歌。

【昆山市文联八届六次全委会】

8月18日，昆山市文联召开八届六次全委会，要求全体委员坚持文艺“二为”方向，为喜迎十八大作出文艺界的贡献。2012年，昆山市文联在沟通联谊、优化机制、品牌活动等工作开展上取得了良好的成绩。一是加大沟通联谊，营造生动活泼的氛围。通过文艺协会理事会议制度、乡镇文联联席会议制度、文艺家培训学习制度、文艺会员理论学习制度、建立健全信息平台等方式，加大联谊工作，增加了凝聚力、号召力和向心力。二是优化激励机制，引导精品文艺创作，推出了第二届作家签约制长篇作品签约，实施了昆山市文艺作品发表成果奖和昆山市优秀文学艺术奖，坚持把思想性、艺术性和表现时代精神风貌作为新的激励因素，突出文艺精品创作导向。三是开展品牌活动，发挥文联组织的协调工作。2012年，昆山市文联认真总结梳理全市文艺服务和文艺活动，提出了打造昆山文联十个社会服务品牌和十个精品文艺活动。四是推动乡镇文联工作，拓展文联工作的空间。2012年上半年，乡镇文联会员在省级以上刊物上或赛事活动中发表、入选140余件文艺作品，举办了七项全国性重大赛事活动，开展了40余项联谊活动。八届六次全委会还选举陈凤珍担任昆山市文联秘书长，王清、朱惠英为文联委员。

重要活动

【“夜画周庄”全国大赛作品展】

由江苏省文联主办，省美术家协会、省摄影家协会承办，昆山市文联、周庄镇政府协办的“夜画周庄”全国美术摄影创作大赛作品展于2月18日在昆山侯北人美术馆开幕。“夜画周庄”全国美术摄影创作大赛得到了全国广大美术、摄影爱好者的积极响应，共收到美术、摄影参赛作品共计600余幅。这些作品以“夜周庄”为创作题材，艺术地再现了周庄夜间旖旎的水乡风光、浓郁的民俗风情、多彩的地域文化和丰富的旅游资源，真实地记录了周庄旅游业的蓬勃发展，全景式地展示了“中国第一水乡——周庄”的独特魅力。本次创作大赛共计100名参赛作者获奖。此次在侯北人美术馆共展出60幅获奖作品，集中体现了大赛精品水准，吸引了众多市民前来欣赏。

【2012昆山市系列美术作品展“迎春展”】

由中共昆山市委宣传部、昆山市文联主办的2012昆山市美术、书法、摄影作品迎春展3月13日在侯北人美术馆开幕，这是2012年昆山市文联举办七个重点美术作品展览的首场展览。2012年，昆山市文联重点办好了七个代表全市水平、有一定影响力的美术作品展览，分别是：2012书法、美术、摄影三种视觉艺术合并的迎春展、国庆展和年度展，以及三种艺术的专题展览及昆山书画院的画师作品展览。昆山市文联领导在展览仪式上说，办好七个重点展览的目的：一是为人民群众提供审美享受。书法、美术、摄影是群众最喜欢观赏的艺术形式，对提升个性素养、陶冶社会情操、传承民族文化都有积极的作用。二是为提升昆山艺术家创作水平提供学习借鉴的平台，通过展览相互学习，取长补短，同时通过展览相互比试，激励斗志，勤奋创作，不断提高。三是为培养后备人才提供学习观摩的佳作，同时探索把昆山优秀艺术家推向苏州、全省、“长三角”及更高层次的展览，培养昆山文艺人才。这次迎春展由美、书、摄三个协会联合举办，共有展出作品75件，作品题材丰富，形式多样，前来观赏的艺术爱好者普遍认为这是一次高水平的精品佳作展览。

【"鹿城清风"全国廉政诗歌大赛颁奖仪式】

由江苏省作家协会、昆山市纪律检查委员会、昆山市监察局和昆山市文联联合主办的"鹿城清风"全国廉政诗歌大赛颁奖仪式暨朗诵会4月9日下午在昆山市青少年宫举行。江苏省作家协会党组书记、主席范小青，中共苏州市委常委、纪委书记王天琦，省作协党组副书记张王飞、昆山市市长路军等领导出席颁奖仪式。"鹿城清风"全国廉政诗歌大赛共收到全国736名诗人的参赛作品4000多首，从不同的侧面讴歌了反腐倡廉工作中涌现出来的典型事件、典型事迹、典型人物，政治性和专业性并重，思想性和艺术性俱佳。40名诗人的作品获得不同奖次，其中《好人杨善洲》（组诗）、《寻找一棵树》（组诗）两篇作品获得一等奖。范小青在颁奖仪式上致辞说，省作家协会与昆山有关部门联合举办这次活动，延长了诗歌敏锐的社会触角，利用诗歌独特的艺术质地，为廉政文化建设鼓与呼，为诗歌服务社会、服务时代、服务群众落实了一个有力的支点，既是一次成功的廉政文化建设的实践，也是一次成功的诗歌艺术创作的实践。会后，昆山市文联主动向相关部门赠阅了由获奖作品汇集成的《清风昆山——"鹿城清风"全国廉政诗歌大赛获奖作品集》。

【"野马渡"杯全国新故事大奖赛】

由《乡土·野马渡》编辑部举办的"野马渡"杯全国新故事大奖赛评选出30篇获奖作品。该活动历时一年，共收到了来自全国各地故事作者创作的新故事近600篇。大赛主办单位邀请了省作协主席、党组书记范小青，《故事会》常务副主编吴伦，《乡土》杂志社社长、主编徐建等有关专家组成评委会，对所有来稿进行了初评、复评和终评，最终确定了30篇故事分获一等奖、二等奖、三等奖和优秀奖。

【中国诗刊社"三大诗歌奖"在张浦镇颁奖】

2011年中国诗刊社"三大诗歌奖"（中国年度青年诗人奖、中国作协《诗刊》年度诗歌奖、诗词奖）6月2日在昆山市张浦镇举行颁奖典礼。来自全国各地的获奖诗人共聚一堂，共推汉语诗歌发展。20世纪80年代初，张浦镇创办了乡土诗刊《夏季风》，催生出一批诗人和诗歌爱好者，全镇诗歌创作取得了可喜成绩。该镇平均每年发表诗歌作品120多篇，5位年轻创作者出版了《欣兰亭诗歌丛书》。鉴于张浦镇在诗歌创作中取得的良好成绩，2010年，中国作家协会诗刊社在张浦设立"中国诗歌创作基地"，并将中国诗刊社"三大诗歌奖"颁奖典礼定在张浦举行。

【"张浦杯"第二届江苏农民画展】

"张浦杯"第二届江苏农民画展6月8日在昆山美研中心举行。江苏省美协副主席兼秘书长尹石、副主席徐惠泉等领导以及来自全国各地的获奖作者参加了画展开幕式。第二届江苏农民画展自2012年2月初面向全省征稿以来，共收到各市、县选送的应征作品千余件。组委会邀请了省内著名画家组成评审委员会，对所有来稿作品进行认真评选。朱倍漫的《民工一隅》和尹步军的《晒太阳》获一等奖，另有二等奖8名，三等奖22名，优秀奖28名，入展作品200余件。昆山市美术家张惠新、黄晓岩、丁懂、刘燕飞等8人分别荣获二、三等奖。同时，由于本次活动参赛作品质量较高，经组委会研究决定，评出的优秀奖也将作为加入江苏省美术家协会会员的条件之一。

【首届“好孩子杯·我炫我成文”全国征文大赛】

首届“好孩子杯·我炫我成长”全国征文大赛颁奖仪式6月5日在昆山陆家高级中学举行，上海少儿出版社、江苏作协儿委会、中共昆山市委宣传部、昆山市文联、昆山市教育局、陆家镇人民政府等的有关领导及来自全国各地的部分获奖代表一同参加。“好孩子杯·我炫我成长”全国征文大赛征集以关注孩子成长或自己成长为主题的散文，共收到来自全国各地的稿件两万余篇。大赛分设成人组、中学组和小学组三个奖项，评选出58篇获奖作品，由少年儿童出版社结集出版《我炫我成长——“好孩子”全国征文大赛作品选集》。

【首届“锦溪杯”全国新人新作摄影大展】

由《中国摄影》杂志社、《中国青年》杂志社、昆山锦溪镇人民政府共同举办，江苏省摄影家协会、昆山市文联等承办的“青春之歌”首届“锦溪杯”全国新人新作摄影大展6月30日截稿。本次大展分纸质、光盘、网络三类征稿，总共收到全国各地14000多件参展作品。7月25日，大赛评审团在北京政协会议中心进行了评选，最终评选出“青春之歌”首届“锦溪杯”全国新人新作摄影大展记录类最佳作品1件、优秀作品2件、入选作品30件；艺术创意类最佳作品1件、优秀作品2件、入选作品30件；印象锦溪类最佳作品1件、优秀作品2件、入选作品30件。同时从上述三类“优秀作品”和“最佳作品”共9位作者里选拔出“希望之星”1名。获奖作品以青年人的独特视角，创作出了不一样的生活与风景，同时也充分展现了锦溪镇的自然风光、名胜古迹及风土人情。摄影大展的举办更为丰富“人文锦溪”内涵、打响锦溪文化旅游品牌、进一步提升锦溪的美誉度和知名度以及促进锦溪经济和文化的发展起到了积极作用。

【“夜话周庄”全球华人散文·诗歌创作大赛】

由文汇新民联合报业集团文学报社、昆山市文联、周庄镇人民政府主办的“夜话周庄”全球华人散文·诗歌创作大赛评选揭晓。散文组：四川眉山周闻道的作品《家在周庄》获一等奖，湖南岳阳张灵钧的作品《夜周庄：水与梦的镜像》等3篇作品获二等奖，江苏昆山杨守松的作品《寻梦周庄》等6篇作品获三等奖，30篇作品获优秀奖。诗歌组：贵州纳雍徐源的作品《月华下的周庄》获一等奖，甘肃岷县李广平的作品《宋朝一样遥远的周庄》（组诗）等3篇作品获二等奖，北京徐伟锋的作品《神恩降临于无情的草木》等6篇作品获三等奖，30篇作品获优秀奖。“夜话周庄”全球华人散文·诗歌创作大赛自4月启动，至8月10日截稿，历时4个月，共收到散文作品4211篇、诗歌作品7536篇，共计11747篇。这些作品以“夜周庄”为创作题材，用文学语言以散文、诗歌的形式再现了周庄的水乡风情、绿色生态、人文内涵，真实记录了周庄文化旅游业的蓬勃发展，充分展示了“中国第一水乡——周庄”的独特魅力。

文艺创作

【昆山市文联举行长篇小说签约】

1月31日，昆山市文联举行昆山作家第二届长篇小说签约仪式。王晓阳、周刚、罗光灿、梁慧玲、秋石等五位作家与昆山市文联签订长篇作品创作协议。昆山市文联领导希望签约作家坚持正确的创作方向，把握时代旋律，创作出集思

想性、艺术性、观赏性于一体的反映时代发展、社会进步的精品力作，遵守签约合同，认真完成在省级以上刊物上发表作品的数量指标。

【《夕阳红》老作家文丛首发式】

《夕阳红》老作家文丛首发式1月31日在昆山市文联举行。《夕阳红》丛书是2011年度昆山市文联的重点工作，经过选题评审委的审定，姜鼎和、崔健、张寄寒、沈晓烜、陆林根、华船、朱伟竞、高柏勤、周刚、郑涌泉等10名作者的作品入选，并由上海三联书店出版。

【昆山文艺家拜师学艺】

2月28日，青年画家拜师学艺活动在昆山市文联文艺家创作活动中心举行，昆山市美协会员、张浦青年画家赵璟庚拜国家一级美术师、吴昌硕研究会副会长、苏州市美术家协会理事黄钟为师，学习山水画创作。中共昆山市委常委、宣传部部长杭颖，苏州市文联副主席胡韵荪，苏州市美术家协会有关领导，昆山市文联各协会主席，各区镇文联主席参加活动。

【《木瓜浜·昆山儿童文学作品选》出版】

由昆山市儿童文学创作研究会编辑的《木瓜浜·昆山儿童文学作品选（2006-2010）》由上海少年儿童出版社出版。全书收录了15位作者的34篇（首）作品，是昆山2006-2010年儿童文学创作的一次集体成果展示，所选作品均在省级以上报刊上发表,体裁包括小说、散文、诗歌、童话等。

【《微型小说月报》推出昆山微型小说作家专辑】

《微型小说月报》第13期推出了昆山微型小说作家专辑，集中发表了昆山市万芊、马车、朱闻麟、梁慧玲、张雪芳、邵雪娟等5名作家的个人简介和微型小说新作。《微型小说月报》由天津市作家协会主办，中国微型小说学会和世界华文微型小说研究会协办，能在创刊的第一年就青睐昆山微型小说作家作品，是对昆山微型小说创作成果的肯定。

【朱凤林等书法家作品入展江苏省第八届新人书法篆刻作品展】

江苏省第八届新人书法篆刻作品展揭晓，昆山市书协会员张斌的书法作品获奖，朱凤林、金桃林、徐志宏、陈祝平4位会员的书法作品入展。自此，昆山市书协省级会员增至61人。

【《天使向日葵》获第二届全国农民摄影大展铜质奖】

在第二届全国农民摄影大展上，昆山市摄影作者徐晓根的作品《天使向日葵》获得铜质奖，作品《欢快的收获》和《耕耘点缀滩涂》获得优秀作品奖。

【霍正斌作品入展第三届全国青年书法篆刻展】

昆山市青年书法家霍正斌的作品入展第三届全国青年书法篆刻展。本次大展由中国书法家协会主办，收到作品12000多件，入展作品394件。这是霍正斌第二次入展全国大展。全国青年书法篆刻展是中国书法家协会专门针对青年书法篆刻家而设置的一项具有权威性和广泛性的高水平学术展览，集中代表了当今全国青年书法篆刻创作的水平，每四年举办一次。

【居永良等的作品入展全国第二届册页书法展】

由中国书协主办的全国第二届册页书法展作品评审在广东江门举行。展览来稿10053件，经过初评、终评、评奖，共评出27件获优秀作品奖作品，入展作品411件。昆山市书协会员居永良、浦建青的书法作品入展。

【《北京晨报》推出顾工书法作品专版】

6月21日，《北京晨报》用两个版面介绍昆山书画院院长顾工及其作品。《北京晨报》日发行量50万份，专门设置“翰墨名家”栏目，推介全国优秀的中青年书画名家。本期“翰墨”刊头字由昆山书法家顾工题写，刊登了顾工简历、照片和代表性书法作品4件，以及书法评论家陈宇《顾工其人其书》的评论文章。顾工现为江苏省青年书协主席团成员、东南大学书法博士生。

【梁慧玲《钻石的心跳》获第八届《儿童文学》擂台赛铜奖】

7月19-20日，由中国作家协会儿童文学委员会、中国少年儿童新闻出版总社主办，《儿童文学》杂志社承办的中国幻想文学创作研讨会在北京召开，并举行了第八届《儿童文学》擂台赛颁奖典礼，梁慧玲的《钻石的心跳》获得铜奖。

【市音协举行新歌欣赏会】

8月2日，昆山市音协组织20多位词曲作者和歌唱演员在昆山市文联文艺家创作中心举办歌曲创作欣赏座谈会。会上欣赏了《江苏行》和《永远的江南》两个专题的16首优秀歌曲。通过欣赏和座谈，大家在如何写江南的题材、如何将民族地域特色与时代特征有机结合等方面得到了很大的启发，开阔了创作的思路与视野。

【六人入选省美术家协会第四次新人美术作品展】

在江苏省美术家协会第四次新人美术作品展上，昆山市美术家协会王华明、高蕴光、邱惠元、沈建新、吴建芳、唐鸿生6名会员的作品入选。此次展览是昆山市美协会员作品入选江苏省美术新人展人数最多的一次。

【昆山市民间文艺家协会浙江采风】

9月15-17日，昆山市民间文艺家协会组织20位多位会员前往浙江衢州、福建南平采风。三天时间里，大家游览了江郎山、武夷山丹霞地貌景区，参观了武夷精舍等人文历史遗迹，开阔了眼界，增长了知识。

【《杨守松文集》(12-19卷)出版】

继2002年出版《杨守松文集》(1-11卷)之后，《杨守松文集》(12-19卷)由江苏人民出版社出版。《文集》近300万字，其中12、13卷为《昆曲之路》(上、下)，14卷为《昆山之路》延伸之《小康之路》，15卷为15年前所写《扬中之谜》，16卷为散文，17卷为小说、短报告文学，18卷为作者近年所写诗词及昆曲采访图片等，19卷为有关的评论和通讯。

【昆山书画院画师浙江采风】

9月24日，昆山书画院组织16名画师前往浙江绍兴、乐清、永嘉、临海等地进行了为期5天的写生活动。所经之处，画师们驻步留连，对景挥笔，或碳笔速写，或水彩赋色，山峰、屋舍、亭台、飞瀑、流泉以及人物作品不断产生，创作了大量的写生作品。

【市音舞协会开展“走基层·进乡村”系列活动】

10月25日，昆山市音乐和舞蹈协会组织部分歌词作者、音乐家和舞蹈家开展“走基层·进乡村”系列活动，首场采风活动采风了锦溪宣卷、民歌，参观了锦溪张家厍村和虬泽村。

【昆山市第七届优秀文学艺术奖】

昆山市优秀文学艺术奖是昆山市委、市政府设立的文艺作品昆山最高奖项，获奖的基本条件是获得苏州市级以上最高奖，省级最高奖和次高奖，国家级一、二、三等奖的作品。昆山市第七届优秀文学艺术奖共有27件作品入围，评出特别奖3件、优秀奖12件和提名奖12件。

【《阳光奶茶》入选第二届造型艺术新人展】

12月16日，由中国文联、中国美术家协会主办的2012年第二届造型艺术新人展在中国美术馆开幕。昆山市青年画家朱文林的粉画《阳光奶茶》入选参展，朱文林应邀于中国美术馆学术厅参加了学术研讨会。此次展览共展出当代中国青年艺术家的获奖及入选作品180件。

【散文作品获苏州市第二届"时运杯"散文奖】

12月19日，苏州市第二届"时运杯"散文奖颁奖大会在胥城大厦举行，昆山市作家高巧林、张寄寒、肖欣楠和邵卫花分别获得三等奖和优秀奖。"时运杯"散文奖每三年举行一次。

【摄影作品获环太湖摄影拉力赛三等奖】

昆山市摄影家在环太湖摄影拉力赛张家港站、宜兴站的比赛中获得优异成绩：陈树勋的《映像江南》获三等奖，王蔚强、蔡龙、陈德明等的作品获得优秀奖。

【万芊的《亮亮的家》获第十届全国微型小说年度评选一等奖】

万芊的微型小说《亮亮的家》刊于2011年第3期《小说界》。作品以江南现代城镇为叙事背景，艺术展现了二代新江南人的成长历程，入选漓江出版社出版的《2011年中国年度微型小说》和长江文艺出版社出版的《2011年中国微型小说精选》。在中国微型小说学会主办的第十届全国微型小说年度评选中，《亮亮的家》获一等奖。

文艺交流

【第七届昆山市美术作品展】

第七届昆山市美术作品展于12月24日起在侯北人美术馆举行。本次作品展共展出65幅题材丰富、风格各异的作品，代表了本年度昆山市美术创作的整体风貌。2011年昆山市美术家协会取得丰硕成果，第二届中国粉画展上，昆山市有5件作品入展，3件作品获得最高奖，占全部获奖作品十分之一。

【"玉山雅集"昆山七人书画展】

由中共昆山市委宣传部、宁海县委宣传部、昆山市文联、宁海县文联等单位联合主办的"玉山雅集"昆山七人书画展于12月25日在宁海县潘天寿艺术中心隆重举行。本次画展共展出了七位书画家的百余幅精美艺术作品，包括赵宗概的《昆山四贤》、莫全明的《秋水木秀》、霍国强的《湖光山色楼联》、刘燕飞的《寒山空亭》、张惠新的《花鸟小品一组》、丁懂的《田园印象》、朱文林的《水墨乡情》等。

【浦建青书法小品展】

由昆山市文联、昆山市文广新局主办，昆山市书法家协会、昆山市图书馆、张浦镇文联承办的浦建青书法小品展2月6日在昆山图书馆二楼展厅举行。此次展览共展出了浦建青近期创作的小品40余幅。浦建青从小酷爱书法，醉于行草，心追手摩，乐此不疲。其作品曾入展全国第十届书法篆刻展、第六届中国书坛新人作品展、全国第二届草书艺术大展等，选入2008、2010年中国中青年书法家百强榜，获得王羲之书法艺术节全国行草大展二等奖等好成绩。

【赵宗概水墨人物画陈列展】

3月27日下午，赵宗概水墨人物画陈列展在太仓新天祥美术馆开幕。太仓市政府副市长周文彬及昆山、太仓两市文艺界领导、艺术爱好者等参加了画展开幕式及作品研讨会。此次展览共展出赵宗概水墨人物画60幅，分现代人物和古典人物。展览及作品研讨在高雅、融洽的气氛中进行。南京、上海及昆山、太仓的艺术家们对展览给予了高度评价。

【“不贪为宝”王一亭书画艺术展】

4月6日下午，由昆山市纪委、昆山市监察局、昆山市文联主办的“不贪为宝”王一亭书画艺术特展在昆仑堂美术馆举行。王一亭早年曾任商务买办，入同盟会，资助辛亥革命和二次革命，为上海商界名人。此次书画特展共展出王一亭书画精品50余件，其中昆仑堂美术馆馆藏3件，其余则由王一亭曾孙王孝方和上海王一亭艺术研究会提供，一些作品还是第一次公开面世，弥足珍贵。展览以“不贪为宝”为题，既是对王一亭和朱福元两位先贤的纪念，也是倡导为社会公益事业多作贡献。

【“书画玉峰”昆山书画院玉峰题材创作研究展】

由中共昆山市委宣传部、昆山市文联主办的“书画玉峰”昆山书画院玉峰题材创作研究展和《书画玉峰》首发式4月10日在侯北人美术馆举行。来自江、浙、沪地区多所艺术院校和书画院的书画家和学者百余人参加了活动。玉峰山素有“百里平畴一峰独秀”的美名，玉峰周边一直是昆山历史文化的中心。唐宋以来到访昆山的文人墨客登临玉峰，留下很多诗文书画，明代沈周、文徵明、董其昌，清代王学浩、顾春福、杨昌沂、吴昌硕等都曾以书画来表现玉峰。当天下午还召开了“玉峰文化与书画”研讨会。与会的书画家和学者围绕玉峰文化和本次画展进行探讨，充分肯定了乡土题材书画创作的意义，并希望将这一艺术活动深入进行，进一步提炼题材内容，创造今人画玉峰的名品杰作。

【“造化瑰奇”侯北人山水画展巡展】

4月20日，由河南省书画院、郑州市文联、中共昆山市委宣传部、昆山市文联主办的“造化瑰奇”侯北人山水画展在郑州美术馆开幕。“造化瑰奇”侯北人山水画展是侯北人美术馆藏品全国巡展的其中一站，自2008年起已先后在北京、上海、深圳、南京、沈阳等12个大中城市巡展，受到全国美术界著名专家学者的支持和好评。此次展出的70多件作品为侯北人晚年独具匠心的泼墨泼彩的精品，作品气势磅礴，意境气象万千，和谐体现了中西绘画理念和形态的高度融合，同时以其独特的艺术形式和浓烈的表现方式给人留下了深刻的印象。11月22日，“造化瑰奇”侯北人山水画展又在福建省美术馆展出。

【“江南风·锦溪春”民俗音乐节】

7月8–9日，由江苏省音乐文学学会、昆山市文联、昆山市文广新局、锦溪镇人民政府联合主办的“江南风·锦溪春”民俗音乐节在锦溪镇隆重举行。来自我省大江南北的10支文艺团队聚集一堂，推出了金湖秧歌、南闸民歌、河阳山歌、海门山歌、泰兴花鼓、溧阳古乐、芦墟山歌等形式多样、丰富多彩的音乐节目。

【两岸水墨名家联展】

由江苏省文化联谊会、台北市文化艺术促进协会主办，昆山市文广新局、昆山市文联和昆山市台办承办的“情系阿里山”两岸水墨名家联展江苏巡展于10月23日下午在侯北人美术馆举行开幕式。中共昆山市委书记管爱国等领导出席活动，并与两地文化界代表一同参观了画展。画展展出了苏台两地12位画家的新创国画作品54件，作品以阿里山为题材，从多个角度、以不同手法展现了阿里山及其周边地区的风俗人情，具有较高的艺术水准。

【“昆山启东双城记”文学交流】

“昆山启东双城记”文学交流活动10月13–14日在昆山周庄举行。两地作家结合各自的创作情况，就如何立足基层、保持地方特色、追求文学高层次突破、努力创作出读者喜欢的文学作品等方面畅所欲言。启东作家先后参观了巴城老街和周庄古镇，对昆山丰厚的地方文化积淀产生了浓厚兴趣。

【韩门七俊书画印作品展】

9月2日，“行者无疆”七俊书画印作品展在昆山书画院开幕。董宏之、戚振辉、薛春泉、施鹤平、李志坚、蒋瑾琦、顾琴等7位韩门弟子的近60件书画篆刻在昆山书画院与观众见面。此7人是活跃于上海和苏南地区的篆刻家，其中有西泠印社社员，有全国篆刻展获奖者，有美术学博士。他们在海派书画印大师韩天衡的悉心指导下，几十年孤诣苦研篆刻艺术，孜孜不倦，形成了各自不同风格的艺术面貌。该展览由昆山市文联主办，苏州市书协、无锡市书协、上海虹口区书协协办，昆山书画院承办。昆山市政协主席毛纯漪、昆山市政府副市长金铭等领导出席开幕式并参观展览。

理论研究

【举办昆山少年文学院发展论坛】

为进一步探索昆山少年文学院今后的办学方向，架构和充实以文学为切入点的素质教育理念，昆山市教育局、文联于5月28日上午在城北中学举办昆山少年文学院发展论坛。少年文学院顾问、福建师范大学教授博士生导师孙绍振，苏州大学教授博士生导师范培松，苏州大学政治公共管理学院教授博士生导师方世南，省教研室文科部主任朱芒芒以及昆山市教育局、文联领导等参加了研讨。昆山少年文学院是昆山市教育局、文联在文化昆山建设大背景下探求昆山少年文学教育的一项创新举措，成立于2009年7月，由昆山市作家协会和城北中学共同承担文学教学任务。论坛就少年文学教育课程设置、师资培训、文学兴趣教育、学校素质教育与社区文化建设互动、青少年文学教育成果的总结推广、青少年创作方向引领、青少年文学人文精神的熏陶、少年文学院特色价值观的构建做了有益的探讨。孙绍振教授以《论绝句的结构——兼论意境的纵深结构》为题，给全市初中语文学科带头人及教学骨干教师上了精彩的一课。

【省第十届民间文艺青年论坛在周市举行】

8月30日，江苏省第十届（野马渡）民间文艺青年论坛暨“野马渡杯”全国新故事大赛颁奖仪式在周市镇举行，来自全国各地的70多位民间文艺家参加活动。近年来，昆山市民间文学发展取得丰硕成果，周市镇民间文学刊物《野马渡》与省文联《乡土》民间文学刊物联姻出版省级刊物《乡土·野马渡》，每年在省级以上刊物累计发表作品70余篇，并编辑出版了《野马渡15周年纪念专辑》、《文化周市》、《昆山自然村落民间文学读本》等，举办了一系列征文比赛、改稿研讨等活动，拥有一支有实力的创作队伍。中共周市镇委员会、政府高度重视文化建设，重点扶持民间文艺事业，出台了《周市镇文化奖励政策实施意见》，注册了“野马渡”商标，开设了民间文艺广场等。

【明清篆刻史国际学术研讨会在昆山举行】

由江苏省文联、西泠印社、苏州市文联联合主办的明清篆刻史国际学术研讨会于11月6日在昆山举行。这是迄今为止围绕明清篆刻史举行的首次专题学术研讨活动，也是江苏省首次与著名文人艺术社团西泠印社联合举办的学术研讨和交流，被列为西泠印社壬辰秋季雅集“百年西泠·翰墨春秋”大型系列活动中最具学术分量的一项。中国书协副主席、省文联副主席言恭达，中国书协副主席、西泠印社副社长陈振濂，西泠印社副社长李刚田，西泠印社社委会副主任、西泠印社常务副秘书长包正彦等领导以及来自海内外的研讨会论文作者、学者、专家、专业媒体代表100余人出席了会议。明清时期是中国印章艺术史上流派繁衍、风格纷呈、印学研究不断深化、重要印人不断涌现的时期，对近现代篆刻艺术的发展具有极为深远的影响。在具有深厚的印学传统积淀的吴门苏州举办首次明清篆刻史国际学术研讨会，有着十分深远的历史涵义。本次会议共计收到海内外作者来稿60余篇，经社内外专家评委数轮筛选，共评出30余篇论文，连同特约专家稿共计44篇一同入编论文集。

文艺队伍建设

【第四届昆山文艺家读书班】

4月13-15日，昆山市文联举办第四届文艺家读书班，昆山市文艺界各协会推荐了96名文艺工作者参加培训学习。这次读书班聘请著名画家赵绪成、滑稽演员张克勤、心理专家陶新华分别进行了《美术就是个玩意儿——赵绪成艺术与人生》、《主角与配角》和《积极心理学》讲座，让学员们懂得要以积极奋发、健康向上的心态认识社会，要以相互补台、协调配合的方法做好工作，要以传承创新的方法创作真、善、美的艺术。昆山市文联领导作了《昆山经济社会发展与文艺家的社会责任》辅导讲座。

【吴舸等五位摄影家加入中国摄影家协会】

经中国摄影家协会批准，昆山市摄影家吴舸、范觉眠、徐晓根、王蔚强、周敏华成为中国摄影家协会会员，昆山市中国摄影家协会会员增至14人。

【江苏省公务员书法家协会昆山分会成立】

9月12日，江苏省公务员书法家协会昆山分会成立仪式在昆山市文联举行。中共昆山市委常委、市纪委书记曹萍，省公务员书法家协会常务副主席蒋正义、副秘书长吴佳君等出席成立仪式。曹萍书记担任名誉主席，昆山市文联主要领导担任主席。

【高巧林、万芊获文学创作一级作家职称】

经江苏省文学高评委评审，由省人社厅颁发，昆山市作家高巧林、万芊获文学创作一级职称。

【张寄寒加入中国作协】

72岁的周庄老作家张寄寒被中国作协批准吸收为会员，这也是近年来加入中国作协年龄最长的会员。6月23日，昆山市文联和周庄镇党委专门召开茶话会，向张寄寒表示祝贺。张寄寒1938年出生于昆山周庄，先后在《雨花》、《儿童文学》等杂志上发表多件作品，共计250多万字，出版个人作品集7部。

文艺惠民

【昆山美术进百家】

为了使书画艺术更好地为基层群众服务，2009年中共昆山市委宣传部、昆山市文联联合推出“昆山美术进百家”为民服务品牌活动。“昆山美术进百家”每月办一次，每次由20名左右的美术家下基层参加公益活动。3年多来，先后进乡镇、社区、民企、部队等举办活动，共有800名画家参加了活动，创作并捐赠1600余幅书画作品，受到了基层单位和人民群众的欢迎和好评，也得到了江苏省、昆山市文联领导的充分

肯定。江苏省美术家协会领导指出，全省各地也有类似的书画家惠民活动，但大多是在重要节日组织的，像昆山这样坚持3年多的美术惠民活动是难能可贵的。“昆山美术进百家”获得成功的原因：一是领导重视，每次活动昆山市委宣传部和昆山市文联领导都积极参加；二是画家参与，特别是一些年龄较大的画家克服家庭、身体、天气等困难因素积极参与，体现了昆山美术家德艺双馨的良好素质；三是基层欢迎，昆山小康建设和现代化建设极大地提升了基层单位和人民群众的精神文化需求，许多单位都主动向昆山市文联提出要求；四是组织有序，“昆山美术进百家”活动由昆山市美协具体组织实施，确保每次活动取得良好成效。

【昆山作家巡回评稿会】

为了提升乡镇业余文学作者的创作水平，推动全市文学创作，2012年初，昆山市文联提出了“文学作品创作再上台阶”的总体思路，要求作家树立精品意识，促进文艺创作大发展大繁荣。昆山市作家协会迅速行动，推出作家巡回评稿会，对乡镇业余作者的作品进行现场点评。1年来，先后在张浦、周庄、淀山湖、千灯举行了4场评稿会，对25位作者的30余篇作品进行评讲，撰写了20多篇评论文章，取得了良好的效应，受到全市业余文学作者的热烈欢迎，成功推出了一批作品，部分作品先后在《文笔》、《昆山日报》、《姑苏晚报》等报刊刊登。2013年，昆山市作家协会将组织实力作家，继续深入乡镇，办好作家巡回改稿会，对优秀作品采取推荐的方式，向省级刊物投稿，《文笔》杂志开设专栏刊登改稿会作品，进一步推动和提升乡镇业余作者的创作水平，为昆山的文学事业迈上更高台阶而努力。

【昆山摄影家服务社会】

2012年，昆山市文联提出文艺家要服务社会、服务基层的工作要求。昆山市摄影家协会认真落实工作任务，制定工作目标，组织摄影家先后走进市行政服务中心、水利局、公安局、地税局、安监局、爱卫办等10多个部门和锦溪、周庄、淀山湖等地，举行了各种专题摄影活动30多场，拍摄作品2000余件，为昆山各部门的工作留下精彩瞬间和历史资料，记录昆山的水乡神韵和江南田园风光，提升了昆山文联和昆山摄影协会的社会影响力。2012年，昆山市摄影家协会精心组织了最美乡村摄影展览、公安民警在行动摄影大赛、爱国卫生摄影比赛和展览、寻找“绿镜头”摄影大赛、“市民看昆山”摄影活动、红十字会现场救援摄影创作活动、幸福昆山摄影艺术作品展、淀山湖绿色环保摄影大赛等20余项活动和比赛，为会员提供了创作交流的平台，为地方经济建设加大了宣传力度，为昆山市文联和摄影家协会赢得了荣誉。

【昆山书画名家“名师坐堂”】

为贯彻落实党的十七届六中全会关于文化大发展大繁荣的要求，推进“文艺惠民”，建设“文化昆山”，体现昆山市文联和书画院的公益性质，提升市民的艺术修养和书画水平营造良好的社会环境，昆山市文联推出书画名家“名师坐堂”社会公益活动，为书画爱好者提供免费指导和服务，满足人民群众对书画艺术学习、交流和提高的精神需求。“名师坐堂”每月20日举行，每次邀请两位书画家“坐堂会诊”，目前已经举办了8次，深受书画爱好者的欢迎。《城市商报》、苏州文学艺术网、《昆山日报》、昆山文学艺术网、昆山书画网等媒体都

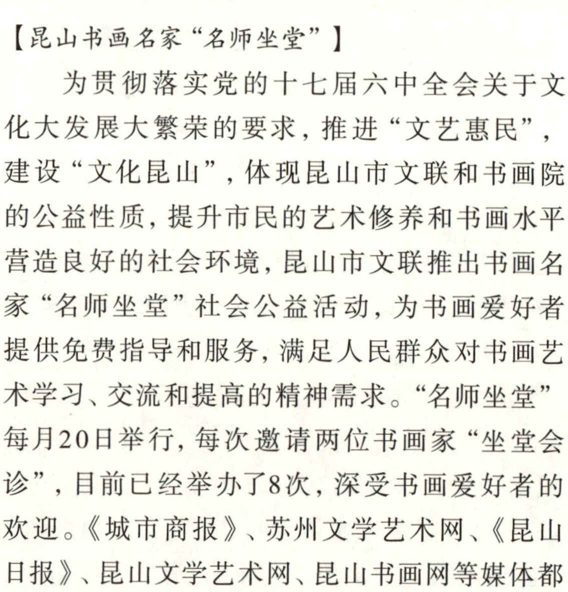

进行了报道。“名师坐堂”除了讲课、点评、示范之外,还向参与者赠送一些图书,包括名家碑帖、画册、技法和理论书籍等。虽然这些书并不是很贵,但通过赠书能引导书画爱好者加强读书、临帖,营造一种全方位学习书画经典和文化传统的氛围。

【昆山六个诗会】

目前,昆山已拥有新春诗会、“欣兰亭”诗歌音乐会、“五月放歌”周庄诗会、阳澄湖诗会、“金千灯”诗会、廉政诗歌创作朗诵会等六个诗会。这些诗会以诗歌为载体,展示地域文化,提升地方文化品位,扩大地方知名度和美誉度,提高诗歌作者的创作水平,每年各举行一届。诗歌创作是昆山文学创作的强项:每年有300余首诗歌在省级以上刊物上发表,18位诗人的百余首诗作在《诗刊》上发表,部分作品先后入选《中国年度诗歌》、《中国新诗年鉴》、《中国诗歌鉴赏》等重要选本,部分诗歌作品被译介海外,已有30余部个人诗集出版,形成了“娄江地域系列”“淀山湖系列”“张浦系列”和“怀念母亲系列”等诗歌创作特色。昆山拥有一支实力强大的创作队伍,遍布全市区镇。

【台商太太书画培训班】

2003年3月,在昆山市领导的关心和昆山市文联的支持下,昆山市书画院投资装修了专门的教室,为昆山的台商太太们开办了一个书画培训班。台商太太书画培训班是昆山市文联为服务经济和社会,并根据昆山实际而举办的一项创新型文化活动。此活动已经坚持11年,目前已举办了30余期。书画院选聘了3位技艺精湛、教学认真、富有责任心的老师来为台商太太们授课。他们采用“愉快教学”的方法,在轻松自如的气氛中,边教边演示,让台商太太们从基础学起。每个教学环节老师都现场指导,手把手地教,使得台商太太们每堂课都有收获。10多年来,台商太太们坚持不懈。她们说参加这些活动就是要尽可能让自己尽快融入当地的生活环境,让先生们放心,把精力放在所投资的事业上,一起把昆山建设好,这样她们在昆山的生活会过得更幸福。台商太太书画班的名声远播在外。中央电视台、江苏省、苏州市以及昆山市的新闻媒体都曾作过宣传报道,美国洛杉矶的中文报刊也作了介绍。昆山市文联举办了多次台商太太书画作品展,培训班已经成为台商太太的“心灵家园”。

吴江市文学艺术界联合会

综　述

2012年，吴江市文学艺术界联合会继续实施“文艺扶持”“文艺服务”“文艺展示”“文艺培植”四大工程，组织了各类文学艺术活动：围绕“乐居吴江”建设打造文化品牌和扩大影响力，创建全国“散文之乡”和建立“诗词之乡”长效机制；举办吴江籍艺术家“回娘家”系列活动之曲艺家回娘家活动；制作《鲈乡歌林》、《鲈乡舞榭》DVD；编辑《吴江当代散文选》和《吴江文学》散文特刊；在编辑出版《中国芦墟山歌集》、《中国同里宣卷集》的基础上，采录《中国东太湖渔歌》；继续深入开展“创先争优”活动，开展“惠民乐民文艺行动”和文艺“六进”活动。2012年，吴江市文联和各协会开展各类文艺活动及文艺采风近200次，文艺作品获苏州级以上不同层次的各类演、展、赛奖项和发表作品的会员达160多人次，发展各级新会员38名。

重要活动

【开展“中国散文之乡”创建活动】

2012年，在中共吴江市委、市政府的领导下，以市长为组长，市委常委、宣传部部长和分管副市长为副组长的创建工作领导小组成立，小组办公室设在吴江市文联，主任由吴江市文联主席担任；年内召开创建工作动员大会，明确各成员单位的工作职责，制订创建计划，推进创建工作有序开展；成立散文学会，编辑《吴江文

学》散文特刊和《吴江当代散文选》。创建活动中，各成员单位和各镇（区）积极配合，吴江市文广局抓各镇（区）文学社的散文活动和刊物，教育局抓学校文学社的散文活动，总工会抓企业文学社团，团市委与市委组织部举办“大学生村官文学沙龙”，妇联筹建女子文学社等。11月，由中国散文学会授牌，授予吴江“中国散文之乡”称号。该活动被写入吴江区政府年度工作报告。

【建立“诗词之乡”长效工作机制】

吴江市文联贯彻落实《关于进一步加强“诗词之乡”建设的意见》，抓好诗词“六进”。年初召开诗词之乡建设工作总结会议，总结2011年诗词之乡建设工作情况和提出2012年诗词之乡建设工作设想。2012年的诗词之乡建设工作以诗教工作为重点开展活动，以提高中小学生的诗词鉴赏能力和写作水平，联系平望和松陵两个小学申报全国诗教先进单位。吴江市文联还配合桃源镇举办诗酒活动，与中国诗酒文

化协会一起开展全国诗词征集活动，评出了一、二、三等奖并举行颁奖大会；出版《独酌桃源酒高咏》一书，由中国现代著名诗人、剧作家贺敬之题写书名；同时为吴宫酒被评为“中国历史文化名酒”牵线搭桥。在2012年庆祝吴江撤县设市20年20事评选活动中，“成功创建‘中华诗词之乡’”被列入其中，吴江诗教工作人员在全国诗教工作会议上作书面交流发言。

【继续建设“戏曲之乡”】

吴江市文联广泛开展群众性戏曲活动：年内举行由吴江市文联监制、曲艺家协会组织拍摄的曲艺集锦《鲈乡曲坛》DVD光盘首发式暨专场演出，举办曲艺家“回娘家”活动，完成《鲈乡歌林》、《鲈乡舞榭》DVD拍摄制作工作。戏曲之乡建设活动起到了传承吴江优秀历史文脉、扩大吴江文学艺术在全国的影响力及打造吴江文艺新品牌和亮点的积极作用。

文艺创作

2012年，各协会作品创作成果：

书法作品在苏州级以上赛事中或刊物上获奖或发表的会员达17人次，其中作品获国家级奖项的有7人，发表于国家级刊物的有5篇。

文学作品在苏州级以上赛事中或刊物上获奖或发表的达21人次，其中作品发表于国家级报刊的有4人。

摄影作品在苏州级以上赛事中或刊物上获奖或发表的达13人次，其中作品获国家级奖项的有4人。

美术作品在苏州级以上赛事中获奖的达22人次，其中作品获国家级奖项的有3人。

音舞作品在苏州级以上赛事中或刊物上获奖或发表的达36人次，其中作品获国家级奖项或发表在国家级刊物上的有 13人。

戏曲表演和作品在苏州级以上赛事中或刊物上获奖或发表的达8人次，其中作品获国家级奖项的有3人。

民文作品在苏州级以上赛事中或刊物上获奖或发表的达89人次，其中作品获国家级奖项或发表在国家级刊物上的有4人。

诗词作品在苏州级以上赛事中或刊物上获奖或发表的达33人次。

理论研究

2012年12月，吴江市文联与苏州市科技史协会联合召开纪念计成诞辰430周年暨第四届吴江文学研讨会，邀请了北京《中国园林》杂志主编、杭州《人文园林》杂志主编以及西安、上海、苏州部分高校、研究会的专家、教授40余人出席。研讨会上，《中国园林》杂志主编王绍增教授介绍了纪念计成诞辰430周年国际学术研讨会（武汉）暨中国风景园林学会理论历史与遗产保护专业委员会筹备会议的情况，并作主题报告。苏州职业大学教授、园林美学专家金学智也作了主题报告。其他与会专家分别围绕研讨会主题进行了交流讨论。

文艺队伍建设

吴江市文联在已有的同里镇文联基础上，成立滨湖新城（松陵镇）文联、平望镇文联、盛泽镇文联、桃源镇文联、震泽镇文联、七都镇文联、汾湖高新区文联，基本实现了区镇（区）文联全覆盖。2012年，吴江市文联各协会发展吴江级以上新会员38名，其中俞前被中国作家协会批准为中国作家协会会员，许金荣、沈振洪被中国摄影家协会批准为中国摄影家协会会员。

文艺惠民

【开展主题活动】

吴江市文联围绕吴江撤县设市20周年开展诗词、书法、美术、摄影征集展览活动；配合吴江市政府首次与中国摄影家协会联合举办“亨通杯”全国摄影大赛；主办、承办“清风徐来”徐圆圆书画作品回乡展、柏家甫油画风情展、吴江经济技术开发区建区20周年摄影展、“太湖·七都”名家笔会等活动。

【开展“惠民乐民”活动】

吴江市文联根据“惠民乐民”总体规划，组织各协会志愿者深入基层，举行吴江市庆祝撤县设市20周年“乐民（戏曲）巡演”活动启动仪式；走进农村表演戏曲节目；深入军营进行慰问演出和书画笔会；赴农村开展节前慰问演出；走进书法特色小学开展书法技艺的交流演示；定期举办“垂虹讲坛”书法讲座；配合乡镇开发旅游文化园林，为游客进行民间艺术展示；面向社会举办书画摄影月个展等。“惠民乐民”文艺行动为营造社会良好氛围、彰显文艺宣传功能起到了较好的推动作用。

【组织文学编辑、征文比赛】

吴江市文联协助编辑出版《吴江好人》，参与“百姓人物”的征文评选，编辑《繁星点点》一书，参与“伟业杯”吴江市第九届“魅力民企·乐居吴江”征文比赛和“鲈乡清风·廉政微小说”网络大赛等活动；组织庆祝十八大诗词征集活动及编辑诗选。

吴中区文学艺术界联合会

综　述

2012年，吴中区文联始终坚持正确的文艺方针和文艺导向，积极倡导“爱国、为民、崇德、尚艺”的文艺界核心价值观，紧密团结各文艺家协会和广大会员，大力开展文艺活动，积极引领文艺创作，扎实推动文艺队伍发展，不断完善自身建设，为繁荣发展吴中文艺和服务社会经济发展作出了积极贡献。

一是努力抓好三支队伍建设。着力建设团结、廉洁、务实的领导班子队伍，不断培养高效、勤政、过硬的机关服务员队伍，努力壮大德艺双馨的文艺骨干和领军人才队伍。二是努力完善载体平台建设。努力把《吴中文艺》报、《东吴》文学杂志、吴中文艺网、吴中区文联长桥艺术展厅办好、建好、用好，积极为区内外及广大会员提供更广更好的交流、学习和展示平台。三是努力加强信息宣传工作。先后在江苏文艺网、江苏作协网、苏州文学艺术网、苏州吴中网、《机关作风效能简报》、《吴中社科动态》等媒体和报刊上发表近百篇宣传信息，不断增强宣传与联络沟通。四是努力抓好重点、创新工作。积极参与和配合区委、区政府“十二五”重点文化建设工程吴中区历史文化丛书（影像）编纂工作。先后组织召开了10多次专题调研会，初步拟定了8个大类、20余册的编纂纲目，现编纂完善的纲目和人选已初步确定，正待进一步的完善和调整。扎实推进“一会一品，文化惠民”创新工程深入实施，将文化惠民活动引向深入。2012年，全区共举办各类惠民演出、公益展览、采风研讨、艺术交流、技法培训100余场次，收集种类影像资料2000余张（幅），各类文艺活动惠及群众超5万余人次，间接或直接提升了人民群众的艺术欣赏水平和艺术修养，为引领社会新风尚、促进吴中和谐进步、服务社会经济发展作出了有力贡献。

重要会议

【区文联召开全委会】

1月17日，吴中区文联三届二次全委会在区委党校召开，选举产生吴中区文联新任主席。会议由副主席张国英主持，吴中区委组织部副部长秦晓良到会并向与会委员介绍主席提名人选。会议以28票全票通过，选举周一风为吴中区文联主席。

4月10日，吴中区文联三届三次全委会在区委党校召开。中共吴中区委常委、宣传部部长乐江到会并讲话。会议审议通过了吴中区文联主席周一风代表三届委员会作的《抢抓发展机遇，勇攀文艺高峰——在新的起点上推动我区文化大发展大繁荣》工作报告和《吴中区文艺

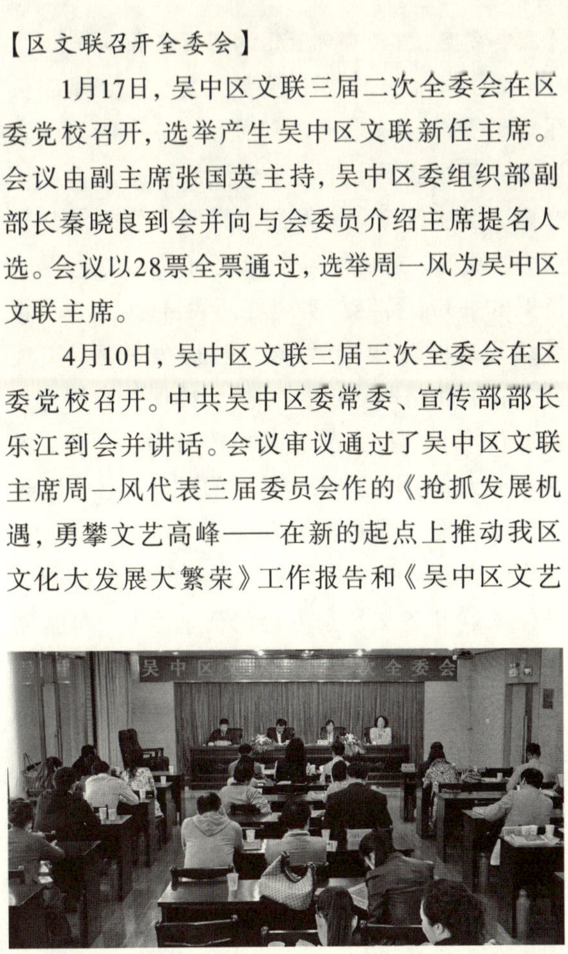

工作者职业道德公约》。会议还对荣获2011年度文艺创作特别奖、先进文艺家协会、升级会员、优秀会员的协会和个人进行了表彰。

【纪念《在延安文艺座谈会上的讲话》发表70周年】

5月29日，吴中区文联召开纪念毛泽东同志《在延安文艺座谈会上的讲话》发表70周年座谈会。活动中，吴中区文联不但组织文艺骨干进行了学习交流，还认定了穹窿山为首个吴中区文艺家创作基地并发牌认证，组织大家在穹窿山景区采风，让文艺家切身感受吴中5A景区创建的最新成果；还组织大家开展当场创作，为景区创作了50多幅书画摄影作品，为景区5A创建工作尽了绵薄之力。

重要活动

【区委常委、宣传部部长乐江调研文联工作】

2月9日，中共吴中区委常委、宣传部部长乐江赴吴中区文联开展调研活动。在听取了主席周一风的工作汇报后，乐江部长充分肯定了文联为吴中区文化大发展大繁荣所作的探索与努力。她说，文联作为党和政府联系文艺界的桥梁和纽带，要继续实现好两大目标：第一，要继续完成党和政府赋予的使命，发挥好、实现好文联的联络职能；第二，要继续保持有作为、有地位意识，紧紧围绕区委政府中心工作，成为有能力、有干劲、大家认可的群众团体。她鼓励文联要着力做好五个方面的工作：一是组织建设。打牢文联和各文艺家协会的组织基础，确保文联和各文艺家协会的活动水平、精品创作能力进一步提升。二是服务意识。围绕全区中心工作、围绕基层，不断拓展服务内涵。三是载体建设。进一步加强各文艺家协会及基层文艺基地建设，拓展文艺活动的空间。四是人才建设。通过引进、培养、宣传、奖励文艺人才等多种手段，努力造就一批领军型人才，保证我区文化艺术薪火相传、生生不息。五是重点工作。“十二五”期间要实施好一批吴中历史文化丛书（影像）的整理、编纂、出版等长期、重点工作。

【举办妇女文化艺术活动】

3月5日，由吴中区文联与吴中区妇联联合举办的吴中区首届“妇女文化艺术节”在吴中区大会堂隆重开幕，以此彰显吴中这一文化大区的固有特色和广大妇女在推进文化大发展大繁荣中的杰出作用。吴中区四套班子主要领导出席了开幕式，并为评选出的吴中区“文艺界十佳女性”颁奖。艺术节举办了首届妇女文化艺术作品展，展出“十佳文艺女性”的突出贡献，还展出了近年来吴中妇女精心创作的书画、摄影、刺绣、缂丝、核雕及群众性编织、手工艺制作等各门类近200件作品，显示了吴中妇女的浓郁情感和心灵手巧的特质。

【“记忆江南·相约角直”全国摄影赛拉开帷幕】

4月1日，由中国摄影家协会、吴中区文联和角直镇政府主办，中国摄影报社、省摄影家协会等协办的“记忆江南·相约角直”全国摄影比赛在角直江南文化园拉开帷幕。中摄协副主席李伟坤，中国摄影报社副社长方焕然，省文联副主席、省摄协主席沈遥与苏州市、吴中区、角直镇等文艺界领导，包括土耳其国际艺术摄影协会主席雷哈·比利，叶圣陶先生的孙子、孙女等共同出席了本次启动仪式。

【举办第二届“穹窿山杯”摄影大赛】

4月14日，由吴中区穹窿山景区管委会、吴中区文联会同苏州市摄影家协会、吴中区摄影家协会共同举办的第二届“穹窿山杯”摄影大赛在穹窿山景区举行开拍仪式。仪式当天，100多位摄影家齐聚穹窿山进行创作采风，摄影家们用镜头全方位展示穹窿山的自然山水、人文历史、经济建设、社会事业等靓丽风貌，也为吴中区争创国家5A级景区的宣传推广、争创申报工作做出积极配合。本次摄影大赛至8月31日截止，共有100幅优秀作品获奖。

【《书法报》走进吴中】

4月18、19两日，应苏州市书法家协会、吴中区书法家协会邀请，全国创办最早、在书坛有着广泛影响的书法专业报纸《书法报》的专题部主任陈行健、编辑欧阳媛，以及《七彩语文·写字》主编刘霞等一行走进吴中，来到太湖之滨东山镇，开展书法海选和交流活动。苏州市文联副主席王伟林，吴中区文联主席周一风、副主席凌奕及东山镇领导，东山籍著名书法家席时珞、金中浩、宋祖惠等参与此项活动。

【组织红色采风，推动精品创作】

7月13-28日，吴中区文联组织各文艺家协会骨干近30人分两批次赴延安、南太行山等地开展红色采风创作活动，推动精品文艺创作。文艺家们不但欣赏与领略了西部深厚的历史与人文，也见识了黄河与华山的雄壮与险峻。行万里路，读万卷书，丰富的阅历给艺术家们提供了充足的艺术创作灵感，先辈们的艰苦卓绝与丰功伟绩也让艺术家们吸足了创作的养份。

【“迎接十八大，迈向现代化”书画摄影佳作展开幕】

10月16日，在党的十八大即将胜利召开的喜庆日子里，由中共吴中区委宣传部、吴中区文联、吴中区文体局联合举办的“迎接十八大，迈向现代化”吴中区书画摄影佳作展在长桥吴中区文联艺术家展厅隆重开幕。中共吴中区委常委、宣传部部长乐江，苏州市文联副调研员胡韵荪，吴中区人大副主任崔卡珈，区政府副区长周晓敏，区政协副主席钱鹤平以及吴中区文联、文体局、长桥街道等20多个相关单位的领导和近200名区内书画摄影艺术家、爱好者参加了开幕式。

此次展览展出的作品主题突出、题材多样、特色鲜明、风格各异，多视角地反映了当前吴中文艺队伍在书画、摄影创作方面的良好创作状态、扎实的创作功底和昂扬的精神风貌，充分反映了广大艺术家建设美好家乡、构建和谐吴中的良好精神风貌和迎接党的十八大胜利召开的喜悦心情，是全区文艺工作者奉献给党的十八大的一份深情厚礼，也是奉献给吴中家乡人民的一场艺术盛宴。

【苏州市文联领导调研吴中区文联工作】

10月17日上午，苏州市文联党组书记、主席成从武，党组成员、副主席王伟林，秘书长、组联部主任徐惠泉，副秘书长、办公室主任邢静一行赴吴中区文联调研、指导工作。吴中区文联周一风主席、凌奕副主席以及部分文艺家协会代表等参加了调研汇报工作。吴中区文联周一风主席围绕吴中区文艺人才队伍发展、文艺交流载体平台建设、当前重点创新工作开展、强化机关建设提升作风效能、乡镇文联建设现状等方面情况进行了汇报。

成从武主席在听取汇报后，充分肯定了吴中区文联工作的开展情况，鼓励吴中区文联进一步围绕党委政府工作中心，主动服务经济社会大局，保持坚定的政治立场和敏锐的政治嗅觉，努力强化文化的渗透力，发挥好文艺凝聚引领作用；进一步放大步伐，解放思想，积极做好设立乡镇文联试点调查研究工作，争取政策支持，最大限度地满足人民群众多层次、多元化的文化需求；进一步利用编著“吴中历史文化丛书”这一重要契机，注重结合区域特点，整合资源，发挥整体优势，不断提升队伍整体素质，增强自身凝聚力和影响力。

【区委领导走访吴中民间工艺家】

10月25日，中共吴中区委常委、宣传部长乐江，在吴中区文联主席周一风、副主席凌奕，吴中区民间工艺家协会主席叶志明等陪同下，走访了吴中区部分民间工艺家。乐部长一行先后走访了藏书澄泥石刻工艺大师蔡云娣、光福红木雕刻工艺大师钟锦德、核雕工艺师许忠英以及青年玉雕工艺师马洪伟工作室、府洪敏工作室、青年核雕工艺师陆小琴工作室。光福镇党委书记丁晓娟、党委宣传委员许文清等陪同走访。

【著名音乐家来太湖采风】

10月底，由中国文联副主席、中国音乐家协会党组书记徐沛东，中国音乐家协会副主席印青等率领的“古韵今风·家在苏州”创作采风团来到吴中太湖之滨创作采风。采风团先后走访考察了西山岛堂里古村的雕花楼、明月湾古村等地。“山水苏州，人文吴中”丰富的自然资源、浓厚的文化底蕴，令来采风的中国著名音乐家们赞叹不已。在吴中期间，中共吴中区委常委、宣传部部长乐江与采风人员进行了热情交流。

文艺创作

【吴中作家小说入选2012年农家书屋重点图书推荐目录】

1月20日，吴中区作家李建荣（笔名李明诚）创作的长篇小说《毕业当村官》（花城出版社2011年1月版）入选新闻出版总署新近公布的《2012年农家书屋重点图书推荐目录》。

【华夏文化遗产基金会知名画家来吴中采风】

4月13日，由北京文史馆馆员、北京画院温瑛，北京文史馆馆员、清华大学美院教授庄寿红，《炎黄艺术》杂志执行主编杨秀坤，京北画院副院长赵刚，民革中央画院姜伟玲，哈尔滨铁路局画家梅佳洁等组成的中国华夏文化遗产基金会画家采风团一行来吴中太湖之滨进行以传统文化为主题的创作采风。

【吴中书法家亮相《书法报》】

5月13日，张少怡、赵锟、卢月龙、盛静斋等近十名吴中区书法家的多幅作品专版亮相《书法报》，集中展示了当前吴中书法艺术的创作成就和良好的创作状态。

【吴中区评弹团新创作中篇弹词《孙武与胜玉》】

吴中区评弹团的戏曲艺术家们取材景色秀丽、文化底蕴深厚的穹窿山，历时两年多，多次组织到实地采风，汲取创作灵感，历经撰稿、二度创作，以群众喜闻乐见、富有苏州地方特色的评弹艺术形式展示穹窿山深厚的兵法文化，精心原创排练了中篇弹词《孙武与胜玉》。5月16日，在穹窿山举行了2012年吴中区“优秀评弹曲目”（道德评谈）“四进”活动启动仪式暨《孙武与胜玉》首演仪式。

【农民摄影家再次喜获国家大奖】

6月5日，由中国文联、农业部和中国摄影家协会主办的“第二届全国农民摄影大展”在中国美术馆开幕，吴中区陆根元、江全官两位农民摄影家的六幅作品入选本次展览。其中陆根元的作品《芦苇女》荣获铜奖，《鸭司令》等两幅作品获得优秀奖；江全官的《他乡亦快乐》等三幅作品获得优秀奖，这是江全官继去年获得首届全国农民摄影大展“荣誉佳作奖”后，获得的又一次殊荣。

【两作家荣获《人民文学》主题征文优秀奖】

6月，吴中区作协张文献、李建荣荣获《人民文学》杂志与古贝春集团有限公司联合举办的《古贝春香飘四海》大型散文集全国征文大赛活动优秀奖。

【江南画院陈二夫喜获省油画展优秀作品奖】

6月，在由江苏省文化厅、江苏省文联联合举办的第八届江苏省油画展上，吴中区江南画院陈二夫的作品《清波》在参展的190余件作品中脱颖而出，喜获优秀作品奖。

【澄泥石刻大师蔡云娣获全国民间艺博会金奖】

吴中区藏书澄泥石刻工艺大师蔡云娣，8月在长春第七届中国民间艺术博览会优秀作品评选中送选的《人生三忆》（1组3件）作品从全国各地58大类、22万件参赛作品中脱颖而出，获得金奖，成为评选出的60件金奖作品之一。《人生三忆》将有资格参加2013年中国文联、中国民协共同主办的全国民间文艺最高奖“山花奖”的评选。

【吴中音乐家姜兴龙喜获全国大赛优秀奖】

9月30日，在中国音协官网公布的2012全国打工歌曲创作大赛获奖名单中，由吴中区音乐家姜兴龙作曲、苏州著名词作家华也作词的《我很想去你们的家》喜获全国打工歌曲创作大赛优秀奖。这是姜兴龙继2004年自己作曲的《走江苏，爱江苏》获中国音乐最高奖“金钟奖”之后的又一次成功登顶，也是江苏省报送的10首参赛作品中唯一获奖的作品。

【歌舞节目获江苏省“五星工程奖”银奖】

11月，在南京举行的第十届江苏省“五星工程奖”表演艺术门类现场决赛中，吴中区横泾街道泾舟艺术团精心创作的女声表演唱《横泾新民谣》摘得我省群众文化艺术的政府最高奖“五星工程奖”银奖。

【《美术报》整版介绍吴中画虎名家秦学研】

全国具有重要影响的美术专业报纸《美术报》11月17日在其“画家周刊”栏目中整版介绍了吴中画虎名家秦学研及其文人虎画，赞誉他为“融宋元神髓，开虎画新风”。

【吴中民间工艺大师捷报频传】

10月26日，吴中民间工艺大师在烟台第七届中国民间工艺品博览会优秀作品评选中传出喜讯，史忠明的木雕《千丝万缕香炉》与蔡金兴的藏书澄泥石刻《簸箕砚》均荣获金奖。加上8月份蔡云娣送选的《人生三忆》在长春第七届中国民间艺术博览会优秀作品评选中获得金奖，史忠明、蔡金兴、蔡云娣三人的获奖作品均有资格参加2013年中国文联、中国民协共同主办的全国民间文艺最高奖“山花奖”的评选。

文艺交流

【2012迎春书画摄影联展】

1月19日，由郭巷街道与吴中区书法家协会、吴中区美术家协会、吴中区摄影家协会联合主办的2012吴中区迎春书画摄影联展在郭巷文体中心举办。中共吴中区委常委、宣传部部长乐江，吴中经济开发区党工委副书记、纪工委书记罗家荣，苏州市文联党组书记、副主席朱建华，吴中区文联、吴中区文体局、郭巷街道、吴中经济开发区社会事业局等单位的领导出席了开幕式。

此次联展围绕“吴中明天更美好，郭巷文化更繁荣”主题，征集展示了吴中区书画家、摄影家的作品100多幅，形式丰富、内容高雅，集中展现了吴中区书画摄影的艺术成就，并以此弘扬优秀传统文化，繁荣丰富群众的新春文化生活，激发起吴中人民热爱家乡、讴歌家乡、建设和谐美好吴中的热情。

【郭公达山水画展】

2月20日，我国著名画家郭公达山水画展在吴中区高风堂美术馆隆重举行。展览得到了苏州市美协、吴中区文联、高风堂美术馆的大力支持，共展出了郭公达不同时期表现祖国名山大川或山林小景的精品力作120余件，成为小桥流水与自然山川间的一次艺术“对话”与“交流”，为苏州这座秀美的江南古城提供了一次文化与视觉的盛宴。中国美协理事、安徽省美协主席张松，江苏省美协副主席、苏州文联秘书长徐惠泉，吴中区政协主席张阿梅等各界人士300余人参观了展览。

【兰竹雅集】

9月初，一场以兰竹为主题的新秋雅集在吴中区高风堂美术馆举办，展出了苏州市花鸟画研究会以“兰竹”为创作主题的作品及高风堂美术馆馆藏的历代名家兰竹作品百余幅。展厅以兰花作布置，并有古琴、吟诗唱和，烘托出清凉的诗意氛围。此次兰竹雅集，以寄托美好情思为主，寓意丰富，给吴中书画艺术爱好者提供了一次艺术享受的机会。

【吴中相城两区作协联谊活动】

9月10日，吴中、相城两区作协在太湖湖畔举行了一次联谊交流活动，两区文联、作协领导以及部分骨干会员参加了此次活动。活动对当前的文学现象和创作技巧等展开了交流，对当前及未来文学艺术和文学创作在文化、旅游等经济社会发展中的积极作用进行了探讨。

理论研究

【书法家出新书诠释书法艺术的技与道】

“中国书法篆刻经典的学习与鉴赏丛书”（一套共六本）出版，吴中区书法家赵锟、卢月龙各自撰写的《线之精灵——草书学习与鉴赏》、《行云流水——行书学习与鉴赏》作为其中的两本，分别以不同的书法类别诠释了书法艺术的技与道。

【编纂“吴中历史文化”丛书】

为更好地传承、利用、发展优秀传统历史文化，打造文化强区，彰显“山水苏州，人文吴中”特色，宣传和提升吴中的知名度和美誉度，作为区“十二五”文化建设的重大项目，吴中区于2012年2月启动了“吴中历史文化”丛书的编纂工作。

丛书邀请江苏省作家协会主席范小青，中共吴县县委原常委、宣传部长周凤鸣为主编，马建庭、王仁宇、王稼句、叶正亭、沈建东、张炎龙、薛冰等一批省、市著名专家、学者组成了丛书编委会。吴中区文联作为编纂工作领导小组的主要成员，积极参与丛书编纂的组织、协调和保障工作，先后组织召开了10多次专题调研会，初拟了丛书编纂纲目。经过研究和论证，丛书初步设想编纂《吴中名贤》、《吴中名胜》、《吴中名产》、《吴中民俗》、《吴中文物》、《吴中工艺》、《吴中诗文》、《吴中影像》等8个大类，共约20本，力争在“十二五”期间基本完成丛书的编纂、出版。

文艺队伍建设

【摄影家协会开展摄影培训抓实队伍建设】

3月6日晚，由吴中区摄影家协会举办的“幸福苏州”吴中摄影技术培训班在吴中地税局正式开班，30多位协会会员和摄影爱好者认认真真地听了第一课。大家普遍反映，协会举办的培训班能真正学到东西，也为会员摄友学习交流摄影艺术提供了很好的机会。

【书法家协会重点培训“精英班”】

5月28日，吴中区书法家协会“精英班”在郭巷文体中心开班培训。苏州市文联王伟林副主席，吴中区文联周一风主席，苏州青年书协、吴中区书协等的负责人参加了开班仪式。“精英班”首批20多名学员将在3年时间内，通过系统书法史论讲座、书法创作技能培训、名家书法讲座、书展分析指导、吴中书法论坛、习作交流展览等形式提升书艺。

【首个“文艺家创作基地”授牌穹窿山】

5月30日，为纪念毛泽东同志《在延安文艺座谈会上的讲话》发表70周年，吴中区文联在穹窿山举行了首个“吴中区文艺家创作基地”授牌仪式。在中共吴中区委宣传部、机关党工委、团区委、人防办、财政局、商务局党组织负责人以及吴中区各文艺家协会代表的共同见证下，吴中区文联主席周一风和穹窿山风景管理区党工委副书记唐耀冰共同为穹窿山“吴中区文艺家创作基地”揭牌。

【成立“石湖摄影沙龙”】

6月9日，由吴中区长桥街道及石湖周边地区的摄友自发的“石湖摄影沙龙”正式成立。吴中区文联、长桥街道和苏州市、吴中区摄影家协会等的领导到场祝贺并为沙龙成立揭牌。这是吴中区继郭巷“尹湖之春摄影协会”后的又一个基层摄影爱好者组织，开创了吴中文艺界地域文化很好的组织形式。

【美术家协会新辟创作展示基地】

6月22日，在苏苑街道党委、办事处大力支持下，吴中区美术家协会、江南画院在苏苑公园新开辟了一处创作展示基地。吴中区文联、苏苑街道党委和办事处的负责人参加了成立仪式并参观了江南画院作品陈列展览。这处公益美术馆的成立，开辟了吴中区文艺界与基层政府合作推动文化建设的又一途径，既改善了苏苑公园的环境，丰富了苏苑街道的文化氛围，给辖区居民群众提供了一处欣赏精品艺术的场所，也为吴中美术家创作更多更美的作品提供了一处优良的场所。

【摄影家协会两度开办培训班】

2012年是苏州文艺界摄影年，吴中区摄影家协会顺应广大会员对学习摄影知识、提高创作水平的心愿，精心准备、积极开办摄影技术培训班。继3月份之后，9月又在木渎开设第二期吴中摄影技术培训班，免费培训木渎地区摄协会员。培训班还专门建立了QQ群，便于学员、老师之间更好地沟通交流，促进摄影创作水平的提高。

【省音协采风创作基地授牌穹窿山风景区】

9月23日，江苏省音乐家协会采风创作基地授牌仪式在穹窿山风景区举行。省文联党组书记、常务副主席王慧芬为穹窿山风景区授牌，中共吴中区区委、区政府，苏州市文联，吴中区文联及穹窿山风景区管委会的有关领导参加了授牌仪式。江苏省音乐家协会采风创作基地在穹窿山成立，标志着穹窿山景区文化与旅游的融合又有了新平台，迈入了新阶段，将为穹窿山风景区创建国家5A级旅游景区，打造高品位、复合型、一体化、新潮流、慢旅游、泛经济的旅游综合体注入新的活力。

文艺惠民

【文化惠民助力“红红火火过大年”】

新年临近，吴中区文联的众多文艺家深入一系列文化惠民活动之中，助力城乡居民“红红火火过大年”。

吴中区音舞、戏曲家协会的诸多会员组织、辅导吴中区迎新群众文艺汇演以及郭巷、越溪、光福等乡镇、街道的迎新文艺汇演，精心编排节目，亲身参加演出，为吴中城乡群众送上了一台台精彩纷呈的文化大戏。吴中区美协的10多名会员在沈默、蒯惠中、吴中培、秦学研等带领下，参加了苏州市美协等组织的苏州市书画界文化惠民送春联大型活动，为吴中城区群众送上众多春联。吴中区书协的众多会员先后走进横泾上巷社区、横泾街道、光福镇郭巷街道、胥口镇等现场，与小书画家们一起挥毫泼墨，为群众献上了一幅幅寓意美好生活的迎新春联。书协会员还积极参加苏州市书协等组织的百位书法名家大型慈善行动，张少怡、赵锟、卢月龙、王雷源、陆云翔等都献上了自己的精品力作，为慈善义拍出力，募集善款，并捐赠给苏州市慈善总会。吴中区文联的众多艺术家们用自己的爱心、诚意、精品汇成一股股暖流，助力“红红火火过大年”，为群众送上了一份特别温馨的新年祝福。

【吴中书艺走进校园】

为配合中国书法名城苏州书法教育千百工程，让文学、书法等中华优秀传统文化在点滴中沁入孩子们幼小的心田，让国学精髓提升学生的素质，吴中区文联、吴中区书协的老师积极参与，热心协助木渎镇第三小学开展写字、诵读等传统文化进校园活动，帮助学校审定特色校本教材《南行硅步——习字指南》，为该教材之后荣获全国优秀校本教材一等奖作出了贡献。在4月24日下午举行的2012木渎“万名市民读书月”暨“木渎三小读书写字节”启动仪式上展示了经过辅导的师生们的一批优秀成果。

【组建文艺家志愿服务队】

5月12日，吴中区文联组建文艺家志愿服务队，参加了由中共苏州市委宣传部、苏州市文明办、苏州市文联等在观前街组织的苏州市文艺界纪念毛泽东同志《在延安文艺座谈会上的讲话》发表70周年暨“学习雷锋——家在苏州·践行‘五好’”文化志愿服务活动启动仪式，接受了苏州市文联颁发的以文艺工作者职业道德公约为主要内容的《苏州市文艺家手册》和“文艺家志愿者服务队”队旗，启动了吴中区文艺家文化志愿服务活动。

【各文艺团体大力开展文化惠民活动】

5月以来，吴中区各文艺团体大力开展各种形式的文化惠民活动，在群众中引起强烈反响，得到了群众的热烈欢迎和普遍赞誉。

在东山，吴中区京剧联谊会举办了“传承国粹艺术，繁荣吴中文化——京剧进乡镇”首场演出，演员们精彩的表演得到广大京剧爱好者的热烈欢迎。

由吴中区评弹团历时两年多精心创作，吴中区戏曲家协会主席张建珍，副主席钱国华，理事莫桂英、马志伟、陈琰等领衔主演的中篇弹词《孙武与胜玉》，自5月16日在穹窿山优秀评弹曲目“四进活动”启动仪式上首演后，已先后在长桥、横泾、越溪、东山、苏苑、光福、甪直等乡镇10多个社区演出，场场爆满，深受广大群众喜爱。与此同时，“书画惠民”“摄影惠民”“舞台艺术惠民”等活动也紧锣密鼓地开展，一系列文化惠民活动相继走进社区、走进农村、走进群众，在繁荣吴中城乡文化生活的同时，倡导了和谐文明新风。

【民间工艺家协会与东湖小学共庆“六一”】

“六一”国际儿童节，吴中区民间工艺家协会主席叶志明、名誉主席孙林泉、秘书长谢昂、理事陆小琴以及孙林泉的学生等10余人来到吴中区东湖小学与学校师生共庆“六一”。

活动期间，吴中区民间工艺家协会组织了大师孙林泉雕刻艺术师生展，展出了中国民间文艺家协会会员、江苏省工艺美术大师、吴中区民间工艺家协会名誉主席孙林泉以及他的学生马洪伟、府洪敏、韩建贤等四人的多件玉雕、木雕作品，为东湖小学的师生们送上了传统文化的视觉盛宴和节日的祝福。

相城区文学艺术界联合会

综　述

2012年相城区文联召开了第三次文代会，文联的各项工作再上了一个新台阶。根据新形势、新任务和新要求，一年来，相城区文联在相城区委的正确领导下，坚持以邓小平理论和“三个代表”重要思想为指导，全面贯彻落实科学发展观，振奋精神，抢抓机遇，积极推进文艺精品创作，开展文艺惠民活动，实施文艺品牌战略，壮大文艺人才队伍，为实现后发崛起，建设国际化、信息化、现代化的相城提供了强有力的文化支撑。同时，相城区文联在文艺创作、品牌建设、人才培养和非物质文化遗产保护上取得了较好的成绩。

重要会议

【相城区文联第三次代表大会】

8月3日，相城区文联召开第三次代表大会。此次会议听取和讨论了中共相城区区委曹后灵书记的重要讲话，审议并通过了《苏州市相城区文联第二届委员会工作报告》，审议、修改并通过了《苏州市相城区文联章程（草案）》，选举产生了苏州市相城区文联第三届委员会的领导机构。本次会议对相城区文联过去五年来服务群众、弘扬相城风气、文艺品牌建设、文艺精品创作等各方面工作给予了总结和肯定；同时对文联接下来五年的工作提出了构想：一是要紧紧把握发展导向，在服务大局上作出新贡献；二是要大力推进艺术创新，在作品生产上展示新成就；三是要积极营造发展环境，在人才建设上实现新突破；四是要努力强化服务理念，在文艺惠民上取得新成效；五是要精心整合优势资源，在品牌塑造上凸显新业绩。按照此次会议提出的要求，相城区文联将在区委、区政府的坚强领导下，高举中国特色社会主义伟大旗帜，贯彻落实科学发展观，求真务实、抢抓机遇、振奋精神、开拓创新，共同谱写相城文艺事业繁荣发展的新篇章，为加快推进文化强区，实现后发崛起，率先实现基本现代化而努力奋斗。

【吴思穆独唱音乐会研讨会】

9月8日，吴思穆独唱音乐会在相城区市民活动中心拉开帷幕。本次活动由相城区文体局、相城区文联主办，相城中等专业学校、相城区音舞协会承办。演唱会结束后，相城区文联牵头召开了吴思穆独唱音乐会研讨会，苏州市音乐界的众多专家学者出席了本次研讨会，他们对吴思穆的演唱水准给予了充分的肯定，并鼓励相城区的文艺工作者积极参加各类文化交流活动。

【钱卫军油画展研讨会】

11月3日，钱卫军油画展在相城区市民活动中心开幕。本次活动展览了钱卫军关于风景、人像、静物等题材的30余幅油画新作。油画展开幕式结束后召开了钱卫军油画展研讨会。众多书画方面的专家学者出席了本次研讨会，充分肯定了钱卫军对江南水乡的独到理解以及他特有的绘画风格，并对近年来相城区涌现的一批青年书画家表示鼓励，对相城区的文化繁荣表示期待。

重要活动

【相城区2012迎新春晚会】

1月18日，由相城区文联承办的“城涌崛起潮”2012相城区迎春文艺晚会在相城区体育艺术馆上演。香港著名歌手梁雁翎、央视星光大道冠军索朗扎西等众多明星齐聚相城，为晚会助阵。相城由区音舞协会组织编排的情景剧《做棉衣》受到好评。上海舞蹈团和上海东方青春舞蹈团的女子群舞《满庭芳》、手影表演《鸟语花香新相城》、杂技《凌云豪情》等曾经亮相央视春晚的精彩节目也都走上了相城区体育艺术馆的大舞台，让相城百姓在家门口就能欣赏到精彩绝伦的文艺表演。整台晚会以歌舞、小品、评话、杂技、情景剧等形式充分展示出全区干部群众斗志昂扬、团结奋进的精神风貌。

【送文艺进警营】

8月3日，相城区文联组织了一场丰富多彩的文艺节目送到苏州市武警一中队，这是相城区文联“送戏送书送电影”的系列活动之一。此次活动由相城区文联牵头，相城区摄协、音协、书协、作协共同参与。相城区音舞协会表演了歌曲、朗诵等文艺节目。武警战士们也即兴表演了武术、气功、街舞等节目。歌手们悠扬的歌声伴随战士们刚劲的武术动作将整个晚会推向了高潮。晚会期间，相城区文联向武警战士赠送了区作协编写的书籍100册、区书协创作的书法作品8件，区摄协还为每位战士拍摄了精美的照片。此次活动充分体现了军民鱼水情谊。

【“相恋莲花岛”相城七夕民俗文化旅游节】

8月23日是传统的七夕情人节，相城区文联在阳澄湖生态休闲旅游度假区集散中心广场举办了“相恋莲花岛”相城七夕民俗文化旅游节活动。活动以“继承七夕传统，弘扬美好爱情”为核心诉求，内容有情歌对唱、特色舞蹈、劲爆街舞和非物质文化遗产项目渔歌、宣卷表演，雅俗共赏；演出期间穿插穿针得佳偶等传统游戏，更令人瞩目的是还有四对当天登记结婚的新人走上舞台，领取结婚证并现场宣誓，使得新人的领证举动更富有涵义，为新人即将到来的美满婚姻生活锦上添花。本次活动将七夕节所蕴含的传统文化理念与珍视爱情、信守承诺、终身相伴的现代社会婚恋观进行有效衔接，在弘扬传承优秀传统文化的同时，促进了家庭幸福、社会和谐，丰富了七夕节在现代社会风俗民情中的新内涵。

【中国曲艺名家走进相城】

8月28日晚上，“中曲牡丹夜”曲艺名家江苏行首场惠民巡演在相城区体育馆拉开帷幕，牛群、大兵、盛小云等10多位当代曲艺名家联手奉上了一道精彩的“曲艺大餐”。晚会在令人

捧腹的相声《该淘汰谁》中拉开帷幕，随后，口技、评书、小品、独脚戏、苏州评弹等曲艺精品和历届“牡丹奖”获奖节目轮番上阵，现场掌声、欢笑声交织成一片。中国曲艺“牡丹奖”2000年由中宣部批准设立，是中国文联、中国曲艺家协会共同举办的曲艺国家级最高奖项，每两年评选一次。自2006年始，“牡丹奖”颁奖晚会及系列活动落户江苏，2012年“中曲牡丹夜”携当代曲艺名家在江苏省内举行了7场惠民演出，相城区是“中曲牡丹夜”盛开的第一站。

【阳澄湖大闸蟹开捕节文艺演出】

9月22日，苏州阳澄湖大闸蟹开捕节在相城区阳澄湖度假区莲花岛大码头拉开帷幕。苏州市副市长徐明、相城区区长查颖冬观看了开捕节的文艺演出。此次文艺演出以阳澄湖地方特色为主，特别是歌曲《阳澄湖四季情歌》以苏州方言进行演唱，婉转而动听。歌手们身着带有水乡特色的服饰，给观众展现了阳澄湖地区劳动人民在田间劳作、湖中捕捞以及表达情感的方式，赢得了台下的阵阵掌声，将整场演出的气氛推向了高潮。在优美的歌声之中，近30艘渔船驶进阳澄湖中湖，捕起了第一批上市的大闸蟹。

【音舞协会专场演出】

10月31日，相城区音舞协会专场演出在区艺术体育馆广场举行。本次活动紧扣“喜迎十八大”的主题，评弹歌舞《后发崛起展雄风》为观众描绘了近几年来相城区飞速发展的画卷，而阳澄渔歌演唱团表演的《廉政文明放光芒》则用相城区特有的民间文化遗产——阳澄渔歌来表达对祖国发展的美好愿望。相城区音舞协会的歌手通过歌曲联唱《颂歌献给党》把整场演出的气氛推向高潮。相城区文联积极响应党的号召，在区政府的带领下，组织了一系列文艺演出，将文联的文艺成果及时反映给群众，得到了广泛的好评。

文艺创作

【举办“追摹经典”临帖展】

7月22日，相城区书协举办“追摹经典”临帖展。本次展览在相城区市民活动中心209展厅内举行。相城区书协还特别邀请了著名青年书法家林再成、杨建荣出席本次展览，并进行作品点评和临帖示范。相城区书协希望通过本次展览来倡导“尊重传统，崇尚经典”的书学理念，激发广大书法爱好者重新认识、临摹经典书法作品，从而取得新的突破，为相城区的文化艺术繁荣作出新的贡献。

【庆十八大书画展】

11月11日，相城区迎十八大书画展在区市民活动中心进行。此次活动由相城区书协和相城区美协联合主办，书画家们将发展、创新、廉政等主题蕴含在书法作品中，以独特的形式向党的十八大献礼。

【文学家协会作品创作】

2012年，相城区作协创作成果持续攀升，作协成员孙月霞的《当油菜成了花》由江苏文艺出版社出版，蒋坤元出版《梦幻珍珠湖》、《美人腿》、《那时风月》3部长篇小说，曹丽琴的散文入选《中国精短美文100篇》，姚水生的近十首歌词发表于《新诗歌》、《上海歌词》。

【音舞协会歌舞创作】

为展现相城风貌，弘扬优秀民族文化，丰富群众文化生活，相城区音舞协创编了评弹歌舞《后发崛起展雄风》、戏舞《北桥锡韵》。这两个节目自创编以来，已经参与了多场比赛和演出，积极响应文化惠民工作。相城区文艺工作者在大力促进相城文艺繁荣、创作更多精品力作的同时，一直致力于将文艺创作的丰硕成果更多、更全面地奉献给社会、基层。

文艺交流

【上海文联来相城区考察】

3月1日，上海市文联党组书记宋妍，上海市文联副主席何麟，中国曲协副主席、上海曲协主席王汝刚等一行在苏州市文联党组书记朱建华、市曲协秘书长项正伯的陪同下来相城考察评弹书场建设发展情况，并参观了黄埭镇评弹陈列馆和评弹书场。

【锡剧名家倪同芳北桥行】

4月25日，著名锡剧表演艺术家倪同芳老师莅临“戏曲之乡”北桥，观看了北桥中心小学少儿戏曲班小演员周少石、范凡表演的《双推磨》，还亲自对孩子们进行指导，大赞北桥戏曲后继有人。倪同芳还为北桥带来了《芳馨流韵——倪同芳唱腔集》一书，同时参观了北桥戏曲陈列室，对北桥戏曲文化的发展给予了高度肯定。

【李戴蟾山水花卉小品展】

6月7日上午，李戴蟾山水花卉小品展在相城区市民活动中心展出，苏州市书协副主席、相城区文联副主席、相城区美协副主席周雪耕以及相城区文联副主席王少辉、相城区美协主席李伯庆、相城区书协秘书长裔志杰等亲临现场观摩，相城区美协、书协数十名会员参观了展览。大家对李老师的作品进行了研讨，一致给予了好评。

【著名音乐家徐沛东赴相城采风】

11月5日，中国音协分党组书记、著名作曲家徐沛东一行来到相城区采风。音乐家们怀着极大的兴趣乘坐游船，观赏了阳澄湖美景和莲花岛的自然风光，参观了莲花岛上的忆园博物馆。富有阳澄湖浓郁地方特色的民俗风情馆、水乡婚庆馆、阳澄服饰馆、历史人文馆引得作曲家们不断发出赞叹声。徐沛东一行还兴致勃勃地欣赏了富有浓郁特色的阳澄渔歌，并称赞“很好，很有原生态的味道”，更欣然题词“阳澄渔歌”，还高兴地与几位渔歌手一起合影留念。最后，作曲家们表示，要把这浓郁的水乡风情和生活气息融入到作品中去。

【海内外沈周研究专家参拜沈周墓】

11月7日，包括台北“故宫博物院”研究员傅申老师在内的诸多教授学者以及各地博物馆馆长、研究员赴苏州相城参拜沈周墓。众位老师怀着无比虔诚的心情来到沈周墓前，怀着对明朝杰出书画家的景仰，在沈周墓前鞠躬并且献花。各位博物馆馆长、研究员还参观了御窑社区的御窑工坊和莲花岛，对江南水乡风情赞不绝口。诸位专家教授表示正是因为这样浓郁的历史文化积淀，才能诞生沈周这样杰出的书画家。海内外沈周研究专家此次受苏州博物馆之邀，参加了“石田大穰”吴门画派之沈周特展，他们还对沈周墓周边的修复和保护提出了宝贵的建议。

理论研究

【相城区御窑金砖文化研究】

相城区文联成立御窑金砖研究课题组，从金砖简史、明清时期金砖的烧制流程和工艺研究、金砖用途与使用范围、金砖储运及管理四个方面对相城区的御窑文化进行了深入的研究。研究小组通过深入挖掘、整理有关金砖的基本史料，系统梳理了御窑金砖发展的历史脉络及其文化特点。御窑金砖文化研究对于弘扬相城优秀文化、打造特色文化品牌以及非物质文化遗产的保护都起了显著的推动作用。该研究成果在相城区第一届哲学社会科学优秀成果评选中荣获一等奖。

【传统手工技艺的现状及保护传承研究】

传统手工技艺的现状及保护传承研究从

“相城区传统手工技艺的现状与问题”“相城区传统手工技艺的保护措施”“相城区传统手工技艺的传承途径”三个方面，重点对相城区传统手工艺的保护以及相城区传统手工艺如何服务于当今时代作了重要分析，为相城区传统手工艺的发展和传承提供了理论依据。

文艺队伍建设

相城区文联组织24名示范区创建小组成员参加了苏州市创建培训班，组织相城区111名基层图书室工作人员参加了苏州市图书馆从业人员持证上岗培训，举办了示范区创建工作培训班，组织基层文化从业人员参加了第三届苏州市文化从业人员资格培训，基本实现基层文化从业人员培训全覆盖。

文艺惠民

【“进百家社区，送万家欢乐”惠民活动】

相城区文联坚持文艺惠民理念，积极开展“进百家社区，送万家欢乐”文艺志愿服务品牌活动，主要内容有“送戏送书送电影”“送书香进社区”“义务拍摄全家福”等。2008年至今，已向全区各地累计送戏960场，送书25000余册，送电影6800场，送书画620件，义务拍摄全家福12000余张，为105个社区（村）提供了志愿服务，惠及百万市民。在“进百家社区，送万家欢乐”活动中，相城区推出了200余个贴近群众、贴近生活的优秀文艺作品，小品《一盒重阳糕》、锡剧《双推磨》和说唱《社区志愿者》等节目充分展现了“和谐相城”的精神风貌，受到群众广泛好评。

【相城区文联赴区福利院义务服务】

为深化党员“双关爱”“双结对”党性实践活动，弘扬“相城风气”，献爱心、作奉献，进一步密切党群关系，彰显党员的时代先进性，7月27日下午，相城区文联全体工作人员及音舞、戏曲协会部分会员赴位于太平街道的相城区福利院参与义工服务活动，为福利院老人和孩子献上了精彩的歌舞节目，并为他们送去夏季饮料等慰问品。

平江区文学艺术界联合会

综　述

2012年，平江区文联坚持以邓小平理论和“三个代表”重要思想为指导，全面贯彻落实科学发展观，深入学习贯彻十七届六中全会、全国第九次文代会精神，坚持解放思想、实事求是、与时俱进、开拓创新，坚持“二为”方向、“双百”方针和“三贴近”原则，坚持围绕中心、服务大局、面向基层、服务群众，坚持以建设社会主义核心价值体系为根本，弘扬主旋律、提倡多样化，多出优秀作品、多出优秀人才，认真履行联络协调服务职能，团结动员广大文艺工作者积极投身文化建设，以实际行动迎接党的十八大，为文化名区建设作出了贡献。

重要会议

2月，平江区文联召开工作例会，启动了各协会与街道、部门结对合作试点工作。针对目前各街道、社区文艺活动缺少专业团队指导的情况，平江区文联充分利用协会所拥有的人才队伍资源来满足需求；而协会日常活动所需要的场地，也可通过共用街道、社区活动场所实现相对固定。同时，平江区文联充分发挥新一届主席团作用，结合教育、文科、旅游等几条线的相关工作，发挥协会特色作用，实现协会更好地为平江区文艺工作服务、部门为协会提供更高发展平台的双赢目标。

重要活动

2012年是实施“十二五”规划的关键之年，也是平江区人大、政府、政协集中换届之年，平江区文联努力发挥自身优势，积极策划、周密部署，密切配合全区中心工作开展活动，进一步丰富了“人文平江”内涵，为“谋求新跨越，建设现代化”营造了和谐稳定的软环境。在平江区人大换届选举期间，特别是在2月25日的人大换届选举日，平江区摄影家协会组织摄影家到各个选区进行拍摄，留下了百岁老人投票、流动票箱到住院病人病床前等反映基层选举实况的图片，为人大换届选举工作积累了第一手资料。平江区戏曲家协会积极参与“盛世观前”第二届戏曲艺术节活动，在10天的活动时间里组织开展了公益戏曲专场演出，举办了“平江明星讲坛”和苏州明星回娘家系列活动，进一步提升了“盛世观前”的知名度和美誉度。上半年，平江区文学工作者协会与书法家协会、音舞家协会开展了“平江颂”书法创作和“走进平江路”城市小调

创作的合作，通过加强协会之间的交流，整合资源、互补优势，创作了富有“人文平江”内涵的优秀作品，为平江发展写新辞、谱华章。

文艺创作

平江区文联工作始终牢牢把握文艺创作是着力点和生命线的原则，引导广大文艺家充分贴近实际、贴近生活、贴近群众，积极做好“五个一工程”奖、苏州市第七届小戏小品大赛的申报工作，创作了一大批富有时代特色和鲜明区域特色的优秀作品。

平江区音舞协会理事杜顺明、杜韵斐共同创作的电子琴四重奏《亮剑主题曲》获得江苏省电子琴选拔赛唯一的创作奖。本曲目入选参加全国第三届青少年电子琴赛。

平江区摄影家协会在苏州市第13届摄影艺术展中获得一银二铜的好成绩。

平江区美术家协会5名会员的作品入选2012年省美协新人新作展。

平江区戏曲家协会的评弹弹词开篇《鱼猫趣绣》被苏州市选中参加江苏省群星奖比赛，在苏州市评弹票友“道德评谈”学唱竞赛活动中，《大爱无声》、《心声》、《桃花坞里一家人》分别获得一、二、三等奖，平江区文联获优秀组织奖，获奖节目还获选参加苏州市“道德评弹”巡回演出，在全市成绩最优。

理论研究

平江区文联所属新闻工作者协会积极参与宣传部“每月一调研”活动，紧紧围绕区委、区政府的中心工作进行深度采访，1-5月，参与调研了区卫生、民政、旅游、司法、市容市政等5个部门，推出系列报道并在《苏州日报》、《姑苏晚报》、《城市商报》的重要版面刊出，总结了优秀经验，放大了宣传效应。

文艺队伍建设

平江区文联现有5个艺术家协会、2个工作者协会，会员人数311人，并拥有团体会员2个。平江区文联积极组织开展采风活动和培训讲座。平江区音舞家协会赴杭州采风，并举办创作研讨会；平江区美术家协会赴安徽采风，并举办采风活动汇报展，共展出30幅作品；平江区文学工作者协会赴平江路采风，并创作“走进平江路”城市小调歌词10首；平江区摄影家协会在苏州市摄影家协会的支持下，开办“五星”摄影艺术沙龙，开展各类关于摄影的讲座和交流。2012年，平江区文联还积极参与中国书法名城苏州书法教育千百工程活动，书法培训班顺利开班，积极推动书法教育进机关、进学校、进社区，切实丰富了群众的精神文化生活。

这些活动的开展，进一步激发了广大文艺工作者的创作积极性，提升了广大文艺工作者的创作水平，推动了区文联文艺队伍整体创作实力再上新台阶。

文艺惠民

【摄影家协会】

2012年初，平江区摄影家协会组织摄影家走进平江区老年公寓，为老人们拍摄寿照，添寿送福。2月底至3月初，结合平江区残联“爱在人间·感动常在”活动，走进20户残疾人家庭，用

相机记录自强不息的残疾人先进典型的生活点滴。4月，积极参与苏州市摄影年活动，为平江区4位“中国好人”拍摄人像，并于5月12日在观前街展出。

【戏曲家协会】

平江区戏曲家协会在辞旧迎新之际，积极举办了“祥龙献端”迎新年戏曲专场演出和“平江元宵书会”暨平江书会公益书场300期专场演出活动。组织参加了苏州市“群星璀璨”广场主题活动，策划实施了平江区综艺戏曲专场演出，中秋节晚上还举办“中秋曲会”活动。

【音舞家协会】

平江区音舞家协会配合苏州市各类文化艺术活动，组织开展了区级丰富多彩的群文活动：在4月举办了音乐舞蹈演出周，在5月举办了少儿舞蹈比赛，在6月选拔优秀节目参加市少儿艺术节演出等。

【美术家协会】

元宵节期间，平江区美术家协会开展了“龙潜文采”春联大奉送活动。5月20日是第22个“全国助残日”，平江区美术家协会在苏州市残联活动中心与残疾人书画爱好者交流，作画50多福。

【书法家协会】

上半年，平江区书法家协会为驻苏部队军人书写军人诗歌作品。5月，与苏州市书协一起在小公园社区开展了“为平江老百姓写书法”活动。10月，与平江区美术家协会联合举办了“迎盛会，谱新篇”喜迎十八大美术书法作品展。

【文学工作者协会】

平江区文学工作者协会受邀参加苏州市文联与姑苏晚报社联合主办，苏州图书馆、苏州十中承办的“苏州古玩城杯”苏州市第二届新春诗会，为广大市民奉献了一场诗歌盛宴。

沧浪区文学艺术界联合会

综　述

2012年，沧浪区文联在中共沧浪区委宣传部的正确领导和苏州市文联的大力指导下，主动把握发展机遇，自觉发挥文联优势，把围绕中心、服务大局的使命落地落实到服从和服务于“文化沧浪”建设，秉承“团结文艺人才，服务文化沧浪”的理念，坚持“创作现实化、活动品牌化、人才本土化、工作制度化”的发展思路，主动从党委、政府的工作大局中找准着力点，团结带领各协会和广大文艺工作者热情讴歌沧浪发展实践，在组织文艺创作、开展文化活动、服务文化产业、丰富群众文化、宣传“文化沧浪”等方面取得了新成绩，为服务中心工作、促进“文化沧浪”建设作出了突出贡献。

重要会议

沧浪区文联始终注重加强领导班子和各协会工作骨干力量，不断增强文联组织的凝聚力和战斗力。主动向区委宣传部汇报工作，定期、不定期召开主席会，使文联工作始终行进在规约有序的正常轨道上。沧浪区文联年初要制定工作计划指导全年工作，年中要召开文联半年度工作会议进行交流督促，年终要召开年度工作会议进行总结表彰，同时还制订出台了《沧浪区文联工作奖励办法》和《沧浪区文联信息宣传工作考评办法》，把各协会完成项目、文艺创作、文艺辅导、文化活动、团队建设等情况都纳入年终考评范围，根据“两个办法”对各协会全年工作进行表彰奖励。

重要活动

沧浪区文联始终把承办上级交办的文化活动作为宣传“文化沧浪”的独特机遇和重要窗口。参与上海世博会“沧浪主题周”活动，以现场书法、美术、音乐、舞蹈、藏品展示等艺术手法诠释“文化沧浪”，演绎“天堂里的书房”；承办江苏省百名艺术家百场文艺演出，沧浪区“爱之声”合唱团与省内多名歌唱家在沧浪少年宫同台演出，江苏省文联党组书记王慧芬高度评价了以葑门“爱之声”合唱团为代表的沧浪区群众性文化团队的发展水平；与有关方面合作，积极参与双塔定慧寺巷书画产业一条街的建设；承办“新吴门·六月风”首届苏州美术作品大展暨首届沧浪美术邀请展；参与苏州市文联组织的“抗震救灾义演义卖”活动；参与中国苏州（沧浪）书法史讲坛活动；围绕苏州市文联“摄影年”主题活动，积极开展“家在苏州”“中国好

人”等一系列惠民摄影活动；承办苏州市金秋虎丘庙会民俗团队大比拼活动。

文艺创作

南环新村解危改造是苏州市、沧浪区两级政府2010年启动并历时3年的重大惠民实事工程。为服务党委政府重点工程，沧浪区文联主动介入，组织文艺工作者深入现场，全程跟踪拍摄和采写“南环故事”，用文艺手段记录反映老南环搬迁、新南环建设和回迁全过程，受到了苏州市委、工程指挥部、沧浪区委和区政府领导的充分肯定。沧浪区文学协会和摄影家协会合作创作了《南环重生》报告文学集。

沧浪区文联结合纪念改革开放30周年和建党90周年等重点时节，组织创作了《沧浪影藏》和《幸福沧浪》等主题摄影画册，以图文并茂的形式反映了改革开放以来沧浪区的发展成就。组织创作《百年横街风情》摄影作品集，全面展示了沧浪区委、区政府对横街整治改造的成果。编辑出版了《沧浪摄影艺术丛书》，总结展示近年来会员的创作成果，唐苏民、李幼中等5人因此加入中国摄影家协会。参与完成《沧浪区志》的图片创作工作。与沧浪区文学协会合作参与《中国国家地理·沧浪专辑》的图文创作编辑工作，为进一步宣传“文化沧浪”拓展了平台。汪建文、唐嘉鸿的摄影作品《风云太湖》和《小巷理发店》分别在中国摄影家协会主办的“苏州四季太湖”和苏州锦溪全国摄影大赛中荣获优秀奖。阙明芬的摄影作品《城市血脉》和《沐浴阳光》分别在中国城市发展摄影大赛和第二届承德国际摄影大展上荣获金奖和银奖。张金才的摄影作品《聊聊心里话》在江苏省文联主办的第五届全省公安系统摄影大赛中荣获一等奖。

沧浪区文联积极整合创作资源，围绕重大时节主题，先后创作出版了《沧浪雅集》、《沧浪印集》、《沧浪书画院美术作品集》、《中国奥运冠军印章集》、《沧浪十八景金石集览》、《2011“沧浪诗咏”书法作品集》、《“红色金典”金石作品集》和《首届沧浪区美术书法新人新作集》等书画作品集，全面展示了近年来沧浪区美术书法创作成果。组织创作书画作品参加“新吴门·六月风”苏州美术作品深圳文博会邀请展。宋咏的《花鸟篆刻印屏》荣获全国青年篆刻家作品展二等奖。孙宽、张迎春的《山水国画》入选全国金陵百家作品展。陈艺的《大篆书对联》入选全国首届篆书作品展。冯湘斌的《墨影花卉》荣获全国粉画作品展优秀奖。周新月的论文荣获西冷印社第三届国际印学峰会优秀论文奖一等奖。

沧浪区文联组织创作了《沧浪区歌》组歌，为苏州市各市（县）、区的首次尝试，受到了苏州市文联的充分肯定，其中《沧浪小儿郎》还荣获2010年度苏州市精神文明建设“五个一工程”奖，为沧浪区首次，具有里程碑意义。《沧浪区歌》12首组歌由中国音像出版社制作成光盘，成为沧浪人“自己的歌曲”，区歌成为文化活动和会务背景音乐，部分歌曲还改编成国际标准舞曲。创作的舞蹈《渔鼓》和《扇娘》荣获首届全国社区健康舞汇演金奖。沧浪区文联创作的歌曲《中华是一家》和《要问咱们工人如今想点啥》荣获江苏省音乐茉莉花奖三等奖。蒲公英艺术团的少儿合唱节目《枫桥夜泊》、《闲聊波尔卡》和《小小红绿灯》荣获首届中国少儿合唱节“小云雀奖”银奖。吴门艺术团创作选送的舞蹈《戏迷》荣获江苏省群众文化汇演“群英奖”银奖。还有《心贴星》、《究竟为了啥》小品在历

年苏州市小戏小品奖创作比赛中获奖。

沧浪区文联组织创作了《沧浪之歌》报告文学集、庆祝建国60周年《沧浪记忆》电视片、《苏州端午节》、《文化沧浪与幸福社区》、《千秋风范——沧浪历史名人故事》等主题作品，展示了文化沧浪人文精神。以“感动沧浪人物”典型代表为原型，创作了《沧浪新雨》报告文学集，《姑苏晚报》副刊还进行了连载。颜燕华创作的《盛世花开》散文集，诗性解读了近10年来“文化沧浪”建设之路。沧浪区文联还创作出版了《烟水沧浪》会员散文作品集；协助区政协编辑出版《葑溪横街》、“苏州沧浪工商文化”丛书，为友新街道编著《新郭村志》、《古新郭风俗》等。颜燕华创作的散文《穿过骨头抚摸你》荣获“《散文选刊》散文奖”全国征文大赛二等奖。马汉民创作的40集电视剧本《风雨雕花楼》被搬上银幕。马汉民长期致力于冯梦龙的研究，2012年创作完成了长篇人物传记文学《冯梦龙》，已由北京燕山文学出版社出版，并先后被《人民日报》海外版和《姑苏晚报》连载。宋庆阳勤于“南社文化”研究创作，成果丰硕，应邀参加两岸三地“南社与辛亥革命”百年学术研讨会，并获评苏州南社研究会突出贡献奖。

文艺交流

沧浪区文联先后与苏州市各兄弟市（县）区文联以及苏州日报社、杭州美术报、中摄网江苏频道、江苏广电总台综艺频道、河北承德、新疆乌鲁木齐、美国马里兰州安妮皇后郡、韩国写真作家协会堤川支部等进行交流与合作。接待全省基层文联工作会代表参观况公祠画家大院。接待中国曲艺家协会主席姜昆、中国收藏家协会会长闫振堂一行来沧浪区指导工作。

理论研究

通过在区机关、街道、社区举办文艺培训班、读书班、文化讲座、新人新作展览展演等形式，不断培养干部群众对文艺的兴趣爱好，拓展群众性草根会员，扩大文联工作的群众基础。

文艺队伍建设

沧浪区文联坚持群众性普及与专业化提高相结合的思路来认识和培育人才，整合资源，内外兼蓄，不断壮大人才队伍。全区文联会员总数发展到512人，其中国家会员67名、江苏省会员149名、苏州市会员323名、团体会员16名。这一会员人才规模，无论是数量还是质量，都走在苏州全市城区文联的前列。沧浪区文联创造条件，支持各协会会员提档升级，冲击全国会员和江苏省会员，使得会员中的国家会员、省会员和市会员增加了100多名。

文艺惠民

沧浪区文联举办“幸福沧浪”专题摄影作品展、“精彩沧浪”摄影大赛。沧浪区美术书法协会举办“沧浪雅集”沧浪区美术书法作品展、中国奥运冠军印作品巡展、沧浪书画院10周年美术作品展、首届沧浪区美术书法新人新作展等，与有关方面合作连续举办五届的“沧浪之春”迎新年写春联活动已经成为年终岁末广大居民群众的文化大餐。在苏州市文联书法教育

千百工程的支持下，沧浪区文联举办了沧浪区机关干部书法培训班和友新街道社区居民书法培训班。沧浪区音舞、戏曲协会与区有关部门每年组织的“健康快乐行”广场文化活动、东吴健康宝宝大赛、“领华数码杯”流行歌手大奖赛、“俏夕阳杯”老年歌手大赛、国际标准舞大赛等系列活动，极大地满足了各类人群的精神文化生活需求。沧浪区文学协会定期不定期与苏州日报社合作开展的会员作品刊载活动成为展示沧浪区文学创作的一项品牌活动。沧浪区收藏协会坚持“收藏文化进机关、进社区、进学校”工作主题，每年都要牵头组织胥虹社区收藏文化活动中心“民间藏品展览与讲座”系列活动，受到社区居民群众的广泛好评，成为普及收藏文化的一大品牌活动。

沧浪区文联组织会员深入沧浪新城建设现场开展采风拍摄活动，并举办多期新城影展，汇报展示沧浪新城建设成果；与区城管局、葑门街道合作开展《横街风情》摄影大赛，还主动为环卫工人休息室装配精美摄影图片。沧浪区美术书法协会与有关方面合作开展廉政书画、拥军书画、纪念孔子诞辰日文庙广场书法活动。沧浪区音舞、戏曲协会会同沧浪区纪委、监察局举办“扬清风正气，建和谐沧浪”廉政勤政小品创作表演大赛。沧浪区文联连续多年会同区卫生局举办“健康文化节”系列活动，还会同南环工程指挥部创作小品“南环明天会更好”，并在多个场合进行演出。沧浪区文学协会连续五年为沧浪区委宣传部表彰“感动沧浪年度人物”纪实宣传片撰写文稿,还建立了文学创作沙龙，与各县区协会开展横向交流活动。沧浪区收藏协会会同葑门、双塔、胥江等街道开展了红色收藏品进社区巡展活动,一对阔别59年之久的抗美援朝老战友因此喜相逢；协会还与姑苏晚报社共同举办“龙年说龙”系列收藏文谈和“你所喜爱的玉雕作品评选”活动。

金阊区文学艺术界联合会

综　述

2012年，金阊区文联在苏州市文联的指导下，在中共金阊区委宣传部的领导下，紧密团结广大会员和紧紧依靠区各文艺家协会、街道文联，围绕中心，服务大局，为文化惠民、文艺惠民和金阊文艺的大发展大繁荣积极工作，取得了一定的成绩，获苏州市文联系统2012年度先进集体。

重要会议

【二届六次全委会】

3月16日，金阊区文联召开二届六次全委会。会议传达了江苏省、苏州市文联召开的会议有关精神和金阊区委召开的会议有关精神，部署了2012年金阊区文联工作。

中共金阊区区委宣传部副部长、区文联主席胡群在部署区文联2012年工作时强调，2012年金阊区文联要用社会主义核心价值体系武装头脑，不断增强引领社会风尚、教育人民、服务社会、推动发展的本领；加强对文艺作品的创作引导，促进文艺创作繁荣与创新发展；发挥街道文联及各协会的优势，努力提升文化惠民和文化服务能力；增强领导文化建设本领，营造风清气顺、和谐奋进的良好局面，以实际行动迎接党的十八大胜利召开。

【收藏家协会第二次会员大会】

4月27日，金阊区收藏家协会召开第二次会员大会，会议认真听取、讨论并通过了戴祝福代表金阊区收藏家协会一届理事会所作的协会一届理事会工作报告和吴柏安代表金阊区收藏家协会第二次会员大会筹备组所作的《金阊区收藏家协会章程修改报告》、《金阊区收藏家协会第二届理事会选举办法》，大会选举产生了金阊区收藏家协会新一届理事会及领导机构。

重要活动

【金阊区文艺界迎春联欢会】

1月13日，由中共金阊区委宣传部、金阊区文体局、金阊区文联举办的2012年金阊区文艺界迎春联欢会在区政府多功能厅隆重举行。苏州市文联党组书记、副主席朱建华，中共金阊区区委常委、宣传部部长汪香元，金阊区人大常委会副主任周锡骏，金阊区人民政府副区长陈清，金阊区政协副主席刘菁，金阊市文广新局社文处处长陆前、副处长宋苏霞，金阊市文联副秘书长、办公室主任邢静，金阊区文联名誉主席胡荣福、赵国安和金阊区300多名文艺家、群文工

作者参加了联欢会。

汪香元部长代表中共金阊区区委、区政府作了热情洋溢的新春致辞。汪部长在致辞中代表中共金阊区区委、区政府向多年来关心支持金阊文艺发展和金阊群众文化工作的各位领导和部门表示了诚挚谢意，向一年来辛勤耕耘并取得丰硕成果的艺术家、群文工作者表示亲切的慰问和热烈的祝贺。他说，金阊区在2011年中以迎庆党的90华诞、党的十七届六中全会和全国作代会、文代会召开为契机，紧紧抓住文化大发展的机遇，加强文化软实力建设，以“我们的节日”为主线精心打造了节庆文化活动，以“文化惠民”为主旨加快完善了公共文化服务体系，以“引导和培育”为基础全力推动了文化产业发展。全区积极开展文化惠民活动，无论在“百年石路”、“轧神仙”、“红歌、红舞、红诗”红色经典系列活动、“三下乡”活动、山塘历史文化延伸与拓展，还是在与央视合作拍摄的《话说虎丘》和《中秋诗会·山塘篇》中，金阊文艺家和群文工作者都不懈努力，为“金阊文化”作出了很多的贡献。金阊各群众文艺团队夯实基础，勇于创新，文艺创作硕果喜人，不少文艺家、文艺团队在全国、省市比赛中连连得奖，还举办多个个人演唱专场和个展，并出版专辑，为文化的大发展大繁荣推波助澜。

会上隆重表彰了2011年度金阊区群众文化工作先进集体、个人和优秀作品。金阊区文艺家在联欢会上表演了精彩的文艺节目。

金阊区收藏家协会在本次联欢会上特地带来了区收藏家义务奉献的清代光绪年间的粉彩仕女酒壶、青花双喜小罐等10件藏品，并进行了“爱心竞价认购”活动。一时间，喜庆、欢乐的联欢会上涌起了“关爱残疾学童，共享祖国蓝天”爱心助学的滚滚春潮，在场的领导和艺术家踊跃参加，奉献爱心，成为了本次文艺界迎春联欢会的又一个高潮。爱心竞价认购所得款全部被送往金阊区培智学校。

【“洪武纪念地”完工】

3月，为再现洪武年间苏州阊门大规模移民迁徙事件，弘扬“华夏同根，爱我中华”精神，传承中华亲情文化和中华文明，由金阊区文联参与组织策划和打造的中国寻根问祖八大朝宗圣地之一——“洪武纪念地”正式完工，对外开放，接待中外游客。

【“学习雷锋好榜样”主题志愿服务集中行动】

3月3日，金阊区文联组织文艺家冒雨结集在区市民活动中心广场开展“学习雷锋好榜样”主题志愿服务集中行动。收藏家免费为民鉴宝，民间文艺家免费为民剪纸，传授苏派盆景栽培技艺，艺术品爱心义卖，戏曲家创作、辅导和赶排“道德‘评谈’”，摄影家聚焦“感动”抓拍“中国好人”，所有这些较集中地反映了金阊区文联深入开展“学习雷锋——家在苏州·践行‘五好’”和广大文艺家学习雷锋好榜样、争当文艺志愿者、文化惠民常态化的精神面貌。

【“道德‘评谈’”进社区】

为深入贯彻落实党的十七届六中全会精神，努力践行社会主义核心价值观，推进文化创新，积极响应苏州市文明办启动的“道德‘评谈’”——苏州市道德模范故事汇巡演活动，金阊区文联、戏曲家协会积极组织本区评弹票友学唱“道德‘评谈’”，进而走入社区基层，热情辅导社区居民群众学唱“道德‘评谈’”。戏曲家协会还深入生活，积极挖掘道德模范素材，创作和排演评话《虎丘山上的守护人》、评弹小品《俔社区有个活雷锋》等反映本区道德模范和中国好人的曲目并走进各社区作循环演出，参加苏州市“道德‘评谈’”学唱竞赛。

【第四届“彩香之春”社区文体艺术节】、

由彩香文联主办的第四届“彩香之春”社区文体艺术节在三元二村和谐广场隆重举行。彩香街道文联的音舞协会、戏曲协会的文艺家

为参加第四届“彩香之春”社区文体艺术节开幕的领导、嘉宾和社区居民群众奉献了一台精美的文艺盛宴。中共金阊区区委书记、金阊区人大主任翟晓声，金阊区委常委、宣传部部长汪香元，金阊区委常委、组织部部长吴思勤，金阊区人大副主任单建华，副区长陈清、吴旭翔，区政协副主席吴苏生和辖区部队、学校、机关、企事业单位等的领导以及近千名社区居民群众观看了文艺家们的精彩演出。文艺家们倾情演出了民乐合奏《喜洋洋》、《和谐彩香》，表演唱《巴郎仔》，配乐诗朗诵《家在彩香》，变脸表演《千变万化》，评弹表演《彩香老娘舅故事多》，昆舞《荷塘月色》，魔术表演《预言》，歌舞《动感彩香》等文艺节目。本届“彩香之春”社区文体艺术节为期四天，分文化彩香、魅力彩香、幸福彩香和和谐彩香板块，开展“乐在彩香”“动在彩香”“劲在彩香”“舞在彩香”“宝在彩香”“忆在彩香”“情在彩香”“秀在彩香”等文化、体育系列活动，辖区部队、学校、机关、企事业单位和社区居民群众踊跃参加。

【民俗文化研究中心庙会文化苏州研究基地揭牌成立】

由金阊区文联、中国社会科学院文学研究所民俗文化研究中心联合创建的中国社会科学院文学研究所民俗文化研究中心庙会文化苏州研究基地于5月4日在2012年“轧神仙”活动开幕式上正式揭牌成立，中国社会科学院文学研究所民俗文化研究中心理事长祁连休与中共金阊区区委副书记、区长盛蕾共同为中国社会科学院文学研究所民俗文化研究中心庙会文化苏州研究基地成立揭牌。

【“金阊文艺家爱心基金”送达培智学校】

在全国第22个助残日前夕，金阊区文联主席胡群、副主席李旋、秘书长冯朝刚一行带着金阊文艺家对特殊儿童的炽热爱心来到金阊区培智学校，代表区文艺家亲切看望了那里的智障儿童和特殊教育的老师，并把日前区文艺家作品义卖所得的1万元现金作为“金阊文艺家爱心基金”送达金阊区培智学校。胡群主席在捐赠时表示，此次爱心助学款捐赠虽然金额不多，但只是金阊文艺家关爱智障儿童、支持特殊教育的开始，金阊文联要组织更多的文艺家弘扬助残扶残传统优秀美德，定期走近特殊群体，去关爱更需要关爱的弱势群体和支持特殊教育的发展。

【“翰墨诗情”书法作品展】

为迎庆党的十八大胜利召开，由金阊区文联、书法家协会主办的“翰墨诗情”书法作品展于11月7日在金阊市民活动中心展厅隆重举行。

【彩香街道廉洁文化书画摄影展】

在喜迎十八大召开之际，由彩香街道纪工委、彩香街道文联联合举办的“迎接党的十八大”彩香街道廉洁文化书画摄影展于9月13日在“江苏省廉政文化示范区”彩香二村北社区正式开幕。

文艺创作

【组织文艺家创作采风】

金阊区文联于9月19-21日组织文艺家赴位于鄂、豫、皖三省交界处的著名革命老区大别山采风。10月16-18日，金阊区美术家协会、书法家协会分别组织会员到苏州西郊小王山采风。在小王山，参加采风的会员参观了李根源纪念馆，欣赏了别具风格的“松海十景”，并仔细观摩了于右任、章太炎等大师书存的200余块摩崖石刻，交流了美术、书法创作的经验与体会。11月9日，金阊区民间文艺家协会组织会员赴苏州西郊“湖光山色”“洞天福地”的光福参观2012中国（苏州）工艺美术大师作品展。会员们仔细观看了展品，并和工艺美术大师进行了切磋、交流。

【创作成果丰硕】

作家孙骏毅的散文《雨想》被评为2012年全国散文一等奖，民间文艺家郑仙云的剪纸作品《唯吾知足》获第三届中国剪纸艺术节铜奖，画家吴湛圆的作品《残荷》获江苏省“五星工程奖”金奖，摄影家华致中的《梦里水乡》、《雾枫》和许祖德的《暮色太湖》、《暮色归舟》在5月中国摄影家协会第四届中国（常熟）江南文化节全国摄影精品展中被评为入选佳作，舞蹈《吴宫教战》在9月江苏省舞蹈家协会举办的“莲花奖”舞蹈比赛中获（长青组）表演金奖，歌曲《将进酒》在江苏省“五星工程奖”评选中获表演金奖。

文艺交流

【赴常熟市文联、作协参观学习】

金阊区文联、金阊区作协一行15人应常熟市文联、常熟市作协邀请于6月18日赴虞城参观学习，受到常熟市文联主席李忠，副主席朱利华、肖志钢和常熟市作家协会主席俞小红等的热情接待。宾主双方在座谈会上交流了各自的工作情况，金阊、常熟的作家交流了各自的创作体会并互赠了新近出版的书籍，自始至终充满了浓厚的兄弟情谊。当晚，中共常熟市委常委、常熟市纪委书记程波亲切看望了来虞城的金阊区文联、金阊区作家协会一行。

【赴吴江举办美术作品联展】

10月25日，由金阊区美协、吴江市职工美协联合主办的“姑苏风·鲈乡情”金阊美协、吴江职工美协美术作品联展在吴江博物馆举行，吴江市副市长吴琦，吴江市总工会主席严品华、副主席朱小松，吴江市文联党组书记、主席俞前，金阊区文体局局长华建新，金阊区文联副主席李旋、李少鹏、谈朝宁、吴湛圆，秘书长冯朝刚和300多位吴江、金阊美术爱好者参加了开幕式。

【文艺家白杨湾“三下乡”】

1月5日，金阊区文联组织文艺家“三下乡”来到苏州西郊白杨湾，为当地村民激情奉献文化大餐。书法家一字排开，笔歌墨舞为村民义务书写春联，“春日春风春浩荡，龙年龙岁龙腾飞”“龙腾虎跃春光好，鸟语花香世纪新”“龙岁迎来新世纪，莺歌唱出好春光”以及“福到人间”“春色满园”等新春联为广大村民所喜爱，索要一空。金阊区金艺越剧团文艺家特地为白杨湾村民举办了越剧专场演出，《梁祝·十八相送》、《山河恋·送信》、《一缕麻·说戏、拜岳父》、《碧玉簪·送凤冠》等传统优秀越剧折子戏乐翻了白杨湾众多戏迷村民。

理论研究

【举办“轧神仙”座谈研讨】

为进一步挖掘“轧神仙”文化内涵，提升“轧神仙”热烈、隆重、健康、文明、和谐的品味，3月13日，中共金阊区委宣传部、区文体局、区文联盛邀潘君明、马汉民、蔡利民、沈建东等苏州市民间、民俗专家及有关领导参加座谈研讨，为即将举行的2012年“轧神仙”活动把脉。

【举办书法讲座】

金阊区书法家协会为满足广大中老年书法爱好者学习书法的愿望，定期为中老年书法爱好者举办书法讲座。

【为居民群众义务鉴宝】

金阊区收藏家协会每周六为居民群众义务鉴宝。

文艺队伍建设

金阊区文联始终把加强文联队伍自身建设放在突出的位置，以适应新形势下文艺事业的发展和广大文艺工作者的需求。金阊区文联成立时仅有5个协会，后又新建了收藏、民间文艺协会。2009年，在彩香街道建立了全市第一个街道文联。金阊区文联现有团体会员九个，会员350余人。戏曲家协会还组建了金艺越剧团、金韵评弹团。2009年完成了最先成立的5个协会的换届工作，并将所有协会更名为文艺家协会。2010年6月顺利召开了金阊区文学艺术界第二次代表大会。全区文艺家队伍不断壮大，总体素养不断提高。金阊区文联在加强文艺队伍建设中注重吸纳、团结文艺人才与发现、培养文艺人才并重，热情、周到服务与积极争取加大力度扶持、奖励并举，以"金阊文艺精品奖""金阊文艺团队奖"为品牌，不断提升金阊文艺队伍的水平与质量。

文艺惠民

【迎春联欢活动】

1月5日，金阊区文联组织金阊文艺家"三下乡"来到苏州西郊白杨湾；1月8日，会同苏州市文联、文化馆、音乐家协会联合举办了"苏明春韵"合唱音乐会；1月11日，新春将至，专门组织了一台文艺汇演，以歌舞的形式向离退休老干部表示敬意并慰问离退休老干部；1月13日下午，由中共金阊区区委宣传部、区文体局、区文联举办的2012年金阊区文艺界迎春联欢会在区政府多功能厅隆重举行。

【老少同乐活动】

3月13日下午，彩香街道晚晴园内欢声笑语、热闹非凡，彩香街道的20多位文艺志愿者手牵三元二村幼儿园的小朋友，来到晚晴园老年公寓看望那里的老人并为他们送去欢乐。越剧折子戏《情探·送王郎》、评弹表演《雷锋，你是我们学习的好榜样》等曲艺节目让老人们听得如痴如醉。三元二村幼儿园的小朋友不仅带来了他们的表演《好娃娃》，还为老爷爷、老奶奶们准备了亲手绘制的祝福卡片，送上了水果。摄影协会的会员更是抢拍、抓拍，为老人留影，让晚晴园的老人们笑得合不拢嘴。

【"宝在彩香"活动】

4月25日，金阊区收藏家协会走进彩香二村北社区，为参加彩香街道举办的"宝在彩香"活动的社区居民鉴宝，并讲解收藏知识。场面相当热闹，不少家藏宝贝的居民，甚至昆山、太仓的藏友闻讯携宝参加，请专家鉴定。现场居民群众一饱眼福，大开眼界，十分开心。

【金阊区五人摄影展】

5月4日，由金阊区摄影家协会主办的金阊区五人摄影展在中国历史文化名街山塘街的"唐少府白公祠"开幕。

【工艺大师联袂登台"轧神仙"】

在2012年"轧神仙"民俗文化旅游节里，金阊区文联组织邹英姿、钟锦德、蔡云娣、金海鸥、许晨曦、许建康、殷毅军、徐文、顾景林、顾澄波等工艺大师联袂登台，为广大市民群众当场表演了刺绣、核雕、紫砂壶雕刻、书画等绝活，让广大市民群众一饱眼福，大开眼界。大师们除表演绝活外，还热情为广大爱好者传授技艺，普及相关的专业知识。

【"金阊之声"合唱专场惠民演出】

5月5日，金阊区文联、金阊区文体局组织彩香街道银色交响合唱团、彩香街道晚晴歌咏队、虎丘街道"红星情"艺术团、虎丘街道塔影手拉手艺术团、留园街道夕阳红合唱队、留园街道男声合唱队、石路街道怡春善曲合唱团、白洋湾街道花儿女子合唱团和金阊区文化馆金阊之声合唱队的文艺工作者聚集在石路亚细亚广场举行了“金阊之声”合唱专场惠民演出，文艺工作者头顶烈日仍精神饱满，挥汗为广大市民群众倾情演唱了《和谐彩香》等合唱曲目，其中还有不少曲目是辖区文艺工作者为本次汇演精心创作的作品。广场千名市民群众被文艺工作者的精神和优美的歌声吸引，他们驻足广场，边欣赏边报以热烈的掌声。在观众席里，还有不少群众打出了鼓励字样，为文艺工作者加油鼓劲，场面感人。

【庆“六一”老少同乐文艺汇演】

“六一”前夕，由金阊区文联和区老干部局组织区老文艺家和少年儿童主办的“朝夕同辉·共享快乐”庆“六一”老少同乐文艺汇演在金阊区市民活动中心剧场举行，中共金阊区委副书记朱正，金阊区区委常委、宣传部部长汪香元以及苏州市、金阊区有关老领导和400多名少年儿童一起观看了演出。

【摄影讲座活动】

为满足石路街道广大社区居民群众爱摄影、学摄影的需求，金阊区摄影家协会联手石路街道举办了摄影讲座活动。活动当天，石路街道社区服务中心活动室内，近300名社区居民群众认真听取了摄影家马景明所作的摄影讲座，并欣赏了大量的摄影家摄影艺术作品。席间，金阊摄影家还与在场的摄影爱好者互动，回答爱好者的提问，对爱好者所带的作品进行分析和讲评，使参加活动的社区居民群众受益匪浅。

【组织文艺家深入危旧房改造工程一线】

备受市民关注的民心实事工程——朱家庄危旧房改造工程启动，1112户居住危旧房的居民将告别危旧房,走向新生活。为配合改造工程实施，金阊区文联组织大批文艺家深入一线，采访改造工程中的感人事例，或拟《有一种“解危”叫民心》结集，或以优秀节目展演，营造积极氛围，配合改造工程实施。金阊摄影家协会了解到将走向新生活的曾居住危旧房的居民希望留下“曾出生”“曾相邻”原住地的影像纪念时，积极组织摄影家深入到户开展朱家庄解危改造义务为居民摄影留念活动，受到居民群众热烈欢迎。

【“远香溢清”瞿金根荷花摄影作品展】

由中共金阊区纪律检查委员会、金阊区监察局、金阊区文学艺术界联合会主办，金阊区摄影家协会承办的“远香溢清”瞿金根荷花摄影作品展于9月7日在金阊区廉政教育基地——清风廊正式开幕，中共苏州市纪委副书记缪红梅，中共苏州市纪委常委沈琪，中共苏州市纪委宣教室主任顾万荣，中共金阊区委常委、区纪委书记张思，副书记黄坚，中共金阊区委宣传部副部长、金阊区文联主席胡群，金阊区文联副主席梅锦煊，金阊区摄影家协会主席周华民等领导和嘉宾参加了开幕式。

【首届“绿竹翁杯”七里山塘竹扇艺术展】

由金阊区文联、金阊区民间艺术家协会主办，苏州绿竹翁竹业开发有限公司承办的首届“绿竹翁杯”七里山塘竹扇艺术展于9月29日至10月7日在苏州七里山塘白公祠内举行。

【离退休老同志摄影作品汇展】

在重阳佳节来临之际，由金阊区老干部局、金阊区关工委、金阊区文联主办，金阊区摄影家协会承办的离退休老同志摄影作品汇展于10月19日在山塘街白公祠内举行。本次遴选展出的45幅新作均出自金阊离退休老同志之手。这些离退休老同志离开了自己一生尽责钟爱的工作岗位后，在享受美满天伦之乐的同时，满怀激情，用他们曾经握过革命枪、激扬笔、务农锄把和务工铁锤的手拿起相机，记录社会、经济、文化、城市变迁发展的美。他们贴着时代前进的脉搏，与时代共呼吸、同命运，讴歌“时代在发展，夕阳无限好”。

【戏曲家重阳节献演老年公寓】

重阳节即将到来之时，金阊区戏曲家协会情系老人，组织近50名会员于10月19日一早来到金阊区老年公寓，亲切看望那里的老人，对老人们嘘寒问暖，祝福他们健康长寿，并在老年公寓举行了慰问演出，精心演出了老人们熟悉喜爱的文艺节目民乐合奏《春晖曲》、《步步高》，评弹开篇《喜迎党的十八大》，沪剧《没有眼泪，没有悲伤》、《洞房》、《归国》，女声独唱《苏州好

风光》，男生独唱《草原上升起不落的太阳》，越剧《白蛇传》选段，笛子独奏《牧民新歌》，二胡独奏《山村变了样》和老苏州民间叫卖，乐得老人们喜笑颜开、掌声不断。

苏州工业园区文学艺术界联合会

综 述

苏州工业园区文联（简称园区文联）目前设有摄影协会、书法协会两个协会。2012年，园区文联在江苏省、苏州市文联的大力支持下，以繁荣文艺创作、建设文艺队伍、发展文艺事业为工作重心，推动和奖励各类优秀文艺创作、艺术表演、学术研究和其他艺术成果，积极鼓励和支持广大文艺工作者解放思想、继续创新、开拓进取、乐于奉献。以“文化兴区”战略为导向，大力发展园区“开放包容、现代时尚、精致和谐、创新创优”的圆融文化精神，积极投身园区文化繁荣行动计划，努力为群众提供优秀的精神食粮，不断满足园区人民日益增长的精神文化需求。

园区开发建设18年来，汇聚了大量海内外优秀人才，其中不乏写作、音乐、舞蹈、曲艺、美术、书法、摄影、民间文艺、文艺评论等门类的专业人才和爱好者。园区文联积极实施品牌带动战略，配合举办首届创博会，成功举办了金鸡湖双年展、金鸡湖商务旅游节、环金鸡湖马拉松赛、端午金鸡湖龙舟赛、独墅湖“湖畔论坛”、全民阅读季、金鸡湖艺术节等重大文化品牌活动，为园区文化繁荣再添新亮点。

重要活动

【金鸡湖双年展】

5月18日到6月17日，为期一个月的苏州·金鸡湖双年展在金鸡湖畔盛大举行，本届双年展

由苏州工业园区管委会、中国艺术研究院中国雕塑院共同主办，圆融集团、园区文联具体承办。本届苏州·金鸡湖双年展也是苏州首次举行的城市双年展，由包括中国当代青年雕塑展、“社会·风景”架上绘画展在内的主题展，园区各文化展馆、画廊、美术馆、博物馆展览组成的邀请展，以及包括世界第一天幕动漫作品展播等活动在内的特别活动三部分组成。通过举办首届金鸡湖双年展活动，园区文联有效整合了园区文化资源和发展成果，展示了园区“开放包容、现代时尚、精致和谐、创新创优”的圆融文化和“借鉴、创新、圆融、共赢”的城市精神。双年展文化品牌的建立是一个逐步推进、逐步提升的过程。通过持续举办，双年展活动将逐步提升为国内外知名品牌活动。

【金鸡湖合唱艺术节】

5月，园区文联举办了首届苏州·金鸡湖合唱艺术节，来自园区的6支合唱队伍共400名合唱爱好者以“非凡城市、幸福园区”为主题，为

观众献上了一台听觉的饕餮盛宴，用合唱艺术之美展现了园区“开放包容、现代时尚、精致和谐、创新创优”的圆融文化。

【金鸡湖国际艺术节】

9月14日至10月7日，2012苏州金鸡湖国际艺术节在苏州文化艺术中心盛大举行。作为苏州工业园区首个综合性、国际化的艺术节，本届艺术节围绕“聚世界精粹，展园区精彩”这一主题，共分为经典演艺、非常视觉、全民艺坛三大版块。艺术节期间，十几台集古典与流行、经典与创新于一身的精彩节目轮番献演苏城。其中不少表演者是国内外一流的名团名家，节目有：俄罗斯国家芭蕾舞团经典芭蕾舞剧《天鹅湖》；戴佩妮、王若琳领衔的“音乐·星空·夏”苏州金鸡湖音乐节；著名先锋戏剧导演孟京辉执导，黄渤、袁泉主演的话剧《活着》；引领现代舞之先的英国威尔士国家舞蹈团的精品荟萃；谭盾的《武侠三部曲》交响多媒体音乐会；著名舞蹈家杨丽萍的收官之作《孔雀》等。与此同时，IMAX3D《北极》、江苏舞蹈“莲花奖”第三届社会舞蹈大赛总决赛，以及由苏州文化艺术中心芭蕾舞团精心打造的原创芭蕾剧《西施》和新版姑苏风情欢乐秀《苏SHOW》的首次公演也在艺术节期间登台亮相。国际名家、名团相聚苏城，琳琅满目的视觉展览吸引眼球，丰富多彩的艺文活动让市民走近艺术，提高修养，欢乐共享。

文艺创作

【书画展事频频】

园区文联及下属协会先后组织协办了“又见城东墨香飘”书法作品展、“融·和”苏州当代名家艺术巡展——2012当代绘画艺术家艺术邀请展、“随笔自然”冯相成风景油画展、“花事无痕”朱莉燕油画作品展等多场高水平的书法、美术展览。

【钱玉清书法作品多次获奖】

中国书协会员、园区书协主席钱玉清先后荣获中国·贵州“百里杜鹃”书法作品展优秀奖（作品：《费昶诗咏》）、首届“张芝奖”全国书法大展优秀奖（作品：《隋唐张泌—胡蝶儿》）、中国书法家协会第三届行草书法大展优秀奖（作品：《清·黄钺〈二十四画品之超脱〉》），这些奖项均为评审最高奖，且为江苏唯一获奖者。

【赵羽获奖】

园区文联委员赵羽及其赵羽设计公司分获中国包装联合会设计委员会中国设计事业突出贡献个人奖及机构奖。

【第十届江苏省“五星工程奖”比赛摘金夺银】

第十届江苏省“五星工程奖”比赛圆满落幕，园区服务业发展局、园区文联精心组织各乡镇、社区、艺术协会创作的代表园区群众文化艺术最高水平的节目和作品取得了两金、两银、两铜的历史最佳成绩。在此次比赛中，园区青少年活动中心选送的圆融花季青少年艺术团合唱节目《亮亮高，板板桥》和《编花篮小景》获合唱类金奖，唯亭镇文体站的女声独唱《秀娘引》获音乐类金奖，园区文化馆的女声独唱《飞雪迎春》获文化站站长技能大赛银奖，论文《基层文化服务创新与品牌建设初探》获理论研究成果类银奖，女声独唱《醉江南》获音乐类铜奖，唯亭镇文体站男声独唱《海阔天空》获文化站站长技能大赛铜奖。

文艺交流

【金鸡湖美术馆开馆】

金鸡湖美术馆建筑面积为3180平方米，展览场地面积为1500平方米。其作为非营利的公益性美术馆，以研究、策划、展示、收藏国内外经典艺术和优秀的当代艺术作品为主，同时注重国际之间的艺术交流和教育推广。5月26日正式开馆免费向公众开放。

【环金鸡湖半程马拉松摄影大赛】

环金鸡湖半程马拉松摄影大赛不仅是环金鸡湖半程马拉松赛的延伸，更是首届苏州金鸡湖双年展的系列展之一。100余位中外摄影爱好者的1000余幅作品参加摄影大赛，最终59幅作品获得一、二、三等奖。

【苏州端午金鸡湖龙舟赛摄影大赛】

苏州端午金鸡湖龙舟赛摄影大赛展现了“乐享”主题及54支龙舟队伍在金鸡湖畔奋勇争先的精彩场景。共有92幅作品获奖，其中一等奖1名、二等奖3名、三等奖5名及入围奖83名。

【《罗密欧与朱丽叶》巡演】

全国六家专业芭蕾舞团之一的苏州艺术中心芭蕾舞团成功登台国家大剧院、上海大剧院，巡演《罗密欧与朱丽叶》。作为中国最年轻的专业芭蕾舞团，该团自2007年成立开始就在不断进行着艺术的探索与创新。此次苏芭演绎的版本，在继承尊重莎士比亚戏剧内涵的基础上，以当代生活行为节奏及审美品位为前提，大胆结合中国文化传统元素，巧妙地融入具有时代感的中国古典审美观，使“中西结合”成为《罗密欧与朱丽叶》的亮点特色。演出获得了巨大的成功，进一步扩大了园区文化的辐射力和影响力。

【文化元素注入李公堤】

作为文化创意主要功能载体、区域文化产业示范基地之一的李公堤三期，将旅游、艺术、文化、商业等多种业态进行了充分融合，形成了一批传统与现代并举、东方与西方对接的商务旅游特色展馆集群，如国内首家传播基金文化与金融发展史的展示载体——中国基金博物馆、新吴门画派代表人物——张辛稼美术馆、当代苏绣艺术领军人物——姚建萍刺绣艺术馆、国际工艺美术大师——蔡云娣江南三雕艺术馆、台湾漫画大师游龙辉工作室——漫卡屋、美国摩托文化代表——哈雷戴维森等，不仅丰富并提升了李公堤的内涵和特色，使之成为商、旅、文联动发展、跨界融合的典范之一，也对全面打造“文化园区”起到了重要影响。

理论研究

园区文联对本区域文化建设和重点文化项目推进情况进行了专题调研，先后组织考察了斜塘老街、苏州文化艺术中心、金鸡湖美术馆、李公堤三期文化街区、巴塞当代美术馆、汉璞艺术中心、基金博物馆、月光8号画廊等场所和单位。通过系列调研，与区内的艺术单位、文化载体间建立起一种良性的互动关系，在设施、资源、人才及活动组织等方面逐渐实现交流共享，共同推动园区文化发展。

文艺队伍建设

为进一步加强基层宣传文化队伍建设，提高干部的业务素养和实践能力，7月10-11日，苏州工业园区基层宣传文化队伍培训班在园区文化馆开班，这是自2011年成功举办后的第二期培训班，来自园区3个乡镇、3个社区、独墅湖图书馆、文化馆等的135名基层干部进行了为期两天的培训学习。园区文联不断丰富培训的形式与内容，加大培训的力度与广度，为基层文化队伍建设建立起常态化、长效化的工作与学习机制，提高干部的业务素养和实践能力。

文艺惠民

【学习雷锋文化志愿服务活动】

园区文联认真响应中共苏州市委宣传部、苏州市文联等主办的“学习雷锋——家在苏州·践行‘五好’”文化志愿服务活动，策划开展了风采展示、广场服务、邻里互助、敬老爱幼、爱心助困、生态环保、学习宣讲等7大板块100余项活动，贯穿整个2012年度。

【一批公共文化载体建成投用】

李公堤三期文化休闲街区、金鸡湖美术馆等一批公共文化载体建成投用；以独墅湖图书馆为总馆的图书馆总分馆体系基本形成（1家总馆、15家分馆），年末藏书总量达到70万册，人均占有藏书1册。目前，园区公共文化设施汇总统计总面积超44万平方米，公益性文化设施面积达24万平方米，人均公益性文化设施面积为0.35平方米，人均文化设施数量和质量均居全国开发区前列，基本实现区、乡镇（社工委）、社区三级公共文化服务网络全覆盖。

【精心策划安排各类群众文体活动】

园区文联全年精心策划安排各类群众文体活动约600项，吸引观众约20万人次。其中开展“我们的节日”活动约100次，组织形式多样的“天天有”广场活动46次和“群星璀璨——城区广场主题活动”56次，最大限度地调动了群众参与的积极性，极大地丰富了人民群众的精神文化生活。

高新区文学艺术界联合会

综　述

2012年，高新区文联充分发挥联系、协调、服务职能，围绕“喜迎十八大”“庆祝建区20周年”等主题，突出重点，打造亮点，努力营造文化氛围，成果喜人。

高新区文联举办了“20年，我们一起走过”主题征文活动和“见证高新区·感悟跨越发展”大型书画、摄影比赛，开展了“群星璀璨·欢乐大舞台”“群众文化优秀作品大汇演”等多场高新区专场演出，举办了“首届新苏州人才艺赛”、“六一”校园文艺汇演、群众健身广场舞大赛、“活力高新·欢乐社区行”等系列活动。

在2012年1月海南省海口市举行的“第十届中国民间文艺山花奖”颁奖典礼上，苏州的三个“山花奖”作品全部为高新区镇湖街道绣品，这在“中国民间文艺山花奖”和苏绣史上是首次。在8月举办的第七届中国(长春)民间艺术博览会上，由镇湖刺绣协会组织的10件作品从22万件参赛作品中脱颖而出，获得7金3银的佳绩。

高新区书美摄协会积极组织书法惠民活动：春节期间，先后去镇湖街道、阳山街道义务写春联；“八一”建军节期间，协会赴部队拥军，为官兵书写了40多幅作品；参与苏州市摄协组织的“家在苏州”为民义务摄影活动，免费为80位市民拍摄了以新区全貌为背景的照片；协助科技城举办了“春之歌”摄影比赛；协助枫桥街道出版了《枫之韵》书画作品集，与高新区农发局共同举办了“走进乡村”农产品拍摄展览。

高新区民间文艺家协会不断创新，精品佳作迭出。在扬州举办的第四十七届全国工艺品交易会上，东渚玉雕艺人的三件作品喜获中国“百花玉缘”玉雕精品大奖赛金奖。在2012年省文联、省民文协共同主办的首届江苏省优秀青年民间文艺人才评选中，高新区的俞挺、邹英姿榜上有名。

浒关镇文联围绕老镇改造中心工作，蓝梦艺术团、桑镇文学社等积极组织各类文艺表演、征文比赛等活动，以文化感染人、教育人。

中国书法名城苏州书法教育千百工程深入推进。4月17日，中国书法名城书法教育千百工程启动仪式在高新区人才广场成功举办。高新区文联积极组织区内企事业单位工作人员参加书法教育培训，全区首轮共开设9个教学点、15个培训班，参与人员超过了300名，居苏州全市之首。

重要活动

【高新区文联举办大型书画摄影联展】

2012年是苏州高新区成立20周年，为全面展示苏州高新区20年的发展历程、经济社会和谐发展所取得的巨大成就，真实再现高新区发展的光辉岁月和高新区人“团结拼搏，务实创新”的精神风貌，高新区文联举办了“见证辉煌二十年，感悟发展新变化”大型书画摄影联展，从不同视角展示高新区“真山真水新苏州，科技人文新天堂”的美好景象，共收到征稿作品200余幅。

【书法教育千百工程高新区教育基地开班】

6月8日，中国书法名城苏州书法教育千百工程高新区教育基地举行开班仪式，苏州市文联副主席、市书协副主席王伟林和高新区文联主席王坚共同为培训基地揭牌，杨建荣、程万青、李云刚3位书法导师受领导师证。

千百工程启动后，高新区机关、学校、企事业单位的干部、职工踊跃报名，报名人数达350名，远远超过原定40名的计划，学员人数在苏州全市各区中最多。高新区在科技城、东渚镇、浒墅关分区、狮山街道、人才广场等地共设立了9个教学点、15个学习班。

【著名音乐家徐沛东一行赴高新区采风】

11月4日，中国文联副主席、中国音协分会党组书记、著名作曲家徐沛东率“古韵今风·家在苏州中国著名音乐家苏州行”成员赴高新区采风，采风团成员先后参观了中国刺绣艺术馆和太湖湿地公园，在镇湖绣庄与工艺大师梁雪芳亲切交流，对高新区得天独厚的山水环境、源远流长的刺绣工艺赞赏不绝，艺术灵感跃现，佳词美曲频出。苏州市文联主席、党组书记成从武，高新区工委宣传部部长宋长宝参加了采风活动。

【高新区知识产权(镇湖)服务社揭牌】

10月12日，“苏州高新区知识产权(镇湖)服务社”揭牌仪式在镇湖刺绣艺术馆举行。

新成立的服务社聘请法院、检察院、公安、工商、苏大、律师事务所等单位的13名知识产权相关专家、教授为专业顾问，并组建10人联络员队伍，在绣娘中公布了他们的供职单位与手机联系方式，以尽力服务绣娘，减少侵权和被侵权。服务社还排出了为绣娘服务计划，其中包括进行知识产权讲座、商标法讲座、优秀美术与摄影作品展览、知识产权法宣传等，减少绣娘的后顾之忧。

【高新区商标战略助推传统手工艺升级发展】

高新区文联会同区工商分局积极开展指导，引导区内传统手工艺艺人运用商标战略，积极打造自主品牌，不断提高市场竞争力，促进行业升级发展。目前高新区传统手工艺行业内共拥有中国地理标志集体商标1件、江苏省著名商标1件、苏州市知名商标2件，已成功注册商标51件，新申请注册商标30多件。

文艺创作

【镇湖绣品连夺“山花”】

1月5日，第十届中国民间文艺山花奖揭晓，薛金娣的《捣练图》、蔡梅英的《姑苏繁华图》和五昌堂刺绣文化艺术馆的《维摩演练图》三件苏绣作品榜上有名。苏州的三个“山花奖”得主都出在高新区镇湖街道，获奖作品都是刺绣，这在中国民间文艺山花奖和苏绣史上是首次。

【玉雕喜获中国“百花玉缘”三个金奖】

在扬州闭幕的第四十七届全国工艺品交易会上传来消息，高新区送展的多件玉雕作品中，有三件作品喜获金奖，分别是江苏省玉雕大师俞挺的得意之作《薄胎十件套》，候书业的作品白玉《长相依》，朱玉峰、朱玉林兄弟俩选送的作品白玉《天官炉》。

【吴文康沈德龙获评"姑苏高技能重点人才"】

高新区东渚镇的两位工艺大师吴文康、沈德龙被评为2011年度苏州市"姑苏高技能重点人才"。吴文康20余年来一直致力于缂丝工艺的研究，2007年6月，由他创办的苏州西部民间缂丝厂被江苏省民间文艺家协会授予"江苏省缂丝传承基地"。沈德龙在继承前人技艺的基础上，把艺术的规律与传统苏绣的技艺充分地结合起来，形成了自己的独特风格。由他亲自绣制的全球孤品《蒙娜丽莎》，拍卖价高达550万元。

【俞挺、邹英姿获首批省优秀青年民间文艺人才称号】

3月16日，由省文联、省民文协共同主办的首届江苏省优秀青年民间文艺人才评选结果揭晓，俞挺、邹英姿获首批"江苏省优秀青年民间文艺人才"称号。

【高新区工艺"大师展"上摘金夺银】

在第13届中国工艺美术大师作品暨国际艺术精品博览会上，高新区镇湖街道选送的作品获得8金、5银、6铜、11优秀的好成绩，东渚镇选送的参展作品也摘得2金、4银、5铜、1优秀。陈英华的苏绣《米珠龙袍》、姚卫娟的苏绣《泼墨仙人》、沈德龙的苏绣《贵妇人》、俞挺的玉雕《碧玉薄胎香炉》等获得金奖。

【举办钦瑞兴个人书画展】

6月22日，由浒墅关经济技术开发区管委会、苏州市书法家协会联合主办的钦瑞兴书法展在苏州东吴博物馆拉开帷幕。这是浒墅关开发区为庆祝建区20周年和升级为国家级开发区举办的系列活动之一。此次书法展为期2周，展出了由钦瑞兴自撰诗文的书法作品30幅，涵盖立轴、扇面、斗方、对联、手卷、屏条等诸多表现形式。相当一部分作品是为大阳山和运河明清风光带等景点撰写的重修记和历史人文典故介绍，对于丰富群众文化生活，弘扬传承阳山文化，提升开发区文化品位，推动开发区经济、文化、民生的繁荣发展具有积极意义。

【三人加入中国摄影家协会】

2012年苏州高新区书美摄协会三名会员苏久华、钱强、俞小康跻身中国摄影家协会会员。这三位摄影师在摄影艺术上有各自的追求，但有一个显著的共同特点：用镜头挖掘、记录高新区历史文化和现实变化。

【郁丽琴首创"竖绣法"】

从2011年下半年起，在中国刺绣艺术之乡——镇湖，知名绣娘、中国工艺美术协会会员郁丽琴开始了一种探索性创新绣制，即将主要采用的细平针绣法"竖"着绣，让整个画面都采用同一丝理绣制。她通过一律的竖线运用创作了一幅《写意牡丹》，刻画出自然传神的牡丹花，远看近望花朵都显示出勃勃生气，惹人喜爱。因其丝理更缜密，使"水墨"效果更为突出，渗透出苏绣中难得一见的写意色彩。

【新型立体三层绣问世】

镇湖高级工艺美术师周海云新创的"立体三层绣"获得了国家知识产权局的专利受理。"立体三层绣"由三幅体态独立又遥相呼应的绢绣搭配组成，两侧的绢绣是单面绣，放置于中间的绢绣是双面异形绣。这项技术已经被认定为姑苏高技能重点人才技术成果。

【三人荣获"首届中国刺绣艺术大师"称号】

镇湖的三位著名苏绣艺术家姚建萍、姚惠芬、蔡梅英荣获"首届中国刺绣艺术大师"称号。该评选活动由中国工艺美术学会主办，评选活动历时半年，包括初试、复评、领导小组审定等程序。

理论研究

【出版《文化西部》和《跨越》】

2012年是高新区建区20周年的重大历史节点，为回顾高新区历史及当前在文化艺术建设方面取得的成就，高新区文联携手社科联，通过细致策划和研讨，推出两部理论著作，即《文化西部》和《跨越——高新区文化生态研讨集》

《文化西部》由中国作家协会会员徐卓人、卢群等执笔，中国摄影家协会会员俞小康及陈坚等摄影，是高新区文联各协会合作的产物。著作分《名人·风物卷》和《山水·景区卷》两册，既有对高新区人文历史的回顾，也包括了对高新区文化发展的理性思考。《跨越——高新区文化生态研讨集》则是理论研讨论文合集。文章都是经过广泛邀请苏州社科界著名专家，通过两轮集中研讨，各自分头深入研究撰写而成的。文集的研究内容包括高新区传统民间工艺的历史、现状及未来发展，高新区打造文化、生态高地对本地文化资源的吸收、利用等。

【丽调唱腔研究工作室成立】

6月2日，丽调唱腔研究工作室在高新区何山公园成立。专家、学者，江、浙、沪评弹团代表与票友们欢聚一堂，开展了广泛而深入的交流。丽调唱腔研究工作室自年初筹备以来，已先后10余次走进社区表演，把群众喜爱的丽调唱腔艺术不断发扬光大。

文艺队伍建设

【高新区狮山街道艺术团挂牌成立】

5月24日，高新区狮山街道艺术团正式挂牌成立。2009年5月，原佳友艺术团和狮山街道文教办合作成立了狮山街道业余艺术团。艺术团最初只有舞蹈队和小品队，后来又陆续增设了合唱队、民乐队、戏曲队和朝鲜舞队。为了发展新生力量，2012年又组建了青年舞蹈队。现在，艺术团拥有6支表演队伍，共计100余人，其中年纪最大的已经80多岁，年轻的只有20多岁。艺术团坚持每周进行1~2次定期排练，每年开展对外演出30多场。

【为刺绣产业发展打造新载体】

6月16日，镇湖首个商业综合体项目“亿城·苏秀天地”在高新区镇湖街道举行开工奠基典礼。“亿城·苏秀天地”项目位于镇湖街道绣品街和中国刺绣艺术馆之间，占地约16亩，总建筑面积一万多平方米。项目整体建筑采用街巷式布局，融入现代广场的多样化公共空间理念与贯穿水景的造景艺术，打造出以传播苏绣文化为核心的文化产业交易服务平台，将成为传授苏绣艺术的专业培训基地，成为全国乃至全球苏绣研究学者和专业人士的艺术交流中心。

【苏州市民间文艺家协会东渚雕刻分会成立】

8月17日，苏州市民间文艺家协会第八个分会——东渚雕刻分会正式成立。东渚雕刻分会的成立，对构建以东渚雕刻为主体的经济产业集聚化格局，提高“东渚雕刻”的质量和品位，推动高新区文化产业的进一步迅速发展及增强苏州市文化产业整体实力和竞争力，有着一定的推动作用。

【镇湖刺绣协会积极培育新人才】

2012年，镇湖刺绣协会不断壮大刺绣传承人才梯队。一方面帮助14名会员申报了苏州市非物质文化遗产传承人，另一方面通过代购材料和工艺美术职称培训报名的形式完成了前期工作，对职称申报人员的申报材料填写进行辅导、审核和上报。2012年镇湖刺绣协会有9人荣获研究员级高级职称，5人晋级高级工艺美术师职称，省高级职称绣娘达到38人。

文艺惠民

【评弹唱响好人故事】

4月13日，评弹演员联合高新区文联枫叶民间乐团，将“道德评弹”唱进了高新区东浜社区。伟大的母亲张沁把脑瘫儿培养成硕士生，见义勇为的“中国好人”张稚鹤、廖文辉的事迹，分别被化成短篇弹词《慈母的情》和《好人好报》，一声声唱进居民心坎里。

【民族音乐进社区】

4月12日晚，作为高新区社区教育活动之一的“民族音乐进社区”首场演出在枫桥街道康佳社区广场举行，枫桥居民在家门口免费欣赏了三场民乐演出。枫桥街道民间音乐组织——枫叶民间乐团将一台精彩纷呈的民乐演奏带到了居民身边。在扬琴、二胡、唢呐等中国传统民族乐器的伴奏下，《苏堤漫步》、《花好月圆》、《百鸟朝凤》等一首首经典曲目让现场居民听得回味无穷。兴致勃勃的居民们还与乐团开展互动，《改革开放六个好》等康佳居民自编自唱的歌曲被搬上舞台，沪剧《燕燕做媒》、《洪湖水浪打浪》、《翻身农奴把歌唱》等一首首深受大家喜爱的曲目不时掀起活动高潮。

【书法家送春联到乡镇】

新春来临之际，高新区书法家先后来到通安镇、浒关镇、横塘街道社区，举办了2012年迎新春送春联活动，书法家们把新春的祝福、美好的祝愿送到了社区群众手中。“岁岁皆如意，年年尽平安”“人勤春来早，家和喜事多”“万家腾笑语，四海庆新春”“春风春雨春色，新年新岁新景”，一幅幅寓意吉祥的春联在几位书法家的笔下一挥而就，或潇洒飘逸，或秀美遒劲，传递着浓浓的年味。

【启动“四下乡”系列活动】

由中共高新区工委宣传部、高新区文明办、高新区文联等共同举办的“我们的节日·元宵”广场文艺演出暨高新区“四下乡”活动启动仪式在浒墅关镇惠丰社区隆重举行，人们欢声笑语，共庆元宵佳节。

望亭发电厂文学艺术工作者联合会

综　述

2012年，望亭发电厂文联在苏州市文联的领导和支持下，立足企业新时期跨越式发展对人文建设的需要，积极开展健康有益、丰富多彩的文化活动，丰富和活跃职工的业余生活，振奋职工精神，在为企业的社会主义精神文明建设作出突出贡献的同时，取得了许多荣誉和成绩，在推进企业率先发展、创新发展和和谐发展的征程中开辟了基层企业文联工作的全新局面。文联下属各分会多名会员在国家、地方和央企系统内举办的各类文艺比赛中多次荣获省部级奖项，为实现企业文化建设的创新发展和价值新创造发挥了十分重要的作用。企业卓越文化品牌在行业内和地方上的美誉度得到了很大的提升。

文艺创作

望亭发电厂文联一批创作骨干的文学、摄影、美术作品、文艺节目在各级各类比赛中获得了多项荣誉。文联主席华于的摄影作品《古镇童影》和会员高放的作品《斜阳映潮落》荣获华电集团公司摄影大赛金奖，会员王旭东的绘画作品《提升》荣获华电十周年绘画大赛一等奖，会员华士川的多篇文章在集团公司和江苏省企事业协会征文比赛中取得奖项。

文艺交流

按照苏州市文联“学雷锋——家在苏州·践行‘五好’”活动的相关部署，望亭发电厂文联先后组织了会员“社区学雷锋”活动、摄影作品进社区行动、书画作品进社区行动、书画摄影职工培训班，为企业和周边社区职工和居民送上了文化大餐。喜迎党的十八大期间，歌舞协会的节目《美丽的草原我的家》得到了省总工会领导的高度肯定。为纪念中国华电集团公司成立10周年，在苏州市文联、书协、摄协的大力支持下，望亭发电厂文联承办了江苏分公司“辉煌十载，感动华电”书画摄影大赛，取得了很好的效果。舞蹈协会的舞蹈《秀色江南》代表江苏区域公司参加华电十周年庆大型文艺汇演，获得好评。

文艺队伍建设

望亭发电厂文联紧密结合企业文化建设规划，精心编制《望电文联文艺骨干年度培训学习计划》，确保计划实施落实到位；坚持以评选文艺先进工作者为抓手，积极鼓励和培养文艺骨干；组织骨干参加全国或省、市的文化交流和各种活动，对于为企业争得荣誉的文艺骨干给予精神和物质双重奖励；同时，积极开展各类文艺培训，先后邀请北京大学、苏州大学在职教授来厂讲课辅导，全年共举办美术培训课31堂、摄影鉴赏会14期、文学沙龙5期、收藏交流8次，其中，通过聘请外部专业讲师进行专题授课12次，使职工的文艺活动能力和素质均得到明显提升。

苏钢集团公司文学艺术工作者联合会

综 述

苏钢文联下设苏钢文学社、书画协会、音舞协会、摄影协会、盆景协会等，在文联组织下积极开展活动。自1995年成立以来，苏钢文联根据企业特点制定了“适时、适宜、小型、灵活”的原则，依靠兼职人员因地制宜地开展工作。

文艺创作

10月，苏钢文联秘书长孙荣昌的散文《水润相城》入选中国散文学会主编的《中国散文大系·旅游卷》（六卷本），并荣获“当代最佳散文创作奖”；11月，苏钢音舞协会负责人何丽娟荣获苏州市总工会颁发的“2012年职工明星奖”；12月，苏钢书画协会负责人唐数农的书法作品（隶书）获中国美术网艺术委员会主办的“奥林匹克星”中华儿女书画大赛活动成年组金奖。此外，苏钢文联积极组织开展企业书画、摄影等协会的活动，本企业报上两次刊发了员工书画、摄影专版，推出了一批企业书画、摄影作者的精品力作。

文艺交流

5月，苏钢音舞协会负责人何丽娟在苏州市总工会举办的“喜迎十八大职工青年歌手大奖赛”中荣获一等奖；9月，何丽娟又以《我和我的祖国》在苏州市国资委举办的“喜迎十八大，颂歌献给党”主题文艺汇演中获得声乐类第二名。

文艺队伍建设

12月，苏钢文联联合《姑苏晚报》，在其“诗会”专版上推出了苏钢文学社作者朱为凯的诗作，配以照片与个人简历，为写作新手提供了发表园地和发展平台。苏钢文联注重发挥企业文艺骨干的带头作用，为展现员工文艺特长、活跃员工文艺生活、推动企业文化建设作出了贡献。

苏州市公安文学艺术工作者联合会

综 述

苏州市公安文联是经苏州市公安局党委批准、市民政局注册，于2010年6月正式成立的公安系统非营利性群众社团组织。其以“繁荣和发展公安文学艺术活动，凝聚警心，激励斗志，促进公安工作和公安队伍建设，推动和服务苏州的精神文明建设”为宗旨，现有苏州公安文学协会、苏州公安美术书法协会、苏州公安摄影协会、苏州公安音舞戏曲协会等四个协会，会员人数200余人。苏州市公安文联成立以来，通过开展各类文学艺术活动，为繁荣苏州公安文化和推动苏州公安发展作出了重要贡献。

重要会议

2月11日，苏州市公安文联召开摄影协会理事扩大会议。会上，苏州公安摄影协会会长于志江总结了2011年摄影协会的工作，通报了苏州市摄影家协会理事扩大会议的相关情况，部署了协会新一年的工作。参会人员就摄影协会的发展、公安摄影艺术水平的提升、警营摄影人才的培养、姑苏警苑文化论坛摄影协会板块的建设等方面进行了广泛深入的讨论。苏州市公安文联副主席、警校校长钟梅，苏州市公安文联副秘书长、政治部宣传处处长王群，以及苏州市公安局文联摄影协会理事、姑苏警苑文化论坛摄影协会版版主、摄影协会部分会员代表共20余人参加了会议。

重要活动

【“爱我苏州·警营五十佳”颁奖晚会】

2月4日晚，“爱我苏州·警营五十佳”颁奖晚会在苏州市公共文化中心隆重举行。颁奖晚会创意采取了电视大屏直观显现获奖人员感人事迹与现场采访相结合的颁奖方式。晚会由民警表演六个原创性节目，将“警营五十佳”的动人事迹和精彩纷呈的文艺表演相融合，集中展现了人民警察亲民、爱民、锐意创新的良好形象，展示了苏州公安“和谐、奋进、务实、高效”的精神风貌，受到全场观众的好评。

【“卫士风采”摄影展】

6月20日上午，根据苏州市摄影家协会2012“家在苏州”摄影年系列活动安排，由苏州市摄影家协会主办、苏州市公安文联承办的“卫士风采”摄影展在市图书馆开幕。“卫士风采”影展以2011“保安杯”我拍苏州卫士摄影大赛获奖作品为基础，同时还展出了部分近期公安题材摄影作品，共计110幅。

【苏州市第三届公安文化周】

10月30日晚，苏州市第三届公安文化周暨第二届“我最喜爱的十佳人民警察”推介会开幕仪式在石路银河广场举行。“公安文化周”活动作为警方重要的文化建设载体，已经连续开展了两届，第三届公安文化周以“喜迎十八大，警营展风采”为主题，通过组织第二届“我最喜爱的十佳人民警察”推介会、“我身边的共产党员”主题演讲比赛、“警务现代化的思考与实践”主题论坛、“卫士风采”摄影作品社区巡展、“民警故事”微电影比赛、核心价值观主题知识竞赛、主持人比赛等活动，全面展示了苏州警队的“儒警”文化。

文艺创作

【第三届“歌王争霸赛”】

1月20日，苏州市公安局姑苏警苑文化论坛举行了第三届“歌王争霸赛”。来自南通市局、长航分局的热心会员和苏州市公安局各单位的26名选手（组合）参加了比赛。经过激烈比拼，评出了一、二、三等奖。整场比赛气氛热烈，精彩纷呈，其中昆山市局参赛选手以一曲根据“板凳警察”事迹创作的歌曲《你在等谁》引起了全场的强烈共鸣。活动还穿插了趣味游戏、才艺展示等互动环节。姑苏警苑文化论坛会员、苏州市公安文联会员及特邀评委、嘉宾等近百人参加了活动。

【摄影协会获优秀团体会员奖、摄影工作组织奖】

2月5日，在苏州市摄影家协会理事扩大会议上，苏州市公安摄影协会喜获“优秀团体会员奖”和“摄影工作组织奖”。2011年初，为深入推进“大走访”开门评警活动，创新评警形式，苏州市文联和苏州市公安文联共同举办了2011“保安杯”我拍苏州卫士摄影大赛活动。活动得到了本系统及全市广大摄影家和摄影爱好者的积极响应，共进行了近十次采风活动，收到参赛作品近千幅。该活动活跃了警营文化，沟通了警民关系，有效提升了苏州公安的整体摄影艺术水平，通过镜头记录展示了苏州警队的文化软实力和精气神。

【钱玉清书法作品获奖】

2012年4月，在中国书法家协会主办的中国·贵州“百里杜鹃”书法作品展中，独墅湖分局副局长钱玉清的草书作品《费昶诗咏》获优秀奖。此为最高奖，江苏仅一人。

8月，在中国书法家协会主办的首届“张芝奖”全国书法大展上，钱玉清的作品《隋唐·张泌——胡蝶儿》获优秀奖（最高奖），钱玉清也成为江苏唯一获此殊荣的作者。

11月，在中国书法家协会主办的第三届行草书法大展中，钱玉清的作品《清·黄钺〈二十四画品之超脱〉》获优秀奖（最高奖，江苏仅一人）。此次展览代表了全国行草书的最高水平。

【政法干警核心价值观主题教育文艺晚会】

7月22日，由苏州市政法委主办，苏州市公安局和苏州市歌舞剧院承办的全市“十佳政法干警”表彰暨政法干警核心价值观主题教育文艺晚会在工业园区独墅湖影剧院隆重举行。晚会以“忠诚、为民、公正、廉洁”的政法干警核心价值观为主线，采取电视大屏直观显现与原创性节目表演相结合的方式进行。节目涵盖歌舞、小品、器乐、昆曲、评弹、音乐剧，集中展现了全市政法干警亲民、爱民的良好形象，展示了政法队伍恪尽职守、忘我奉献、不怕牺牲、勇往直前的优良作风，受到领导和全场观众的好评。

【市公安系统相声小品大赛】

8月7日，以“笑语话和谐，欢声满警营”为主题的苏州市公安系统相声小品大赛举行。选手们以幽默诙谐的语言、生动风趣的表演展示了全市公安工作和队伍建设取得的成果，再现了公安民警火热的警营生活，弘扬了“忠诚为民、公正廉洁”的核心价值观。经激烈角逐，交巡警支队组织创作的小品《人人相扶众筑新家园》获得一等奖，刑警支队的小品《你是我的眼》和平江分局的小品《今天我休息》分获二等奖，吴江市局的相声《我是110》、张家港市局的小品

《第一次接警》和吴中分局的相声《找警察》分获三等奖。

【迎新春原创网络诗歌大赛】

11月，姑苏警苑文化论坛文学协会板块举办迎新春原创网络诗歌大赛。本次诗歌大赛以警营印象为主题，要求围绕主题，思想健康，积极向上，多层次、多方位反映警营工作、生活和学习。大赛共收到各类作品30余篇。

【“翰墨结友谊，丹青写精神”主题警民联谊座谈会】

2012年12月18日，苏州市公安局和吴门中国画研究院举行“翰墨结友谊，丹青写精神”主题警民联谊座谈会。吴门中国画研究院书画家、顾问，苏州市文联有关领导和公安文联书画协会会员代表共50余人参加了座谈。苏州市副市长、公安局局长张跃进到会，代表市局向走进警营的领导和书画家表示衷心感谢和热烈欢迎，并介绍了苏州公安文化建设和市局新大楼建设情况。会后举行了警民联谊笔会。书画家们以公安工作为主题，现场挥毫创作书画作品。

【多个作品和演员获市第七届小戏小品大赛(舞台演出)决赛奖项】

苏州市公安局多个作品和演员在2012苏州市第七届小戏小品大赛(舞台演出)决赛中获奖。其中交巡警支队的小品《人人相扶众筑新家园》、刑警支队的小品《你是我的眼》获得银奖，表演者华强、褚俊、郭丰等人分获优秀表演奖和表演奖。姑苏分局的小品《今天我休息》获得铜奖，表演者孔兴国获表演奖。同时，苏州市公安文联还获得了优秀组织奖。

文艺交流

【“卫士风采”摄影作品社区巡展】

10月31日下午，苏州市第三届公安文化周“卫士风采”摄影作品社区巡展暨“民警故事”微电影比赛启动仪式在相城元和街道御窑社区举行。展出的60余幅以公安为题材的摄影作品多角度、多层面展示了全市公安干警在打击犯罪、保护人民、维护稳定、服务经济发展等方面取得的显著成绩和不怕牺牲、连续作战的精神风貌，表现了他们不辱使命的忠诚本色和公正廉洁、执法为民的真诚情怀，受到了社区干部群众的一致好评。随后，这些摄影作品在各县、市、区其他社区进行巡回展览，让更多的老百姓通过一张张图片了解公安工作。同时启动的微电影大赛以“民警故事”为主题，用动感的影像表现身边优秀民警的动人故事，用文化艺术的方式向老百姓报告工作。

【首届全国公安摄影艺术展】

11月16-17日，由全国公安文联、全国公安摄协主办，苏州市公安局承办，常熟市公安局协办的全国公安摄影家协会理事会暨首届全国公安摄影艺术展在常熟举行。11月16日上午，首届全国公安摄影艺术展在常熟国际展览中心举行了开幕仪式。仪式由全国公安摄影家协会主席冯凯文主持。全国公安文联秘书长张策，江苏省公安厅党委委员、政治部主任、江苏警官学院党委书记左锁粉分别致辞，全国公安文联副主席武和平宣布影展开幕。首届全国公安摄影艺术展是全国公安系统最高级别的摄影展。本次展览共展出摄影作品156幅，其中苏州市公安局30幅摄影作品应邀参展。本次活动中，苏州市公安局被授予特别贡献奖，苏州市公安局马骏、章国平的摄影作品分别获得银奖和铜奖。会议期间还举行了全国公安摄影理论研讨会和摄影作品交流会，苏州公安摄影协会会长于志江代表苏州公安摄影协会进行了大会交流。

理论研究

2012年1月2日下午，独墅湖公安分局副局长、苏州工业园区书协主席钱玉清在园区科文中心文化馆举办了一场题为“国展兵法之作品神韵和气息的把握”的书法公益讲座。讲座从书法空间感的营造、审美的构成、装帧的解读等三个方面进行深入细致的讲解。园区书协会员、苏州市区书法家同仁及来自全市的书法爱好者300多人参加了活动。

文艺队伍建设

2012年底，苏州市公安局新大楼建设落成。为营造浓厚的文化环境氛围，扩展文化宣传阵地，公安文联在新大楼一楼建立了警营书画长廊和公安文化展厅。警营书画长廊通过固定式展位，长期展示警营书画、摄影作品；公安文化展厅通过实物、图片、电子相册、触摸屏互动、Logo墙等方式全面展示苏州公安文化。

依托公安内网面向全国公安系统开设的综合性论坛“姑苏警苑文化论坛”被苏州市委宣传部授予2011年度苏州市宣传思想文化工作创新成果提名奖项目，并在年初苏州市委宣传部举行的表彰大会上受到表彰奖励。“姑苏警苑文化论坛”以“快乐工作、幸福生活”理念为基准定位，对应公安文联设有文学协会、书画协会、摄影协会、音舞协会等板块。论坛通过广泛组织线下活动和线上交流，倡导健康生活方式，提升警营文化品位，引导警队理性思维，培育积极生活态度，成为对内凝聚警心、对外展示警营文化的一块重要思想阵地。

文艺惠民

为满足学员个性化、多样化知识能力需求，真正实现公安业务与文艺知识有机结合，苏州市警校不断丰富培训内容，2012年3月探索开展了以“第二课堂”为载体的菜单式选训课程，激发了民警的培训热情，收到良好的效果。“第二课堂”开设了昆曲赏析、公务礼仪、吴文化、摄影鉴赏、易经、影像中的司法、中国古代哲学思想、苏州文化地理等文化类专题课堂，满足了广大学员跨领域、跨专业的知识需求，既开阔了视野，又陶冶了情操，增强了综合文化素养。

文联各部门、单位

办公室

综　述

2012年，办公室在苏州市文联党组的领导下，认真学习贯彻党的十八大精神，坚持服务中心、服务工作全局、服务基层，与机关各部门密切配合，不断强化服务意识和服务效能，认真做好联络协调、会议组织、机要保密、后勤服务、公文处理、安全保卫等工作，努力为文联领导及各部门、各协会提供服务。

做好市十次文代会的筹备及组织协调工作

3月，为确保苏州市十次文代会的圆满成功，办公室制订了一整套严谨详细的工作计划，完成了大会工作报告等近30余份文件材料，完成了会议日程安排、会议相关材料的设计印制工作，完成了大会开幕式领导邀请接待、车辆保障、宣传协调工作等，为大会的胜利召开作出了积极的贡献。文代会结束后，及时完成了相关材料的收集、整理与归档。

做好有关活动的组织协调工作

5月，围绕纪念毛泽东《在延安文艺座谈会上的讲话》发表70周年，办公室积极配合党组，组织举办了苏州市文学艺术界“学习雷锋——家在苏州·践行‘五好’”文化志愿服务活动启动仪式暨2012“家在苏州”摄影年系列活动开幕式、苏州市文学艺术界纪念毛泽东《在延安文艺座谈会上的讲话》发表70周年座谈会、周良与苏州评弹研究学术研讨会等主题文艺活动，产生了积极的影响。全年，办公室共筹备组织各种工作会议、座谈会、研讨会等30余场次，均完成了领导交办的各项任务。

参与市文联的重大活动

2012年苏州市文联重要活动多，重点工作多。办公室对市文联的重要活动从筹备策划到组织举办，都全程参与，积极配合，全力以赴，确保了各项重大活动的圆满成功。围绕“古韵今风·家在苏州”中国苏州国际摄影大展启动仪式、中国（苏州）音乐家联袂采风创作、苏州作家与中国当代文学研讨会、家在苏州·中国（苏州）百名画家画苏州采风创作、全国书法名家“得意之作”邀请展、“家在苏州”摄影年系列活动、名家荟萃惠民演出等重大活动，做好活动相关材料的起草、领导的邀请、车辆的调度、人员的接待、对外联络协调等工作。

承办2012苏州市中青年文艺家读书班

8月7–9日，由办公室具体承办的2012苏州市中青年文艺家读书班在阳澄湖畔开班。中共苏州市委常委、宣传部部长蔡丽新，市委宣传部副部长、市文明办主任缪学为，市十届文联主席团全体成员，各市（县）、区文联负责人，各文艺家协会负责人，市文联机关驻会干部以及中青年文艺家代表近百人出席了开班仪式。办公室认真做好读书班的各项筹备工作，高标准地做好每一个细节，给全体读书班学员提供了温馨、和谐、舒适的学习环境，受到了一致好评。

做好基层文联调研工作

10月-11月，为深入贯彻落实《苏州市文学艺术界行业建设"十二五"行动计划》，办公室组织开展了苏州全市基层文联大调研，由苏州市文联主席、党组书记成从武带队，分别调研走访了各市（县）、区文联，深入听取各方面对文学艺术工作及文联工作的意见和建议，为进一步做好基层文联工作提供了参考依据。

组织联络部

综 述

2012年，苏州市文联组联部在文联党组的领导下，宣传贯彻落实党和政府文艺工作的方针政策和法律法规，坚持服务中心、服务工作全局、服务基层，与机关各部门密切配合，认真履行联络、协调、组织、服务职能，加强与上级文联及各市（县）区文联的联络工作，积极落实各种活动载体的创建工作，丰富文艺活动，努力为文联领导及各部门、各协会提供服务。

2011年度工作总结会议

1月12日，苏州市文联举行2011年度工作会议，各市（县）、区文联负责人，各文艺家协会主席和驻会干部，文联机关全体工作人员出席了会议。组联部在文联党组领导下，负责会议的筹备及各类表彰荣誉信息的汇总整理。大会对获得江苏省文联工作创新奖和优秀成果奖，苏州市文联系统先进集体，苏州市文艺界杰出成果奖、优秀成果奖、成果奖，苏州市文联系统信息工作先进集体、先进个人等奖项的集体和个人进行了表彰。会议还对苏州市文联明年的换届工作进行了整体部署与安排。

市文联工作座谈会

8月10日，苏州市文联召开全市文联工作座谈会，主题是学习贯彻苏州市委十一届三次会议精神，总结上半年工作，明确目标，以实际行动迎接党的十八大胜利召开。组联部配合有关部门筹备会议议程、准备会议材料、联络协调参加人员。苏州市文联干部，各协会主席、副主席和驻会干部，各市（县）、区文联主席、副主席以及部分乡镇文联的主要负责人参加了会议。苏州市文联主席、党组书记成从武就文联工作做了总结讲话，并提出了下半年的工作思路和具体方案。各市（县）、区文联和部分乡镇文联在座谈会上作了交流发言。

组织开展文化惠民活动

1月14日，组联部联系苏州日报社、吴中区委宣传部、吴中区精神文明建设委员会，共同主办书画惠民进万家活动。活动组织50位书画家走进吴中区美之国小区，为市民现场书写近千幅春联。

7月20日，组联部组织拥军活动，联系徐惠泉、张晓飞等十余位书画家走进虎丘区人民武装部，开展书画拥军、文艺惠民活动。

第13届虎丘曲会

7月1日，第13届中国苏州虎丘曲会在中国昆曲博物馆开幕。组联部配合有关部门，积极联系海内外曲友，组织开展第13届中国苏州虎丘曲会。本届虎丘曲会共有海内外近30家曲社的300余名曲友以及中国昆曲国际学术研讨会的专家、学者参加。

2012苏州市中青年文艺家读书班

2012苏州市中青年文艺家读书班在阳澄湖畔开班，组联部配合相关部门，联络协调各团体会员，组织开展本届读书班活动。读书班邀请了中国作协副主席、著名作家何建明，南京大学文学院许结，江苏省文化厅副巡视员、省剧协主席汪人元，苏州市人大议案工委主任高志罡作专题讲座。

书法美术摄影展

10月12日，“喜迎十八大·家在苏州”优秀书法美术摄影展在苏州图书馆开幕。组联部根据本年工作主题，筹备组织该活动顺利举行。活动集中展示了当代苏州书法、美术、摄影的最新创作成果，中共苏州市委宣传部、市文联采取特约征稿的方式，分别向180位知名书法美术摄影艺术家征集佳作，艺术地展示了苏州经济社会跨越发展的新成就、新气象。

刘振夏水墨人物画展

10月21日，由苏州市人民政府、江苏省文联、中国美术家协会、中国美术馆、中国画学会、中国文艺传媒集团共同主办，苏州市文联承办的“寂寞修正果”刘振夏水墨人物画展在中国美术馆开幕。根据上级部门安排，组联部承办了“寂寞修正果”刘振夏水墨人物画展北京新闻发布会和开幕式筹备工作。

参与制定文联重要规划

2012年，在苏州文联党组领导下，组联部参与策划了苏州市文联《苏州市文学艺术界行业建设“十二五”行动计划》及“四项工程”建设方案的设计与财政专项资金申请。统计、整理了2012年各文艺家协会获奖情况，为优秀文艺作品评奖工作和苏州市文联2012年荣誉册出台做好准备。

团体会员管理

2012年，在苏州文联党组领导下，组联部积极健全会员管理制度，及时了解掌握团体会员情况，做好发展会员工作；核准成立了苏州华文传统文化艺术交流中心与苏州市核雕艺术家协会等两家挂靠协会，并举办首届“舟山杯”核雕作品大赛，完成了苏州文联所属协会和挂靠协会、民非企业的民政局年检工作，保证各协会的健康发展。

创作研究部

综　述

2012年，在苏州市文联党组的领导下，创作研究部认真学习贯彻党的十八大精神，坚持服务中心、服务工作全局、服务基层，与各有关部门与协会紧密合作，在舆论导向、信息发布、文艺评论、文艺家维权等方面做了切实有效的工作。

召开年度信息工作会议

2013年1月17日，苏州市文联在吴江召开年度信息工作会议。会议总结了2012年度苏州市文联系统信息工作开展情况，表彰了年度信息工作先进集体、先进个人和“十佳信息”稿、“十佳信息”入围稿。苏州市文联主席、党组书记成从武，副主席王伟林，调研员朱建华，副调研员胡韵荪，以及来自各市（县）、区、院校、企业、行业文联，苏州市各文艺家协会，苏州市文联机关各部门的有关负责人、信息通讯员出席了会议。

近年来，苏州市文联党组高度重视全市文艺信息的报送工作，按照江苏省文联、作协以及市委、市政府信息报送工作的总体要求，以全市文联系统文艺信息需求为着力点，坚持服务大局、关注大事方针，围绕苏州文化强市建设和文联的重点工作，畅通信息报送渠道，拓展信息获取范围，在努力提高信息报送的质量和数量上求实效，为推动苏州市文艺事业的大发展大繁荣发挥了积极的作用。2012年，在苏州全市各级文联和文艺家协会领导的关怀指导下，通过信息通讯员的辛勤劳动，苏州市文联系统信息报送工作无论在质量上还是数量上都有了较大突破。截至2012年12月31日，全市各级文联以及市各文艺家协会共计报送各类信息1765条、配发信息图片1447幅（组），《苏州文学艺术网》发布信息1733条、配发信息图片1529幅（组），《苏州文艺》报选信息38条、配发信息图片43幅（组），报送《苏州宣传网》选发信息7条、配发信息图片4幅（组），报送《江苏文艺网》选发信息124条、配发信息图片78幅（组），报送《江苏作家网》选发信息174条、配发信息图片29幅（组），报送省文联《繁荣》选发信息19条、配发信息图片21幅（组）。苏州市文联系统的信息报送工作又一次走在了全省文联系统和作协系统的前列，得到了江苏省文联、作协以及苏州市委宣传部的肯定。

为表彰先进，树立典型，进一步开创全市文联系统信息工作的新局面，苏州市文联党组经研究决定，对张家港市文联等6个先进集体和盛永明等10名先进个人，以及《苏州作家与中国当代文学研讨会举行》等10篇“十佳信息”稿、《苏州市文学艺术界召开纪念毛泽东〈在延安文艺座谈会上的讲话〉发表70周年座谈会》等10篇“十佳信息”入围稿进行了表彰。

会议由王伟林副主席主持。《苏州文学艺术网》总监徐苏利、《苏州文艺》执行主编郁岚分别就2012年的工作进行了总结。苏州市文联副秘书长、创研部主任薛亦然宣读了《关于表彰苏州市文联系统2011年度信息工作先进集体、先进个人、“十佳信息”稿、“十佳信息”入围稿的决定》。成从武主席在讲话中充分肯定了文联系统2012年的信息报送工作，向获得表彰的先进集体和个人表示祝贺，他希望在新的一年中，每一位从事信息工作的同志要围绕中心，服务大局，强化责任意识、惠民意识、精品意识，找准结合点，在工作中创新、创优、创精品，推动苏州市文联系统信息工作再上一个新台阶。

《春天的脚印》全面反映11年发展历程

阳春三月，全面反映苏州市文联从2001年到2011年这11年发展历程的《春天的脚印》由苏州大学出版社正式出版发行。共30万字的《春天的脚印》详尽地记录了苏州市文联和所属各门类的文艺家协会，各市（县）、区文联以及各产业文联等团体会员所走过的道路、所取得的丰硕成果。11年来，苏州市文联坚持邓小平理论、“三个代表”重要思想，践行科学发展观，坚持文艺“两为”方向和“双百”方针，以繁荣文艺创作为中心，以丰富文化活动为载体，以加强协会建设为基础，以培养文艺人才为关键，在文艺创作、文化活动、文艺人才、文化惠民等各领域取得了骄人成绩，在文艺家协会建设、基层文联建设各方面取得了长足的进步，开创了文联工作新局面，各项工作都走在了全国、全省同级文联前列。江苏省文联党组书记、副主席王慧芬在《姑苏繁花分外香》中说：“实践证明，苏州文艺界齐心协力、团结奋进的精神追求为苏州文艺的繁荣发展注入了不竭动力。苏州文联秉承着繁荣发展文艺事业的使命，肩负着联络、协调、服务的重任，团结带领苏州文艺工作者继承优秀文化传统，引导文艺工作者以文化建设为己任，潜心艺术，上下求索，不断攀登文化艺术高峰。紧紧转绕中心，服务大局，组织开展了主题鲜明的文艺活动；努力加强对文艺作品的创作引导，组织创作思想性、艺术性、观赏性俱佳的精品力作；抓住文艺人才这一关键，着眼于长远发展，大力培养推介苏州文艺人才；积极创新，注重特色，组织多姿多彩的文艺活动；拓宽视野，紧密联合，加强苏州文艺与全省、全国甚至世界的交流，扩大苏州文艺的影响力；坚持文艺服务于民的理念，开展卓有成效的文化惠民活动，广受好评；牢牢树立服务的观念，加强自身建设，提高工作效能，不断推进学习型、服务型、创新型文联建设，塑造了文联良好形象。”

协同有关协会举办创作研讨会

2012年创研部与苏州市文艺评论家协会一起，努力加强与各文艺家协会的协调与服务，动员文艺评论力量为苏州的文艺创作进行具体有效的评论和推介工作，以此推动苏州文艺的进一步繁荣发展；先后与苏州市影视家协会、戏剧家协会共同举办了亚细亚影视作品研讨会，对苏州亚细亚集团出品的电视连续剧《激战江南》进行了认真研究探讨，总结得失，扩大影响；与苏州市摄影家协会共同举办了苏州市第三届摄影理论研讨会，对“苏州味道”等苏州摄影动态进行了充分的剖析，计有30余篇论文在研讨会上发表，其中10多篇论文入选《苏州文艺评论》专辑。

市文艺评论家在省文艺评论奖颁奖会上获丰收

12月19日，第二届江苏省文艺评论奖颁奖会暨省文艺评论家协会二届三次理事会在南京举行。中共江苏省委宣传部副部长梁勇，江苏省文联党组书记、常务主席王慧芬等领导出席了颁奖典礼。苏州市文艺评论家周良、季玢、史琳、周新月的文章分获三等奖和优秀奖。

江苏省文艺评论奖是经江苏省文联批准设立的综合性文艺评论奖，每三年评选一次，2012年是第二届。本届评选的范围为2009年1月1日至2011年12月31日之间公开出版发行的文艺评论著作和在报纸、杂志、图书上公开发表的文艺评论文章，涵盖文学、戏剧、电影、音乐、美术等13个艺术门类。

第二届江苏省文艺评论奖受到全省评论家们的广泛关注，省各文艺家协会、各市文联、各市文艺评论家协会高度重视，广泛发动，积极推荐，共有近百件优秀作品参评。评委会认为，今年参评作品的总体质量较高。苏州市评论家周良的《作为非物质文化遗产的苏州评弹的保护》等4篇论文获奖，南京、苏州、泰州等3个市文联获组织工作奖。

有意思的是，在这次获奖作者阵容中出现了苏州市周良、周新月两位文艺评论家父子联袂获奖的喜人花絮。周良的论文与周新月的论文深获评委的好评，两代人的目光都投向苏州的传统文化遗产，都具有深厚的学养功底和扎扎实实的研究成果，令大家眼前一亮。

服务社会，文艺惠民

遵循服务社会、文艺惠民的原则，创研部组织作家服务大局，在表影先进、树立典型方面做了切实努力的工作，先后采访撰写了讲述常熟梦兰村党委书记钱月宝、永联村党委书记吴栋材、消防支队烈士孙茂辉等先进人物光荣事迹的演讲稿、报告文学，为建设社会主义精神文明添砖加瓦，得到有关方面的好评。

事业发展部

综　述

事业发展部的主要工作职能是编制文联年度项目预算和决算，负责文联活动项目资金的管理；负责文联及下属单位和文艺家协会的财务、统计、审计工作；负责对文联业余艺术学校、苏州市青少年书画协会和苏州市文采艺术考级中心的管理和效益考评，组织开展青少年艺术教育培训；完成文联党组交办的其他各项工作。

2012年事业发展部除了完成日常财务管理工作外，接受了苏州市审计局的审计；为更好地规范管理原有的市级宣传文化专项资金、文化事业建设费和新增的"十二五"文学艺术建设工程专项资金，参与制定了《苏州市文联文艺发展专项经费管理办法（试行）》；积极参与文艺之家阵地曲园的筹建工作。

事业发展部积极致力于提高未成年人艺术素养，大力推进文联艺校、考级中心、青少年书画协会的工作，使三项业务相互融合、相互促进，共同拓宽文学艺术的教育功能。还努力为作家、书法家、美术家、民间艺术家等走进学校牵线搭桥，开展文化惠民活动。如作家王一梅、舞蹈家马家钦走进园区文萃，美术家徐惠泉等、民间艺术家钱杏珍率五位民间艺人走进园区方洲小学，书法教育千百工程项目团队多次走进市内各学校。

苏州市文联业余艺术学校

苏州市文联业余艺校充分利用文联丰富的人才资源，努力致力于苏州青少年艺术教育工作，勤于管理，十多年来先后开办了高质量的美术、书法、摄影、音乐、器乐、舞蹈、影视表演、节目主持、时装模特、棋类等专业培训班及文化类提高班。学校连续七年成功举办青少年暑期书画夏令营，让孩子们融入社会、展示书画才能、感受中华民族的大好河山和博大文化，使孩子们通过艺术的学习，提高精神境界，铸就健全的人格，全面发展；同时为尽早发现和培养艺术人才创设了平台。

为了帮助学校、幼儿园培养艺术教育师资，艺校邀请著名画家授课，开办了中国画技法研修、素描、古筝免费进修班。有110余名园长和老师参加了培训。学校努力开拓发展艺术教育阵地，对幼儿园、中小学的艺术培训和艺术活动积极扶持、大力支持。这些实实在在的艺术服务工作，切实帮助了艺术特色学校的建设，推动了未成年人艺术素质教育工作的广泛开展。

苏州杂志社

综　述

2012年，苏州杂志社在中共苏州市委宣传部以及苏州市文联党组的正确领导下，在江苏省、苏州市新闻出版局的指导下，深入学习宣传贯彻党的“十八大”精神，坚持“当代意识、地方特色、文化风貌”的办刊宗旨，为弘扬地方优秀文化、彰显时代精神不懈努力，开拓进取；严抓期刊质量，力争提高办刊水准，在杂志社同仁的通力合作、辛勤劳作下，圆满地完成了年度期刊出版任务，进一步扩大了刊物的社会影响力，取得了良好的社会效益。

着眼热点，关注民生，反映风貌

苏州杂志社编辑部组织采编骨干，跟踪采写了南环新村解危改造、虎丘地区综合改造、桃花坞片区综合整治等政府民生实事工程系列报道，刊发后引起广泛关注。同时，由多种渠道组织稿件，深入基层文化单位，与太仓、相城等地宣传部门联合采访，推出了一系列反映新农村建设、市政文化建设的稿件，关注百姓，关注民生，取得了非常好的社会反响。为更好地提高刊物质量，编辑部首先在策划栏目选题上下足功夫，集思广益，推陈出新，注重稿件的原创性，许多历史话题经过进一步的发掘，生发出新创意和新内涵。刊物还组织了一大批当代知名作家、批评家的优秀稿件，提升了杂志的知名度和可看性。

出版增刊，为青少年素质教育添砖加瓦

在圆满完成全年六期杂志的编辑出版和发行任务的基础上，杂志社提交申请材料，经江苏省新闻出版局批准，出版增刊《苏报·蒲公英第六届小学生当场图文作文大赛优秀作品选》。增刊内容贴近社会需求，对引导青少年树立正确的文学观，弘扬和传播优秀文化起到了积极作用，广受好评。增刊延续刊物的“十二字”办刊宗旨，致力于弘扬与发掘优秀传统吴文化，展示苏州当代城市、文化发展的丰硕成果，全面立体地反映名城苏州的古韵今风，为苏州乃至江苏省文化事业的大发展大繁荣作出了重要贡献。

苏州市文艺之家

综　述

2012年，苏州市文艺之家在市文联党组的领导下，以曲园等场所为阵地，保护历史文物，传承、弘扬苏州优秀传统文化，为广大文艺家提供了研讨交流、切磋艺技、以文会友的场所。文艺之家通过发挥文艺家协会联络站的功能，为各文艺家协会提供管理服务和智力支持；搭建珍藏和展示文学艺术行业建设"四项工程"成果的载体；负责对曲园、吴门书道馆、文学馆文艺阵地的日常维护、开放使用和组织管理，负责对其内部各类展览、展示的艺术作品的布置、保管以及对其延伸效益的开发运行工作。

曲　园

12月25日，苏州市"文艺之家"暨文艺家协会联络站在曲园正式揭牌。中共苏州市委常委、宣传部长蔡丽新出席揭牌仪式并为"文艺之家"揭牌。

曲园是晚清文学大家俞樾先生的故居。俞樾先生的艺术成就涉猎经学、诗词、小说、戏曲、书法，著作等身。曲园还滋哺了俞陛云、俞平伯两位学人，可谓书香门第。作为国家级文物保护单位，曲园更是苏州历史文化的重要坐标之一。曲园作为苏州城市文化的一张靓丽名片，苏州市文联将更好地发挥其历史文物价值和文艺之家的功能，提升苏州城市的文化内涵。建成后的苏州市文艺之家的主要功能：一是为广大文艺家提供研讨交流、切磋艺技、以文会友的阵地；二是发挥文艺家协会联络站的功能，为各文艺家协会提供管理服务和智力支持；三是保护历史文物，成为传承、弘扬苏州优秀传统文化的重要窗口；四是搭建珍藏和展示文学艺术行业建设"四项工程"成果的载体，使其更好地服务社会、服务文艺创作、服务广大文艺家。

艺术指导委员会

综　述

艺术指导委员会（简称节指委）是苏州文联的咨询机构，致力于团结具有一定知名度的老一代艺术家，发挥他们的艺术才华，对促进文艺的繁荣再作贡献。艺指委本着“两个服务”的精神，一是为委员服务，二是组织委员为社会服务。

调整领导班子

随着苏州市文联领导换届，艺指委亦作了相应的调整。4月25日，新一届文联领导与全体委员见面。文联党组书记、主席成从武，党组成员、副主席王伟林出席。成主席发表了热情洋溢的讲话，首先感谢文艺界老前辈对文联工作的关心和支持，感谢艺指委为文联出谋划策以及所做的大量工作，称艺指委发挥了咨询机构应有的作用，为弘扬和繁荣文艺事业作出了很大的贡献，并表示新一届文联领导亦一如既往地关心艺指委的工作，会做好为委员服务的后勤工作，愿与全体委员一起为文艺事业作出新的贡献。王主席代表党组宣布了艺指委新一届的领导成员和工作班子：主任钱瓔，顾问周良，常务副主任张澄国。

努力传承传统文化

为弘扬祖国优秀传统文化，促进非物质文化遗产保护与继承，艺指委组织委员们进社区、进基层、进校园，普及传统戏剧，传授民间手工艺技艺。委员中涌现出一批优秀传承人，并获得了文联党组的表彰和奖励，钱瓔、张澄国、张景坤等文艺界老领导为他们颁发了表彰文件和奖金。

《责任与希望》首发式

6月25日，由钱瓔发起和组织、苏州市文联艺指委和苏州市文广新局关工委共同编辑、沈石主编的“传统文化进校园”纪事《责任与希望》举行首发式。该书记录了委员们十多年来进校园传授传统文化的经历和取得的成就。

参加苏州市第二届少儿曲艺大赛评审

5月12日，钱瓔、张澄国、王鹰、夏莉莉、金丽生等20人参加了苏州市第二届少儿曲艺大赛的评审。这次参加比赛的24个节目有沧浪区实验小学的开篇《雷锋颂》、苏州市少儿艺术团的评弹表演唱《老师的节日》、常熟市辛庄中心小学的弹词组唱《欢迎你到江南来》等。

积极参与昆剧艺术节

6月30日，昆剧艺术节开幕。在苏州文联和文广新局领导的支持和关怀下，艺指委充分满足委员们和“昆虫”的需要，组织观看了北方昆剧院的《红楼梦》、《续琵琶》，台湾昆剧团的《奇双会》、《西厢记》，上海昆剧院的《景阳钟变》、《烂柯山》，江苏省昆剧院的《白罗衫》、《红楼梦》，湖南省昆剧团的《荆钗记》、《白兔记》，浙江省昆剧团的《临川梦影》、《乔小青》，苏州昆剧院的《满床笏》、《玉簪记》以及永嘉昆剧团、上海戏剧学院、山东柳子剧团等的节目，共24台剧目演出。委员们称赞这次艺术节反映出昆剧在改进、在发展，为昆曲带来了新的希望。

顾芗传达十八大精神

11月25日，顾芗专门向艺指委的委员们汇报了参加党的十八大会议的过程，讲述了自己的学习心得，总结了以“五位一体”为主体的体会。会议由张澄国副主任主持，钱璎、周良、胡清廉、那正鑫、王又琴、蒋雯美等50余人出席。

图书在版编目（CIP）数据

苏州市文学艺术界联合会年鉴. 2012 / 苏州市文学艺术界联合会编. --苏州：苏州大学出版社，2013.12

ISBN 978-7-5672-0776-9

Ⅰ. ①苏…　Ⅱ. ①苏…　Ⅲ. ①文艺—组织机构—苏州市—2012—年鉴　Ⅳ. ①I209.533-23

中国版本图书馆CIP数据核字（2013）第315934号

书　　名: 苏州市文学艺术界联合会年鉴2012

编　　者: 苏州市文学艺术界联合会

责任编辑: 刘一霖

装帧设计: 梅　芳

出版发行: 苏州大学出版社

地　　址: 苏州市十梓街1号

邮　　编: 215006

电　　话: 0512-65225020　65222617(传真)

网　　址: http://www.sudapress.com

印　　刷: 无锡市长江商务印刷有限公司

开　　本: 889毫米×1194毫米　1/16　印张: 18.5　插页: 12　字数: 490千字

版　　次: 2013年12月第1版　2013年12月第1次印刷

书　　号: ISBN 978-7-5672-0776-9

定　　价: 120.00元